上海研究院
智库丛书

李培林 ◎ 主编

建设具有全球影响力的
世界级城市群
（下卷）

李培林 ◎ 主　编
文学国　李友梅 ◎ 副主编

中国社会科学出版社

目　录

（下　卷）

绿色发展篇

长三角城市群环境治理的加减乘除法 …………………………（475）
有机农产品可持续发展：管理上要下足"软"功夫 ………………（502）
上海金融健康之路：规范亚健康"灰色"金融机构 ………………（547）
长三角城市群养老服务：大胆创新，创出新动能 …………………（566）
产业创新为长三角城市群深度融合加码 …………………………（596）

开放发展篇

高标准开放为长三角城市群发展开启新引擎 ……………………（633）
长三角城市群推进中文化建设不能缺位 …………………………（657）
金融"溢出效应"助推长三角迈向世界级城市群 …………………（671）
城市网络形成源于开放：三种整合模式视角 ……………………（699）
文化人才建设需要落实四个转变 …………………………………（721）
从典型案例看长三角城市群融合之路该如何走 …………………（737）

共享发展篇

长三角城市群资源共享新思路——以大型科学装置为例 ………（765）
长三角城市群城市治理能力现代化水平参差不齐：12市评估
　　数据 ………………………………………………………………（787）

长三角城市群一体化程度不断加深:基于指标体系的构建和
　　追踪 ………………………………………………………………（843）
三大城市群串联长江经济带:长三角城市群应做好领航者 …………（875）

绿色发展篇

长三角城市群环境治理的加减乘除法

查志强　李　健　周蜀秦　张旭亮[①]

长三角是我国经济发展水平最高、城市群发育最充分、创新驱动发展最活跃的地区，其发展态势深刻影响着中国未来的经济走势。长三角城市群则是我国"一带一路"、长江经济带等国家战略的指向区，也是东部率先发展、创新驱动发展和优化开发的重点区域。当前，资源环境问题对长三角经济社会可持续发展的瓶颈制约十分突出。区域性、累积性、复合型环境问题凸显，大气复合型污染突出，饮用水安全形势严峻，近岸海域污染严重，生态恶化趋势尚未遏制，总体上处于资源环境高压期、污染复合期和风险聚积期。不断改善环境质量，提升生态安全水平，已成为长三角打造具有全球影响力的世界级城市群的重大战略需求。

随着长三角一体化的不断推进，地方政府环境协作的碎片化困境日渐突出，传统的以行政区划为界、依靠辖区政府各自为政的管控型环境治理模式面临严峻挑战，跨区域环境治理与协同发展成为现实的必然选择。因此，研究提出长三角环境融合发展的体制机制，探寻增进利益共容的协同治理路径，对于推动长三角生态共建和环境共治，实现环境治理能力现代化，率先建成国家生态文明示范区具有重要意义。

---

① 查志强，浙江省发展规划研究院副研究员；李健，浙江省社会科学院研究员；周蜀秦，上海社会科学院副研究员；张旭亮，南京市社会科学院副研究员。

一 跨行政区环境融合发展的国内外研究综述

跨界污染和行政分割体制之间的不协调是导致跨区域环境质量下降的一个重要因素。作为消费者的区域内相关地方政府出于自身利益的理性需求，往往争相消耗或破坏环境，进而出现区域生态环境恶化的非理性结果。这种"碎片化"的分割治理模式成为跨区域环境治理面临的重要瓶颈。就长三角而言，随着区域经济一体化的推进，城市群的共同发展令周边城市经济快速增长，同时也使地区资源和生态环境问题趋于共性化，跨行政区划界限的环境问题呈现明显的上升趋势，传统科层制模式"碎片化"的弊端日益显著。近年来，从中央到地方，在有关环境治理的法律、法规及文件中多次提出区域协作治理理念，要求建立区域协作机制。与此同时，长三角各级地方政府也开始寻求环境治理的区域合作，并获得了一定成果。对于如何走出类似环境保护等跨区域公共事务治理的"霍布斯丛林"状态，不同学科视角均给出了一些答案。

（一）跨行政区环境治理研究

在理论研究方面，促进地方政府在环境治理中的协作已成为学界共识，相关学者主要从环境学、经济学、法学、行政学等视角探讨地方政府的协作问题。May 和 Williams（1986）指出，各级政府之间的"环境共治"是20世纪末环境保护体系的发展主轴。杨妍等（2009）提出环境污染无法由某一地方政府独立而有效地解决，需要建立跨地域、跨流域治理的有效机制，而构建地方政府间合作机制是解决跨行政区环境问题的重要途径。基于环境学视角的研究主要侧重从技术手段和指标方面探讨地方政府协作体系建设，如黄森等（2009）考察了国际视野下区域环境治理涉及的行为体——国家和国际组织的利益诉求和行为模式，并进行了多层次博弈分析和机制设计。基于经济学视角的研究主要从区际生态补偿和区域环境规制两方面进行研究。20世纪60年代以前，主流经济学主要通过征收庇古税，或是强调通过有效干预以实现环境问题的外部性内在化。吴晓青等（2003）认为，区际生态补偿是区域间协调发展的关键，区际生态补偿体系应由政策法律制定机构、补偿计算机构、补偿征收管理机构等组成。杜秋莹（2006）提出了区域间货币补偿、资源环境成本的完全定价、区域间资源环境的产权交易（区域间排污权交易和买断产权）、生态特区建设等生态补偿方式。然而，由于区域公共产品没有明晰的产权界定，再加上生态服务和环境产品本身所具有的非排他性和公共产品性，单纯依赖市场机制不可能有效解决经济效率与环境公平间的矛盾，需要借助国家权力的强制性同时制定补偿政策。因此，有学者提出制定环境标准的行政管制方法、征收排放费和可交易的排放许可证等经济手段，以及当事人相互协商和谈判的科斯方式，从规制或者博弈论角度进行跨界污染防治的制度设计。张春楠（2001）从区域环境管制的角度，分析评价了征收排污费和产权合并、排污许可证制度两种治理方法，提出污染市场的运行与监管可以效仿证券或期货市场运作。曾文慧（2007）从政府规制的视角，以新制度经济学的产权理论为基础，结合国际流域治理实践对跨界水污染的环境规章制度、结构和工具进行了探讨。郭斌（2015）运用交易成本理论对跨区域环境治理中地方政府合作困境进行了分析，提出通过培育地方政府合作共识、完善地方政府合作制度、健全地方政府合作运行机制和降低地方政府合作交易成本等手段，实现跨区域环境的有效治理。基于法学视角的研究主要从环境法角度讨论跨行政区环境治理相关的立法或执法问题。武从斌（2003）从行政协助的角度提出环境管理体制改善的问题。王灿发（2005）、马燕（2005）等从法律的制定和执行等方面，对跨行政区环境立法进行了研究。李海明（2006）针对我国目前在处理跨行政区水污染纠纷中存在着的法律规定缺陷、行政部门相互协调不足及注重实体法轻视程序法等问题，提出完善流域管理体制，健全有关跨行政区水污染纠纷处理的法律法规，使非诉讼方法和诉讼方法并重，以促进跨行政区水污染纠纷的解决。基于行政学视角的研究主要从现行行政体系、区域环境管理机构、法律制度体系等方面讨论跨行政区环境治理中地方政府的协作问题。黄爱宝（2009）剖析了府际环境治理的内涵，区分了府际环境治理中协作与合作的区别，郎友兴（2007）认为环境治理的跨区域合作是"新的区域合作主义"，观念创新与区域认同意识的强化、中央政府的主动性与支持、政府间的协调与跨区域环保机构的建立、法制的保障与境外管辖权的试行是进行环境治理跨区域合作的途径。王浩（2005）系统分析了区域性环境管理机构设置的必要性、可能性和设置的基本原则，并给出立法规范、组织法规体系、环境执法权设置等相关立法建议。在区域环境管理协调机制方面。马强等（2008）从管理体制、法律法规、制度和政策、支撑体系等方面系统提出我国跨行政区环境管理协调机制建设的策略。杨妍等（2009）提出完善地方政府合作的法制体系、建立合作行政、转变政府职能的地方政府间环境治理合作机制。马晓明等（2009）结合网络治理理论，指出区域环境污染网络治理模式应促使全社会成员拥有共同的治理目标，形成相互信任关系以及协调各个治理主体的利益。田仕兵（2013）认为区域生态环境的治理需要实现政府协同，而政府协同治理又存在内外两个方面的现实阻碍：第一，地方政府行政行为的经济理性使得行政组织及内部行政人员不可避免地追求经济利益最大化，具体表现为"囚徒困境"、不合理的政绩观及滞后的协同治理观念；第二，协同治理监督机制缺失、信息共享机制不完善、信用缺失、利益协调和补偿机制不健全以及法律体系不健全。胡佳（2015）提出在现有区域环境治理中，地方政府协作存在价值和理念碎片化、管理体制碎片化、运行机制碎片化和技术碎片化等问题，应从治理理念、组织架构、运行机制和技术系统等方面构建一套地方政府协作的整体性制度体系和策略系统。

　　在实证研究方面，已有研究大多从跨界水污染防治和流域管理体制等方面探讨跨行政区环境治理的地方协作问题。美国田纳西流域管理局和法国的流域管理模式是世界上流域管理的两种典型模式，不少学者对此进行了详细的推介。Braga 等（2011）根据亚马孙河流域所呈现的水文、人文和自然环境，指出要改善跨界流域水环境，国家间的流域合作管理机制极其重要，提出亚马孙河流域九国应通过行政手段制定合作契约，共同解决流域污染。台北市与基隆市垃圾合作的案例则是台湾跨域合作处理的成功典范。汤京平（2005）以垃圾处理为例，分析了台湾府际协作加上公私协作所达成的三赢效果，即通过民营化降低政治争端、避免当局过度干预、由地方主动寻求合作伙伴、共同发掘协商双方共同利益。陈秋政（2007）以"洛杉矶河整治计划"为例，阐释了政府中心、市场中心之外的社会中心途径，分析了社会中心治理途径的内涵、部门间合作的影响因素和实现途径。钟卫红（2006）以泛珠三角区域环境合作为例，探讨了泛珠三角区域环境合作动力机制、基础条件和未来挑战。指出借鉴国际环境合作经验，进行流域生态补偿、跨界环境污染纠纷处理等制度创新，建立公众参与机制等努力方向。胡道远等（2009）从组织架构、协议保障、管理手段和支撑体系四方面对粤港之间环境合作机制进行深入剖析。从现有研究看，影响地方政府协作的主要因素集中在管理体制方面。如，张紧跟等（2007）认为碎片化的治理结构、本位主义的治理动机和各自为战的治理行动使流域治理陷入困境。任敏（2008）指出流域水问题和水危机反应的流域公共治理危机背后的管理体制碎裂现象。周海炜（2006）剖析了我国跨界水污染治理体制的内部矛盾，包括多主体运行和三层治理体系，提出建立基于多层协商的跨界水污染综合治理对策。王资峰（2010）系统研究了中国流域水环境管理体制，其中详细探讨了流域水环境管理中地方政府间关系、职能部门间关系等问题。王勇（2009）提出流域政府权力产权的概念，认为权力产权界定不清是导致流域水资源消费负外部性的根源。根据新制度经济学理论，提出构建流域政府间横向协调机制，从而规范流域政府各自权力产权，降低因相互摩擦产生的交易成本。已有研究一致认同，我国流域跨界水污染的根本原因在于"行政区行政"的治理模式，地方政府合作困境的原因集中在地方保护主义、地方政府绩效评估制度、协调机制、法律制度不健全等方面。因此，应从制度环境、组织安排和合作规则等方面给出流域污染治理的发展路径。

（二）长三角环境治理协作研究

施祖麟等（2007）以江浙边界水污染治理为例，研究了我国跨行政区河流域水污染治理管理机制。毕亮亮（2007）结合江浙跨行政区水污染防治合作的实践，分析了地方协作的政策过程。孟涛（2008）分析了长三角环境保护地方立法中存在的重复性立法、立法形式不协调、法规内容存在冲突等问题，建议建立长三角立法协调机制，整合环境保护地方法规，推动地方环境保护执法合作与协调。黄德春等（2010）描述了长三角排污权交易现状，研究提出构建跨界水污染排污权交易机制模式。王芳（2014）认为，实现跨界环境风险有效治理应以文化和制度创新为突破口，着力培育区域环境风险合作新文化，构建环境风险共担、环境利益共享的新型环境利益协调机制，建立和完善多主体、全过程、复合型环境风险治理的网络体系，并破解跨界环境风险合作共治在理念认知、利益结构和制度机制等方面的挑战。董骁等（2015）提出，长三角环境污染的根源在于投资驱动型增长导致的结构性污染锁定，以及低端经济导致的能源升级障碍。应协调好不同行政区划之间的利益冲突，建立区域一体化的环境协同治理机制，推进能源升级与产业去重化进程，促进地区间错位发展与联动发展，以新型城镇化调动新的增长潜力，结合智慧城市建设转变公共服务供给方式，优化城市布局。李常敏等（2015）通过构建跨界污染治理模型，对太湖流域跨行政区治污的最优方案进行了探讨，提出了基于区域合作视角、发挥市场机制的污染治理方案。赵美珍（2016）认为促进长三角多元主体利益共容是生态环境协同治理的关键，应出台《跨域环境治理法》，完善跨域生态补偿制度，建立以地方政府间合作为主、集聚行业协会和环境 NGO 组织协同力量的立体化环境治理长效机制，兼顾各辖区利益平衡与互补，提高区域的整体实力和发展潜力，实现长三角环保一体化。

（三）对已有研究成果的评价

虽然已有研究对跨区域环境污染协作治理的研究较为零散，也尚未形成体系，但是学界对于环境治理、协作性治理的研究热情较高，且从不同学科角度对其进行了深层研究，形成了一系列观点和治理对策，为跨区域环境融合发展的机制构建提供了借鉴之处。已有研究都认为，跨区域环境污染无法由某一地方政府独立而有效地解决，需要建立跨地域、跨流域治理的有效机制，而地方政府合作机制则是解决跨行政区环境问题的重要途径。基于跨区域环境的区域性公共产品性质，不同视角的研究都认为应该在跨行政区环境治理中协调横向地方政府间关系，从组织架构、制度保障等方面着手建立地方政府间合作协调机制。

长三角是我国经济发展水平最高、城市群发育最充分、创新驱动发展最活跃的地区，对引领和带动我国经济转型升级具有"龙头"作用。同时，该地区也是我国大气灰霾频发、水质污染严重、环境风险突出的敏感区域。创新长三角环境治理体系，构建环境融合发展机制，对推动长三角环境治理能力现代化，对于长三角改善环境质量，率先建成国家生态文明示范区具有重大的现实意义。长三角一体化的精髓是联合，优势在整体，本质是分工合作。跨区域的水、土壤、大气的治理不是凭一省市之力就可解决，需要突破现有行政区划分割体制，建立地方政府之间的合作机制，开展更深层次更广泛的生态环保合作，实现生态环保一体化，进而为全国树立解决跨区域环境治理的样板。长三角要为全国跨区域环境治理提供可借鉴经验，为全国大河流域整体开发和水环境综合整治提供示范。

综观已有研究成果，鲜见在一个统一理论框架指导下，对长三角环境融合发展进行系统性研究，主要存在以下欠缺之处，或可供进一步探讨或研究突破：

一是已有研究在探讨跨区域环境治理中地方政府间关系时，一般采取广泛意义上的地方政府含义，并没有具体界定地方政府的层级，只是笼统提出普遍意义上的对策建议。结合我国政体，若干省级地方政府间协作与跨省级的市级或者县级地方政府间的协作在内容和运作上存在较大差异，因此需要在研究地方政府间关系时，严格界定地方政府的层级，区分地方政府的协作层次。

二是已有研究将地方政府间关系简单化或者线性化，把政府协作的一切问题简单归为地方利益使然，但对于地方政府间不能协调、缺乏协作背后地方利益产生的深层诱因解析较少，且对于深层原因剖析时并没有体现侧重点或逻辑关系。

三是已有研究对跨行政区的环境管理需要协调已达成共识，但对于跨行政区环境治理中地方政府的协作机制究竟如何构建的研究尚不深入。在引介地方政府协作经验时，已有研究大量介绍了西方国家地方政府协作的理论和经验，这些理论和经验的产生背景与我国政治体制背景有很大差别，尚需要对已有的西方理论模型进行中国经验的验证和修正，并能够结合长三角实践，进一步提出符合中国体制特色和社会需求的地方政府协作的解释模型。

四是已有研究从各方面为地方政府间的协调发展提出对策建议，有着相当的解释力。但这些对策建议偏重描述性而非解释性，对地方政府如何具体展开协作的策略、为何采取某种策略的探讨尚不深入。同时，已有的对策和建议都是宏观性的普适性策略，缺少针对性的策略研究。

五是在研究内容上，跨行政区环境治理包括水环境、空气、固体废物等多个方面，但现有研究主要侧重在流域或跨界水污染处理等问题上，对于跨行政区环境治理中其他方面的研究尚不充分。

(四) 本项研究的重点问题

基于上述认识，本项研究对跨区域环境融合发展中的机制构建有了更深入的理解。首先，环境作为公共资源，具有典型的公共性与外部性，人为地将地域进行划分必然会与不可分割的自然环境产生矛盾，跨域环境问题要得以妥善解决有赖于各地方政府间的通力合作。其次，地方政府的横向府际关系可归纳为"竞争"与"合作"两种，地方政府在绩效评估的竞争压力下，在涉及重大利益关系时难以自觉建立良好的合作模式，这就必须建立有效机制对各地方政府的地方保护主义行为，对治理责任进行分摊。最后，要构建行之有效的府际合作路径，可从转变观念、加强立法、建立机构及鼓励非政府组织有效参与等方面入手，对政府行为进行约束，消除行政壁垒，充分发挥区域整体优势，从而达到共赢局面。长三角作为一个特定的城市群，在经济发展状况，产业结构模式，环境保护政策，环境治理能力等方面都有其特点，能否构建与之相匹配的合理的制度环境，直接决定了该地区环境领域府际合作机制的建立及有效运转。

本项研究的政策价值主要体现在为长三角一体化背景下区域环境融合发展的机制构建提供决策咨询。当前长三角环境治理尽管取得了一定成效，但其治理成本过高且难以达到持久改善的效果。虽然现阶段长三角地方政府之间在环境治理上已经产生了一些主动自愿的合作，例如制定了《长江三角洲区域环境合作倡议书》《长江三角洲地区环境保护合作协议》等，建立了联席会议制度，实施了区域环保联防联控协调机制、区域环境执法联动机制、区域（流域）生态补偿机制，但是这些合作存在着稳定性和持续性不足问题，在资金保障、人员配备等方面缺乏制度化保障，亟待通过区域环境融合发展机制的构建加以解决。此外，各参与方政治经济、社会发展程度的不同导致了环境目标的差异，经济发达地区对环境保护的要求和投入能力逐渐提高，而对经济相对落后的地区来说，虽然近年来对环境问题给予了较多关注，但经济发展仍是首要任务。因此，环境目标差异给区域环境治理的合作带来了巨大的障碍。具体表现为：区域合作协议、共识往往以与会领导人做出的承诺为表现形式，缺乏法律效力及稳定性；合作行动基本停留在会议形式，制度化程度较低；合作过程中，地方政府间协调机制缺乏，竞合意识薄弱。因此，本研究将完善跨区域环境污染协作性治理的研究，通过打破传统行政区划之间的藩篱，补充和完善新型符合市场经济体制的政策工具和经济手段，并进一步坚实相应的政策工具执行制度基础，从而促使地方政府间能不过分依赖中央政府的协调，充分自主解决环境污染治理中的冲突，并积极主动进行协作，逐步扫除企业、环保NGO等社会组织以及公民参与环境污染治理的制度障碍。

二 长三角环境融合发展评价

（一）长三角面临的主要环境问题

长三角的环境问题具有典型的区域性、复合型、累积型和结构型特征，传统治理手段已经难以奏效。

区域环境质量超标。作为我国工业化、城市化水平最高的区域，长三角正面临环境污染较为严重、资源能源约束越发明显、产业升级转型缺乏动力等巨大挑战。环保部和国土资源部2014年联合发布的《全国土壤污染状况调查公报》指出，长三角是土壤污染最严重的三大地区之一。而在此前，中国科学院的调查也显示，长三角部分城市连片的农田受多种重金属污染，10%的土壤基本丧失生产力。由于流域性陆源污染物的叠加和累积，陆源污染物已超过海湾河口水环境容量，长三角海湾河口水质有进一步恶化趋势。就环境问题而言，以往的末端排污标准制定，以及列出限制性或淘汰产业清单的控制手段，加上前些年大规模的治污基础设施投入，确实达到了一定的减排及部分领域环境改善的效果，但其减排边际效应趋减，无法从根本上遏制污染并提升区域环境质量。当前的推进机制也存在财政投入巨大而市场响应度不足等问题，难以达到持久改善的效果。以大气环境质量为例，纵观长三角近三年PM2.5年均浓度的变化，逐年降低的趋势非常明显，但2015年除舟山外其他地级以上城市PM2.5年均浓度仍高于国家标准，其中江苏省的超标情况最为严重。

环境风险问题较为突出。长三角已成为我国环境敏感事件高发区域和环境健康问题集中凸显区域。环境群体性事件相继发生，因环境问题引发的社会矛盾日益尖锐。同时，长三角城市群人口高度集聚，因环境污染导致的人群健康问题突出。此外，数起水污染事件造成的大面积饮水危机触及公众心理底线，局部环境污染事件的影响范围不断扩大。

环境公平问题亟须重视。长三角跨界环境污染事件频发，由此导致的环境公平问题应引起足够重视。各行政区对民生关注的增加，将不断提高对辖区内污染治理的力度，同时也将增加对外来污染的关注和诉求，可能不断引发跨界污染纠纷事件。

（二）长三角环境融合发展的主要进展

2000年以来，长三角针对生态改善曾作过多次跨区合作的努力。2002年，沪苏浙二省一市提出建设"绿色长江三角洲"，加强三省市在区域生态保护与治理等方面的合作。次年，二省一市签署协议细化联合开展综合治理污染的措施，并成立"长江三角洲地区环境安全与生态修复研究中心"，为长三角生态治理政府合作拉开了帷幕。2007年太湖"蓝藻危机"爆发后，长三角相关城市开始达成共识，并通过立法打响环境保卫战协同治理太湖。针对"先污染，后治理"问题，长三角痛定思痛，探索大气、土壤和水污染领域的联防联治，区域环境融合发展已成为长三角合作的重要内容之一。近年来，长三角地方政府之间在环境治理上已经产生了一些主动自愿的合作，例如制定了《长江三角洲区域环境合作倡议书》《长江三角洲地区环境保护合作协议》等，三省一市已签署了《长三角跨界环境污染纠纷处置和应急联动工作方案》，建立了联席会议制度，实施了区域环保联防联控协调机制、区域环境执法联动机制、区域（流域）生态补偿机制等探索性工作。南京、杭州等都市圈内部也在积极探索各自的跨区域环境工作制度。

在水环境治理方面，2009年开始，长三角建立了跨界环境污染纠纷处置和应急联动机制，沪苏浙皖三省一市环保部门每年制定《长三角跨界环境污染纠纷处置的应急联动工作方案》。不仅在省级层面，乃至市、区（县）一级都建立了应急联动的工作机制。如浙江省嘉兴市的平湖、嘉善和秀洲分别与相邻的跨省基层环保部门建立了省级边界环境联合交叉执法工作机制，定期联合开展环境执法和污染纠纷排查工作。水污染问题涉及各个省市的利益冲突，区域之间的协调更看重如何用好市场机制，而非行政层面的沟通。江苏省和浙江省在上下游水系的污染控制和赔偿机制上已形成较好的协同治理机制，包括信息互通、联合监督、联合调解、监测预警等。在长三角水污染治理中，嘉兴和苏州之间多年的上下游水污染纠纷通过"成本共担利益共享"机制得到了一定程度的调停。如果下游反映水质污染超标，通过检测断面水质污染情况判定污染是否来自上游，如果确认为来自上游，上游则需从经济发展收益中拿出部分用于支付环境治理成本，下游则将相应地获得环境赔偿。

在大气治理方面，2013年9月，国务院发布《大气污染防治行动计划（2013—2017）》，提出到2017年长三角细颗粒物（PM2.5）浓度下降20%。根据环保部在2013年提出的全国城市空气质量达标时间表，长三角需力争2030年所有城市达到国家标准（PM2.5年均浓度35μg/m³）。由此，长三角三省一市建立了大气污染防治协作小组，共同制定了《长三角落实大气污染防治行动计划实施细则》。2014年年初，环保部与各省市签署了目标责任书，确定了沪苏浙PM2.5年均浓度下降20%的目标。根据国务院《大气污染防治行动计划（2013—2017）》相关精神，2014年1月，三省一市和国家八部委建立的"长三角大气污染防治协作机制"正式启动，这是迄今在长三角一体化治污方面规格最高的顶层设计，也是探索长三角合作治污长效机制的第一步。三省一市基于"协商统筹、责任共担、信息共享、联防联控"的协作原则，建立了"会议协商、分工协作、共享联动、科技协作、跟踪评估"的工作机制，并明确了五项具体职能，包括：协调推进党中央、国务院关于大气污染防治的方针、政策和重要部署在长三角的贯彻落实；研究长三角涉及大气污染防治的重大问题；推进长三角大气污染防治联防联控工作，通报交流区域大气污染防治工作进展和大气环境质量状况，协调解决区域突出大气环境问题；推动长三角在节能减排、污染排放、产业准入和淘汰等方面环境标准的逐步对接统一；推进落实长三角大气环境信息共享、预报预警、应急联动、联合执法和科研合作。在加强预警应急联动方面，明确了十大行动内容，包括：严控燃煤消耗总量，加快能源结构优化调整，大力推进中小燃煤锅炉清洁能源替代；严控产能过剩，加快污染企业结构调整和高标准治理；加强交通污染治理，加快落实油品升级，推广清洁能源车应用，全面淘汰黄标车；加强扬尘污染控制，对建设工地、道路保洁、渣土运输、堆场作业落实扬尘控制规范措施；通过法律、技术、经济等多种措施推进秸秆禁烧工作；加强大气重污染预警应急联动，做好空气重污染预警和应急预案的对接，建立环境、气象数据共享长效机制，加快建成长三角大气污染预测预报体系；加快推进大气污染防治政策和标准的逐步对接，优先推进油品标准、机动车污染排放标准、重点污染源排放标准实施的对接；推动大气污染的第三方治理，构建开放统一的环境服务市场；加强科技协作，共同组织开展区域大气污染成因溯源和防治政策措施等重大问题的联合研究；根据《大气污染防治目标责任书》要求，做好责任分解落实，加强跟踪评估和考核，确保各项措施落到实处。经过两年来的努力，三省一市联防联控网络已初步建立，深层次合作机制已具雏形，长三角环境空气质量得到一定程度的改善。目前，苏浙沪三地燃煤电厂已基本实现脱硫、脱硝，高效除尘治理全覆盖。上海市出台了产业结构调整负面清单及能效指南等文件。江苏省在9个省级沿海化工区开展整治试点。浙江省将5740家企业纳入重污染高能耗行业整治范围。安徽省对504家重点行业企业实施强制性清洁生产审核。结合国家发改委1.5亿元秸秆综合利用专项资金，江苏省、上海市落实补贴推进综合利用，浙江省以点促面构建综合利用长效机制，安徽省在主流媒体上公布秸秆焚烧火点。三省一市已累计淘汰黄标车和老旧车辆214万余辆，累计推广新能源汽车10万余台；上海港、宁波舟山港、苏州港和南通港2016年4月起率先实施靠泊船舶换用低硫油等排放控制措施。2016年1—4月，上海市、江苏省、浙江省PM2.5浓度分别为$58\mu g/m^3$、$69\mu g/m^3$和$52\mu g/m^3$，较上年同期分别下降了7.9%、2.8%和8.8%。

在区域环境协作立法方面，以立法形式管理综合性、跨流域的生态保护问题，长三角已经走在全国前列。2014年，由上海倡导并组织发起、江苏后期推进，长三角三省一市人大常委会成功开展了区域大气污染防治立法协作，开创了省级人大间立法协作的先河。在沪苏浙皖四地的大气污染防治地方性法规中，均设立了专门章节对区域大气污染联合防治做出规定，并设定了具体的协作条款。如2014年10月起《上海市大气污染防治条例》正式施行，该条例将跨区域大气污染联防联控以法律形式固定下来，长三角大气污染防治协作有关内容单独成章，明确要求与长三角相关省份建立大气污染防治协调合作机制，定期协商区域内大气污染防治重大事项；会同建立区域重污染天气应急联动机制；在防治机动车污染、禁止秸秆露天焚烧等领域探索联动执法。

在联防联控科技支撑体系建设方面，由上海市牵头、多地参与的长三角大气污染科研平台已开始发挥积极作用，正逐步发展成为长三角大气数据共享中心、研判中心和会商中心。已建立了长三角空气质量预测预报中心，实施了大气环境质量评估会商制度。借助 IBM 中国研究院技术力量，以绿色科技支撑区域大气污染联防联控，依托长三角空气质量预测预报系统，提高了决策的科学性和高精准度。形成了以大型赛事等活动为目标的治理方式和措施，并先后在南京青奥会、乌镇世界互联网大会和 G20 杭州峰会中发挥了重要作用。长三角已公布雾霾源解析报告，已在 PM2.5 在线来源解析和提前 48 小时污染来源数值预报等关键技术方面形成突破。

在跨界环境生态补偿方面，2005 年 8 月，浙江省在全国范围内首先实行生态补偿机制，首次突破性地通过发布《关于进一步完善生态补偿机制的若干意见》，对这一机制进行了标准化和制度化。2008 年，针对上海市环保局的请示，国家环境保护部向长三角二省一市下发了《关于长江三角洲地区流域生态补偿机制研究的复函》，明确表示支持长三角开展流域生态补偿机制研究和试点。此外，长三角各省市自身也在流域生态补偿机制方面累积了一定的实践经验，为长三角整体流域生态补偿机制奠定了良好的工作基础。

案例 1 "两地对赌"模式的"新安江协议"

2012 年，由财政部和环境保护部牵头组织，就浙江省与安徽省在千岛湖上游的新安江流域开展了流域生态补偿机制试点，两省每年各拿 1 亿元，约定只要两省交界断面水质优于基本标准，将全额补偿给上游的安徽，劣于基本标准则补偿给下游的浙江。

"新安江协议"不仅创立了一种跨行政区环境污染防治的投资保障工具，而且确立了一种跨行政区环境保护与经济发展相互协调的法律激励与惩罚机制。作为对赌协议缔约双方的浙江与安徽二省，该协议跨行政区环境污染防治和环境治理目标的实现，可以达到双方环境与发展不同利益诉求的双赢。这种以对赌性契约方法应对跨行政区环境污染问题的思路和方式，对于环境法和环境善治的理论和实践有着重要的创新价值。

经过安徽、浙江两省的共同努力，新安江流域生态补偿机制试点工作已取得初步成效。环保部公布的监测数据显示，2011—2015 年，新安江流域总体水质为优，跨省界街口断面水质达到地表水环境质量标准 Ⅱ 类，连续 4 年达到补偿条件。千岛湖的营养状态也同期出现拐点，营养状态指数开始逐步下降,并且与新安江上游水质变化趋势保持一致,表明试点对于保持和改善新安江水质的环境效益逐渐显现。

案例 2　"源头奖罚"的开化、淳安模式

2014 年起,浙江省在开化县、淳安县两个水源地开展重点生态功能区示范区建设,按照"谁受益谁补偿""谁污染环境谁付费"的要求,探索建立与污染物排放总量、出境水水质、森林质量挂钩的财政奖惩机制,推动建立完善生态补偿制度。对开化县每年排放的化学需氧量、氨氮、二氧化硫、氮氧化物,省财政按每吨 3000 元收缴。对开化县的出境水水质,按照Ⅰ类、Ⅱ类占比,省财政每年每个百分点分别给予 120 万元、60 万元补助;按Ⅳ类、Ⅴ类、劣Ⅴ类占比,每年每个百分点分别倒扣 20 万元、60 万元、120 万元。对Ⅰ类、Ⅱ类水占比比上年提高的,每提高一个百分点分别奖励 1000 万元、500 万元;对Ⅰ类、Ⅱ类水占比比上年下降的,每下降一个百分点分别倒扣 1000 万元、500 万元。对开化县森林覆盖率,每高出全省平均水平的一个百分点奖励 200 万元,每低一个百分点倒扣 200 万元;对开化县林木蓄积量,比上年每增加 1 万立方米,奖励 50 万元,比上年每减少 1 万立方米,倒扣 50 万元。

案例 3　上下级政府间"双向补偿"的金华模式

现行的水质考核办法,以出境水质的改善为判定标准。一方面,上年水质变差考核不合格被罚款,第二年水质改善,即使水质未达到功能区要求,也可以考核合格、良好,甚至优秀,上年罚的钱就可以奖回。在巨额的 GDP 利益面前,最高 500 万元的奖励激励作用有限。在入境水质变差的情况下,被考核地区极易"破罐破摔",为第二年考核腾出进步空间,导致流域水质"钟摆式"。另一方面,上级财政对重点生态功能区开展水质奖惩补偿确实保障了流域源头水质,但流域作为一个有机整体,由于制度设计缺陷,中下游区域成了可以挥霍的"公地",无偿消费源头提供的环境容量资源,却要靠上级财政埋单,既不公平,也不利于调动中下游改善水质的积极性。

2016 年,金华市出台了《金华市流域水质考核奖惩办法(试行)》和《金华市流域水质考核奖惩实施细则(试行)》,根据"达标倒逼、污染重罚、保护有奖"的原则,进一步强化县(市、区)流域区域水环境保护的属地责任。金华市政府与下辖各县(市、区)政府之间实施双向补偿，对出境断面水质达到Ⅱ类及以上或达到Ⅲ类功能区要求且同比明显改善的予以经济奖励，水质类别越高相应的奖励系数越大；县（市、区）出境断面水质劣于功能区要求的予以经济处罚，水质类别越低惩罚系数越大；且水质每降低一个级别的惩罚系数原则上要大于水质上升一个级别的奖励系数。对水环境保护不力导致出境断面水质超标的，要缴纳惩罚性补偿金，作为向源头地区和水质达标改善地区的奖励基金。

（三）长三角环境融合发展程度评价

1. 发展程度评价

根据上海社会科学院"我国省级层面环境绩效管理体系研究"课题组构建的长三角环境保护协同发展度测度模型所做的测算，2010年以来，长三角各城市的资源环境效率不断提升，已出现经济增长和污染排放脱钩的态势，城市经济总量和人均GDP持续增长，但主要污染物排放总量逐年下降。2006—2014年长三角"三省一市"间的环境保护协同度均大于0，区域环境保护总体上处于协同演进状态，但各个地区之间环境保护协同度数值均较小，最大的仅为0.266，说明长三角环境保护协同发展水平还较低。其中上海与浙江的协同度最高，其次是上海与江苏的协同度。安徽省与其他三个省市环境保护协同度均处于相对较低水平，这将在一定程度上影响长三角环境治理的协同推进。且分年度各地区环境保护协同度呈现波动演变态势，协同推进水平整体偏低，长三角环境保护良性协同机制尚未形成。[①]

2. 主要问题

总体而言，长三角环境融合发展已取得一定成效，但也存在着稳定性和持续性不足的问题，治理成本过高难以达到持久改善的效果。长三角"三省一市"之间环境保护总体上处于协同演进状态，但各地区环境融合发展水平仍然较低，面临着行政壁垒、经济社会发展及环境污染的区域差异较大、环保社会参与能力不均衡等制约因素，区域环境保护协同关系还需采取有效措施加以强化。

---

① 周冯琦、程进：《长三角环境保护协同发展评价与推进策略》，《环境保护》2016年第11期，第53—54页。

一是在资金保障、人员配备等方面缺乏制度化保障,省市际边界环保信息交流仍不畅通,联合执法、联合监督机制尚未健全。已有协议的制度化程度偏低,且偏重对事件的末端治理,因此在执行过程中难以真正落实,也难以在生态治理中发挥长期作用。

二是协调机制不能适应区域联防联控要求,边界污染应急防范措施尚未到位。目前的污染防治协作机构在功能上更类似于"应急办",当严重的污染发生时才启动其治理协作机制,缺乏对污染治理的长期规划和治理项目的有效监督。在解决区域跨界污染问题时,还存在合作平台执行效率不高、协调机制运行不畅等问题。

三是区域环境融合长期缺乏法律层面的制度措施,长三角各城市的行政地位不同,经济发展程度存在一定差异,造成城市间竞争力不均,政策倾斜不同。各行政区对企业准入标准不同,导致污染企业在长三角内转移,一体化的市场行为和市场协作缺乏有效保障。以太湖流域管理局为例,该机构负责对流域内水资源的开发与保护工作,但由于其职能单一,权限模糊,无法建立起具有法律约束力的制度化运行程序,在承担跨部门、跨地区流域的综合性管理方面捉襟见肘,在边界污染治理方面难以获得各行政区的支持,无法有效执行相关决策规划并解决行政区间的矛盾。虽然国家环保部在南京已设置了专门的华东督查中心来协调区域生态环境问题,从职能上说该中心有权代表环保部对跨行政区的重大环境纠纷进行协调处理,但由于其法定职能是"承办跨省区域和流域重大环境纠纷的协调处理工作",只有在环保事故发生后才能进行协调,力度明显不足。

四是环境要素市场仍处于相互分割状态,碳交易、排污权尚无跨省之间的交易,也没有省内跨市的直接交易,影响环境要素市场的功能发挥。以碳交易为例,包括二氧化碳和温室气体,配额由国家分配至各省,目前交易范围仅局限在省级范围以内,难以得到跨区域认可和流通。各地试点相对封闭,存在标准不一、难以接轨等问题。

五是各地环境信息统计自成体系,在统计口径、统计范围、使用方式等方面存在很大差异,标准规范与信息发布不统一,环保数据的共享程度不高,制约了环境信息支撑作用的发挥。各地仅涉及大气污染的观测站点就分属多个部门,不仅标准远未统一,且部门分割导致数据资源难以共享。以浙江省内的气象监测设施为例,气象、国土、环保、交通、水利、农业、林业、海洋渔业、旅游、海事、测绘、通信、电力、盐业、民航等部门均根据各自事业发展需要建设了各种类型的气象台站或自动气象监测设施网络。由于气象监测设施基本上都是依部门需求而建，标准不一、设备各异、数据纷杂，尚无法有效共享和集约使用。

此外，在区域环境协同治理中还存在行政权力过多、各项管控措施效用过短、环境公平的追责机制尚未建立等问题，由"博弈"到"共赢"的利益协调机制尚需构建。跨区域环境融合发展的组织、协调及规划的落实、机制的保证等方面仍需三省一市共同努力，亟待通过区域环境融合发展机制的构建加以解决。

3. 成因分析

行政区划的刚性切割是区域生态治理困境的最根本原因。生态空间与行政区划空间不重合，导致由政府推动、自上而下的污染治理模式难以奏效。长三角"三省一市"发展水平存在一定差距，各地区的经济水平、环境状况、环保诉求有所不同，行政因素、经济因素、环境因素共同衍生出区域环境融合发展的各种挑战。尽管各省市都认同环境协作的重要性和必要性，在大气联防联治等环保领域已初步完成审议多项行动计划，而在此过程中，由于环境管理实行属地管理原则，行政阻隔的存在所衍生的体制性障碍使得区域内环境保护协作面临诸多障碍和不畅。从地方环境保护顶层制度设计来看，受制于行政区划的限制，三省一市环保政策和管理衔接不足，各地方环保法规、环境排放标准和环境管理措施不一致，区域环境合作也缺乏明确的量化目标、清晰的职责以及完善和合理的考核机制，严重制约了长三角环境保护的统筹协调力度。虽然过去长三角"三省一市"之间也开展了环境保护合作，但并未形成明确的环保合作机制，随着区域环境保护需求和力度的不断增强，更要加强环境管理部门的统筹引导和规划，科学引导环保资源服从和服务于区域环境保护战略。从地方部门之间的环境保护职责分工来看，部门之间的行政壁垒同样存在。环境管理交叉错配现象严重，除了环保部门，在其他部门也存在环保职能交叉，环境保护力量分散，区域环境保护合作要协调多个部门的职能权力，难度较大。

三 长三角一体化背景下区域环境融合发展的主要内容

在环境问题广受关注和备受重视的背景下，如何切实应对日益复杂的大气、水、土壤等环境污染和生态破坏，不断提升区域环境质量，构建经济新常态下的生态文明成为长三角最为关切的问题。长三角环境治理的政府协作已走过了十多个年头，协作的内容逐步扩大，协作方式日趋多样，协作机制不断完善。在目前长三角经济、社会和城市一体化更为密切的新形势下，区域环境融合更需继承发展和创新思路，直面长三角发展中面临的治水、治气等环境难题，共同合作推进区域环境治理。

"十三五"时期是长三角一体化发展在新历史起点上的重大机遇期，应该从建设创新发展、协调发展、绿色发展、开放发展、共享发展五大发展理念示范区的高度重新思考定位长三角一体化发展。尤其是要在国家推进"先发优势"创新战略中发挥示范作用，在长江经济带建设、长江生态协同保护中发挥协调发展和绿色发展的龙头引领作用。为此，应充分解读《长三角城市群发展规划》，根据生态共建环境共治的要求，强化"溯源倒逼、系统治理"，带动区域生态环境质量全面改善，在治理污染、修复生态、建设宜居环境方面走在全国前列，为长三角率先发展提供新支撑。

（一）突出联防联治促进环境融合发展

生态环境联防联治是推动长三角一体化发展的重点任务。通过统一规划、统一监测、统一处罚、统一建设、统一出资、统一补偿等，重点推动以下几方面工作：一是建立完善长三角环境监测平台，长三角生态环境的环境监测数据及空气质量预测预警信息共享、重污染天气应急联动，进一步探索太湖流域和长江流域水污染共防共治机制等；二是明确长三角生态环境建设与保护的目标和重点，着重解决共同关注的区域性重大生态环境问题；三是建立统一的环境准入和退出机制，构建区域生态环境监测网络，建立覆盖整个长三角所有固定污染源的企业排放许可制度；四是加强大气污染治理，确定大气环境质量底线，协同推进碳排放控制，加快推进低碳城镇化；五是实施清洁水行为，开展饮用水水源地保护，共同治理流域污染，推进土地与地下水治理和农村环境改善工程；六是优化生态安全格局，划定生态保护红线，实施分区管理。

（二）以结构减排和管理减排控制污染物排放

转变污染治理思路，将治理重点由工程减排向结构减排和管理减排倾斜。在结构减排方面，调整优化现有能源结构，研究有效的煤炭消费减量替代办法，提高清洁能源使用比例，有序实施"煤改气""煤制气"和燃气热电联产等天然气利用项目，推动油品质量升级。形成煤炭为主体，电力为中心，油气、新能源全面发展的能源结构新格局。在管理减排方面，强化战略环评、规划环评、项目环评联动，从严从紧控制"两高一资"、低水平重复建设和产能过剩项目建设，提高空间准入、环境准入和效率准入标准。完善环境公益诉讼、排污权交易试点、生态补偿、环境税费等市场化手段，提高企业准入门槛，促进产业合理分层布局。加强对生活污染源控制的研究，推广新能源汽车。

（三）完善信息公开和公众参与的制度及程序

污染防治不能独善其身，必须联防联控。在治理的过程中，政府只是其中的一个主体，还需要市场与公众等多方力量的积极参与，加强信息公开与公众监督是在政府达成联防联控体系后的重点任务。为此，需从信息公开和公众参与两方面促进政府与公众的信息沟通，保障公众的知情权、话语权和监督权。信息公开是提高公民参与环境问责的前提，要提高信息公开的规范性，从设立信息公开管理机构、建立统一门户、明确公开范围等方面逐步完善信息公开程序，尽快制定与新《环境保护法》相配套的信息公开实施细则，确保环境信息公开准确、完整、及时。在信息公开的内容上，增加与人群健康有关的环境信息公告、企业环境绩效评估等内容，出现虚假不实信息及时做出权威可信的反馈，避免造成社会不良影响。在公众参与方面，畅通公众参与渠道，如环境信访、司法审查和专题听证制度等，确保政府、企业、社区居民和NGO组织等多方主体共同参与环境监督和治理，营造全民环保的舆论氛围。对受到环境影响地区的民众进行合理补偿，平衡群体间的经济和环境利益。提倡社区自主治理，引导社区自律，降低环境管理运行成本。

（四）分层次建立区域一体化的协作机制

按照十八届五中全会精神，争取推动中央政府加强顶层协调指导与培育社会市场力量积极参与"上下协同"，从部门、省级、国家三个层面进一步完善长三角环境融合发展机制。在部门层面，整合资源建立环保、发改、经信、国土、农业等多部门联动的环境协调机制，共同进行环境污染治理和管理制度创新。在省级层面，建立统一的污染物联防联控体系，设立统一协调机构，联合制定强制性或限制性环保政策，并同步实施治理。共同开展污染防治科技专项研究，针对主要污染物 PM2.5、灰霾、VOC 等突出问题，制定统一的合作预警机制，实现长三角信息共享与联合预报。在国家层面，加强中央政府对区域合作的指导和协调，提升长三角一体化的战略高度。打破行政区划的界限，协调区域间的利益矛盾，推进优势资源共享和区域性重大基础设施对接，共同改善区域环境。争取国家支持，推动长三角周边地区实施可持续的能源发展战略，大力推进减排措施，以切实降低域外排放对长三角环境质量的影响。

四　长三角一体化背景下区域环境融合发展的机制构建

区域环境融合发展最核心的问题是环境利益在地方政府、企业、社会公众之间如何实现最大限度的普惠与共享，关键是要实现区域生态环境协同治理，增进共容利益。只有社会中的所有成员都拥有共容利益，才会减少利益主体搭便车的可能，避免社会成员通过偏离合作的策略而实现套利。区域环境融合发展是多元主体追求公共利益、形成良性互动和谐关系的过程，为增进地方政府、企业和社会公众等协同治理主体间的共容利益，并使之转化为环境融合发展的激励动因，需要建立和完善相应的法律、制度、机制。为此，正视地方政府履行环境保护义务和职责所存在的现实问题，创新环境保护的体制机制，是解决流域水污染、雾霾污染等跨行政区环境保护问题所需要关注的重要问题。长三角各城市应强化"利益共同体"理念，坚持"共同目标、信息共享、监测合作、执法协作、利益平衡、定期协商、循序渐进、市场机制"的原则,加快构建区域环境融合发展的体制机制。

(一) 完善跨区域协同治理的环境立法和机构设置

跨区域的环境协同治理必须有量化的目标、清晰的职责、完善的考核机制、相应的法律权力及约束。新《环境保护法》对平衡各种利益冲突做出了许多新规定,但缺乏国家层面的跨域环境治理主体之间利益协调的专门立法。长三角各辖区基于自身发展经济、治理环境的需要制定了一些地方性环境法规,但由于缺乏国家环境立法的指导,缺少区域内的沟通协调,导致区域环境法规差异甚至冲突,阻碍了长三角环境融合发展的进程。

在跨区域环境治理上,新《环境保护法》第二十条只规定了"国家建立跨行政区域的重点区域、流域环境污染和生态破坏联合防治协调机制",至于地方政府如何具体地开展跨域治理,地方政府之间如何建立协调机制,如何分配权利、分享利益、分担责任等关键性问题法律却没有明确规定,一旦地方政府、企业未遵守有关环境治理的法律法规或者执行力度不够,导致跨域环境污染和破坏时,就会出现无法可依、有法难依的被动局面,环境利益不能得到有效维护。因此,建议国家出台《跨区域环境治理法》,界定跨域环境治理主体,明确地方政府在环境治理中的主导地位、企业的环境治理责任和公众参与环境治理的保障,协调和维护各主体的利益,对跨域污染造成的后果进行赔偿以及责任追究等问题。

与此同时,统筹协调长三角现有环保法规政策。长三角尚无区域性环境法规,各省市地方环保法规还存在因同类事项规定不一致而产生负面效果的现象,给环境保护协同带来巨大的障碍或给环保主体带来不公。必须重视区域整体环境法规政策建设,建议由国家相关部门牵头协调,站在长三角环境融合发展的高度制定跨行政区环境治理配套的法规体系,基于区域整体布局对区域相关环保法规进行修订,以利于实现共同的环保目标。

从美国跨界大气环境监管经验来看,设立一个跨行政区域的公共机构非常必要。美国的跨界大气环境监管通过设立一个跨行政区域、独立、专门的公共机构,负责跨界范围内政府、企业和公众的全面协调,且能够参与政府的综合决策和能源、交通、城市规划、产业布局等方面的规划。建议采取"区域管理委员会+区域管理机构"的模式,在全国率先建立跨行政区环保机构——长三角生态与环境管理委员会，委员由国家发改委、环境保护部、工信部等国家部委和相关省市人民政府相关负责人组成，指导、协调和监督区域生态环境一体化建设，负责长三角环境与生态的规划、法律、标准、政策体系，实现长三角生态环境的共防共治。区域环境污染防治管理机构则负责协调建立区域统一的环境污染防治政策，协调解决跨省市行政区域环境污染纠纷，组织审核和督察各地环境质量达标规划制定和落实情况。

此外，环境资源案件离不开生态问题。生态系统是一个不可分割的整体，水、空气等环境因素具有流动性，一旦出现环境污染往往就是跨行政区划污染。目前我国的环境监管、资源利用均以行政区划为界限，行政权力的配置往往与生态系统的统一性相冲突，导致跨行政区划的污染问题很难得到有效解决。最高法2015年7月公布的相关意见，鼓励建立环境资源专门审判机构。为此，应借鉴广东省人大通过环境保护条例修订草案，建立与行政区划适当分离的环境资源案件管辖制度、设立跨行政区划环境资源审判机构审理跨行政区划环境污染案件的经验，争取最高法设立长三角环境资源审判机构，为受困于地方保护主义的环境诉讼提供实质性松绑。

在推进长三角水污染防治协作立法上率先突破。建议从督促各地政府及相关部门落实国务院"水十条"实施细则入手，将重点流域水污染防治作为基本抓手确定立法项目。区域协作立法可从流域协作立法入手，规定统一的水污染防治保护规划、统一标准的项目准入、严于"国标"的地方水污染排放标准、统一的水污染防治措施等。在此基础上，进一步提高长三角协作立法的实效性和精细化，通过地方法规将如排污标准、水质要求、执法联动机制、信息互通等进行协调。在立法过程中，逐步推动相关环境标准的对接统一，就一些具体问题和困惑影响整个立法协调性平衡性的问题进行专题讨论，以提高区域立法协作实效。

（二）做好区域环境融合发展的顶层设计

一是根据《长三角城市群发展规划》，制定区域环境保护协同规划。依据可持续发展理念，在分析区域环境容量和承载力的基础上，在区域尺度上统一划分长三角生态红线，合理规划长三角环境资源的调配使用，强化资源环境约束，在区域范围内进行整体功能定位，优化产业和功能的空间布局。区域环保规划不仅应制定环境治理目标、提出治理措施，更需涉及体制机制创新内容。最终实现借助统一规划机制驱动长三角产业升级和区域环境质量的提升。据此形成科学的政绩考核制度，将环境绩效评估纳入地方政府政绩考核体系中，将现行 GDP 和污染状况捆绑公布，约束政府行为，建立包含多种环保指标的综合性的考核指标体系。

二是统一区域环境标准。统一环保标准是区域环境融合发展的先导。可借鉴欧盟的做法，由欧盟环保署制订区域环境推荐性标准，要求各地出台落实标准的规定，区域内各省市按照同一标准推进污染防治工作。同时，区域立法中除了强调政府责任外，还应加入惩戒力度和追责机制，避免使"立法"沦为"倡议"。根据标准统一难度，可以先统一区域环境质量标准，再以环境质量标准过渡至污染物排放标准的统一。推动污染物排放标准低的地区提高标准，率先对限制类产业或污染较大的产业实施区域统一排放标准，杜绝污染较大的行业企业利用标准漏洞在区域内部转移。根据各地发展差距，在重点地区先行突破，分阶段稳步推进。综合考虑区域差异，根据区域经济、环境、资源等方面的发展差异，制定出合理的环境质量提升目标、污染物削减目标等，明确各地区环境权责。建议在区域间联防联控时更科学地综合考虑不同区域的经济社会等复杂因素的影响，针对不同区域的减排压力和潜力采用不同的控制策略，找到平衡经济和环境以及不同地区之间的最佳减排组合措施方案。分区域、分层级确立长三角中长期环境保护目标，依据经济发展水平、污染物传输规律、地理位置等要素，划定不同类别的环境管理区，设计区域性总量控制指标。根据环境质量改善的需要，逐步由目标总量控制过渡到基于环境容量的总量控制。综合考虑长三角各地区环境容量时空差异，针对环境容量的时空分布特点，采取差异化的环境容量控制，环保目标指标体现出区域差异。

三是协调好推进时序。由共同关注的环境问题入手，逐步覆盖环保全领域。先期加大重点地区和重点环保领域的协同推进，集中力量予以重点突破，由易到难，积累经验，最终逐步扩大到整个地区以及环境保护全领域，通过示范带动，以点带面推进区域环境保护一体化进程。在空间上实施"以点带面"的环境治理措施。在太湖流域、新安江流域、黄浦江上下游、淮河流域、淀山湖等跨界环境问题较为集中、治理任务较为明确的小尺度空间地域，先期解决环境治理联动机制、跨界环境治理绩效、跨界生态补偿标准和环境制度体系建设等关键问题，在"点源"治理的基础上，不断加大环境治理的空间范围，最终实现全区域范围整体环境问题的综合治理，推动整体环境质量的有效改善。在内容上，可以先期对三省一市共同面临的环境问题和环保难点进行深入合作，因为在共同的环境问题治理上各个地区具有协同的动力和条件。以长三角大气污染联防联控为例，当前针对区域移动污染源的管理合作已基本达成共识，开始协同推进区域高污染车辆船舶的治理工作，异地执法监管、统一排放标准、统一提高油品标准等协同措施逐步实施。除此之外，可以选择当前社会关注度较高的环境问题开展区域协同，在清洁能源替代、区域共性污染源治理、生态产业园区共建、环保市场机制建设和环保公众参与合作等重点领域进行探索破解，逐步完善区域环境保护协同推进的内容。

（三）构建区域环境融合发展的市场化机制

一是统一确定长三角环境总量、各地区环境总量指标及碳排放和污染物排放总量。碳排放权和排污权初始分配应与区域产业转型升级紧密结合，在坚持公平原则基础上，应兼顾地区产业发展导向，通过加强资源配置管理，引导产业转型升级，促进区域经济一体化发展。

二是通过差别电价、惩罚性电价、环境税等经济手段，营造治污者受益、超排者受损，公平竞争的市场环境，有效发挥市场激励作用。

三是建立跨区域环境污染物排放交易市场。加快二氧化碳等大气污染物排放核算、核查、配额核定等方面一体化研究，通过实现自由的跨区域交易，形成合理价格，让排污交易起到应有的减排作用。初期应以免费分配为主、拍卖为辅，逐渐过渡到配额的全部拍卖。尝试运用交易价格机制调控碳排放和污染物排放的区域均衡。由于区域发展水平的差异，碳排放和排污权在地区间买进和卖出，存在地区间污染转嫁的风险。通过发挥区域排污权交易价格机制的调节作用，能够避免特定地区污染物排放过于集中。此外，还需加强交易后的监控和监督，对于违规现象进行惩治，保障交易市场的公平有序。

四是建立统一调整相关方利益关系的体制机制，做到利益共享、责任共担。推广"新安江协议"模式构建区域统一的生态补偿机制，争取将浙皖两省新安江跨界补偿机制能复制推广到更多流域性问题上，保障上下游享有同等的生存权、发展权，促进区域社会、经济、环境的协调发展。地方政府履行环境保护的法律义务和职责，是确保环境保护总体战略实现的基础。然而，地方政府履行环境与资源保护的公共职责，不可避免地受到其观念、行政能力、公众环境意识、财政资金状况、市场化发展程度等方方面面的影响和制约。作为解决跨行政区环境污染问题的地方政府间对赌性契约，"新安江协议"代表了一种应对跨行政区环境污染问题的创新性思路和方法。[①] 在由中央政府主导下的环境与资源保护体制下，如何建立有效的地方政府进行环境污染防治的政策与法律的激励与惩罚机制，发挥其解决跨行政区环境污染问题的积极性和主动性，是推动长三角环境保护社会公共目标实现的重要保证。

五是设立"长三角生态环境保护与建设基金"。"基金"可分设"专项研究基金""专项宣传、教育、交流基金""专项致力基金"和"专项奖励基金"等，由政府出资与企业和社会募捐相结合。

此外，还应考虑完善水污染纠纷协调机制，实施污染纠纷的税收调控，实现对污染源头的控制，确保污染损害保险制度的建立；构建投资多元化的建设机制，推动环保设施建设和运营的产业化、市场化和投资主体的多元化；等等。

（四）增强区域环保协同推进的信息支撑能力

长三角环境容量核定、环境风险评估、环境成本核算、环境绩效评价对指导区域环保协同推进具有重要意义，这些工作的开展都对环境信息有较高要求。

一是健全长三角环境监测网络。近期先在大气环境、流域水环境等区域共同关心的环保领域实现突破，连通三省一市现有的大气环境、水环境监测网络，并实现共享。各地区环保部门根据区域环境治理所需数据支撑的客观要求，通过科学分析，统一规划、整合优化环境监测点位，建设涵

[①] 柯坚、吴凯：《跨行政区环境治理的对赌性契约——以"新安江协议"为背景的分析和探讨》，《清华法治论衡》2014年第3期，第111—127页。

盖多个环境要素在内的环境监测网络，按照统一的监测标准和规范开展监测评价，客观反映区域环境质量状况，为区域环境保护协同推进战略决策提供科学依据。在此基础上，构建区域联动的环境监测预警机制，跨界环保部门的联合监测，环保部门与水利部门的联合监测，实现突发事故协调处理，协同应急处理，事故后督察。

二是打造区域环保信息共享平台。完善区域信息共享机制，建立国家级信息共享平台，完善跨界省市的信息共享平台和信息共享交流模式，供社会各界监督。包括区域之间共享、政府部门与社会共享等，增强区域环境信息透明度。区域统一的环境监测网络一旦连通，由环保信息共享平台统一发布，通过信息共享，各个地区可以获得整个区域的环境数据，根据区域环境质量状况和变化趋势，可以提早进行环境污染状况预判，再根据自身污染情况启动应急预案，减轻突发环境事件的影响程度，提高区域环境管理水平和区域环保合作效率。同时向全社会公开相关环境信息查询系统，为环境保护的跨界公众参与提供信息支撑，增加区域环境保护公众参与的广度和深度。

（五）关注并借鉴京津冀环境治理一体化战略

京津冀协调发展与长三角一体化发展作为国内两大区域发展战略，互相比较借鉴是保证两大战略有效推进的科学方法。作为"政府推动型"的京津冀协调发展是国内首次由中央政府主导推动区域发展战略，这一模式由于中央高度重视和国家政策的大力支持，有利于加强统筹协调，增强合作共识，具有系统性、整体性和协调性的特征，从而有利于破解本来就是由于行政划分而引起的体制机制障碍。对其跟踪关注，可在比较借鉴为长三角环境融合发展寻求破解行政分割、构建统筹协调机制的采取的新思路、新政策与新措施。

从长三角环境融合发展来看，虽然已构建了相应的区域协作机制，但在现行的行政管理层级制度下，尽管区域内各城市自上而下的垂直领导和利益互动机制已较为成熟，但跨区域层面、区域内部各城市之间的水平合作机制还有待加强。如何通过体制机制创新来打破条块分割，消除隐形壁垒，破除制约环境融合发展的深层次矛盾和问题，是"十三五"时期长三角环境融合发展的关键。在这方面，京津冀协同发展战略在中央政府推动下，已经针对行政分割及地方保护主义、合作制度安排不足等体制机制问题，开始了一系列探索，特别是在加大改革力度、尝试构建协同发展的大环境机制和平台载体方面，可以为长三角加快环境融合发展提供重要借鉴。具体可资借鉴的领域包括：一是如何创新组织和管理模式，在现有的模式基础上，建立更高层面的，超越地方行政区域利益的统一协调机制；二是如何加强相关规划的衔接，推动规划层面的协调；三是如何建立健全区域环境融合发展的实施机制，包括改革不合理的政绩考核体系，建立和完善区域环境利益协调机制，主要是区域环境利益的补偿机制和共享机制，如探索建立区域生态补偿的长效机制、跨行政区的规划实施资金保障机制等。

有机农产品可持续发展：
管理上要下足"软"功夫

安徽省社会科学院课题组[①]

当前农产品质量安全问题突出，引起了全社会的广泛关注。有机农产品是我国最高层次的安全优质农产品品牌，发展有机农产品，为长三角城乡居民提供安全、优质、健康食品，应当成为沪苏浙皖农业发展的主要目标，也是长三角推动农业供给侧结构性改革、促进农业走绿色发展道路和提高农产品质量安全水平的有效切入点。

一 研究背景及文献综述

（一）有机农产品的概念与内涵

有机农产品是世界各国认同，并为国际承认推崇的一种安全消费食品。它特指按照国际有机食品生产要求，由有机农业生产出的原材料，按照有机食品生产加工标准或生产加工技术规范进行加工，经过有机食品颁证组织审查认可颁发了有机食品证书的所有食品。包括粮食、蔬菜、水果、奶类、蜂蜜、饮料、调料、食用油类、畜禽产品、水产品等一切可以食用的农副产品。有机农产品的特点是源于纯天然、无污染、富营养、高品位、高质量、有机投入，生产加工中不加入使用任何化学物质（包括

---

① 课题组成员：谢培秀、储昭斌、张亨明、吴海升、顾辉、郑基超、李颖、严静。

农药、化肥等），自然生产，故单位产量不高，总量有限，可供消费的量小，因而市场价格高，社会消费群体小。在我国生产有机食品，主要面向国际市场，出口创汇，运作方式由国际民间行业协会按市场运作。

（二）有机农产品的认证与管理

我国自1994年开始实施有机产品认证制度。2013年11月21日，国家颁布了有机产品新的认证办法，并于2014年4月开始实行。根据这一文件精神，凡是经中国国家认证认可监督管理委员会（CNCA）批准的食品农产品认证机构，都可以从事有机农产品的认证。有机农产品认证有效期为1年，认证证书到期后需要续展，认证单位逾期未及时申请展期，有机食品认证证书即行作废。据中国认监委资料，截至2013年6月底，我国有食品农产品认证资质的认证机构21家，共颁发有机农产品有效证书9463张，其中超过千张的前3名依次为北京五洲恒通认证有限公司1699张、中绿华夏有机食品认证中心1373张和南京国环有机产品认证中心1043张。目前，国内从事有机产品的认证机构已多达24家，截至2016年6月底，全国共颁发有机农产品有效证书14389张，其中有12个省市认证数量超过500张，包括长三角的浙江省和江苏省。已知在长三角开展业务的主要有南京国环、杭州万泰、广州中鉴、北京中绿华夏、五洲恒通和中安质环等数十家认证机构。

表1　　目前在长三角开展业务的部分有机产品认证机构

序号	认证机构名称	地址	联系电话/网址
1	北京中安质环认证中心	北京市朝阳区东三环南路58号富顿中心A座22层	010－58673524 LJPQCC@126.com
2	南京国环有机产品认证中心	南京蒋王庙街8号（210042）	025－85287246 www.ofdc.org.cn
3	北京五洲恒通认证有限公司	北京市丰台区名流未来大厦3层（100068）	010－63180681 bjchtc@vip.163.com
4	北京中合金诺认证中心	北京市丰台区南四环西路188号总部基地十六区3号楼11层（100070）	010－88850617 zhjn@co－ic.com

续表

序号	认证机构名称	地址	联系电话/网址
5	北京中绿华夏有机认证中心	北京市海淀区学院南路59号（100081）	0086-10-62121289
6	杭州万泰认证有限公司	浙江省杭州市滨江区江南大道588号恒鑫大厦17层、18层	0571-8861648
7	北京五岳华夏管理技术中心	北京市宣武区广安门南滨河路23号立恒名苑1号楼304	010-63423598 yujunnan@bjchc.com.cn
8	浙江省公信认证有限公司	杭州市密渡桥15号新世纪大厦25楼	0571-85067851
9	杭州中农质量认证中心	杭州市西湖区云栖路1号、西湖风景名胜区梅灵南路9号	0571-86650591
10	广东中鉴认证有限责任公司	广州市广州大道中227号华景大厦4楼（510600）	020-87369002 www.GZCC.ORG.CN

在统计方面，目前我国有机农产品尚未纳入国家统计局负责的农业指标统计范围，在每年公开出版的统计年鉴上查不到有关有机农产品的产量、基地面积等相关数据。仅有由中国认监委内部掌握，通过获批的认证证书备案及记载得到的有机农产品认证产品、认证产量、认定基地面积和防伪标识使用等信息。有机农产品的产品认证分为种植业、畜牧业、渔业、野生采集和食品加工业五个大类，涵盖了从农业初级产品到加工产品的全部领域；认证的基地面积则包括除却加工业的前四大类。由于产品性质差异较大，仅按照分类（包括细分小类）来统计产量，而无法统计有机农产品的总产量。作为弥补，本文所统计的长三角有机农产品产量，是不区分农产品品种、类别，按照吨理论原理加总得到，作为对有机农产品生产规模进行判断或比较的一个参考。同时还要强调的一点是，统计的是有机农产品的认证产量而不是实际产量。

（三）国内外研究有机农产品的文献综述

在国外，有机农产品需通过相关质量认证或进行标识。比如在法国，官方有4种认可和监督的质量标签，其中生态农业产品标签大体与我国的有机食品对应。在法国贴上这个标签，那就表明其至少95%以上的配料经过授权认证机构的检验，并符合欧盟法令规定，是精耕细作或精细饲养而成，没用过杀虫剂、化肥、转基因物质，含副作用的添加剂的使用也受到严格限制（范春光，2008）。

在国外食品安全研究中，认为食品安全问题产生根源是信息不对称导致的市场失灵，合适的信息制度为纠正食品质量安全信息不对称问题提供了可能。有效的方式是基于第三方认证的产品标识。在发达国家，保障食品安全采取"从农田到餐桌"全过程无缝性监控，这其中主要包括检测认证、标签标识和可追溯等环节。很多欧美国家在20世纪中期建立了食品安全认证制度（蒋艳芝等，2016）。认证制度中的标签标识是关于食品信息最重要的载体，其作用不仅在于指导消费者防范食品安全风险，还包括对食品质量做出承诺、对食品本身进行宣传等，也是食品溯源的重要基础。

在确立食品认证及标签标识制度的基础上，建立可追溯制度是发达国家实现食品安全监管的核心。比如在德国，超市销售的每一枚鸡蛋都印有一行红色的数字如：2—DE—0356352，第一位数字用来表示产蛋母鸡的饲养方式，"2"表示是圈养母鸡生产（即无笼平面饲养或饲养场饲养），如果是0、1、3，则分别代表有机饲养（如我国的有机土鸡蛋）、自然放牧（即我国的散养、放养）和笼养（即工厂化饲养）方式。DE表示出产国是德国；第三部分的数字则代表着产蛋母鸡所在的养鸡场、鸡舍或鸡笼的编号。消费者可以视数字传递的信息进行选购。如果鸡蛋质量出现问题，有关部门可以一直追查到饲养场或鸡笼。

对于肉制品，企业在将牲畜出售到屠宰场时，必须提供饲料的种类与来源、牲畜病史、兽药使用情况等详细记录和信息。同样，屠宰场在出售的牲畜肉上也必须标示强制性标识，标识上详细记录可追溯号、牲畜出生和养殖地、屠宰场名称等内容。在屠宰场生产线的最后环节，工作人员会操作电脑，将每一批肉制品打印追溯码。消费者可以在商店通过电脑查询追溯码上的信息，知道手中的肉是哪个地方哪个企业生产的，甚至由哪个农场饲养和提供的，以便追踪每块畜禽肉的来源。一旦出了问题，就可以迅速地追溯责任（雷勋平等，2014）。

我国目前有机农产品生产规模、种类扩展迅速，产业发展的重要性和影响力已经升到前所未有的高度，但相关理论和应用对策研究以及规划、质量标准体系、监管法律法规等软件体系建设较为滞后，远远跟不上实践发展的需求。

对于有机农产品发展中存在问题，主要包括消费者对有机农产品认识度偏低，对发展有机农产品的重要性认识不足。如对大连消费者的一个调查表明，只有9%的消费者熟悉有机食品标识（蒋艳芝等，2016）。在有机农产品生产方面，存在规模小，组织化程度低，生产随意性大，科技应用水平差异大，缺乏生产过程监控，自律意识淡薄，不易管理等问题。在认证方面，存在认证机构多头、认证费用及门槛过高、认证有效期偏短等问题。在产地建设方面，政府财力扶持有限，缺乏专项资金投入，难以大规模、大范围改善农业生产环境与条件。在产品结构方面，初级产品和初加工产品居多，畜牧产品比例较低等问题。在质量控制与市场监管方面，存在食品安全监管机构上下级不完全对应、部门关系未理顺，有机农产品监管责任尚不清晰等管理模式问题，以及在产地环境监管、农资投入品和农产品质量安全例行检查等方面存在的诸多问题，不合格甚至假冒伪劣投入品充斥市场，市场监管缺失，有机农产品生产的质量安全监管存在隐患等。

在对策建议上，认为要加大政府扶持力度（丁永华，2014；方丽槐等，2015），用于食品安全监管投入应占国家财政预算的1%左右才较为合理（彭亚拉等，2012）。要制定有机农产品发展规划，坚持稳步推进原则，当前发展重点应是提升品牌影响力、落实监管责任和完善制度（马爱国，2015），还应当强化人才培训和技术服务（王静芝等，2015），提高从业者素质和建立诚信体系（龚娅萍等，2012）等。

二 长三角有机农产品发展现状

本章内容将主要分析当前长三角沪苏浙皖三省一市有机食品的生产和销售情况，主要包括有机农产品的品种、产量、质量认证及安全，以及生产基地、加工企业、从业人员、销售渠道、手段与市场等。

（一）长三角有机农产品生产状况

1. 长三角有机农产品生产初具规模

从认证证书和产品数来看，截至2016年5月，长三角沪苏浙皖三省一市有效认证的有机农产品证书分别为 140 张、556 张、736 张和 384 张，长三角合计为 1816 张，占同期全国（14389 张）的比重为 12.6%。同期，沪苏浙皖三省一市认证的有机食品有效产品数分别为 1357 个、1393 个、1186 个和 583 个，长三角合计 4519 个，有机食品有效产品数占该地区"三品"有效产品数（39290 个）的比重为 11.5%（详见表 2）。

从产地认定来看，截至 2016 年 5 月，长三角三省一市认定的有机农产品产地合计达到 113.05 万亩，其中沪苏浙皖分别为 31766 亩、152986 亩、798969 亩和 146794 亩。从认证年产量来看，截至 2016 年 5 月，长三角三省一市认证的有机农产品年产量合计达到 422820 吨，其中沪苏浙皖分别为 41912 吨、166736 吨、98898 吨和 115274 吨（详见表 2）。

表 2　　　　　　长三角有机农产品有效产品及其占比

地区		证书数（张）	产品数（个）	认定面积（亩）	认证年产量（吨）
长三角	上海市	140	1357	31766	41912
	江苏省	556	1393	152986	166736
	浙江省	736	1186	798969	98898
	安徽省	384	583	146794	115274
长三角有机农产品合计		1816	4519	1130515	422820
长三角有机农产品占"三品"比重		—	11.5%	1.1%	0.8%
全国有机农产品/长三角		14389/12.6	—	—	—

注：①表中有机农产品数据指截止到 2016 年 5 月的有效证书、产品数、面积和产量情况，其余数据指截至 2015 年有效认证的情况；②有机农产品认定面积和认证年产量中包括合作基地，为有资质认证机构在长三角认证的总数，认证产量不分品种全部按照吨理论加总；③表中数据根据中国认监委、农业部农产品质量安全中心和中国绿色食品发展中心等单位资料计算整理。

从认证产品结构来看，长三角各省市认证的有机农产品有效产品结构大体与各自的资源禀赋相适应，突出了各地农业资源特点与优势。如江苏省耕地面积大，种植业优势明显，认证的有机食品中粮油类产品（如有机水稻、有机大米、有机杂粮等）占比高达 52.4%。浙江省山林资源丰富，沿海滩涂适合于水产养殖，浙东沿海温暖湿润，适合于发展各种干鲜果品、茶叶、油茶籽、石斛等中药材保健品生产,该省干鲜果品、中药材及保健品、茶叶及加工品、水产品认证分别占长三角此类产品认证总数的60.2%、69%、48.4%和41.2%,与域内其他省市相比在这些品种上占压倒性优势。安徽省平原、丘陵、山区面积各占1/3,淡水养殖面积也不小,七大类认证产品所占比重比较平均。由于境内拥有皖南黑猪、霍寿黑猪等地方特色畜禽品种资源等优势,加上粮食、野生动植物等有机饲料资源丰富,该省大力发展有机黑猪、有机土鸡及有机土鸡蛋生产,有机畜禽产品生产及认证具有突出优势,在长三角三省一市此类产品认证合计数中占比高达54.2%(详见表3)。

表3　　　　长三角有机农产品有效产品结构(2016年5月)

类别	长三角合计(数量个/占总类别%)	上海市(数量个/占本类别%)	江苏省(数量个/占本类别%)	浙江省(数量个/占本类别%)	安徽省(数量个/占本类别%)
畜禽产品	72/4.14	7/9.7	8/11.1	18/25	39/54.2
蔬果及食用菌	225/12.9	52/23.1	79/35.1	62/27.6	32/14.2
水产品	114/6.55	3/2.6	46/40.4	47/41.2	18/15.8
干鲜果品	191/10.98	14/7.3	29/15.2	115/60.2	33/17.3
粮油及加工品	492/28.3	55/11.2	258/52.4	72/14.6	107/21.7
茶叶及加工品	407/23.4	—	124/30.5	197/48.4	86/21.1
中药材保健品	239/13.7	10/4.2	8/3.3	165/69	56/23.4

注:①根据各省市截至2016年5月认证的有机农产品有效产品证书记载的产品类别整理,产品证书类别加总数(1740个)略小于认证的有效产品证书数(1816张),是因为有些不好进行类别划分的小品种如代用茶、酱油、醋、竹子、金银花、木槿花、银杏叶等没有纳入统计;②少量证书一书记载了两类及以上品种,按照两类计算;同一类品种认证了一个以上证书(多指同一认证单位的不同地块),按照认证证书加总计算;③上述情况导致表中的类别证书合计数与表2、表3中的有机农产品有效认证证书合计数不完全对应;④相关数据来源于国家认监委。

2. 长三角有机农产品的产品结构有待调整

从产品类别数据及占比来看(详见表3),截至2016年5月,长三角三省一市畜禽养殖产品占比仅为4.14%,主要品种为猪、牛、羊、鸡、鸭、鹅等肉制品,以及牛乳、鲜奶、土鸡蛋等蛋奶产品;淡水及海水养殖产品占比仅为6.55%，主要品种为绒螯蟹、鳜鱼、虾、鳊鱼、鳖、鲢鱼、草鱼、鳙鱼、青鱼、鲫鱼、小龙虾、紫菜、海苔等产品。上述两项即牧渔业产品类别合计占比仅为10.69%，远低于我国牧渔业产值占农业总产值41.77%的比重（以2014年数据为例，我国当年畜牧业产值占农业总产值的30.78%，渔业产值占农业总产值的10.99%），这说明长三角畜禽水产养殖品生产及认证普遍滞后。从蔬菜瓜果及食用菌产品占比来看，长三角三省一市合计认证产品（证书）数仅占有机农产品认证产品（证书）总数的12.9%，这不高的比例说明蔬菜瓜果及食用菌产品生产认证的程度也滞后。

分省市来看，浙江省有机农产品生产认证偏重于中药材中的石斛，合计认证了116份，占认证产品总数的15.7%。石斛作为保健品生产有着价值大、营养和效益好的特点，但如此高的认证比例必然挤占其他产品的认证空间，认证机构负有引导不力的责任：在长三角同类别产品认证合计数中，该省粮油食品类认证品种仅占14.6%，蔬菜瓜果及食用菌占27.6%，畜禽产品占25%，而这些都是普通民众喜欢消费的品种。安徽省可养水面大，淡水养殖资源丰富。但有机水产品认证的比例并不高，仅占长三角该类产品认证总数的15.8%，还未达到占比25%的平均数，说明有着很大的发展及产品结构调整空间。江苏省是粮食种植大省，发展畜禽养殖业有着饲料丰富的优势，但该省畜禽产品认证仅占长三角该类产品认证总数的11.1%，加快发展势所必然。

3. 长三角有机农产品生产各省市实力差异悬殊

截至2016年5月，长三角沪苏浙皖三省一市认证的有机农产品有效产品情况实力悬殊，表现出东部发达省市"强者恒强"，中部地区安徽省实力偏弱的状况。例如江苏省，在长三角有机农产品有效产品占比中，除却认定面积外，有效证书数、认证产品数和认定年产量占比均超过30%，其中：最高的有机农产品认证年产量在长三角中占比近40%，达到16.67万吨。同期，浙江省有机农产品有效证书数和认定产地面积分别占长三角的40.5%和70.6%；认证产品数和认定年产量占比均超过20%，分别达到26.2%和23.3%。再如上海市，在有机食品生产和认证上有很强的实力，有机食品有效证书数和认证产品数分别占比7.7%和30%（详见表4）。相比之下，位于中部地区的安徽省有机农产品生产、认证情况明显落后：四个指标中超过四分之一平均数（占25%）比例的，只有认证年产量占比27.2%这一个指标；其余指标均低于平均占比比例，最低的有机农产品认定面积（14.68万亩）仅占12.9%、认证产品数（583个）仅占12.9%（详见表4）。

表4　　　　　　　　　　长三角有机农产品有效产品区域占比

指标		证书数（张）	产品数（个）	认定产地面积（亩）	认证年产量（吨）
长三角有机农产品合计		1816	4519	1130515	422820
长三角各省市占比（%）	上海市	7.7	30	2.8	9.9
	江苏省	30.6	30.8	13.5	39.4
	浙江省	40.5	26.2	70.6	23.3
	安徽省	21.1	12.9	12.9	27.2

注：①根据表2中数据计算；②表中有机农产品产品数为截至2016年5月统计数。

4. 长三角农产品质量安全形势总体不容乐观

长三角是我国经济最发达的地区之一，高投入、高产出、高价值的"三高"农业特征明显。在农业严重依赖资源、能源投入的情况下，容易发生违规使用有害农用投入品情况，从而造成食品污染及农村环境破坏，农产品质量安全水平不容乐观。从对环境条件要求较高的有机农产品生产来看，截止到2016年5月，长三角沪苏浙皖三省一市经认证的有机食品有效产品数4519个，获得认证的有机食品有效证书共1816张，占全国认证张数14389张的比重为12.62%，远低于本地区其他"三品"（主要指无公害农产品和绿色食品）认定企业数、认证产品数平均约占全国25%左右的水平。同期，长三角认定的有机农产品产地面积和认证年产量，仅占"三品"认定总面积（9483.26万亩）的1.1%和"三品"认证年总产量（5011.782万吨）的0.8%（详见表2）。再从长三角国家级现代农业示范区认证的绿色食品和有机农产品所占比重来看，2014年认证的绿色食品有效产量合计达到426万吨，占全国同类示范区比重为11.6%；而认证的有机农产品有效产量仅不到2万吨，占比3.3%（详见表5）。

从长三角有机农产品认证（有效证书数）占全国比重，有机农产品产地认定面积和认证年产量占"三品"认定总面积和"三品"认证总产量比重，以及国家现代农业示范区认证的有机农产品有效产量占全国比重等数据偏低的事实来看，与无公害农产品、绿色食品比较而言，长三角有机农产品的发展态势明显滞后。由于有机农产品代表着较好的生态环境和较高的农产品质量安全水平，这一生产实绩或许表明了该地区的农产品质量安全形势不容乐观。

表 5　　2014 年长三角国家现代农业示范区绿色、有机食品产量

地区		绿色食品产量（吨）	有机食品产量（吨）
全国		36680315.3	595544.2
长三角	上海市	551007.6	13768.6
	江苏省	2485122	3014.6
	浙江省	495464	1383.7
	安徽省	733166	1705.4
长三角合计		4264759.6	19872.3
长三角占全国比重（%）		11.6	3.3

注：表中数据根据中国绿色食品发展中心资料计算整理，有机食品产量仅为经农业部中绿华夏有机认证中心认证的产量。

5. 长三角农产品中畜禽水产养殖品安全值得关注

从长三角三省一市有机农产品认证结构来看，畜禽水产养殖、蔬菜瓜果种植等产品占比偏低（详见表3）。由于已知规模化的新型农业经营主体有机农产品认证率远高于普通农户，且目前畜牧（渔）养殖业的规模化程度又明显高于农业种植业，蔬菜瓜果及食用菌生产的专业化程度也高于普通农户的粮油种植，按常理来讲长三角畜牧渔业产品认证占比率应当高于种植业产品认证占比率，蔬菜瓜果及食用菌产品认证占比率应当高于粮油及加工品认证占比率才对。然而表 3 中数据显示前者低 30.51 个百分点，后者低 15.4 个百分点。如果将有机农产品理解为受到较为严格监管的国家安全优质农产品，其质量价值水平和品牌影响力应当高于普通农产品。长三角较高的种植业有机产品认证率和较低的畜牧渔业有机产品认证率这一反差情况说明，相比种植业产品而言，目前该地区畜牧渔业产品的质量安全形势更为严峻，规模化的畜牧渔业养殖场可能怯于产品申报认证

后监管严格，降低了申报有机农产品的积极性，导致畜牧渔业有机产品认证占比率偏低。因此，长三角畜牧渔业产品的质量安全更应当引起当地政府及监管部门的注意。

6. 长三角发展有机农产品的潜力巨大

截至2016年5月，长三角三省一市合计认证有机农产品产地面积仅113万亩，认证年产量仅约42.3万吨，只占当前该地区农地面积和食用农产品产量的极小部分。考虑到还存在着有机农产品产量重复认证的情况，例如有机水稻和有机大米、有机小麦和有机面粉、有机茶鲜叶和有机茶等，发展有机农产品生产包括内部结构调整存在较大的空间。

（二）长三角有机农产品产销现状

有机农产品采取"谁认证、谁管理"的方式，即其生产和认证有着较高的市场化程度。本节内容将根据调研情况，分为安徽省、沪苏浙两个部分来分析和阐述。

1. 安徽省有机农产品产销情况

在安徽省宣城市，2014年共有有机食品生产企业49家，137个产品，有机食品生产基地1个。位于宣城市南部的宁国市是个临近浙江省的山区小县，目前全市认证了42个有机农产品。在该市河沥溪办事处长虹行政村，成立于2010年的传福农民专业合作社流转有110亩蔬菜地，经南京国环有机产品认证中心认证了马铃薯、黄瓜、菠菜、芹菜和萝卜5个品种的有机产品，2014年完成销售额100多万元。据负责人介绍，合作社有机蔬菜主要销往南京、杭州和合肥等长三角，销售方式主要采取会员制（第三方网店），组织会员前来产地参观考察，签订购销协议，然后由合作社定期向会员所在城市发货，经过第三方网店销售给终端客户。据了解，目前通过会员制销售有机蔬菜比较稳定，而在网络平台上电商订单销售波动大些，大体上会员制和网络订单销售各占50%。宁国本地也有销售，多时每月约5万—6万元。目前主要问题是市场容量不大。有机产品认证后，合作社必须按照认证单位要求规范组织生产：不能使用人工合成农药，只能使用鱼藤酮、苦生碱等南京国环认证中心指定的生物农药，上门推销的其他生物农药也不能用。有时本地买不到这类指定的生物农药，需要跑到南京、杭州等大城市去买，这增加了费用开支。加上每年都要对产地、产品进行的核查、检测，有机蔬菜的生产成本居高不下，高昂的定价必然造成消费群体减少，一般来讲只有高端白领客户才能消费得起。此外，有机产品的市场管理也存在问题。不管是否通过了有机产品认证，也不管产品是否还在有效期内，都打有机产品牌子，加上消费者本来就不太认真，这样导致鱼目混珠，误导消费者，使真实的有机产品价格优势体现不出来。

在安徽省宁国市，吴家大院食品公司养殖业走的是生态高端路线，专门饲养有机猪（皖南黑猪），存栏有上万头猪。在公司5个散养猪场中，附近山场上种植有机玉米和有机蔬菜，作为饲料来饲喂有机猪。该公司有机猪产品获得了杭州万泰有机产品认证中心认证，每斤有机猪肉以几十元的价格销往沪苏浙的星级酒店、（日本）九光超市等高端消费市场，一直以来售价高、效益好，产品供不应求。但是2013年以来，国内经济由高速增长向中低速增长的新常态过渡，高端有机食品市场受到挤压，市场行情趋向恶化，公司销售情况不好，2015年有机猪肉销售额仅几千万元，企业经营上出现困难。

在安徽省六安市，金安区的九棵松生态农业公司专门饲养当地的霍寿黑毛猪，该产品经广东中鉴认证有限公司认证为有机产品。除拥有自己的黑毛猪养殖基地外，公司还通过技术指导、统一收购等订单农业模式带动周边农户养殖霍寿黑毛猪，饲养百头左右黑毛猪的农户年纯收入可以达到5万多元，目前该公司养殖规模已达到万头。公司黑毛猪肉主要销往南京市场，在南京市开设了17家黑毛猪肉连锁店，经销霍寿黑猪肉系列产品53个，受到市民的欢迎。

2. 沪苏浙有机农产品产销情况

在上海市，多利农庄是集研发、种植、生产、加工、配送、销售与售后服务为一体的有机农产品供应商。截至2016年5月，多利农庄在上海市浦东新区、崇明岛，成都郫县，九寨沟，陕西等地拥有经认定的有机农产品基地4381亩，有经北京五洲恒通、五岳华夏、南京国环、杭州万泰等认证机构认证的有机农产品品种237个，有机产品年产量约为4531.54吨，按照每斤20元估算，年销售收入约达到18126.2万元，实现了亩产1吨果菜及4万元销售收入的辉煌业绩。

从生产上看，多利农庄在经过数年土壤改良的基地里，采用自己研发的纯植物有机肥生产有机农产品。这种自制有机肥料主要采用豆渣、散养鸡粪和蘑菇种植下脚料,再配以十几种不同品种的发酵菌,在高温作用下形成。农庄实现了自动灌溉（喷灌和滴灌相结合）和农业物联网生产监控,将传感器埋在土壤中,可根据土壤湿度进行适时灌溉；实时获取土壤的有机质含量、温湿度、重金属含量、pH值,以及光照、降雨量、植物生长特征等小环境信息,并利用这些信息指导有机农产品生产。为了最大限度压缩中间环节利润和加强品牌建设,多利农庄采取会员制直销方法,目前有50多家企业会员,如上海市证交所、期交所、中金所、工商银行、上海市银行等,还有大概7000多个家庭会员。采用会员预售模式,由会员以月、半年或年度为周期预先付费,打包购买有机蔬菜,农庄采用自建物流和第三方物流送货上门。目前有机蔬菜配送每单多集中在1千元左右,配送成本大概占整个收入的15%—18%,有效地降低了企业运营成本,加上没有其他渠道费用,农庄有机农产品产销利润率得到了保证。

位于上海市崇明县的壹亩田实业公司,创新了有机农产品产销的一种全新方式：由客户以会员制方式订购一亩田有机蔬菜或者"拥有"公司崇明基地一亩田地,公司负责有机农产品种植并送货上门,客户既可以通过网络即时观察产品长势,亲眼看见他们享用的蔬菜食物是怎样从农田走上自家餐桌的；也可以在节假日举家出游,亲历田间劳作,使家人们在喧嚣的都市中,得以体会亲近自然的田园之乐,享受都市居民难以体验的农耕乐趣。截至2016年5月,壹亩田实业公司崇明岛有机农场经南京国环和杭州万泰认证公司认证了包括菠菜、生菜、白菜、茈菜、苜蓿、芹菜、芝麻菜、芫荽、根甜菜、樱桃萝卜、白萝卜、莴笋、豌豆苗、扁豆、红薯、萝卜、韭菜、芋艿、花生、芦笋、山药、苦瓜、丝瓜、秋葵、玉米、长豇豆、黄瓜等在内的34个品种有机蔬果,认定有机农产品生产基地面积230亩,认证年产量约150.2吨,为上海市2000多个会员家庭提供有机蔬菜消费和互动种植服务,创新了一种全新的生活方式和健康理念。

位于江苏省南通市的味之原家庭农场占地230亩,其产地土壤、水源和空气环境经南京国环有机产品认证中心认定符合有机产品生产标准,农场大米、蔬菜两个产品获得了上述机构的有机产品认证。农场将有机农产品生产与建设生态农业结合起来,按照认证机构要求进行土壤改良。由于鸡粪中容易含有重金属及激素、抗生素等添加剂,羊粪也不行,他们采用发酵后的牛粪来增强地力。在植保方面，采用杀虫灯、性诱剂、防虫网及生物农药来防治病虫害。种植全过程严禁使用化学农药、化肥和植物生长调节剂、除草剂。经过几年土壤改良和规范生产，他们惊喜地发现，以往稻田中的稗子等杂草变少了，蔬菜口感变好了，这表明农场的生产环境、产品质量得到了改善。味之原农场在网上建立了农场网页和微商城，采取线上（约占70%）线下（约占30%）两种方式销售有机水稻和有机蔬菜，产品畅销到上海市、杭州、南京、无锡等地，2015年实现销售收入200多万元，初步实现了收支平衡。依托有机农产品生产，味之原家庭农场逐步发展起了生猪和蛋禽养殖，开发了农家乐餐饮和农业观光休闲游，下一步计划在扩大生猪养殖规模（据介绍目前70—80头生猪的养殖规模偏小，上马沼气工程必须存栏300头以上才行）上搞沼气发电。

浙江省德清县义远公司在当地是从事有机蔬菜、有机大米生产的大户，拥有经南京国环有机产品认证中心、杭州万泰认证有限公司认证的几十个有机农产品证书，包括鸡、鸡蛋、菜籽油、大米、蔬菜等，年销售额在数千万元，年购买有机农产品标识费用就需要1万—2万元。公司拥有有机农产品生产基地1500亩，年产有机大米180吨，包括红粳米、黑糯米、鸭血糯、绿香米、日本赤米、巨胚糙米等品种。年产有机蔬菜204吨，包括白菜、散叶莴苣、甘蓝、萝卜、菜薹、蒜等几十个大类品种。据悉，有机蔬菜认证时是按照大类品种收费，例如义远公司认证的有机白菜（大类）包括娃娃菜、泰国快菜、小青菜、鸡毛菜等4个小品种，有机散叶莴苣包括莜麦菜、意大利生菜、花色生菜、结球生菜等4个品种，而有机蒜则包括大蒜、蒜苗、蒜头3种。此外，公司还年产有机鸡蛋、有机（草）鸡27吨，有机菜籽油2.5吨。据公司反映，在这些认证的有机农产品中，有机蔬菜的产销效益最好。义远公司签约有较高收入的500多户有机蔬菜终端用户，销售有机蔬菜时采取点对点配送方式，每天收获蔬菜后将叶菜按照7两一包、果菜1斤一包包装好，通过自备物流送菜上门，一般叶菜价格在18元1斤、果菜价格在27元1斤，远高于市场普通蔬菜价格。据悉，高峰期公司每天有机蔬菜销售额达到3万元左右。至于有机农产品质量安全监管，南京和杭州的认证公司有专门的认证员，一般每年来2—3次，查阅田间种植记录，翻看使用物料台账，采集认证的有机农产品样品，带回去检测，然后向公司反馈检测报告结果。地方农业主管部门每年也来检查6—10次。

三 长三角有机农产品发展做法与成效

长三角有机食品生产和销售已经具备一定规模，在满足本地区城乡居民优质安全食品需求上取得了一定成绩。为了更好地谋划下一步发展，需要梳理一下各地发展有机农产品的做法、经验和成效。

（一）发展有机农产品的做法

1. 加强政府对有机农产品生产及认证扶持

江苏省财政自2009年开始对获证的每个有机农产品补助1.3万元。"十二五"时期前3年，省级政府对有机农产品获证补助标准每个提高到2万元，这段时间也成为江苏省有机农产品生产及认证发展最快的时期。

在上海市，市农委和财政局规定对在2011年至2015年12月31日期间获得认证证书的有机农产品（包括首次获证和续展换证的）予以奖补：按照认证产量每吨奖补85元，下限5000元，上限3万元，但须是同一获证主体自2011年起连续3年获得有机（或有机转换）产品认证证书后，一次性兑现。上海市的奖补政策极大地促进了农业经营主体的申报认证有机农产品的积极性。

在浙江省象山县，目前（2015年）对有机食品认证每个补助3万元，续展补助每个1万元。2015年，县财政补助宁波枫康生物科技有限公司有机铁皮石斛续展1万元，补助宁波神乙草生物科技有限公司认证有机石斛3万元。在浙江省德清县，对获得有机产品认证的奖励5万元，对认证的有机食品复审换证实行减半奖励。强有力的扶持政策，促进了德清县有机农产品的快速发展：截至2015年年底，全县有机农产品发展到了25个。

在安徽省长丰县，2014年前有机农产品检测认证费用由合肥市出80%、县出20%进行补贴，2014年市级补贴取消后，要求县级政府继续给予认证补贴。

2. 高度重视农业基础生产条件的改善

在上海市浦东新区大团镇，成立于2005年的多利农庄在获得1750亩蔬菜地的经营权后，庄主张同贵首先考虑的不是怎样去卖好菜，而是先老老实实种好地。农庄按照有机农产品种植要求，先对基地进行土壤和水质改良。他们雇人挖出20米宽的河道，把多利农庄和周边环境分开，同时投入巨资来改良灌溉用水的水质，仅此一项就花去了6千多万元。为了进行土壤改良，农庄硬是让土地白白闲置了3年，以降低土壤中的农药残留，恢复土壤自身肥力。在经历了5年多时间的土壤无害化有机转换及2.5亿元水土改良投入后，多利农庄从源头上保证了有机蔬菜的卓越品质，使生产出的蔬菜口感好、品质优、价格贵。目前，多利农庄已经成为上海市规模最大的专业从事有机蔬菜种植、销售的有机农庄，其有机农产品获得了南京国环有机产品认证中心（OFDC）有机产品认证、ISO9001质量管理体系认证、ISO14001环境管理体系认证、HACCP食品安全管理体系认证以及中国GAP友好农业规范管理体系认证。2010年上海市世博会期间，多利农庄作为唯一的有机农业参展商，在城市未来馆展现上海市都市新农业的风貌。

在浙江省德清县，针对畜牧水产养殖中广泛存在的食品、环境污染及生产条件恶劣情况，地方政府自2013年8月即启动了"保供水、排涝水、抓节水、防洪水、治污水"的"五水"共治行动，指导畜牧水产养殖户建立污水处理设施，推行农牧结合的循环生态种养殖模式。对于污染严重、条件较差的存量传统养殖设施，采取补偿养殖户的办法，耗资3.2亿元，拆除了726户的温室（污水）龟鳖养殖池，拆除总面积达110.38万平方米；除保留384家生猪规范化养殖场外，耗资3.3亿元，关停了2949家缺乏治污设备、污染严重的生猪散放养殖场，减少幅度为88.4%，生猪存栏数由治理前的75万头下降到了目前（2016年）的20万头。全县建立了4个病死畜禽无害化处理收集点，大力开展省级农药废弃包装回收处置试点工作，极大地改善了有机农产品生产条件。

3. 采用科学与可持续的栽培养殖技术

在上海市，多利农庄在崇明岛的低碳农业示范基地利用风能、沼气、太阳能、秸秆、地热能源等多种可再生能源对园区进行能源供应，同时利用农业剩余物作肥料，使用豆渣、栽培蘑菇的下脚料、散养鸡鸡粪，配上十几种不同品种的生物发酵菌，在高温发酵下，制成植物有机肥，然后利用这种有机肥对土壤进行了长达数年的有机转换改良。农庄收集雨水作为灌溉用水，对垃圾废弃物进行无害化处理，使得农庄达到发达国家同类生态农庄的零排放标准。

在上海市松江区叶榭镇，崇本堂农业公司锦菜园农场通过建造缓冲池塘来收集雨水，在水面上铺设人工浮岛，通过浮游植物的根系，吸附水中的农药和重金属残留。农场利用残存的菜叶、秸秆、牛粪等制作堆肥，在购买有资质的有机肥料后，也会进行一次彻底发酵以杀死病虫害。崇本堂农业公司的有机农产品通过了南京国环认证中心的认证。

而在上海市食全食美蔬果合作社，自转换期起步生产有机农产品时，由于土地肥力太差，种什么就出现什么病虫害，产品品质不达标，最后只好全部砍掉，非常艰难。由于普通农家肥肥效不高，他们通过向土地大量补充微生物肥料办法以恢复地力，解决了土壤贫瘠问题。合作社有机蔬菜通过了南京国环有机产品认证中心的认证，认定面积300亩，认证年产量355吨。

在上海市中棵农业公司，采取预防为主，防治结合办法，选用抗病优良的品种、进行合理间作与轮作、实施冬季冻垡与夏季晒垡，以及使用防虫网、杀虫灯、黏虫板等方法来防治病虫害，在病虫害高发季节，还会采用经过第三方合格评定的纯植物源、矿物源的专用药剂进行防治，确保了有机农产品的品质。

4. 推进标准化、品牌化、信息化和可溯源制度

在浙江省德清县，通过建设农业标准化示范区和示范园，扩大标准化技术应用面，促进了农产品"按标生产、按标上市、按标流通"。对列入国家级、省级、市级和县级农业标准化示范区（示范园）的，经验收合格后分别给予补助10万元、5万元、3万元和2万元。在推行农业标准化过程中，鼓励农业企业制定标准。企业参与制定国际标准和主导制定国家标准，参与制定国家标准和主导制定行业标准，参与制定行业标准或省级地方标准的分别给予30万元、10万元和5万元奖励。德清县积极支持莫干黄芽、生态甲鱼、优质大米等农产品品牌建设，对获得中国驰名商标、中国名牌产品、中国最具竞争力品牌的农产品奖励50万元，对获得中国名牌农产品、省区域名牌农产品的奖励20万元，对获得国家工商总局核准注册的集体商标、省知名商号、省著名商标、省名牌（农）产品、市区域名牌的奖励10万元，市著名商标奖励3万元，市名牌产品奖励2万

元,获得农产品国家级、省级金奖的分别奖励 2 万元、1 万元。

在上海市崇本堂农业公司的锦菜园农场,每天早上会将采摘下来的蔬果送到预冷室降温,然后输送至流水线上人工去除腐烂和带有虫洞的菜叶,擦掉泥土,然后包装、贴标签,以最快的速度快递到会员家中和超市。锦菜园的有机产品种植、采收都有详细记录。种植过程十分规范,诸如棚内作物的间距要求是 45 厘米,机械翻土至少两次,有机堆肥的肥料要充分发酵等细节均要严格遵守。经包装好的有机蔬果,盒上除了印有锦菜园商标和价格,还要贴上有机认证单位的二维码,扫描后即可确定有机蔬菜的认证单位、规格等信息。

农业信息化建设是实现可溯源制度的基础。通过二维码实施农产品溯源,消费者即可以详细了解该批次农产品的产地、生产单位、产品数量、农业投入品使用等情况,从而激励企业的自律意识。在浙江省德清县,地方政府每年安排 50 万元专项资金,对于应用二维码溯源的农业经营主体,视规模大小、产品个数和信息详细程度给予 1 万—2 万元的一次性补助。目前全县已有 80 家农业生产主体应用二维码溯源,县内生猪养殖户已经全部实现二维码猪耳标溯源。该县计划在三年内实现县域内规模以上农业生产经营主体产品可追溯率达到 90%。在浙江省象山县,共有规模以上农业生产主体 128 家,按照要求需要建立产品可追溯系统的有 105 家,目前已经建成 95 家,还有 10 家尚未建立,其中有 6 家水产养殖单位,主要原因是鲜活水产品标识附着存在困难。

5. 切实加强有机农产品的质量安全监管

在江苏省姜堰区,自 2011 年开始着手建立农产品质量监管体系。在江苏省畜牧科技学院的支持下,在区农委农产品质量检测科建立了网络监管平台,各乡镇建立农产品质量监管站及质量检测室,村设立农产品质量安全协管员,各农产品批发市场、农贸市场和规模化蔬菜生产企业均设立蔬菜农残检测室,农兽药经销门店建立统一的电子化销售台账。这样,各乡镇村的农产品质量监管信息、农贸市场和企业的蔬菜农残检测信息、农兽药经销店的销售信息,均可以通过互联网及时汇总到区农产品质量监管网络平台上,便于主管部门有效实现对农产品质量安全的全面监管。在村一级,建立了村农产品质量安全协管员制度,由村协管员具体负责村范围内的农产品质量安全监管工作,包括督促农资经营店建立完整的购销台账、记录档案，登记农药购买人的信息（身份证等）等；对农业投入品进行监管，指导、监督生产者按照规定使用农兽药，对违禁用农兽药实施经销、使用监管和巡查、检查，建立种养殖大户档案，对种养殖大户台账进行检查等。对于2000人以上或蔬菜种植面积大（有百亩以上蔬菜基地）的村，给予协管员每月200元的补助；对小于2000人的村给予每月150元的补助。

在上海市，市食安办和食品药品监管局最新修订的《上海市食品安全举报奖励办法》于近期发布。按照规定，举报者可以获得涉案货值3%—6%的奖励，举报线索的按照金额2%—3%奖励，举报案件金额无法计算，但涉及责令停产整顿、吊销许可证等情况的，可视情给予200—2000元奖励。举报者奖励金额最低不低于200元，有特别重大贡献的举报可以获得最高不超过30万元的奖励。据悉，上海市2015年落实有奖举报件数共995件，奖励金额共84.3万元。

浙江省则通过企业年检、质量抽检、标志市场监察、颁证前告诫性谈话、专项整治、企业内检员培训、协会引导和行业自律等多种办法，逐步完善农产品质量安全监管机制。

在安徽省宣城市，自2014年开始在城区批发市场开展高毒农药定点管理工作，批准了6家定点经营（批发）门店。随后，各县（市区）相继挑选经营人员相对素质较高的农资经营店，实施高毒农药定点经营管理、实名销售工作。2015年以来，通过专项检查，制止、记录并警告各种不规范行为，全市高毒农药定点经营店数量由142家下降为82家。高毒农药定点经营店减少后，为相关部门（市农产品质量安全监管局）加强农药管理奠定了基础。

（二）长三角有机农产品发展成效

1. 提高了农产品质量安全水平，满足了社会需求

象山县枫康公司在有机石斛栽培大棚内铺设防虫网来防止虫害。新型农业经营主体在认证了有机农产品后，促进其按照生态农业方法栽培农作物，提高了农产品质量安全水平。在安徽省太湖县，"程岭"山黑猪、"龙山"系列土鸡、香茗山"女儿秀"蜜枣等有机农产品远销到上海、南京、合肥等长三角大城市，深受广大消费者欢迎，品牌知名度和美誉度也

得到大幅提升。在安徽省宁国市，针对长三角的高端客户和高品位的消费需求，吴家大院食品公司走生态高端路线，专门饲养有机黑猪，2012年高峰期时每市斤售价高达130元，销往上海市、苏州、无锡、杭州等地的高档酒店、专卖店和超市（如日本久光超市），产品供不应求，深受客户的欢迎。按照每头有机黑猪130斤平均重量计算，每头有机猪要卖到1.7万元，企业也获得了极为可观的经济效益。

2. 推动了当地农村经济发展，带动农民致富增收

地处大别山腹地的岳西县是安徽省较早开展有机农业生产和认证有机产品的县。早在1995年，岳西县就在原安徽省环保局、国家环保局有机食品发展中心的支持下，争取到中德合作有机农业发展项目，总投资400万马克，项目实施期为1998—2003年，实施地点包括主簿镇余畈村和包家乡石佛村，目的在于支持贫困地区发展有机农业。1996年9月，岳西县生产的"岳西翠兰"茶叶和绿茶首次获得有机（天然）食品证书。1999年，余畈村在国内率先成立了有机农业协会——岳西县有机猕猴桃协会，全县有机茶开发也纳入了《岳西县茶叶产业化经营实施意见》。经过几年项目实施，两个村有机猕猴桃、有机茭白基地发展到600多亩，有机茶叶基地发展到近600亩，其产品多次参加国际性有机产品展览会并获奖。经过多年努力，目前全县有机农业协会会员由33户发展到2500多户，有机农业产业化龙头企业发展到8家，认证的有机产品由3个发展到37个，有机农业示范基地面积由1000多亩发展到5.25万亩，有机产品年产量已达万吨，产值达1亿多元。从事有机农业生产的农民较从事常规农业生产的农民人均年增收1000多元，有效地推动了当地农民脱贫致富。

岳西县名山有机农业公司拥有山场5000多亩，建有专门的繁殖、保种、放养、精养、种植、饲料加工、屠宰加工和冷藏保鲜等八大基地，为安徽省首家集有机黑猪养殖、屠宰、加工和销售为一体的省级农业产业化龙头企业，目前拥有固定资产6700多万元，职工148人，大部分为当地农民工。为了发挥公司的龙头示范作用，带动更多的农民致富增收，公司采取"基地+农户"模式扩大有机黑猪生产规模，具体做法是：由农户申请、公司考察认可后，由公司为每个农户无偿提供1千元猪舍建设资金，然后统一提供仔猪、饲料和技术服务，按照最低保护价（目前为黑猪9.5元/斤，土鸡20元/斤）统一回收加工和品牌销售，有效保证了农

户利益。为了解决农户缺乏流动资金问题，由公司担保，为每个养殖户办理了惠农卡，承诺在养殖规模超过50头时，由公司为其支付贷款利息。通过发展订单农业及带动关联产业发展模式，该公司带动农户1000多户，户均实现增收5000元，最大规模养殖户公山村汪松柏，2014年收入31万元。

在浙江省象山县，从事铁皮石斛育苗、栽培、加工一条龙生产的枫康生物科技公司在当地小有名气。铁皮石斛是植物类营养保健品，长期食用具有滋阴润肺、清肝明目作用，在市场上深受消费者欢迎。枫康公司经北京中绿华夏有机食品认证中心认证了有机石斛证书，认证年产量25吨，按照每斤石斛鲜条500—600元的市场价格，年产值可达到3千万元。通过"公司＋农户"方式，带动周边农户约300亩承包地按照有机种植方法种植铁皮石斛，公司按照每斤铁皮石斛鲜条250元的价格统一收购。按照亩产600斤计算，每亩可创毛收入15万元，与种植常规农作物相比，可以为当地农民至少增加收入4千万元以上。

3. 提高农业企业效益，保护农村生态环境

发展有机农产品生产，通过建立种养业互相促进、良性循环的生产体系，既可以节约资源，保护农村生态环境，又促进农业增产增收，有效实现农业的可持续发展。安徽省岳西县名山有机农业公司通过发展"徽名山"牌有机黑毛猪，成功摸索出一套"养—沼—种—养"的循环农业模式，通过在猪舍顶上种菜，节约大量耕地。猪粪发酵产生沼气，夏天用来发电，冬天用来取暖，从而实现能源自给。沼液沼渣用来种植有机饲料，主要是构树，构树叶营养全面，可作全价饲料。采用有机饲料养猪，实现了循环发展和效益提升。作为新的种养基地，公司占地400亩、坐落在来榜镇三河村的"三河现代循环农业示范基地"项目即将竣工，届时必将为当地农民脱贫致富增添新的力量。

4. 促进农业规模化发展，提高了农业产业化水平

在长三角，有机食品获证单位基本都是生产企业、行业协会和农民专业合作社，企业化主体往往是主角。在浙江省，象山县枫康公司的栽培基地占地1800亩，建有塑料大棚3.8万平方米，玻璃恒温大棚2万平方米，棚内实现自动喷灌、施肥，投资750万元建设了物联网，实现了石斛栽培、加工过程和质量安全可追溯。此外，枫康生物公司还拥有4500平方

米石斛组培苗基地，年产3200万株组培苗，按照每瓶20株组培苗售价20元计算，可创年产值3200万元。含有石斛原料的中药饮片及石斛茶也正在开发过程中。公司已经将栽培基地建成一个集石斛产品展示（大棚栽培、产品及石斛知识展示厅）、茶山、垂钓、农家乐餐饮在内的4A级生态休闲景区，包括栽培、加工在内，为当地提供了数百个就业机会。

通过有机农产品认证，有力地促进了农业龙头企业、农产品专业合作社的发展，推动了生产经营企业与农产品生产基地和农户的产销对接。

四　长三角有机农产品发展存在的问题

（一）产品认证、市场准入及检测、监管

有机农产品申报认证需要对产品质量、产地环境进行检测，符合标准才能批准。如目前每申报一个产品，江苏省等地的检测费用就达到2500元至3000元，申报几个就要检测几个。在专题调研中，认证企业普遍反映手续繁、费用贵，认证复审（含检测）增加申报、持标企业负担。

1. 市场竞争关系致使出现"给钱就认"乱象

有机农产品认证属于完全的市场行为。目前，全国开展有机农产品认证的机构约有24家，分属或挂靠于政府农业、质检、环保、供销总社、农科院、妇联、总后勤部等多家部委级单位，也有部分机构是完全独立的。从认证、监管办法上看，目前国内的有机食品认证检测市场已经放开。这些认证机构的业务范围都是跨地区经营，包括在长三角。由于涉及收费等利益关系，各个认证机构在开展业务上存在"吃饭"的竞争关系，因而给人在认证收费、质量监管和市场推广宣传上比较乱的形象。国内有机食品认证机构虽然都依据国标GB/T19630.1～19630.4－2005《有机食品》和《有机产品认证管理办法》进行认证，但是出于利益的考虑，在认证过程中对标准把握的尺度有所不同，甚至存在一些"给钱就能通过认证"的情况。在专题调研过程中，地方上也反映存在给钱就能够认证的情况。

2. 认证检测手续繁、费用贵，加重企业负担

有机产品认证有效期只有1年，认证有效期偏短。认证后每年都要检测复审，既烦琐，又花钱。据企业反映，目前包括政府补贴在内，认证有

机产品是要倒赔钱的。高昂的认证、检测及复审费用,许多农业经营主体承受不了,这导致了有机产品复审续展率低。

安徽省宁国市传福农民专业合作社从事有机蔬菜生产,经南京国环有机产品认证中心认证了 5 个品种的有机蔬菜。在申报有机产品认证时,合作社先要请专业机构对产地土壤、水和空气进行检测,包括与邻近地块之间要有隔离带,以防止周边种植农户使用农药时会随风传播。抽样检测后,会由检测机构给合作社出具符合要求的证明材料。负责人介绍,5 个产品初始认证花费了约 4 万元(含检测费用)左右,其中宁国市农委补贴了 1 万元。这之后每年还要复审一次,每次包括检测、差旅费用在内仍要支付 2 万—3 万元,并且没有政府补贴,自觉费用负担压力很大。其负责人坦言,合作社种植有 20 多个品种蔬菜,但是没有那么多钱,每年只能认证 5 个。

3. 有机农产品监管存在漏洞,责任尚不清晰

对于有机农产品的管理,根据有关规定,实行"谁认证、谁负责"的办法。对这一类产品来讲,各级农委系统也负有监管职责,但仅限于农产品质量安全方面,通过年检、抽检等手段行使职责。由于没有具体介入该类产品的认证、检测、复审等管理环节,信息不对称,执行监管时手段偏软。从长三角开展有机农产品认证的机构来看,据业内人士反映,南京国环有机认证中心管理比较严格,但认证费用也偏贵。有些机构认证费用比较便宜,但监管工作就不那么到位。由于认证单位在认证有机农产品上存在"吃饭"的利益竞争关系,实践中也存在一些不规范做法,如指导客户采取打"时间差"办法用肥、用药,以至于检验不出来农残的情况。

对于有机产品认证机构擅自降低标准,国家质检总局和国家认监委可以按照相关规定给予其处罚,直至吊销其认证资质。而对于部分认证机构后续监管不到位,致违规、假冒现象时有发生,这一问题的处理就比较复杂。客观地讲,有机产品认证机构的业务覆盖范围通常很广,如安徽省有些企业的有机产品是由北京、杭州、广州等地的认证机构完成的,认证机构和持证单位距离遥远。而企业产品生产过程中的敏感活动复杂、多样,两地相隔数千公里,在缺乏远程监控情况下,如何实现有效监管?出现的问题就是:当地农业主管部门对需要监管的认证企业"看见管不着"或"看见不好管"(潜台词是:认证、检测的费用好处你们拿去了,得罪人

的质量监管工作让我来做，谁是傻帽啊?!）；以及"监管标准不掌握"，地方农业主管部门认为只能按照其熟悉的绿色食品标准来监管，由于有机产品生产标准比绿色食品要高，这可能导致监管标准降低。而对认证机构来讲，又存在对认证企业"管着看不见"或"监管要花钱"的问题，这些弊病的存在容易导致有机产品的质量安全监管缺失。可以说，这类产品的管理模式本身在制度设计上就存在漏洞。

4. 有机编码追溯有利质量监管，但增加企业负担

有机农产品因为营养价值高、使用安全，虽然比普通农产品贵，也广泛受到消费者的青睐。我国自1994年开始实施有机产品认证制度以后，陆续出现了不少问题，市场上出现了一些假冒伪劣、滥用有机标志的不诚信的行为。有一些生产者没有完全遵守法律、法规和标准，不是有机的，他就冒充有机；或者有一点点有机的成分，他就标识整个都是有机的；再就是认证的有机产品证书早已过期失效了，他还违规使用有机产品标识。个别认证机构为了单纯追求经济效益，也没有严格按照有机产品认证的管理规定和标准进行认证。

针对这一问题，我国于2013年11月21日颁布了有机产品新的认证办法，从2014年的4月份开始实行。根据这一办法，国家推行统一的有机产品认证制度，实行统一的认证目录，统一的标准和认证实施规则，以及统一的认证标志。在新的管理办法中，国家认监委要求建立有机产品一品一码的追溯体系，对每个产品最小包装单位，设置唯一有机编码。根据新版有机产品认证实施规则的要求，每个有机产品的最小销售包装上，除了加施中国有机产品认证标志、认证机构的名称或标志之外，还必须强制配备17位的认证码，且每个编码都是唯一的。认证征书由认监委统一赋号，认证码由认证机构负责传输到中国食品农产品有机认证信息系统，数据传输成功之后，认证机构方能下发认证标志，有机产品才能上市销售。老百姓在买到有机产品之后，上面都会有一个有机码的标志，通过访问中国认监委信息网，都可以核对这个标志，这是哪儿产的，是哪个认证机构认证的，相关认证信息和相关出产地都可以查到。这些系统上线后，2014年3月1日后上市的有机产品必须加施有机码，在7月必须实现换证和加施有机码。届时，所有有机产品的认证码都可以在网上识别。目前，无公害农产品的用标也采取了类似办法，可以通过标识上的条形码，查找到生

产单位、产地等相关信息。

实施有机产品认证码追溯制度,有利于加强对持标企业产品的质量监管,督促其按照有机产品生产要求规范生产。但这一办法在实施时,一是需要持标企业按照核定产量购买认证标识,这必然增加企业的费用负担。在安徽省长丰县,合肥巾帼农业科技公司的水稻和大米经北京中合金诺认证中心认证了有机产品,除去每个品种支付了约1.3万元认证检测费用外,还要按照150亩产地核定的产量购买有机产品标识码,用于10斤包装袋的大标识每个0.1元,用于5斤包装袋的小标识每个0.06元。如果按照每亩400公斤产量计算,光购买标识企业就要花费每年至少1200元。二是增加企业劳动量和用工成本。如贴在鸡蛋(最小包装单位)上的有机及无公害农产品标识每个8厘钱,虽然不算贵,但企业需要花费人工把标识一个一个贴上去。一天生产上万枚鸡蛋的企业,就需要贴上万枚标识。在工资快速上涨的今天,需要增加不少用工(费用)来干贴标的事,既耽误时间和精力,还增加成本。

(二)农资投入品安全及生产环境问题

在畜牧业饲养中,广泛存在滥用抗生素的问题,甚至某些大型畜禽饲料生产厂商,也或明或暗地在饲料中添加抗生素。如长丰县引进的国际四大粮商之一的嘉吉集团饲料厂,调研中发现其在猪饲料配方中添加了蒙脱石。而据我国绿色食品部门的权威人士称,如果猪发生了拉痢疾等疾病,作为治疗使用(或在饲料中添加)蒙脱石是允许的,但不能够用作预防在饲料中事先添加。

据养禽业的业内人士反映,小鸡容易患上痢疾、流感等疾病,养殖厂家多喜欢在鸡苗饲料中添加抗生素、蒙脱石等止痢、消炎药物。而大鸡抗病力增强,饲料中的违规添加剂会逐渐减少乃至消失。然而不管怎么讲,这一习惯必然会造成鸡鸭粪便中抗生素、重金属等违禁成分残留。如果采用这些粪便来作为有机肥源,势必会污染土壤。许多从事有机农产品生产的单位发现,在采用鸡鸭粪便肥田后,相关土壤、产品检测指标不合格了,这一问题应当引起重视。

(三) 有机农产品生产组织与政府扶持问题

据海门市味之原家庭农场主反映，目前有机农场规模偏小，往往难以得到地方政府的财力扶持，农场经营压力很大。味之原农场流转土地230亩，每亩年租金就需要1000元，且按照合同规定需每5年递增10%。这样每年光地租就需要支出23万元。农场常年雇佣20个左右职工，现在劳动力成本上升，青壮年劳动力根本雇不起也找不到，而雇佣妇女、老头1年费用也得好几十万元。加上每年约5万元的有机产品（是一年一复核）复查检测费用，土壤改良及基础设施建设费用，农场资金链特别紧张。并且，由于缺少有效抵押物，农场没有手段获得银行贷款。

有机农产品在发展中存在保险难题。安徽省承担农业保险职责的国元保险负责人说，有机农产品投入成本比较大，遇到自然灾害时遭受的经济损失也更大，因而农业经营主体对有机生态农业的保险需求尤为迫切。虽然安徽省已经开发了蔬菜、水果、茶叶等40多个品种的农业保险，但保费中地方财政补贴承担的比例较高，许多品种推广范围狭窄，各地业务开展不均衡，理赔风险比较集中，有机生态农业保险推广还比较缓慢。

对于有机农产品生产的基础设施建设，政府支持方式也存在一定问题，致使投资效益不高，投资效应打了折扣。据宁国市传福农民专业合作社反映，地方政府对合作社建设蔬菜大棚、沟渠塘坝等基础设施有相应的项目资金扶持，但使用这个资金需要通过中介机构进行项目招标。例如100万元的项目建设扶持资金，中介机构需要收取项目招标费，包括施工建设缴纳的税费，大体上是在10万元左右。而中标的施工单位又需要收取相当于建设项目成本支出约20%的利润，这又是20万元。即100万元的项目投资只能实施约70万元的建设工程量。而目前的项目实施办法又不允许业主自己干，从而形成浪费，达不到节约投资资金、提高投资效益的目的。2015年，传福农民专业合作社获得了一个"800吨有机蔬菜园改扩建"的农业综合开发项目，国家给予了100万元、地方政府配套了40万元共140万元的扶持资金，结果仅招标费、税收和施工单位利润就扣除了约50万元，占总扶持资金的35.7%。

（四）有机农产品发展方向及生产布局问题

发展有机农产品是要在遵循国际通行规则的基础上，立足国情，充分利用各地优势和特色农业资源，重点发展国际市场需求的农产品，将其作为扩大农产品出口的有效手段。要按照国际通行做法，逐步从产品认证向基地认证为主体的全程管理转变。

但是在实践中，这一思路已经发生了偏移。从目前这类产品的产销情况看，认证的有机农产品主要针对的是国内高端消费群体，如星级酒店、国有垄断企事业单位、大院大所等出的起高价的高净值群体，前些年甚至是"三公"消费在其中"唱主角"，代替或偏离了原先设想的以出口农产品为目标市场的设计。当然，在这方面主管部门缺乏对有机产品认证机构的指导，认证机构也缺乏给予认证企业以适当引导，地方政府有关监管工作也存在漏洞和不足。

长三角发展有机农产品生产还时常受到工业化、城市化的冲击。长三角是国内工业化、城镇化发展最快的地区，由于认识差距、规划滞后、利益驱使等多种原因影响，沿江沙土地带及城郊大面积适宜种植蔬菜的优质耕地在征地过程中被逐渐挤占，这些原本适宜发展有机及名优特农产品生产的土地现在却被用来作为非农建设用地，耕地保护面临着极大压力，主体功能区划中的生态农业功能区划得不到保障，优势农产品生产带难以形成。

（五）有机农产品加工及废弃物处理问题

安徽省长丰县是养殖大县，2015年1—6月就出栏生猪45.1万头，家禽1530万只，养殖业粪便污染问题十分突出。全县目前共有畜禽养殖场526家，列入日常环境监管的规模以上畜禽养殖场（户）仅25家。而在这25家规模以上畜禽养殖场（户）中，未履行环境评审的有8家，"三同时"未验收的22家，在建或已建治污设施的仅有2家。对于其余数百家规模以下的畜禽养殖场，也不是以前概念的传统养殖业，动辄也是数百头猪、数千只以上鸡鸭，只不过按照价值计算未达到千万元的规模门槛罢了。对于这么大规模的养殖业群体，应当围绕畜禽粪便处理建立沼气系统，建立生态农业产业链条，促进农牧结合农业和农业种养一体化的发展。但是在调研中了解,由于建设沼气系统的财力扶持不足,政府对市场的培育力度不够,沼气发电用不了的余量不能上网售卖,沼气用不了不能压缩后供给市场(出租车用能源),沼渣沼液没有人要(老人妇女参与的农业弄不动),导致现在畜禽养殖业规模、数量大,而污染治理设施严重缺失,加上规模化养殖企业较少,养殖污染管理难度大是突出问题。

据安徽省宁国市反映,发展养殖业环境保护投入太大,急需政府扶持。但是如果利用养殖业粪便来生产有机肥的话,目前当地市场有机肥价格偏低,每吨售价仅300元至500元。临近的浙江省、江苏省对有机肥生产有补贴,安徽省没有补贴,发展有机肥生产进入市场销售时就竞争不过江浙同类产品,导致生产的有机肥卖不掉,生产企业陷入资金链紧张局面。以宁国市吴家大院食品有限公司为例。该公司利用养殖业粪便资源建立了有机肥厂。但是在农村青壮年劳动力大批量转移至城镇务工的情况下,农业种田基本上靠"老人妇女",缺乏壮劳动力。而有机肥分量重、运输困难,老人、妇女体力弱在使用上存在很多困难,加上安徽省对有机肥生产销售没有补贴,吴家大院食品公司的有机肥销售情况本来就不太好。随着近些年来反腐败、八项规定逐渐产生影响,有机猪肉等高端消费市场降温,该公司有机肥厂生产的有机肥卖不出去,致使企业资金链紧张,整个企业几近被拖入破产倒闭风险中。

由于有机农产品在品质、环保要求、消费群体等方面存在一定的特殊性,与加工常规农产品比较而言,其在加工工艺设计、加工设备投资、员工素质培养等方面均面临较大压力和困难需要克服。仍以宁国市吴家大院公司为例。该公司养殖的皖南有机黑猪皮厚、毛黑,宰杀后去毛困难,通常的机械化肉食品屠宰生产线无法加工。企业只能筹资建设利用人工进行的专业屠宰加工生产线,然后在此基础上发展皖南黑猪肉的腌制加工品生产,这平添了许多困难。

(六)有机农产品发展及监管问题总结

1. 有机农产品生产覆盖面窄,从业者素质偏低

我国农业经营规模小,有2亿多承包农户,户均承包耕地仅7.5亩左右,农业效益不高。近些年来通过促进农地流转,适度规模的农业经营主体获得较快发展,作为认证主体也支撑了有机农产品发展及规模扩张。尽

管如此，农村家庭承包户仍耕种有一半以上的土地。由于认证费用原因，这部分农户的有机农产品生产参与度低，所产农产品的质量安全问题及相关监管工作均不容乐观。除却因青壮年劳动力进城务工造成农业劳动力素质普遍下降外，从事有机农产品生产的多是农业产业化龙头企业、种植大户、家庭农场、农民专业合作社等有一定经营规模的新型农业经营主体，出于降低成本考虑，雇佣的多是些工资不高的老人、妇女，这些人的文化、知识水平难以适应现代农业要求。

2. 有机农产品产销中存在较高的契约与道德风险

相对于普通农产品，有机农产品价值较高，市场销售往往存在较高溢价。近年来，农产品价格波动频繁，其产销与监管的市场制度不成熟、不完善，在信息不对称情况下，有机农产品生产中存在较为普遍的不遵守合同的违约行为，如在种养业中使用违禁投入品，以次劣农产品冒充有机农产品来获取高溢价，监管缺失或不力也致使这种违约行为成本很低，或者说与惩罚代价相比根本不成比例，有机农产品生产面临着较高的契约和道德风险。

3. 有机产品价格贵、品牌效应不足，市场容量小

"十二五"期间，有机农产品生产在规模和种类上大幅增长，其扩张速度远远超过品牌创建的力度和成就。老百姓对有机农产品认识不足，大部分只是停留在那一纸官方认证上，在生产过程中缺乏有效监管，在终端市场上缺乏具有说服力的宣传和推介。对有机农产品品牌保护不力，假借这一品牌为己谋利的"搭便车"行为时有发生，弱化了有机农产品品牌价值，降低了品牌的信任度，导致有机农产品缺乏市场认可，最终造成整个产业的声誉下降，全体从业者利益受损。

4. 有机农产品监管体制不完善，认识上有差距

从促进农业供给侧结构性改革和加快绿色发展角度而言，抓有机农产品生产是一个较好的切入点，但由于各级政府对其意义认识有偏差，导致重视程度不够。表现在：监管制度存在漏洞，多部委的多家机构都有资质认证有机农产品，这方面存在都管都不管的漏洞；各级农业部门仅负责从质量安全角度对有机农产品进行监管，除省级管理机构外，县（市、区）级多为挂靠在农业系统科局及直属事业单位中，机构性质各式各样，省级与市县级管理部门有时不对应，有的仅指定负责人员，监管机构及工作存

在职责不清、职能不明、手段不足等情况。各地有机农产品发展缺乏长远规划，缺编制、缺人员、缺经费成为常态。

五　加快长三角有机农产品发展的建议

长三角有机农产品生产取得了可喜的成绩。但从满足本地区城乡居民对优质安全农产品日益增长的需求而言，这一产业发展还面临着许多亟待解决的问题，其发展还面临着很多困惑，促进其健康发展还有很长的道路要走。在本章内容中，将依据实际调研情况和资料数据分析，对加快长三角有机农产品发展提出一些政策建议。

（一）加强政府对有机农产品生产的扶持和管理

对于加快有机农产品发展，政府首要做的是"加法"，即加强地方政府给予有机农产品生产的认证、检测补贴，理顺各级政府对有机农产品的管理体制，引导有机农产品生产企业的规范管理，加强有机农产品规范生产、认证检测及监管人员的业务培训，规划及优化有机农产品生产布局等。

有机农产品的健康发展离不开政策扶持。近年来，江苏等省每年都安排专项经费扶持有机农产品发展，而安徽省财政缺乏这方面的资金安排。对于认证奖励、检测补贴政策，市县政府有的有、有的没有，安排奖励补贴的力度又偏小，导致安徽省有机农产品生产发展不足、发展不平衡，其认证工作在长三角三省一市中处于垫底位置。亟待加大省市县地方政府对有机农产品生产及认证的补贴力度。安徽省农业资源丰富，生态条件好，又靠近长三角高端消费市场。随着省内实施城市化战略如加快合肥都市圈发展，城乡居民的消费水平也在迅速提高，有机产品消费的市场空间会越来越大。要积极鼓励和引导新型农业经营主体及好的农产品申报有机农产品认证，做到好中选优。省市县各级地方政府都应当增加对有机农产品生产的财力扶持，增加有关管理部门的工作经费并将其纳入地方财政预算，通过补贴减少申报企业的认证、检测费用支出，增强新型农业经营主体的申报积极性。

长三角各省市应进一步理顺省、地（市）、县有机农产品管理体制，落实管理责任、健全管理机构、强化激励机制、建立考核制度。各级农业部门要将发展有机农产品的业绩纳入年度工作考核范围，积极争取发改、经信、财政等部门的支持，创造条件，设立有机农产品发展专项资金，用于标准制定、认定认证、基地建设、市场营销和监督检查等。鼓励有条件的地方，将获得有机农产品认证的企业、合作社和家庭农场纳入财政支持、奖励范围。

要积极开展有机农产品保险工作，为认证企业解决后顾之忧。如浙江省东部沿海地区市县水果种植户众多，挂果期经常遭受台风危害。地方政府应当出台相应的农业保险政策，为水果种植户解决后顾之忧。还可以出台水果保鲜库建造补贴政策，鼓励广大水果种植户建造水果保鲜库，为提前采收水果创造条件，从而避免台风为害，也间接增加了市场水果供应，实现种植户的减灾增收。

要加快有机农产品市场流通体系建设。各省市地方政府要积极争取将鲜活有机农产品纳入绿色通道实施范围，减免过桥过路等费用，减轻农民负担，增加农民收入。鼓励和支持地方政府或专业营销机构开设有机农产品专区专柜，提高品牌的市场集中度。鼓励有条件的地区在农产品产销批发市场、大型超市等农产品集散地设立有机农产品专销网点、柜台和展示区。鼓励、引导和发动有机农产品认证企业开展营销体系建设，特别是网上电商平台营销体系，探索营销渠道和模式的新突破，全面增强市场需求拉动力。建议主管部门出台政策，减免有机蔬菜进超市费用，降低流通成本。特别是组织有机蔬菜基地和终端销售场所直接对接，进超市、大卖场（shopmall）、社区连锁店等，减少中间环节，让价格贴近百姓消费。

（二）加快长三角农业规模化、标准化和信息化进程

从农业生产上看，长三角三省一市约有 4000 多万承包农户，户均耕地面积不到 5 亩，生产经营方式分散。如目前安徽省内大部分农业生产者规模都比较小，难以形成规模效益，也不利于充分利用有机农产品的品牌价值。从农产品加工看，长三角食品加工企业规模化程度也偏低，小企业、小作坊众多，从业人员专业素质不高，质量安全意识差，投入品和生产过程监控难以实现。所以，应当加快转变农业生产方式，加快农村土地流转步伐，积极培育和壮大合作社、种养殖大户、家庭农场、农业龙头企

业等新型农业经营主体，这样既有利于扩大规模降低生产成本，有效推进有机农产品生产及认证步伐，也利于在实现农业规模化经营、规范化管理基础上，逐步引入可追溯制度，对农业生产及食品加工过程实行全程监控，以保证有机农产品产品的质量安全。

以上海市为例来说明。该市70%以上的农产品供给来自外省市，"十二五"初期农业组织化水平为62.5%，市郊70%左右的蔬菜生产面积仍处于小规模生产状态，食品生产规模以上企业产值也仅占全市规模以上企业工业总产值的2.9%，农业及食品生产规模化程度低这一状况必然影响对其进行标准化、信息化管理，不利于食品生产的质量安全控制。而同样是在上海市，实现了规模化经营的多利农庄就有条件采用ERP管理系统、OA管理软件以及CRM客户管理系统，来对有机蔬菜生产进行专业化、科学化、透明化管理；为了确保每棵食用的蔬菜都是天然安全的，农庄在有效用标基础上建立了条形码管理系统，实现了有机农产品"从农田到餐桌"的全程质量安全可追溯。

有机农产品产销遵循全程"环境有监测、操作有规程、生产有记录、产品有检验、上市有标识"的标准化生产体系，这样便于进行质量安全监管，增强群众食品安全感，增加消费市场有效需求。例如在上海市，畜禽肉食品管理一直是一个难点。承担当地市场猪肉供给的光明食品公司上海市农场，为了确保输出肉品的质量安全，在养殖环节严格实施了"四有四分开"的标准化管理，即生产区与生活区分开、生产区与粪便处理区分开、正常猪与病猪分开、种猪与商品猪分开，在养殖环节夯实优质猪肉生产的基础。目前，在苏浙皖地区大力推行的养殖标准化小区、标准化养殖场建设，都是为了加强肉食品质量安全建设的有效举措。

农业主管部门在对有机农产品实施质量安全监管时，需要充分了解和掌握各类产品的生产标准及规范，加强基层质量安检员、协管员的业务培训。如果监管人员对某类产品的标准体系和生产规范不熟悉或不掌握，对其监管就无从谈起或落不到实处。

由于农业生产及食品加工企业规模偏小，生产环节众多，产业链条较长，这些特征导致农产品市场供需双方存在着巨大的信息不对称问题，食品安全由于信息透明度不高而存在较大风险，消费者的权益受损害时无从知晓。强化农产品质量安全信息供给，一是采取食品安全认证、增加消费者食品安全知识等办法，将食品安全从信任品转变为搜寻品，典型的如有机农产品认证。二是建立有效的食品安全信息披露机制，强化长三角各省市食安办（指食品安全委员会办公室）综合协调作用，在坚持多部门监管基础上，加强农业、质监、工商等具体监管部门的合作，建立长三角覆盖食品安全全程监管的公共服务信息系统和平台，向公众提供及时、准确、科学、权威的信息，使食品安全违法行为在市场上无法生存。

（三）引导有机农产品调结构、转方式、促升级

目前，长三角有机农产品生产发展不平衡，总体上看已经具备一定的基础和规模，但仍有很大的发展潜力和空间。

从品种上看，有机农产品在蔬菜瓜果、畜禽水产品、小麦等旱作农产品方面认证比例偏低，应当大力发展有机蔬果及畜禽水产品，鼓励申报认证。地方政府应在标识使用、规范生产、杜绝违禁农药使用等方面加强监管，切实维护有机农产品的品牌声誉。

从地区上来看，上海市有机农产品生产和认证优势突出，但与外省市合作建有机产品基地及购进初级农产品加工有机食品的比例不小。应当加强对合作基地生产有机农产品及外购有机产品原料的质量安全监管，维护本地有机农产品的品牌声誉。此外，从合作共建有机农产品基地看，沪皖合作案例不多，是一个欠缺。上海市具有市场、人才、资金和管理经验优势，安徽省具有农业资源、环境和劳动力成本低优势，临近长三角的滁州、马鞍山、宣城地区均是省内蔬菜瓜果、畜牧水产重点产区，且目前沪皖之间交通条件已经大为改善，生鲜农产品运输已十分便捷。建议加强沪皖农口系统之间在共建有机农产品基地、初级产品原料购进、销售网点和专柜设置、物流配送等有机农产品产销方面合作，实现互补和多赢。安徽省有机农产品生产及认证规模偏小，应当出台优惠政策，加强省市级政府对有机农产品生产及认证的财力扶持，调动新型农业经营主体的认证积极性，加速发展，做大规模。浙江省有机农产品生产及认证已经具备一定基础和规模，但蔬果、畜禽水产品和粮油类农产品认证比例偏低，山区特色农产品认证比例偏高，尤其是药材保健类的有机石斛认证太多，逐渐偏离大众化消费轨道，奢侈化倾向明显。应当调整有机农产品生产及认证结构，加快推进蔬果、畜禽水产、粮油或木本粮油类有机农产品生产及认证工作。江苏省粮油类有机农产品生产及认证优势明显，但大小麦、根茎类产品认证比例偏低，包括蔬果、畜禽水产类产品认证比例也不高，这是长三角各省市的通病，需要从生产和认证两个角度加快结构调整步伐。

从废弃物利用上看，长三角各省市畜禽养殖业粪便污染问题突出，沼气系统建设滞后，无害化、资源化、商品化处理程度偏低。畜类粪便严重污染农村环境，造成地下和饮用水源污染；禽类粪便经常出现抗生素残留及重金属超标，波及下家从事有机农产品蔬菜瓜果种植企业的土壤、产品检测不合格。以规模化畜禽养殖业为重点，以建设沼气工程为手段和方法，解决长三角农村畜禽粪便污染及资源化利用问题，是促进有机农产品生产及长三角农业转方式、促升级的重要途径。要加强政府沼气补贴项目建设的审计与监督，严格验收竣工项目，对已竣工项目开展"回头看"活动，对项目建设中暴露的偷工减料、徇私舞弊、贪赃枉法等腐败行为要严肃查处。

（四）加强有机农产品监管，提高认证检测效率，简化程序

对于政府扶持有机农产品生产来讲，通过制度建设和加强监管降低认证、检测机构收取的认证、检测费用；加强认证、检测的信息化建设，简化申报认证程序；加强农资投入品管理、包装标识管理和执法监管等，更多的情况是做减法。

首先要坚持"数量与质量并重、认证与监管同步"的方针，突出抓好认证企业和获证产品的监督管理。包括：一是加强对有机农产品认证企业和产地的年检督导，及时解决企业年检工作中的问题，增强年检工作的真实性和有效性。加强对产地生产行为的规范管理，着力提高产地标准化生产水平。二是加强产品抽检，实行例行抽检、专项抽检和突击抽检三结合，继续针对蔬菜瓜果等重点行业、合作社等重点主体开展产品抽检。重点开展对茶叶、稻米等产品风险隐患的排查。突击检查还可以像查酒驾一样搞异地执法。对抽检中发现的不合格产品，及时取消标志使用权。三是加强市场监察，完善违规企业处理机制。各级政府农业部门应加强对有机农产品产销的监管，定期检查认证企业持标有效性，不给违规企业可乘之机。要全面完成本地标志监察固定市场网点和自选流动市场网点标志监察工作。加大打击假冒力度，抓住典型案例，与公安、工商行政执法部门联合行动,组织媒体深度曝光。加快推进有机农产品质量追溯信息平台建设步伐。

其次要抓好有机农产品认定产地的农资投入品监管,要从农兽药厂的源头监管入手,对违禁农兽药、违禁添加剂包括避孕药品的生产销售去向建立档案和销售台账。抓好对农药、农资经销商和经销店的监管。对于从事零星蔬菜生产的农户,应当采取补检措施,对农户生产安全合格农产品形成倒逼机制。

最后要督促认证机构抓好有机农产品监管。国家《认证机构管理办法》明确规定:认证机构应当按照认证基本规范、认证规则的要求对其认证的产品、服务、管理体系实施有效的跟踪监督。国家质检总局、国家认监委应当对认证机构遵守《认证认可条例》和《认证机构管理办法》的情况进行检查监督,对于没能认真履行监管职责的认证机构,根据条例、办法做出相应处理。

还应当完善目前的有机农产品申报认证工作。可以开展"有机农产品申报认证网上审核与管理系统"项目建设,设计标准化的申报表格,加快实现有机农产品的网上申报和审核,全面推动标志许可审查、颁证、监管、统计等工作的信息化、网络化、电子化进程,提高工作效率、质量和服务水平。还应当减少认证、检测费用,降低评审门槛和成本。鉴于目前有机农产品认证有效期偏短的缺陷,建议有关部门(国家认监委)将目前有机农产品认证有效期由1年延长为2年,切实减轻复审换证企业的成本负担,也利于认证机构从这方面繁琐复杂的日常工作中解放出来,便于开发新业务。

(五)加强有机农产品普及性宣传,提升品牌效力

目前,长三角消费者对有机农产品的认知还不足,加上城乡居民总体收入水平还不太高,大多数消费者在购买食品时仍然以价廉作为优先选择,这导致有机农产品市场容量不大。广大消费者虽然越来越重视食品消费安全,但却普遍缺乏足够的食品安全知识,加上不同安全等级的食品门类众多,名词繁多却定义不清,消费者购买时往往无所适从,增加了市场的不透明度。

当前长三角城乡居民消费升级态势明显,对有机农产品的消费会迎来快速增长。对各级地方政府来讲，要充分利用公共传媒加大宣传力度，加强对有机农产品的宣传，提高消费者的质量安全意识，拉动有机农产品的生产、贸易和流通。要积极通过农交会、绿色食品及有机产品博览会等农产品展览展示活动，大力推介和推广本地认证产品。通过建设有机农业示范基地等途径，大力宣传展示有机农产品生产的理念、标准、生产方式与管理制度，为有机农产品树立更直观的品牌形象。地方政府和管理部门要主动与商家配合，支持开展有机农产品进社区、进超市的现场宣传。可以拍摄制作有机农产品生产与消费的宣传片及公益广告片，举办网上有机农产品知识竞赛，鼓励、引导和发动大型知名企业开展宣传，探索面向消费者的宣传推广活动。

要充分利用当地农业信息网，尽快建立完善农产品市场营销公共信息平台，及时发布有机农产品生产、消费、贸易、认证等信息，推进有机农产品的网上交易。加快建立健全认证产品、企业和基地追溯查询网络，积极推行产地认定和产品认证信息的网上公示、查询、追溯制度。

农业龙头企业、农民专业合作社和家庭农场、种养大户等新型农业经营主体要有长远眼光，早日申报并打造自己的有机农产品品牌，占得市场先机。认证企业可利用全国和地区农展会和有机食品博览会机会，加强认证的有机农产品品牌宣传和市场推介，提升品牌影响力。要通过发展长三角的有机农产品，全面树立区域安全优质农产品公共品牌形象，扩大品牌农产品的生产和消费，提升品牌形象和影响力，促进优质安全农产品的国内外贸易。

六 加快长三角有机农产品发展及管理一体化的建议

在本章内容中，将结合上述各章的研究内容，探讨通过沪苏浙皖三省一市合作来促进长三角有机农产品发展及一体化管理的具体建议。主要包括建立长三角有机农产品质量安全监管协调机制、开展长三角规模化畜禽养殖场沼气系统建设合作、优先建立长三角畜禽水产品质量安全可追溯系统、开展长三角山区有机特色产品采收机械化研发合作和开展长三角有机农产品电子商务营销、物流仓储合作等五个方面。

(一) 建立长三角有机农产品质量安全监管协调机制

对于有机农产品的质量安全监管,现行监管模式或制度存在职责不清、协调不利的情况。在浙江省德清县义远公司,地方农业主管部门每年上门检查6—7次产品质量安全。由于农业部门仅负责无公害农产品、绿色食品的认证和监管,对义远公司认证的有机农产品生产规范、投入品禁忌、环境条件和质量标准并不清楚,只能按照所管辖范围农产品中较高质量安全要求的绿色食品标准来掌握,而这一标准比有机农产品低,监管存在偏差在所难免。

我国农产品质量安全采取"分段监管为主,品种监管为辅","一个监督环节由一个部门监督"的多部门分段监管模式。根据监管分工,农业部门负责种养殖环节,质监部门负责加工环节,工商负责流通环节,食药监部门承担餐饮服务环节,其他如环保等部门也根据分工不同,各自承担一定食品安全监管职责。例如某有机农产品初级产品质量安全检测不合格,那么可能是生产者使用了违禁农资,或者产品种植土壤、灌溉水源或空气有污染,前者属于农业部门监管职责,后者则属于认证机构或环保部门监管职责。而在前者中如果生产者说所用农药符合该产品生产规范(目录上允许),但里面可能含有违禁成分,我怎么知道?!如果情况属实,这又属于质监部门监管职责。在后者中如果水土检测报告有假,没有反映真实情况,认证机构也会推卸责任。发生食品质量安全事件后,到底是哪个环节出了问题,需要追究哪个部门责任,需要花费很大精力、物力和时间去辨别,有时还会出现几个方面或环节都有问题情况,监管职责谁大谁小?判定起来更加困难。这种看似分工明确的监管模式,实际却留下诸多扯皮的模糊地带和监管盲区。

针对食品质量安全多部门监管、职责交叉,"多头有责、无人负责"情况,国务院于2010年2月成立了食安办,负责协调各部门间的食品安全监管工作,各省市也相应成立食安办,负责协调本区域食品安全监管工作。但这一制度安排并未根本改变长期以来的多头分段管理体制,一些部门制定的食品安全标准滞后,质监、农业、工商、卫生等部门规定的食品安全标准不统一,甚至不同部门制定的食品安全标准相互矛盾,有些部门监管流于形式,监管力度不足。2013年3月,国务院在推行"大部制"

改革中把原食安办协调、原食药监局监管、质监局加工环节监管、工商局流通环节监管等职责统一归并入新组建的国家食药品监督管理总局，不再保留国家食药监局和国务院食安办。由于各地区机构设置的历史原因有别，省市级食品安全监管部门不尽相同。如目前在长三角，上海市、安徽省、浙江省市一级仍是食安办在负责协调工作，浙江省内各市（县）成立了食安办，但仅起协调作用，具体监管仍然是各部门原先划分范围的分段监管。在安徽省，市（县）级的食安办都找不到，缺乏协调机构，完全是原来划定范围的分段监管体制。总起来看，目前中央一级除种养殖领域仍由农业部负责外，其余环节的食品安全监管职责已经统一到食药监总局，但"品种监管为辅"那一块体制又未动，如无公害农产品、绿色食品仍归农业部，有机产品归质监局（国家认监委），地理标志农产品则质监局、农业部、工商局三家都在行使认证和监管职责。而省市一级从长三角来看，仍然是在食安办协调下，以各职能部门为主的分段监管体制。这一模式在浙江省延伸到了市县，在安徽省则仍然是原来的"分段监管为主，品种监管为辅"制度。

强化长三角有机农产品质量安全监管，方向是加强省市（县）级的协调、指导作用。在安徽省，省农委已经将有机农产品质量安全监管工作归并到绿色食品办公室，但这一制度安排尚未获得省编办的最后认可。促进长三角有机农产品发展需要理顺管理体制，建议强化省市级的食安办协调作用，增加编制和人财物支持，建立长三角三省一市食安办定期沟通、协调和议事机制，讨论、上报合作事项，布置、指导、检查和推进经批准的合作项目（执行情况）。鉴于目前国省（市）级食品安全监管的具体情况，这一协调、沟通机制应吸纳各省市农业主管部门作为成员参加。市县级已经成立食安办的继续由其负责（如浙江省），尚未成立的建议暂由农业部门牵头，质监、卫生、工商等部门作为成员参与，构建长三角有机农产品发展及食品安全监管的市县级体制，以方便后续合作事宜开展。

（二）开展长三角规模化畜禽养殖场沼气系统建设合作

在长三角，畜禽饲养场的粪便污染是一个突出问题。长三角是我国经济发展最具活力、居民消费水平最高的地区之一，区域内聚集了大量的畜禽养殖业，诸如浙江省的湖州市，江苏省的南通市，安徽省江淮之间的长丰县，皖北地区的阜南县、蒙城县，皖南的宁国市、广德县等，都是从事生猪和禽类养殖的大市大县。

以前农民单家独户养殖畜禽，每家喂2—3头猪，房前屋后散养一群鸡，"养猪不赚钱、回头看看田"，按照1头猪1亩田的配比，粪便污染基本消纳了。随着农村畜禽养殖业规模化发展，专业养殖户动辄都是上百头猪、上千只鸡，规模化养殖企业或养殖小区则高达上万头猪、数十万只鸡，农村粪便污染问题立刻尖锐起来。

在安徽省淮北地区的产粮大县阜南，2014年出栏生猪85万头、家禽773万只，按照所产粪便量计算，约需要配套6.8万立方米容量的沼气池和100个年产万吨以上有机肥的生产厂家来处理。而目前阜南县畜禽养殖企业已建设的沼气池容量只有1.56万立方米，沼气处理比重仅占23%，有机肥厂也不多。全县实现畜禽粪便无害化、资源化、商品化处理还有很长的路要走，在建设沼气池、储气柜、有机肥加工厂、沼气罐装利用等方面还有很大的潜力空间。按照1辆出租车每天行驶200公里、年行驶7.3万公里计算，如果阜南县畜禽养殖所产粪便全部沼气化处理，全县所产沼气就可以驱动650辆出租汽车跑1年！

近年来，为了防止畜禽粪便污染饮用水源地，国内养殖大县（市）开展了划分禁养区、限养区和适养区的治理行动，通过搬迁、取缔等办法，收到了一定效果。但就资源无害化、商品化利用视角来看，这仅是治标不治本的办法。由于污染严重和缺乏环保处理设施，浙江省德清县自2013年以来忍痛关停了2949家生猪养殖场，关停比重占88.4%。

长三角在规模化畜禽养殖场沼气系统建设和利用方面开展合作有着广阔的空间。导致这方面建设及利用滞后的主要原因是缺乏投资资金和完善的社会化服务，以及沼气主副产品后续利用的市场发育不成熟。

长三角三省一市地方政府可以将合作重点放在沼气主副产品利用市场培育和完善沼气社会化服务组织方面。首先要合作制定长三角沼气产业发展总体规划，内容应包括畜禽养殖业废弃物利用及规模，沼气主副产品（发电、燃料用沼气，汽车用能沼气，沼渣沼液等）利用及市场开发，沼气系统（沼气池、储气柜等）建设投资及配套设备（如沼气发电设备、沼气灶具、罐装沼气设备、沼气用能源汽车等）开发，沼气主副产品生产及发展的产业政策，培育和发展沼气社会化服务组织等。其次需要协调制定鼓励沼气产业发展的优惠政策和配套措施，例如沼气系统建设投资补贴、设备开发税费减免、沼气充气站及罐装设施（备）建设、车用沼气市场准入及价格补贴等。最后可以在长三角各省市间、主要城市间、涉及沼气生产及利用的企业间，就建设投融资、资源综合利用、设备技术研究开发、主体市场培育及沼气主副产品市场准入、管理及信息共享等方面开展广泛合作。

作为沼气设备（如池、柜、罐、管、灶具等）建造需要耗用大量钢材或水泥，发展沼气产业可以帮助消化长三角过剩的钢铁和水泥产能；沼气又是绿色可再生能源，开发城乡沼气发电、燃料和车用市场有利于长三角的环境保护；鼓励和推动规模化养殖场（小区）建造沼气系统，可以从根本上解决农村畜禽养殖粪便污染和农田缺少有机肥问题，对保护农村生态环境和提高农产品品质具有重要意义。开展长三角沼气产业发展合作可以起到"一石三鸟"的作用。

（三）建立长三角有机畜禽水产品质量安全可追溯系统

我国食品安全可追溯制度建立滞后。目前在国家食品药品监督管理总局的努力下，已经实现我国药品监管的可追溯制度：消费者在购买药品后，可以登录中国药品监管网，输入药盒上的中国药品电子监管码，即可查询到所购买药品的生产厂家、生产日期、产品批号及有效期，销售药店等所有信息，并和所购药品盒上标注信息及购买药店相对照，以查验是否正品。各地食药品监管部门也可以通过药盒上的条形码进行检查和监督销售。但是，由于食品产销涉及部门众多、销售渠道复杂、门类品种繁多、鲜活特点突出，实现其质量安全可追溯存在很多困难，截至目前尚未建立全国性的食品安全可追溯制度。

长三角有机农产品生产发展及认证制度的建立，为在该地区建立食品安全可追溯制度奠定了基础，而建立这一制度是解决食品质量安全信息不对称的关键一环。与建立药品电子监管相类似，建议以上海市食安办牵头，各省食安办作为成员参与并负责，吸收各省市农业、工商、质监部门参加，共同组建长三角食品安全监管网。建议以有机农产品中的畜禽水产品质量安全可追溯为重点，在长三角范围内优先进行可追溯制度建立试点。消费者在购买有机畜禽水产品后，可以使用智能手机扫描产品标识上的二维码，或者凭借产品标识上的电子监管码登陆长三角食品安全监管网，查询所购买食品的生产厂家（如农业企业、合作社、种养殖大户、家庭农场等）、生产日期、产品批号及有效期，销售场所（如农贸市场、超市、连锁门店）等所有信息，并和所购买食品盒上标注信息及购买门店相对照，以查验是否吻合。

建立这一可追溯系统需要与中央有关部委协调，获得他们的大力支持。目前有机农产品归国家质量技术监督局下的中国认监委管辖，其颁发和销售的有机农产品标识应符合可追溯制度的要求，或者按照可追溯制度要求进行相关技术改造。建立这一可追溯制度还需要得到各省市政府的大力支持。目前长三角有机畜禽水产品的认证比重偏低，而这一领域食品质量安全监管形势严峻。应当采取适当措施，推进有机畜禽水产品的认证工作，为建立可追溯制度奠定基础。

还应当调动广大消费者参与食品质量安全监管的积极性。可以通过颁布相关政策，在查证、举报某有机畜禽水产品质量不合格并提交有关证据情况下，可以由地方工商管理局或消费者协会出面，追索生产厂家或经销单位的责任，原则上可给予涉案产品价值的30—50倍罚款，然后将此罚款额的大部分奖励（补偿）给该案举报者。举例来说：某消费者在购买肉食品并查验相关信息后感到不放心，他可以自行去有资质的检验部门申请有关指标（如抗生素残留或瘦肉精等）检测。若检测结果显示该指标明显超标，他可以持这一检测报告及购物发票等证据去工商管理部门要求索赔。

待有机畜禽水产品可追溯制度试点运行成功后，可将范围扩大到其余有机农产品。待有机农产品质量安全可追溯制度试点运行成功后，可将范围扩大到全部"三品一标"农产品。然后将"三品一标"农产品认证基本覆盖至域内全部农产品。待长三角农产品质量安全可追溯制度试点成功后，可以将其推广到全国范围。食品安全可追溯制度的建立，必将极大地推动食品生产企业改进其食品安全工作。

（四）开展长三角山区有机及特色农产品采收机械化研发合作

我国南方丘陵山区盛产茶叶和各种干鲜果品，长江中下游河湖平原盛产花生、甘薯、豆类等各种小杂粮，这些特色农产品都是当今发展有机农产品生产及认证的"新宠"。然而与大宗农产品比较，这些特色农产品普遍缺乏专业采收机械，依靠人工采收劳动强度大、成本高、效率低。赶上农忙季节缺乏人手，南方山区深山、远山的竹木、茶叶、柑橘等特色农产品弃采弃收情况经常发生。

以茶叶采收为例。2014年，长三角三省一市共生产茶叶29.12万吨，占全国茶叶产量（209.57万吨）的13.8%，域内浙江省和安徽省都是茶叶生产大省，当年分别产茶16.54万吨和11.12万吨。然而，这里统计的茶叶产量主要是依靠人工采摘的春茶，费工费时但品质好、价格贵，每年春季采茶时南方山区劳动力缺口很大。由于缺乏人工和采收机械，经济上不划算，我国南方茶产区的夏秋茶基本上弃采。近些年来，南方山区生态茶园和有机茶得到快速发展，茶叶品质大幅改善，虽然人工成本不低，但由于茶叶价格逐步上扬，南方茶产区尚能够做到收支平衡、略有盈利。但对于茶叶消费者来讲，由于春茶价格昂贵，中低收入阶层逐渐消费不起、喝不起茶，国内市场上出现卖茶难、喝茶贵的矛盾现象。我国北方茶叶消费量很大但不产茶，尤其是以肉食为主的牧区，农牧民等中低收入阶层收入不高，喝茶消费压力与日俱增，开发中低档的夏秋茶产销是当务之急。

在德清县双丰茶叶公司，拥有有机茶基地1000亩，经杭州中农质量认证中心认证了红茶、绿茶两个品种的有机茶叶，认证年产量5吨。公司负责人坦言，以前做高档春茶，主要是政府部门消费多。现在压缩"三公消费"，高档春茶的消费市场受到压缩，公司购置了机械采茶设备，转向开发中低端的夏秋茶市场。2015年，该公司夏秋茶产量已经达到360吨。由此可见一斑，我国南方茶产区的夏秋茶开发潜力巨大！但如果开发这一中低端茶叶市场，依靠人工采收不行。国内目前农村劳动力价格上涨，女性劳动力每天都需要支付百元以上工资。且由于老年化社会即将到来，我国劳动力市场价格在未来20—30年内将会一直看涨！无论对于解决春茶采收缺乏劳动力矛盾及人工成本高企来讲，还是对于开发夏秋茶产销来讲，唯一的办法就是开发、研制适用、高效的茶叶采收机械。

在安徽省芜湖市三山区，中联重科的农业机械制造已经列入全省14个新兴产业重点支持名录。该企业是国内农机制造行业龙头，虽然目前主要致力于粮食等大宗农产品耕种收机械开发，但可以也应当将南方山区有机与特色农产品采收机械开发作为未来重点。长江中下游地区是我国有机及特色农产品的重点产区，长三角内集中了擅长于机械工业的东南大学、合肥工业大学，专业从事农机研发的农业部南京农业机械化研究所，擅长于食品工业的江南大学，擅长于农业工程的河海大学，以及擅长于农业科学技术的南京农业大学、江苏省农学院、安徽省农业大学、浙江省大学农业与生物技术学院、浙江省农林大学、杭州中国农科院茶叶科学研究所等一批大学和科研院所，拥有极强的农业机械研发实力，可以通过域内跨省市政产学研合作方式，通过招商引资、风险（股权）投资、技术入股、合作研发等方式，在芜湖市三山区合作（集中）打造一个国际知名、国内领先的先进农机制造基地和产业（集群），解决我国南方山区有机与特色农产品发展的采收瓶颈问题，有效促进山区农民增收和长三角有机及特色农产品的快速发展。

（五）开展长三角有机农产品电子商务营销、物流仓储合作

与大宗农产品流通不同，有机农产品流通具有"小、散、多"特点。这里的"小"是指销售的农产品单笔数量可能不大、金额可能不高；"散"指从事有机农产品购销的当事人呈现点多、面广、分散的特征；"多"是指销售的有机农产品门类品种繁多，参与购销的双方人多等。这种点多面广额小的有机农产品，适合采用"互联网+农业"的电子商务平台销售及快递物流技术走向城市大市场。

例如在上海市，壹亩田公司除在崇明岛经营一个有机农场外，还是一家利用移动互联网撮合农民与买家交易的农业电商平台。农户、种养殖大户、合作社、经纪人和农业龙头企业，可以用手机下载壹亩田公司的AP，然后登录公司的移动互联网网址，在上面寻找买家从而卖掉自己成熟在田或加工好的农产品。壹亩田公司专门做农产品上行的交易撮合，活跃在线上的有包括批发商、饭店、超市、深加工与出口型企业等在内的各种类型和层次的采购商，而在"线上+线下"忙碌的3000多名员工中，有2500多名活跃在国内3万多个村庄的田头，承担传统的农产品购销经纪人工作。不同的是这些交易员采取的方法是教会农民使用手机APP，上传农产品信息寻找买家，帮助农民或新型农业经营主体在移动互联网上轻松卖掉农产品，让菜不要烂在田里，不要扔到沟里，让农民赚更多的钱，同时不要花费过多的物流成本，也不要花费太多的交易时间。目前，壹亩田公司的"线上+线下"撮合交易覆盖率占到国内70万个自然村的4.2%，他们计划未来将覆盖10万个村庄，线下团队扩展到1万人。通过这一模式，壹亩田公司实现了自2011年成立后的4年中业绩2000%的爆发式增长，2014年年中月交易额已达到100亿元，日交易额突破3亿元。壹亩田公司的出现，解决了农产品购销的信息不对称问题，可以使有机及特色农产品的交易变得更加高效。

再如在安徽省桐城市，近年来阿里巴巴的农村"村淘"突然火爆起来。养殖户张桂青在淘宝网上开了个网点卖有机土鸡蛋，刚开张20分钟，销量就达到1万多枚，紧接着47个小时创下了累计销售土鸡蛋17.2万枚的记录。当地一位生态农业企业负责人感慨地说，"村淘的功能太强大了！"该市还准备利用"村淘"渠道，将桐城小花茶叶、蛋鸭制品等众多有机农产品推向全国城乡大市场。安徽省绩溪县也建立了电子商务区域平台"上街去"，直接与上海市社区平台对接，让上海市居民上网购买安徽省的生鲜和土特产。

农产品网上购销和"村淘"火爆的背后，是"供给测+结构性"改革的农业转型升级大趋势。未来几年，将是长三角农产品电子商务迅猛发展的黄金时期。建议加强三省一市地方政府的密切合作，加快建立长三角有机及特色农产品网络信息平台，加强对农产品电子商务核心企业的扶持，利用"互联网+"技术促进有机农产品发展。

可以采取以下措施：一是创新有机农产品流通方式，加强农村宽带网络和移动互联网基站等通讯基础设施建设，提高农户家庭宽带接入和个人智能手机APP上网能力。二是加快发展农村物流业，加强偏远地区乡村公路建设，建设乡村物流配送系统，开展长三角内跨省市的农产品物流仓储企业设施共享合作，增加快递业在乡村和农民集中居住社区服务点布局，方便广大农户网购工业品与农资，网销有机农产品。三是加快建立乡村电子商务服务站，通过网购平台和电子商务实现长三角有机农产品产销及与城市场的对接。针对新型农业经营主体需求开展电子商务技能培训，组织其与电商企业对接，搞好农村电子商务试点示范工作。可以合作开展长三角农村淘宝网络购销工程建设，由长三角三省一市协调合作机构出面，争取阿里巴巴企业对该项目建设的人财物支持，在三省一市每个行政村建设一个淘宝村级服务站，为农民提供网上代买、网上（开店）代卖、网上缴费、创业培训、本地生活等服务项目。村民不需要购买电脑，甚至也不需要会电脑，网购商品、淘宝开店、网上发布宝贝（即销售商品）、支付收款全部可由村级服务站代为完成。鼓励和支持农业龙头企业、农民专业合作社、种养殖大户等新型农业经营主体在阿里巴巴淘宝网上开设网店，地方政府应当出台相关政策，由农业、商业、工信等主管部门给予充分的技术支持和财力扶持。还可以资助核心电商企业（如上海市壹亩田公司）通过市场化推进方式，促进移动互联网农产品电子商务在长三角内扩村布点，帮助农民手机上网销售农产品。

参考文献

[1] 蒋艳芝等：《消费者认证标识食品信任的影响因素分析》，《湖南农业大学学报》（社会科学版）2016 年第 1 期。

[2] 马爱国：《新时期我国"三品一标"的发展形势和任务》，《农产品质量与安全》2015 年第 2 期。

[3] 雷勋平、陈兆荣、王亮：《国外食品安全监管经验与借鉴》，《合作经济与科技》2014 年 5 月。

[4] 周应恒、王二朋：《中国食品安全监管：一个总体框架》，《改革》2013 年第 4 期。

[5] 彭亚拉、郑风田、齐思媛：《关于我国食品安全财政投入的思考及对策——基于对比分析美国的食品安全财政预算》，《中国软科学》2012 年第 10 期。

[6] 范春光：《国外食品安全监管制度及其借鉴——建立"从农田到餐桌"的质量信息披露制度》，《国家行政学院学报》2008 年第 3 期。

上海金融健康之路：
规范亚健康"灰色"金融机构

乐宜仁　骆祖春[①]

从20世纪90年代上海市浦东大开发之初起，上海市就将打造全球的金融中心作为其发展长期的战略目标。经过近30年的建设，如今越来越多不同国家、不同层次、不同类型的金融机构云集上海市，形成了综合性、多功能、全方位的金融服务体系，各类金融子行业欣欣向荣。随着人民币国际化进程加速及最终实现，上海市终将成为全球的金融中心。与其他商品及要素市场一样，上海市金融市场也存在正规市场机构与非正规的"灰色"金融机构，与其他发达经济体市场不同的是，上海市现在很大一部分"灰色"金融机构可以有效地转为正规金融机构，前提是对现有金融规制进行变革。本文试图打开上海市"灰色"金融机构运作的"黑箱"，找出其可能存在的风险及问题，提出变"灰色"金融机构为正规金融机构的建议，进一步促进上海市金融中心健康发展。

一　"灰色"金融机构的主体、业务构成、特点及规模测度

一个地区正规的金融市场，是由区域内正规的金融机构及其分支机

[①] 乐宜仁，南京博发投资咨询有限公司董事长；骆祖春，江苏省社会科学院研究员。

构在国家法律法规规定的范围内开展各类金融业务，同时自觉地接受当地金融监管机构的监管。正规的金融机构主要包括：银行类金融机构，主要有国有商业银行、股份制商业银行、城市商业银行（以下简称城商行）、农村商业银行（以下简称农商行）、三类新型农村金融结构（村镇银行）、外资银行、政策性银行等；非银行类金融机构，包含资产管理公司、信托公司、财务公司、金融租赁公司、汽车金融公司、消费金融公司；证券类金融机构，涵盖证券发行人、上市公司、非上市公众公司、证券公司、基金管理公司、私募基金管理人、期货公司、证券投资咨询机构、基金销售机构，以及从事证券期货业务的会计师事务所、资产评估机构、律师事务所、资信评级机构等；保险类金融机构，包括保险集团、财产保险公司、人身保险公司、再保险公司、保险资产管理公司、保险代理机构、保险经纪机构、保险公估机构。在当前金融分业监管大框架下，金融监管机构主要有银行业监管机构、证券业监管机构和保险业监管机构三类。

（一）"灰色"金融机构的主体

为什么说上海市存在一个庞大的"灰色"金融机构群体？说它"灰色"，因为该类金融机构没有上海市金融监管机构审核签发的金融许可证和在上海市工商管理机构和税务管理机构办理单位登记手续，所以它们不是上海市金融监管区内的合法、正规的金融机构，但也不能说它们是完全"非法"的存在，因为它们的委派上级均是经过国家金融监管机构批准设立的正规金融机构，只不过它们核准经营地在上海市金融监管区以外，所以，该类机构在上海市以委派上级之名开展金融业务处在金融监管的边缘地带。"灰色"金融机构的委派上级分别是：农商行、城商行、信托公司、保险公司、基金公司、金融租赁公司，其中前二者为主体。"灰色"金融机构，形式表现为它们的委派上级绕过上海市的金融监管机构（银监局、证监局、保监局），在上海市设立研发中心、办事处、联络处，名称各异，但其实质均为设在上海市的营销机构。以上机构均不是相对独立的分支机构，应该申请或没有资格申请上海市金融监管机构的审核批准。最新的进展表明（2016年中），青岛农商行已经向上海市银监局提出申请，拟到上海市设立办事处。

（二）"灰色"金融机构的业务类型、规模与特征

1. "灰色"金融机构的业务类型

"灰色"金融机构以其委派上级的名义与交易对象开展各项金融业务，目前的业务主要包括同业拆借、同业存放、票据转贴现、理财产品的销售和资产配置、标准类资产和非标资产的投资，以上业务主要是《关于规范金融机构同业业务的通知》（银发〔2014〕127号，以下简称127号文）规定的同业融资与同业投资业务内容，也可以说上海市"灰色"金融机构的业务是上海市金融机构同业业务市场的重要组成部分。交易的主要客户对象是城商行、农商行、商业银行、基金、信托、保险、财务公司、金融租赁公司、上海市内外的工商企业等。就其从事业务的性质而言，类似于大的商业银行在沪各类专营机构（票据、资金营运、信用卡、私人银行、贵金属、中小企业六大类）或其综合体，按照现行的金融监管规定，该类专营机构及其分支机构需就机构的设立、变更、终止、业务范围、高级管理人员任职资格的事项接受银行业监管机构审核和属地化监管，后者有权对它们进行非现场监测和现场检查，对其违法违规行为提出行政处罚意见。由此可见，"灰色"金融机构的专营机构事实是有了，但上海市本地的金融属地化管理却没有，这也是说它"灰色"的一个典型特征。

2. 上海市"灰色"金融机构及业务规模

本文所说的上海市"灰色"金融机构及业务规模到底如何？到目前为止，没有权威的信息发布，只能用局部规模来推测其大概。据本课题组调研了解到，业内人士认为上海市"灰色"金融机构以城商行、农商行为主，预计200家左右，且每年以20家左右的速度递增。具有代表性的银行包括南充城商行、贵阳银行、宁波银行、湖北银行、成都农商行、顺德农商行、东莞农商行、广州农商行等。此类机构不仅上海市有，北京也有，数量与上海市相当。开展业务主要以线上债券交易和线下票据业务、资金业务、理财业务为主。线上数据可以从中国债券网和中国理财网看到。线下数据需要到各家银行实地调研后汇总。业内人士估算其业务规模约占全国金融机构间同业市场的1/3—1/2。以2015年为例，这些金融机构带来的直接金融增加值大概不低于 1000 亿。地区方面，以江苏省的金融机构为例，近三年来，江苏省先后有 13 家较大的农商行、1 家城商行在上海市设有办事处；仅以其中一家资产规模较大的 A 农商行上海市办事处为例，2016 年其债券交易、票据交易、资产管理三大业务条线年实现利润 16 亿元。①

3. 近年来上海市"灰色"金融机构的业务发展特征

上海市"灰色"金融机构的主体业务属于金融机构间的同业业务，在宏观经济大环境及 127 号文的实施影响下，上海市"灰色"金融机构的同业业务发展呈现以下发展特征：

(1) "灰色"金融机构在同业业务的分化中日渐处于劣势

伴随着利率市场化改革进入尾声，大银行的资金定价能力优势进一步显现，中小银行在存款竞争中将处于弱势。从同业业务看，大银行和中小银行的分化进一步加剧。具体体现为：一方面，中小银行由多年前的净融出转变为呈现持续净融入，大银行同业资金呈现持续净融出，将来存款来源较少的中小银行将更加依赖大银行的资金融出；另一方面，中小银行同业投资占比将逐渐提高，且以投资"特定目的载体"投资业务为主，在缺乏贷款议价能力的情况下，部分中小银行过度依赖"特定目的载体"投资业务获取利润，而同期大银行同业融资占比将逐渐提高，且以拆放同业为主。

(2) "灰色"金融机构的同业投资仍旧以投资非标准化资产为主

根据 127 号文的要求，商业银行清理了原先混入"买入返售"等同业科目的非标准化资产投资，将到期存量及新增业务转计入同业投资项下"特定目的载体"科目。从 2015 年的同业市场发展的相对情况来看，同业融出和融入业务平稳增长，在"买入返售"和"卖出回购"业务占比下降的同时，同业投资项下的"特定目的载体"业务持续增长。央行公布的数据显示，中资全国性中小银行买入返售资产从 2015 年 1 月末的 5.1 万亿元，下降至 2016 年 1 月末的 3.6 万亿元；同期中资全国性大型银行买入返售资产从 2.4 万亿元波动上升至 3.6 万亿元后下降至 2016 年 1

---

① 2016 年 7 月，本文作者在上海调研多家"灰色"金融机构，多位访谈从业人员给出机构数及业务规模估计。

月的 2.8 万亿元。[1]

2015 年，同业投资项下的"特定目的载体"业务数量占比仍旧较高，该类项目的基础资产主要包括以下五类：一是企业债权，商业银行通过资产管理计划或信托计划等向行内对公客户进行债权融资，以突破银行自身信贷额度不足及行业调控的限制；二是协议存款，商业银行通过保险资管计划等将资金以协议存款的形式存入其他银行，以获得更高的存款利率；三是银行保本理财产品，商业银行根据自身资金管理需求投资于其他银行的保本理财产品；四是跨市场创新产品，在资本市场行情较好的情况下，商业银行与资金不足的证券公司合作，以银行自有资金购买证券公司融资融券受益权等跨市场创新业务；五是"特定目的载体"项目，商业银行通过在"特定目的载体"内嵌套投资"特定目的载体"项目，延长业务链条以规避资金用途限制。

（3）"灰色"金融机构的同业借款和同业透支等创新业务需求加大

同业借款被看作是一种场外交易，包括同业拆出和拆入业务。同业借款的期限一般较长，最长为 3 年，可以满足客户长期性资金需求。同业透支业务与同业借款业务形成互补，其权限较短，可以满足客户临时性资金需求。127 号文并未对同业透支业务予以明确规定，商业银行开展同业透支业务也很不规范。但是伴随着资本市场波动的不断加大，证券公司用于当日头寸调剂的需求、货币市场基金"T+0"赎回需求不断增加，商业银行开展同业透支业务的需求不断上升。

二 "灰色"金融机构形成的制度及非制度性原因

上海市"灰色"金融机构形成和发展与中国城乡信用机构的商业化改革进程紧密相关。从 1995 年起，中国城市信用社陆续大规模改建为城商行，以北京银行、南京银行为代表，后两者 2007 年成功实现 A 股上市；从 2003 年起，全国农村信用社系统陆续大规模改建为农商银行（以

---

[1] 中国社科院国家金融与发展实验室：《金融监管蓝皮书：中国金融监管报告（2016）》，社科文献出版社 2016 年版，第 164 页。

重庆农商行、九台农商行为代表）。随着该类机构业务、人员整合完成，商业银行架构搭建完备后，向市域、省域外扩张、发展的动力源已经形成。对于一些规模大、经营效益好的大城商行或农商行而言，上海市作为全国及全球的金融中心，是它们扩张的必选乃至首选之地。由此，近两三年来，上海市"灰色"金融机构及其业务进入形成与快速发展阶段。

（一）"灰色"金融机构形成的制度性原因

设立上海市"灰色"金融机构的制度性原因，可按其委派上级资质的不同分为以下几种类型：一是有资格申请，但出于经营、节税等目的，没有在上海市设立属地化管理的分支机构，代表是保险公司、基金公司，上海市中心能有效地解决该类公司对高层次人才的需求，有关产品设计、精算服务等高智力环节得以完成。此外，上海市丰富的金融资源可以利用；二是有资格、但短期内无法在上海市设立商业银行分支机构或专营机构的企业，代表是城商行、农商行。银监会出台了《中国银监会关于印发中资商业银行专营机构监管指引的通知》（银监发〔2012〕59号），该文件规定专营机构及其分支机构原则上不得在该行未设立分支行的地区设立，但经银监会批准的除外。而银监会的《城商行异地分支机构管理办法》（银监发〔2006〕12号）、《关于中小商业银行分支机构市场准入政策的调整意见（试行）》（银监办发〔2009〕143号）对它们在异地设立分支机构有经营年限、业绩、风险管理水平等考核指标，进入上海市的考核可能会更严格一些。由于涉农服务的行业特点，2016年以前法律法规规定农商行不能跨省域经营，2016年国家银监会出台指导性意见，允许经营状况好的农商行跨省域经营，也就是说，目前一些资质好的农商行才有申请进入上海市的资格，但截至目前，中央层面的具体实施细则还没有出台。

（二）"灰色"金融机构形成非制度性原因

1. 上海市金融"高地"的集聚效应

《2015年上海市银行业创新报告》显示全球六大洲均有银行在上海市设立营业性机构，上海市如今形成了综合性、多功能、全方位的金融服务体系，各类金融子行业发达，行业结构和机构类型丰富多样，未来还将吸引更多不同层次的金融机构向上海市集聚。截至 2015 年年末，上海市辖内设立外资法人银行（含 1 家财务公司）共 22 家，外国及港澳台银行分行 49 家，异地外资法人银行在沪分行 12 家，外资银行代表处 77 家。总行级专营机构集聚加速，商业银行总行在沪设立异地在沪持牌专营机构，包括票据、资金营运、信用卡、私人银行、贵金属、中小企业六大类总计 24 家。[①] 截至 2016 年 5 月底，上海市共有 55 家法人保险机构，其中保险集团 1 家，财产险公司 19 家，人身险公司 25 家，再保险公司 3 家，资产管理公司 7 家；共有 97 家省级保险分支机构，其中财产险分公司 48 家，人身险分公司 47 家，再保险分公司 2 家。[②] 截至 2016 年 6 月底，上海市辖区基金管理公司 45 家，异地基金管理公司在沪分支机构 28 家；本地证券公司 23 家，外地证券公司在沪营业部 235 家，国外及港澳台证券公司办事处 66 家；辖区内期货公司 32 家，期货分支机构 143 家。[③]

2. 中小银行发展与全国性大银行的同业业务是其业务发展的重要方向

长期以来，大多数城商行、农商行贷存比维持在 60% 以下，由此造成本身沉淀了大量富余资金。传统上，盘活这些资源只有发放更多的贷款这一个出路。但这种模式的天然不足在于城商行经营的区域局限性，区域集中的资产组合往往很难抵御风险冲击。出于对信用风险的警惕以及同业业务的收益诱惑考量，中小银行不再将富余的存款资源投入不确定性较高的贷款市场，而是选择将其资金借给信用等级更高的全国性银行，因为后者的资产组合更稳定，与它们做交易就像是买基金，除非大银行整体出现信用风险，但概率很低。随着银行向综合性金融业务延伸，目前中小银行的富余资金实现资金配置多元化，分别投资于大银行发行的同业存单、同业理财、同业投资 ABS，还有部分投行业务，等等。

3. 中小银行向资产管理型银行业务模式转型是大趋势

在大资管背景下，银行业由单纯的信贷业务向财富管理、资产管理以

---

① 以上数据见《2015 年上海银行业创新报告》：http://www.cbrc.gov.cn/shanghai/docPcjgView/6983F283C671438EAA5596861B5803B6/600111.html。
② 以上数据见上海保监局网站：http://www.circ.gov.cn/tabid/360/Default.aspx。
③ 以上数据见上海证监局网站：http://www.csrc.gov.cn/pub/shanghai/zjjjs/xqqkjs/。

及投资银行三位一体和跨界融合模式转型。资产管理对接资金端与资产端的通道已远远超出银行自身，保险资管、信托公司、券商资管和公募基金、私募基金、互联网金融在内的所有金融市场参与者均能形成合作关系。这就要求中小银行立足自身核心优势基础上积极开展跨界合作，实现资管业务优势互补。它们的核心优势在于：对区域性客户群体信息了解充分、区域网点与销售渠道较多、储蓄及结算客户沉淀、定价合理和机制灵活等，它们在研发信贷、类信贷产品和债券等固定收益资产的理财产品方面具有先天优势。而券商、基金在监管政策环境、高端客户群体、投资研究实力方面均有较大优势，在权益类理财产品研发、设计和包装能力上更胜一筹。中小银行全面推进与其他金融机构开展从理财产品研发、设计到销售全流程的合作，在实现动态管理、组合投资、分散风险的同时，丰富并推广资管业务产品，有助于实现经营战略从传统获取息差收益到中间业务收入创利的重要转型。上海市作为全国的金融"高地"，无疑是不二的选择。

（三）从业者及市场人士的看法

就本课题组访谈的"灰色"金融机构从业人员而言，他们对机构是否转变为正规的专营机构及接受属地化管理持无所谓的态度。他们认为自身的经营业务主要是机构间的业务往来，在没有设立上海市营销中心之前，他们上级机构（即总部）也在做全国范围内的金融业务；上海市营销中心成立之后，只是将总部的全国业务处理中心搬到了上海市，这样更加方便他们与营销对象的交流与互动，减少彼此出差的时间与成本。与此前不同的是，在上海市经营，吸引人才加盟更加便利，商业机遇、经营业绩均大幅提升。由于他们的经营活动均是以其总部机构的名义进行，合同的经营风险的控制，仍然归属总部，相关只不过是存在地理距离造成的短暂的时滞而已。上海市机构从事票据业务的数据，总部所在地的金融监管机构都有，偶尔也会有原属地的金融监管机构对上海市机构进行现场监管；其从事的债券交易业务已经全部采用电子化交易，债券托管机构有中债登记结算公司和上清所，银监会和央行获取的监管数据也是全面的；其从事的每一笔理财业务都需要事前在银监会理财登记系统进行备案，所以，银监会在这方面监管也是全面的。

从业人士认为，中小银行的传统业务立足当地，新兴业务"走出去"，到上海市获取渠道、信息、人才等优势是无可厚非的，因为无论是资金市场、理财市场还是票据市场，都是一个全国统一的市场，在哪里办公只是表象，受不受监管才是实质。这些金融机构到了上海市，通过融入上海市金融中心，壮大了自身实力。"走出去"之前，有富余资金没有投资能力；现在利用上海市平台优势，自身的新兴业务、同业业务、投行业务创利水平大幅提高，反过来拿这部分利润去核销了原有的不良贷款，实际上是有利于降低中小银行金融机构的整体风险。

市场人士对此有正反两个方面的看法。有的人士认为，此类机构存在，如果以筹集资金、获取信息、接受国际前沿金融管理经验为目的，则无可厚非；但如果将此类机构，作为中小银行获取经营利润的主要渠道，则违背了设立城商行、农商行的初衷，设立它们主要目的是贴近服务当地企事业单位与居民个人，发展目的就是要做近、做精、做深，而不是借助于上海市金融中心做远、做大。

三 "灰色"金融机构存在的主要问题

上海市"灰色"金融机构的委派上级所在地金融监管机构知道其存在，但涉及跨境经营，其监管地位比较尴尬。上海市金融监管机构面临同样的监管难题，因为上海市"灰色"金融机构的经营业务均是以其总部名义进行的，对此跨地经营问题，是否有管辖权，模棱两可。所幸的是，上海市金融监管机构对此类市场机构的存在并没有采取"封杀""一棍子打死"的做法，而是持不反对、不支持、不监管的态度，因为专营机构的申请设立需要通过属地银监局上报银监会审批，上海市银监局不具备此类行政审批的权利。从理论与现实实践层面来分析，此类机构的存在涉及区域间利益冲突、风险传染性、监管盲区、资本充足率监管、垄断与市场集中的影响等必须解决的五个方面的关键问题。

（一）利益冲突

"灰色"金融机构的业务收入归属总部，业务支出包括人员工资、奖金、福利，均以总部名义发放，其所涉及增值税、企业所得税、个人所得税均在总部所在地发生，与上海市无关。给上海市带来只是部分的新增就业机会、租赁楼宇收入、办公消费、员工个人消费等收入。以 2015 年为例，这些金融机构带来的直接金融增加值大概不低于 1000 亿，如果算上间接影响的话，至少会影响上海市 GDP1000 亿元以上，税收规模也相当可观。如果这类机构转变为上海市正规的金融机构的话，那除企业所得税由总部机构统一缴纳以外，其他税收均留在上海市，上海市的收益增加。与此同时，上海市要相应为其提供户籍、社会养老保险、医疗保险的服务。

（二）风险传染性

由于我国金融机构实行行政区域属地管理，将全国金融风险相应分割为区域金融风险，将整体风险分割若干个局部风险。"灰色"金融机构主要通过上海市金融的同业市场，成为连通区域市场与上海市场、区域市场与其他区域市场的渠道，无形中打通原来封闭的区域间风险传递管道，缩短了区域间风险传染传导时间。由于金融市场的统一性以及金融资源过度集中在上海市，其他区域市场或上海市场发生的金融风险，会很快地通过资金链条传递到全国其他区域市场，如果风险冲击的规模够大，可能引发区域或全局的系统性金融风险，这在以前是不大可能出现的。

近两年来，全国经济发展进入中高速增长的"新常态"，经济发展处于下行通道，整体经济去产能、去库存、去杠杆任务艰巨，产能过剩行业以及部分中小企业生存发展的环境较为严峻，企业资金链断裂、债务违约、逃债等事件时有发生，银行不良贷款余额和比率持续"双升"，整体金融环境日趋严峻。

仅就上海市的"灰色"金融机构所主要从事的银行间的同业业务而言，相较国际上成熟的同业业务，我国银行同业业务是建立在分业经营基础上的，本质上是为了绕过各类管制而产生的。从具体的同业业务内容来看，存在以下四个方面的风险与负影响：

1. 同业投资本质多为类信贷业务，信用风险较大

目前，我国商业银行同业投资本质上多为类信贷业务，如在同业投资中占据较大份额的"特定目的载体"投资业务，其载体资产是以企业债权等类信贷资产为主，而这其中受到国家相关政策限制的行业或企业的类信贷资产占了相当大的比重。对这些同业业务而言，商业银行实际承担着

企业经营带来的信用风险,但它们并未完全根据"穿透"原则计算该类业务的拨备计提标准,实际计提标准一般不超过 1%,低于当前商业银行整体 3% 以上的贷款拨备率,抵御潜在信用风险的能力被削弱。

2. 同业投资业务多为非交易类业务,流动性风险较大

目前,银行同业负债以同业存放为主,而"买入返售"资产是同业资产的主要方式,银行一般直接持有各类同业资产至到期,是典型的非交易型业务。这样的资产与负债结构就产生典型的资金期限错配的问题:吸收短期同业资金来匹配中长期同业资产。在经济状况较好的时期,这种期限错配风险很小,可以为商业银行带来丰厚收益;但在经济状况不好的时期、市场流动性趋紧、同业资产变现能力较差时,它就会使得商业银行面临较大的流动性风险。作为同业业务主体的"特定目的载体"投资业务是非标准化资产,期限一般在 1 年以上,超出 127 号文要求同业融资中除同业借款外的其他同业融资最长期限不超过一年的规定。此类同业资产缺乏交易流通市场,提前变现的能力差,流动性风险较大。由于同业负债期限的短期性,加大了与之错配的同业资产带来的潜在流动性风险。

3. 同业业务透明度较低,风险传染性较高

127 号文将非标准化资产投资纳入"特定目的载体"科目等措施,部分解决了业务规模隐匿问题,但整体业务透明度仍较低:目前,仅披露投资总规模等宏观信息,对于项下具体的业务品种、基础资产、行业分布、风险状况、涉及机构数量、业务链条长度、实际拨备及不良状况等分类关键信息仍缺乏详细披露,不利于监管者和投资者掌握实际状况以及时发现潜在风险。同时,同业业务涉及的机构数量较多,业务链条较长,机构间业务联系紧密,风险传染性较高,一旦出现风险事件,容易引起风险在金融机构间交叉传染与扩散,从而可能引发局部乃至全局性的系统性风险。

4. 同业业务的过度发展对经济下行期的宏观经济有显著的负面影响

同业业务的过度发展,可能导致银行资产过多地在银行体系内运转,一方面,会形成银行资产的表面繁荣,如对于"回购交易"业务而言,回购方的资产并未出表,而逆回购方的资产负债表就做增加处理,从而在没有产生新资产的情况下,造成了整个银行体系资产负债表上资产水平上升,从很大程度上人为制造银行业的账面繁荣。相关数据表明,截至 2015 年上半年末,以 16 家上市银行为例,同业资产余额为 11.12 万亿

元,同业资产占总资产比重为9.6%。① 另一方面,银行同业业务的过度发展,特别是区域性城商行和农商行该类业务超常发展,导致区域性的资金被抽取至上海、北京等金融中心,将导致银行资产较少流向实体经济,加剧区域性中小企业的贷款难、贷款贵的问题。银行同业业务通过层层包装延长了交易链条,从而弱化了银行对实体经济的服务能力,对货币政策等宏观经济变量的传导产生或多或少的影响。

5. 上海市的区域金融风险极易演变为全国系统性风险

金融风险具有传递性、扩散性,它的发生并不是说风险在全国同时点发生,往往是有一个爆发点,犹如第一张多米诺骨牌的倒下。典型例子是雷曼兄弟公司的倒闭引发了美国2008年金融危机。上海市"灰色"金融机构业务风险较其他区域金融风险危害更大,因为上海市金融业在全国处于中心枢纽地位,直接联系全国其他区域金融市场,它的区域金融风险极易演变为我国系统性金融风险。

(三) 监管盲区

由于中国现行对金融机构的监管实行属地化原则,上海市"灰色"金融机构的存在,涉及跨省域的管理职责认定问题。作为委派上级所在省域的监管机构通常是"视而不见",上海市的金融监管机构则是"见而不管",双方的顾忌,极为容易造成对该类机构业务发展的监管盲区。上海市金融监管机构对"灰色"金融机构的业务规模、风险状况不掌握,各"灰色"金融机构委派上级所在省份的监管机构只掌握其总机构的金融业务及风险情况,也无法对"灰色"金融机构实施实质上的监管,对具体业务所涉省域外的载体资产安全性无法监管,造成事实上的风险监管与风险源监管脱离。由此以来,随着上海市"灰色"金融机构与业务规模的快速扩张,无论是从区域层面还是从全国层面来看,造成统计数据与实际监管脱节,极大地影响了金融宏观调控的有效性。

除了存在上述特有的监管盲区外,就上海市"灰色"金融机构主要从事金融机构间的同业业务而言,同样存在上海市不同金融监管机构间的

---

① 中国社科院国家金融与发展实验室:《金融监管蓝皮书:中国金融监管报告(2016)》,社会科学文献出版社2016年版,第167页。

盲区，上海市正规金融机构也同样存在此类监管盲区。由于金融机构间业务的迅速发展，商业银行与其他金融机构资金往来愈发频繁，业务联系愈发紧密，机构间的风险传染速度也在上升。然而，在当前分业经营、分业监管的大框架下，必然存在一定的监管空白和监管重叠，给一些金融机构与金融业务游走在金融监管薄弱地带提供了可能，风险一定会在监管空白处滋生蔓延。

(四) 资本充足率监管

由于经济下行，为了化解企业无法按时偿还银行贷款本息、兑现企业债券的困难，国家出台债转股的政策，由于《银行法》规定银行机构不得对企业做股权投资，但现在通常通过法院的判决办法，使银行被动接受股权投资，这样一来就对银行整体的资本结构带来影响，引发银行资本充足率下降，直接拉低银行信用评级。近几年来，大量不良的企业债务正在吞噬银行利润，全国银行业利润增速断崖式下跌，从 2011 年的 36.34% 锐减到 2015 年的 2.43%。从 30% 多的高增长到接近零增长，只用了短短 4 年时间，这是一个惊心动魄的变化。[1]

资本充足率是商业银行的"命门"，不仅体现银行应对金融风险的能力，也制约银行未来进一步发展。据银监会数据，截至 2016 年一季度末，商业银行不良贷款余额近 1.39 万亿元，不良贷款率 1.75%，其中：农商行不良贷款余额 2060 亿元，不良贷款率 2.56%，不良贷款率远高于大型商业银行 (1.72%)、股份制银行 (1.61%) 和城商行 (1.46%)。[2] 2016 年 5 月末全国银行业金融机构不良贷款余额超过两万亿元，不良率达到 2.15%，银行不良贷款正在加速暴露，还远没有见底的迹象。[3] 商业银行正面临一级其他资本较为匮乏、资本充足率偏低、资产质量下滑、资产风险度不断提升的挑战。

---

[1] 2016 年 7 月 7 日，平安银行行长邵平 "中国银行业发展论坛" 上的发言，转引于肖君秀《央行发改委研究企业降杠杆：一堆不良资产将扑面而来》，《华夏时报》2016 年 7 月 17 日。

[2] 张漫游：《银监会一周处罚千起违规　农村金融机构成重灾区》，《中国经营报》2016 年 7 月 10 日。

[3] 杜雨萌：《银监会官员：5 月末银行不良贷款余额已超过 2 万亿》，《中国经济网（北京）》2016 年 7 月 11 日。

银行可以通过两方面来满足资本充足率需求：一是银行通过盈利留存的内源性资本积累，但当前不良资产上升直接侵蚀了商业银行利润，导致通过利润留存来补充资本的难度加大。在当前环境下，选择适当降低分红比例来加强商业银行的内源性资本积累能力，这是绝大多数金融机构的无奈选择；二是资本市场再融资。对于非上市银行而言，企图通过上市（补充股本）短期内不可行，发行次级贷款（补充二级资本）有额度限制。2016 年以来，上市银行加快发行优先股（补充一级其他资本）的步伐，先后有 12 家银行成功发行优先股，规模达 1634.25 亿元。[①] 不过业内人士指出，目前外源资本补充方式融资成本正在上升，银行更多还是要依靠内源资本积累补充资本。

（五）垄断与市场集中的影响

一个地区的金融行业寡头垄断不好、过于分散市场分割也不好，市场结构有一个最适主体结构规模与市场集中度规模，这也是金融监管调控所追求的目标。上海市"灰色"金融机构及业务规模的快速扩张，作为后进入者通常会采取一些更加优惠、更加有力的营销方式，快速占据局部市场与获取客户资源，这样给一些机构与个人提供了更多的套利、投机乃至诈骗空间，结果是无形中改变了上海市正常的金融生态环境。

四 规范"灰色"金融机构，促进上海市金融中心健康发展

面对经济"新常态"和新金融业态，规范上海市"灰色"金融机构发展，可采取"疏导、整治、创新"的治理思路，以疏导先行、为主，治理随后、为辅，将该类市场结构的业务创新置于上海市金融创新体系之中，服务于上海市建设具有全球影响力的科技创新中心与"四个中心"（经济、金融、贸易、航运）建设战略。

---

① 朱丹丹：《上市银行资本补充压力大 半年发行优先股 1600 亿元》，《每日经济新闻》2016 年 7 月 7 日。

（一）疏导——设标准，建"户口"

变"灰色"市场机构为"合法、公开、透明"的市场机构。鉴于全国城商行、农商行数量庞大，无法满足每个企业都在上海市设立分支机构的愿望，应依据《中国银监会关于印发中资商业银行专营机构监管指引的通知》（银监发〔2012〕59号）的规定，由银监会授权上海市银监局，由其制定区域外城商行、农商行进入上海市设立专营机构的具体标准，给符合条件的"灰色"市场机构建上海市"户口"，转为上海市金融监管区内的正式金融机构；对不符合准入标准的"灰色"市场机构，应劝退出上海市金融市场。但对后者在上海市筹集资金、获取信息、接受国际前沿金融管理经验需求，应以市场机制为基础，通过制度创新、业务创新，来满足他们的正常需求。由"灰色"市场机构转变为正规市场机构的重要标志，就是要在上海市进行专营机构注册，上海市金融监管部门负责专营机构注册于本地后的日常持续监管，并及时向上级金融监管部门、委派机构（法人机构）属地金融监管部门报告专营机构的经营管理与风险状况，针对重大问题提出监管建议。

其实，"灰色"市场机构其本身是一种稀缺的市场资源，很多地方都在争取它们落户第三地，如果上海市政府能够配套一些招商引资的政策，这类金融机构就会落户在上海市。作为长三角区域一体化的一部分，对其他三省的城商行、农商行在上海市设立的分支及专营机构，应按"同城化、便利化"目标，加以管理与规控。江浙的很多中小银行想利用上海市的金融"高地"做大、做强，有的银行甚至提出了打造"双总部"的设想，即在银行注册地外建设上海市总部，这对打造总部经济的上海市来说，简直就是送上门的机会。

（二）整治——以防风险为抓手，消除违规行为

最大的防风险，就是让"灰色"市场机构变化成为完全"合法"市场机构，以上海市属地金融监管覆盖以往的监管盲区，就它们的主要经营范围的差异，可以分别将其纳入分行（分公司）及特许专营机构管理。作为上海市金融市场的新主体，网点少、客户资源少、产品销售受到限制，但委派上级对考核要求重，多重压力下，它们只有通过高收益来打品

牌，吸引投资者，更有甚者出现违规违法操作，扰乱当地金融秩序。从企业自律及行业监管的角度来看，需要有针对性地在以下三个方面做好整治工作：

1. 加强企业自身制度建设，增强责任意识

一要加强金融机构的内生约束机制建设。中资商业银行应当督促专营机构建立科学的考核、激励机制，建立并完善独立、有效的风险管理与内控体系，实现决策、执行、监督各环节的相互分离。完善专营机构的持牌和非持牌业务管理，规范其业务体系；推动全面风险管理体系的建设，重点提高贷款、类贷款、票据、理财、金融租赁业务的风险管理水平，建立同业业务的信息披露机制；专营机构应建立健全合规及风险管理体系，在内部设立内控合规和风险管理部门或专岗。二是增强专营机构责任意识，强化专业能力。树立"客户利益至上"的理念，加强投资者适当性管理，充分揭示业务风险，完善风险应急机制和处置预案；严格信息技术管理，防范信息安全风险。

2. 进一步细化对同业业务分类审慎监管

对于同业融资业务，围绕流动性管理的业务本质，加强流动性、资产负债期限匹配等日常流动性管理；对于同业投资业务，加强"特定目的载体"投资的业务规模、投资期限、基础资产性质、行业分布、不良状况等相关详细信息披露，依据穿透原则，根据项目载体基础资产性质，清晰划分"特定目的载体"投资项下各业务品种与类别，提高业务透明度；对于实际承担信用风险的类信贷业务，参照贷款实施五级分类管理，充分计提不良拨备；加强"特定目的载体"投资项下业务品种的集中度管理，防止商业银行过度依赖单一业务；限制"特定目的载体"内嵌套"特定目的载体"的层数与数量，缩短"特定目的载体"投资业务链，降低业务复杂度。此外，对于银行类型、风险承担能力、资金融入融出方式不同的银行进行分类管理，建立以风险管理能力、资产负债匹配能力等为核心的监管指标。

3. 加大对同业业务的非现场监管和现场检查力度

从非现场监管的角度来看，要进一步完善目前同业业务的监测体系，一方面，在明确同业业务会计科目的基础上，根据其业务和资产的实质对其进行进一步划分和界定，并对同业业务的信息披露进行统一要求，便于

监管机构能够根据细化指标对同业业务的变化进行持续的监测和分析，掌握同业业务项下各类业务的变化情况，也便于市场参与者对同业业务的整体状况和风险做出判断。从现场检查的角度来看，鉴于仅依赖事后非现场监管数据进行分析可能存在的滞后性，建议监管机构的现场检查部门加强对专营机构的同业业务，特别是对同业类信贷业务的现场检查，加大对违规业务的处罚和问责力度。

（三）创新——业务创新，监管创新

上海市金融业紧紧围绕"上海金改40条"，遵循创新要有利于提升服务实体经济效率、有利于降低金融风险、有利于保护投资者和债权人合法权益的三个标准，进一步推进上海市金融业改革创新发展，以自身转型提升服务实体经济的质效。

1. 加快推进央行票据交易市场落地上海市

目前票据市场的风险主要是人为因素及管理和操作的不规范造成的。没有统一的审验标准、交易流程、托收流程，使票据市场交易处于繁杂混乱的状态。但根除"顽疾"、全面杜绝票据市场的违规交易行为，亟待票据市场电子化的提升，并尽快建立全国统一的票据交易所，建立和完善建设票据信用评级体系。央行票交所将于2016年11月在上海市开业，目前所有机构的电票交易已经全部通过央行的ECDS系统交易，未来两年内，300万以上金额票据央行强制要求银行开电票，票据债券化、电子化是不可逆转的趋势。票据交易所作为全国统一"互联网票据交易"的综合性金融服务交易机构，或可考虑采用股份制的方式构架，入股方式可分为投资入股和政策入股两种。央行可采用政策入股方式，并占控股地位，国有及股份制商业银行、城商行、农商行、农信社等可采用现金投资入股的方式。

2. 推动资产证券化等业务创新，为同业业务发展形成了良好的市场基础

当前，商业银行同业投资中"特定目的载体"规模不断扩大、占比不断提高，从某种角度来看，这也是由标准化金融市场的配套支持不够而间接推动的。因此，建议进一步完善标准化市场的基础设施建设，通过发展标准化的金融产品，丰富银行的融资渠道和投资产品，增加商业银行中

间业务的收入来源。

继续稳妥地推进资产证券化等创新步伐。2015年1月,银监会关于中信银行等27家银行开办信贷资产证券化业务资格的批复(银监复〔2015〕2号),标志着银行信贷资产证券化备案制已实质性启动,信贷资产证券化将提速,票据资产兼具流动性、安全性和收益性,票据资产证券化有望首先进行试水并规模化发展。2015年4月央行发布"7号文"推行信贷资产支持证券发行注册制以来,商业银行的投资银行业务资产端融资功能正作为资管业务中不可或缺的一环。继续改革的方向,逐步放开信贷资产证券化监管政策,从源头上将"特定目的载体"投资中的非标准化资产转换为流动性更强、透明度更高的标准化资产,有效防范潜在的流动性风险及信用风险。

可以进一步扩大同业存单试点名单,开发可转让同业存单品种,形成系列标准化的金融市场产品,进一步稳定商业银行长期资金来源及标准化投资渠道。未来同业及中间业务创新的方向。对照美国同业业务创新发展的路径而言,我国同业及中间业务会突破现有业务品种类别的范畴,转为提供固定收益与权益产品销售交易、衍生品交易、外汇交易、投资研究、证券托管、代理清算等全面综合化的产品与服务,使之成为商业银行利润的重要来源。2014年年底,花旗集团同业资产占总资产比例为20.1%,同业负债占总负债比例为14.2%,旗下以同业金融机构与大型企业为主要服务对象的机构客户业务板块经营收入占集团总收入的比例达43.3%。[①]

3. 对创新类同业业务开展前瞻性监管

同业业务始终是金融创新的突破口,从银信合作到票据买入返售,到同业代付,到非标准业务,同业业务发展始终遵循着"创新—监管—创新—监管"的博弈路径,这也对同业业务创新开展前瞻性监管提出了更高的要求。在金融脱媒的进程中,同业资金可能借助互联网金融创新呈现脱离银行中介、加速离岸和跨境的发展趋势。然而,金融创新与同业业务的结合,并没有改变同业业务的本质,也并未起到缓释同业业务风险的作

[①] 根据花旗集团2014年年报数据整理计算,转引自中国社科院国家金融与发展实验室《金融监管蓝皮书:中国金融监管报告(2016)》,社会科学文献出版社2016年版,第158页。

用,相反,有些创新还进一步加大了同业业务风险的隐蔽性和不透明性。因此,对于互联网金融等金融创新与同业业务结合的创新型金融产品,应该给予足够的关注并对其进行审慎监管,防止同业业务借道其他渠道游离于金融监管之外,确保不触发系统性风险和区域性风险的底线。上海市率先创设"自贸区银行业务创新监管互动机制",为金融监管树立了一个好的示范作用。上海市银行业监管针对现行业务准入制度未覆盖或不清晰的领域,允许金融机构在与监管部门充分沟通后,以个案突破的方式先行先试,这种监管态度非常明智。

为此,建议进一步加强信贷市场、资本市场和保险市场监管部门间协同与监管,关注各类业务的功能特征,制定统一的市场监管规则,形成跨产品、跨机构、跨市场的全面监管,有效防范可能出现的新的监管套利空间,扫除监管盲区,及时把控、防范同业业务潜在风险。

长三角城市群养老服务：
大胆创新，创出新动能

江苏省社会科学院课题组[①]

2016年年初，习近平总书记对加强老龄工作做出重要指示强调，"有效应对我国人口老龄化，事关国家发展全局，事关亿万百姓福祉。要立足当前、着眼长远，加强顶层设计，完善生育、就业、养老等重大政策和制度，做到及时应对、科学应对、综合应对"。人口老龄化已成为21世纪上半叶我国经济社会发展面临的最大挑战，养老服务成为事关民生、扩大内需和促进就业的全局性大问题。

长三角是我国经济实力最强、最富有生机活力和发展潜力的地区之一，也是人口老龄化速度最快、程度最高的地区。随着长三角人口老龄化的日趋严重，老年抚养系数也不断提高，人口老龄化加重了社会养老负担。以上海为例，到"十二五"末，上海60岁以上老年人口近440万，养老床位总量却仅有12.5万张，供求巨大落差造成的"养老焦虑"已经显现。面临日益趋重的养老压力，区域养老融合成为大势所趋，而"十三五"期间将是推进融合的关键时段。

以异地养老为主要方式的养老融合在我国已有近20年的发展历史，但是当前所谓的异地养老大多都是在全国范围内运作的，受到特定地域和季节的制约，而且大多无法顾及流出地和流入地经济发展水平的同步程

---

① 课题组成员：张卫、马岚、后梦婷、鲍磊、鲍雨、韩海浪。

度、地缘相近性以及文化亲和性,因而可操作性不强,难以缓解一线城市的养老压力,不能完全解决大部分老年人的养老问题。目前国内尚缺乏在一个大小适中的,尤其是经济发展水平、文化传统、生活方式相近区域范围内的养老融合发展研究,既能促进产业规模发展又不会使得老人远距离迁移带来巨大文化差异和巨大经济负担。本课题着重研究长三角一体化背景下如何建立新型的区域养老融合发展模式及融合机制的完善,以实现长三角养老服务的社会化、规模化。从理论层面来看,这种特定、有限区域内养老融合发展的尝试对当前全国范围内异地养老的理论是一种补充和完善,它不仅会为我国养老事业的发展提供有益经验,更是构建适合中国国情、具有中国特色的养老服务模式的一种积极探索,丰富了"具有中国特色的养老服务模式"的内涵,有着极大的实际应用价值。

一 长三角养老融合的必要性与可能性

(一) 长三角养老融合的必要性

作为我国最早进入人口老龄化社会且人口老龄化形势最为严峻和我国经济社会发展排头兵地区,加快发展养老服务业,为老年人提供更多、更丰富的养老服务产品,更好地满足老年人多样化的养老服务需求,成为长三角面临的共同课题,而推动区域内养老融合发展具有现实的必要性及可能性。

从严峻的老龄化形势看,供求巨大落差造成的"养老焦虑"已在长三角显现。上海市老龄化程度居全国之首,是全国平均水平的2倍,是我国第一大老龄化城市;江苏是全国最早进入人口老龄化的省份,老龄化比例位于全国各省之首;浙江老龄化程度也居于全国前列,趋势严峻;安徽人口老龄化系数居全国第10位。据预测,到2040年长三角老年人口将达到6000万人左右,日趋严重的老龄化加重了社会养老负担,这需要长三角形成合力,有效整合区域资源,发挥各自优势,共同面对问题,而长三角联动可缓解局部地区出现的养老难题,一定程度上缓解区域之间机构养老需求和养老床位空缺的矛盾。

从供给侧看,尽管区域内一些城市(上海、南京及杭州等特大城市,合肥、苏州、无锡、宁波等经济发达的大中城市)已尽最大努力加大养老资源供给，但养老服务发展仍然赶不上形势、跟不上养老需求。同时，一些城市环境承载容量越来越有限，机构养老压力越来越大，迫切需要将供给压力向外转移和释放，由那些养老压力相对较轻的城市来分解这种压力。从另一个层面看，一些城市尤其是县级市或城镇，还存在着养老资源虚置和浪费的情况，由它们承接相邻城市、压力较大城市的养老任务，既可以缓解后者压力，也有效利用了资源。此外，从基础条件设施看，安徽、江苏、浙江、上海的养老机构形成具有梯度的价格差距，有利于养老压力按经济发展水平逆向转移。

从需求侧看，随着生活水平的不断提高，生活方式的多元化，老年人多层次、多样化的养老需求日益增长，而且长三角内的老年人也越来越追求高质量的养老服务，对老年服务提供的需求呈多元化趋势增长，特别是医疗保健服务、生活照料和护理服务等需求尤其突出。长三角内老年人自由流动的异地养老，养老资源的联通和共享，实现养老服务规模化、社会化和产业化运作的养老融合发展是当务之急。目前，养老需求从大城市向中小城市、向周边扩展，从城市向环境条件较好的乡村扩展，已成为一个明显的趋势，在长三角一体化的大背景下，这个趋势可能更加凸显。

（二）长三角养老融合发展具有良好的基础

长三角协同发展、一体化发展是国家级重要战略。经过多年的努力，长三角一体化正不断走向深入，制度建设、社会建设、经济建设、文化建设都取得了前所未有的成绩，为长三角养老融合发展提供了良好的基础。

1. 经济一体化深入推进

长三角经过改革开放以来30多年的发展，经济实力雄厚，农业基础良好，制造业和高技术产业发达，服务业发展较快，经济发展水平在全国领先，是我国经济实力最强的区域。长三角三次产业机构逐步优化，趋向合理，以上海为龙头，长三角初步形成了"特色发展、错位发展、梯度发展"的产业发展模式。据有关方面测算，江苏与上海在发展上的相似系数是0.9，而浙江与上海的相似系数也达到了0.7，这意味着江浙沪在发展模式上和产业选择上存在很大的相似度。虽然发展的相似带来竞争，但同时也为区域合作创造了很好的机会。长三角市场经济发达，配套社会体系较为相近、完善，为加快构建"统一开放、竞争有序"的现代市场体系，促进区域协调发展，提升长三角整体奠定了基础。

2014年，三省一市启动推进长三角市场一体化，围绕规则体系共建、创新模式共推、市场监管共治、流通设施互联、市场信息互通和信用体系互认，加强区域合作，着力打破地区封锁和行业垄断，营造统一的市场准入环境、执法环境和法治环境，建立长三角统一大市场的开放格局。

2. 交通体系开放便捷

区域一体化离不开交通系统的支撑。经过多年发展，依托国家综合运输大通道，长三角已形成以上海为核心，南京、杭州、合肥为副中心，以高速铁路、城际铁路、高速公路、航空和长江黄金水道为主通道多种运输方式于一体的综合交通运输系统。完善交通运输体系有助于进一步优化区域内的资源配置，更好地平衡地区之间的经济发展，推动医疗、养老、教育、文化等多个领域公共资源的跨界共享。

随着沪宁、沪杭甬、申嘉湖等多条高速公路的建设，杭州湾大桥、嘉绍大桥等跨杭州湾通道的建成通车，区域高速公路网络已基本形成。2010年，沪宁城际高速铁路正式通车，上海至南京的铁路出行时间由普速列车的5小时缩短至90分钟；同年通车的沪杭高速铁路将上海与杭州间的铁路出行时间缩短至1小时。伴随着高铁时代的到来，虹桥综合交通枢纽实现了航空、高铁、城市轨道交通等多种交通方式的集成。铁路上海虹桥站、上海站、上海南站组成的三个铁路枢纽格局也就此形成。截止到2015年8月，长三角沪苏浙皖四省市动车、高铁运营里程达3400多公里。而面积相近的日本、德国、意大利等国家高铁长度也是2500—3000公里，比较接近。由于长三角四省市有大量在建和规划的高铁线路，在可预见的"十三五"期间，长三角的高铁密度将极可能超过世界上其他高铁较多的国家。根据国家和沪苏浙皖四省市的规划，长三角目前正在建设、2020年前运营以及2020年前开工建设的高铁线路，包括既有线路增设新线和电气化改造升级后客运时速达到200公里以上的既有线路、城际快速铁路等。

2016年第十五届长三角道路运输一体化工作协调推进会近日在江苏南通举行，24个城市31家成员单位的主要负责人共商试点区域"互联网+道路客运"、打造一体化智能公交系统等合作事宜，聚力推进长三角道路运输一体化工作。长三角城市将积极推进区域"互联网+道路客运"

试点工作，落实开行省际间试点线路事宜，推动企业互利合作，优先选择条件成熟线路，支持试点企业根据市场需求开展相关业务，简化"互联网＋道路客运"试点企业省际班线经营相关行政许可手续，加强省际班线数据的交换共享；对江苏等省（市）出台的行业管理政策和"互联网＋道路客运"试点车辆标志牌等给予认可。长三角城市还将加快推进公共交通一卡通建设，合力打造一体化智能公交系统，统一异地刷卡优惠政策、享受同城待遇；搭建区域性合作交流平台，实现长三角在行业政策、市场监管、客货运输等方面的全方位合作；进一步提高行业管理水平，引导建立运力充分、区域均衡、城乡一体、衔接顺畅的道路运输体系。

3. 信息化快车加速前进

影响经济一体化的内外因素有很多，其中信息一体化是关键因素，甚至是不可或缺的前提因素之一。2013年，沪苏浙皖三省一市经信委共同印发了《长三角信息化合作"十二五"规划》，在信息产业已有的合作基础上，规划崭新的信息一体化进程。合作对象主要针对沪苏浙境内的16座主要城市。没有通畅的信息一体化，就不可能有"长三角"经济的一体化。长三角的电信业近年来发展迅猛，遥居全国前列。无论是用户规模还是从业务收入，都超过全国的五分之一。长三角的电话普及率远远高于全国平均水平。

随着经济一体化程度的加深，苏浙沪之间的物资、人员、资金流动更加密集，优势互补，信息共享，助推了长三角经济的快速发展。在信息一体化的基础上，长三角目前正加强区域内异地提取养老金、就医结算以及处理企业相关事务的技术研发及相关制度建设，并逐步探索网络化点对点对接模式。这意味着，三省一市有望先于全国，实现异地就医费用联网结算。这也意味着，推动区域养老融合发展有了一定的基础和可供借鉴的经验。

4. 区域文化传统相通相近

长三角地理位置相近、文化历史背景相同，为地方养老融合发展开辟了潜能和空间。在历史传统上，江苏的吴文化、浙江的越文化、上海的海派文化、安徽的徽派文化，因为地缘相近而相互融合发展。四地在社会、经济等方面持续不断的交往与合作，文化相通、人缘相亲、风土人情相似，具有鲜明的区域特色，具有相似的生产方式、生活习俗、宗教信仰和审美观念等，这些都成为区域养老融合发展的内在动力。历史上长期以来形成的吴越文化共性和经济发展纽带，强有力地维系了三省一市在文化和传统上的共性，在一定程度上成为四地养老融合发展的基础。相通的区域文化可以有效降低长三角养老融合发展的合作成本，使各类要素顺畅流动，达到优化资源配置，提升养老服务能力的目的。

从古至今，长三角经济、科技、教育、文化、艺术等方面的交流与合作从未间断，人们的生活习惯、思维模式、价值观念和民风民俗相同，具有实现一体化的历史渊源、文化基础和地缘亲缘脉络。这都构成了长三角城市群内异地养老发展的有利条件，许多一线城市的老年人都把目光投向了板块内环境优美，生活成本相对较低的二、三线城市，也因此催生了以百万计的异地养老需求。的确，要在全国范围内完成身份、部门和地区的融合是一个长期、艰巨的任务，而长三角经济发展水平的同步性、地理位置的相近性以及历史文化的亲和性，使得在这个区域内的养老融合可能而且可行。一旦在体制机制、要素资源上实现共享互通，发展异地养老产业的前景广阔，特别是高端养老产业的潜力很大。

5. 区域协调机制日趋完善

长三角协作起步较早，基础较好，经过30多年的实践，长三角合作机制逐步从计划经济向市场经济过渡，形成了富有长三角特色的合作体制机制。目前，长三角一体化进程呈现深层次、多领域的格局，合作体制机制也向着制度化、规范化和法治化全面发展。由合作的范围来看，区域合作体制机制正在从以往基础设施建设、就业、旅游、能源等实体经济合作为主，向社会保障、文化、生态、诚信、智慧等方面发展，而养老服务也正是今后一段时期长三角合作的重要内容。由合作的主体来看，市场化要素逐步进入体制机制，如园区、企业承办、参与联席会议和论坛，参与专题的研究和专项推进工作。随着政府职能的转变，长三角行业协会、中介机构等社会组织开始逐步介入合作平台，并发挥巨大的作用，成为政府与企业之间的"润滑剂"和行政协调机制建设至关重要的有机组成和促进力量。可以说，在长三角，企业、资本、人才等要素已基本实现自由流动，这些都为区域内养老融合发展创造了良好的环境。

在长期的一体化推进中，长三角已经形成了决策层、协调层和执行层

"三级运作"的区域合作机制。决策层即"长三角主要领导座谈会",沪苏浙皖三省一市省(市)委书记、省(市)长出席,三省一市常务副省(市)长、党委和政府秘书长、党委和政府研究室主任、发改委主任和副主任列席。协调层即由沪苏浙皖三省一市常务副省(市)长参加的"长三角合作与发展联席会议"。执行层包括"联席会议办公室"和"重点合作专题组"。目前共设立了交通、能源、信息、科技、环保、信用、社保、金融、涉外服务、城市合作、产业、食品安全12个重点合作专题。其中城市合作专题固定由上海市牵头,上海市政府合作交流办具体负责;其他专题由当年轮值方牵头。

二 当前上海、浙江、江苏及安徽的老龄化状况和特征

(一)长三角整体老龄化状况

1. 上海老龄化状况

截至2015年年底,上海市户籍人口1442.97万人。60岁及以上老年人口435.95万人,占总人口的30.2%。65岁及以上老年人口283.38万人,占户籍总人口的19.6%。70岁及以上老年人口181.09万人,占总人口的12.5%。80岁及以上高龄老年人口78.05万人,占60岁及以上老年人口的17.9%,占总人口的5.4%。

2. 江苏老龄化状况

江苏是全国最早进入人口老龄化的省份,截至2015年年底,60岁以上老年人口达1648.29万人,占户籍总人口的21.36%;65岁以上老年人口1115万,占户籍总人口的14.45%;80岁以上老年人口255万,占老年人口数的15.47%。

3. 浙江老龄化状况

按户籍人口统计,截至2015年年底,浙江省60岁及以上老年人口为984.03万人,占总人口的20.19%。65岁以上老年人口619.3万人,占总人口的11.2%。80岁及以上高龄老人155.83万人,占老年人口总数的15.84%。预计到"十三五"末,全省户籍老年人口将达1186万人,约占总人口的24%。

4. 安徽老龄化状况

安徽省2015年年末户籍总人口6949.1万人,60岁及以上老年人口1062.2万人,占户籍总人口比重17.29%。65岁以上老年人口720.6万人,占户籍总人口比重11.73%。

(二) 长三角老龄化具有的特征

第一,老年人口快速增长,高龄老人持续增多。长三角总人口数不断增加,老龄化系数呈现波动上升趋势,2000年长三角65岁以上人口比重为9.12%;到2015年65岁以上人口占14.38%。虽然老龄人口比重有多波动,但在近4年来长三角老龄人口持续增加,增速均在5%左右。

表1　　　　　长三角65岁以上人口占户籍人口比重

年份	户籍总人口(万人)	65岁以上比重(%)
2000	13437.06	9.12
2001	13546.69	10.72
2002	13654.45	10.75
2003	13775.12	12.03
2004	13935.15	10.37
2005	14080.61	10.92
2006	14249.20	11.19
2007	14446.05	11.43
2008	14590.98	11.58
2009	14736.73	12.03
2010	14919.95	10.28
2011	15027.57	9.64
2012	15099.75	10.23
2013	15181.53	11.02
2014	13982.56	13.07
2015	14034.41	14.38

第二,与其他地区相比,长三角老龄化程度持续加深。长三角在1990年就进入老龄化社会,而中国是在2000年进入老龄化社会,因此长

三角老龄化是领先全国的。数据显示,长三角 2015 年年末 65 岁以上人口占 14.38%;而 2015 年京津冀地区 65 岁以上人口占 11.18%;同期珠三角地区 65 岁以上人口占 8.48%。① 长三角老龄化较其他沿海发达省份程度高,长三角养老服务业的发展压力大。

表 2　　　　长三角、京津冀、珠三角地区老龄化比较

地区	户籍人口（万人）	65 岁以上人口（万人）	65 岁以上人口比重（%）
长三角	14034.41	2018.15	14.38%
京津冀	9796.73	1095.27	11.18%
珠三角	1631.03	138.31	8.48%

第三,长三角老龄化区域性差异较大。长三角从整体上来讲老龄化程度较为严重,呈总体上升趋势。而从区域具体情况来看,江苏、浙江、安徽的老龄化水平与上海相比程度较低。目前上海老龄化程度最高,之后依次是江苏、浙江、安徽,安徽的老龄化程度最低。老龄化区域内差异大、呈阶梯状分布,客观上为中心城市养老服务向区域内其他地区转移提供了可能性。

表 3　　　　长三角各省份与安徽地区老龄化程度比较

截至 2015 年年末	上海	江苏	浙江	安徽	总和
户籍人口（万）	1442.97	7717.59	4873.85	6949.1	20947.51
60 岁以上老年人口占户籍人口比	435.95 30.2%	1648.29 21.36%	984.03 20.19%	1062.2 17.29%	4130.37 19.72%
65 岁以上老年人口占户籍人口比	283.38 19.6%	1115 14.45%	619.3 11.2%	720.6 11.73%	2738.28 13.07%

三　长三角养老服务体系建设状况及融合模式

面对日益深化的老龄化趋势,为了解决老年人的养老问题,满足老年

---

①　数据系通过各省 2016 年统计年鉴测算得出。

人的养老需求，长三角各地政府纷纷加强养老服务体系建设，推进养老服务事业和产业的发展，不断创新养老服务模式及支持政策，呈现出既有共同特征又具有区域特色的发展模式。

（一）长三角养老服务体系建设状况

1. 上海养老服务体系状况

上海是全国率先探索开展社会养老服务的城市之一。《上海民政事业发展"十一五"规划》明确，上海将努力实现全市户籍老年人中，90%由家庭自我照顾，7%享受社区居家养老服务，3%享受机构养老服务，即"9073"养老服务格局。

第一，家庭自我照顾在养老服务体系中占有基础性地位。近年来，上海对家庭成员进行"护老者培训"，提升失能老年人家庭照顾能力；开展"揣息服务"项目，为临时碰到养老困难的家庭提供短期服务；开通"银龄宝典"老年居家康复护理电视栏目，普及老年人康复护理基础知识，帮助提高护理能力。

第二，提升社区居家养老的服务能力。至2015年年末，全市共有224家社区助老服务社、3万余名助老服务员，为30.2万名老年人提供社区居家养老服务，累计建有442家日间服务中心，为1.5万名老年人提供日间照料服务；累计设立634个老年人助餐服务点，为7.3万名老年人提供助餐服务，建成社区标准化老年活动室5407家，日均活动30万人次以上。

第三，上海市不断加强养老机构的建设与管理。2015年年末，全市养老机构床位12.6万张。共有公办养老机构355家，床位6.8万张，入住老年人中失能老年人数量占70%以上。共有民办养老机构344家，床位5.8万张，占养老机构床位总数的46%，同时，还出现了一些满足市场化养老需求的经营性养老机构，以及从事养老机构运营管理的品牌连锁机构。

2. 江苏养老服务体系状况

江苏省突出事业产业协同推进、居家机构统筹发展、线上线下联动服务，加快建设以居家为基础、社区为依托、机构为补充、信息为支撑的多层次养老服务体系。目前，全省城市社区居家养老服务中心实现全覆盖，农村社区居家养老服务中心平均覆盖率达到80%—90%。各类养老床位超过58万张，每千名老人拥有床倍数35.2张，其中社会力量举办或经营床位数占比超过50%。护理型床位占养老机构床位数比例超过30%。

第一，注重政策引导。2009年以来，江苏省委、省政府先后出台《关于加快我省老龄事业发展的意见》《关于加快构建社会养老服务体系的实施意见》《江苏省"十二五"老龄事业发展规划》等政策文件。2014年，省政府出台《关于加快发展养老服务业完善养老服务体系的实施意见》，在规划建设、医养融合、金融支持、社会保险、养老服务评估、政府购买养老服务、养老补贴、产业发展等方面全方位细化加快发展养老服务业的保障措施。

第二，注重政府托底。建立实施城市"三无"老人和农村五保老人供养标准增长机制，在实行尊老金制度的基础上，建立了养老服务补贴制度，对低保家庭中的失能老人、低保家庭和分散供养的特困对象中80周岁以上老年人分别给予每月100元和60元以上补贴。

第三，注重居家服务。重点推进社区居家养老服务中心、省级示范性社区居家养老服务中心、城市社区小型托老所、农村老年关爱之家和虚拟养老院等五大项目建设，探索形成"机构运作""虚拟养老""集中居住""应急服务"和"志愿服务"五种服务模式。

第四，注重社会参与。积极探索公建民营、多元投入、合作经营、民建公助等多种社会化运营模式，积极推进养老机构体制机制改革，全省已有177家公办养老机构实现了公建民营。引入市场机制，推行实施老年人意外伤害组合保险"安康关爱行动"及养老机构综合责任险，"安康关爱行动"承保老年人达606万，承保率达到38.4%，其中老人自主购买率达到70%以上。

第五，注重医养融合。出台医养融合政策，大力促进养老、医疗资源的充分融合，要求所有养老机构通过在院内设立卫生室、医务室等卫生设施，或者就近与医疗服务机构签订合作协议的形式，为入住老年人提供便捷医疗服务；所有社区都开展老年人健康管理服务，为老年人建立健康管理档案；明确提出到2020年，实现养老和医疗卫生资源更加高效利用，护理型床位占养老床位总数达50%以上。

3. 浙江养老服务体系状况

浙江省将在2020年之前，全面建成以居家为基础、社区为依托、机构为支撑，政策体系健全，设施互融开放，服务有效覆盖，产业健康发展的社会养老服务体系，基本形成"9643"的养老服务总体格局。

浙江省认真贯彻落实《浙江省社会养老服务促进条例》，加快城乡社区居家养老服务设施建设，支持社会力量举办养老机构，推进公办养老机构改制工作。组织开展杭州、温州国家级养老服务业综合改革试点，确定14个县（市、区）为省级养老服务综合试点单位。2015年，新建城乡社区居家养老服务照料中心6120个，全省共建居家养老服务照料中心1.92万个，居家养老服务基本覆盖城市社区和80%农村地区。全省共有养老机构2240家，2015年新增机构床位3.59万张，机构床位已达34.8万张；共有140万老年人享受到政府提供的养老服务补贴，4.5万农村五保和城镇"三无"老人由政府提供供养服务，集中供养率达97%以上。扎实推进"智慧养老"工程，有86%的县（市、区）建立居家养老服务信息平台。加强养老护理服务队伍建设，实施养老服务岗位"入职奖补"政策，全年培训养老护理人员2.7万余人，培训辅导失能、失智家庭护理人员20.7万人。加强老龄事业发展，开展第四次中国城乡老年人生活状况抽样调查，推进"敬老文明号""老年友好城市""老年宜居社区"创建活动，深化老年宜居环境建设。创新"银龄互助"工作，开展独居老人暖巢行动，加强老龄文化宣传教育，积极促进老年人社会参与。

4. 安徽养老服务体系状况

安徽省建设养老服务体系的总体目标是：到2020年，全面建成以居家养老为基础、社区养老为依托、机构养老为补充，功能完善、规模适度、覆盖城乡、具有安徽特色的养老服务体系。截止到2015年年末，安徽全省养老机构床位数达到每千名老年人40张以上，其中城市养老机构中社会办养老机构床位数所占比重达到50%以上。70%以上的城市社区建立社区为老服务站，80%以上的街道建立为老社区服务中心；80%的农村建制村建立社区综合服务设施，80%的乡镇建立有为老服务功能设施的社区综合服务中心。

第一，全面推进居家养老服务。广泛建立城市居家养老服务信息平台，引导和鼓励社区养老服务机构、社会中介组织、医疗文化单位、家政服务公司等参与居家养老服务，通过日托照料和上门服务等方式，为居家老年人提供生活照料、家政服务、精神慰藉、保健康复、紧急救援等专业化和个性化服务。

第二，推进社区养老服务发展。各地将社区养老服务设施建设纳入城乡公共服务设施建设规划，按照就近就便、小型多样、功能配套的要求，在城乡社区新建和改造一批托老所、日间照料服务中心、星光老年之家等养老服务设施。已建成的居住区没有老年人活动配套设施的，逐步补建或者利用闲置的设施改建。依托敬老院、光荣院、福利院等设施资源，积极为社区提供养老服务。

第三，进一步改善机构养老服务设施。落实和完善社会力量兴办养老机构的扶持优惠政策，加强民办养老机构的准入、登记、管理、服务等方面的规范和指导，打破行业界限和所有制、身份界限，降低门槛，支持社会力量参与社会养老服务。对符合条件的社会办养老机构给予一次性床位建设补助；已建成并投入运营的社会办养老机构，由当地按照实际入住人数和服务人数给予运营补贴。

第四，加快社会养老服务信息化建设。广泛建立区域性的养老服务信息平台，实现与相关的公共服务信息平台无缝对接，为社会提供养老服务。建立全省养老机构信息管理系统，养老机构建立老年人基本信息电子档案，逐步与社区居民医疗保险、养护康复机构的信息系统互联互通，实现居家、社区与机构养老服务的有效衔接和资源共享，提高服务效率和管理水平。

第五，加大对养老服务事业的财政投入。2015年，安徽省省级一般预算共安排8.424亿元，用于五保供养、农村敬老院建设补助、社会办养老机设补助和社区养老服务设施建设补助。省级福彩公益金安排1.3亿元，用于支持各地养老服务体系建设。养老机构综合责任保险基本实现全覆盖。77个县（市、区）建立低收入老人居家养老服务补贴制度，104个县（市、区）建立低收入老人高龄津贴制度。2016年省财政、省级福利彩票公益金共计安排社会养老服务体系建设资金1亿元，资金主要用于补助社会办养老机构一次性建设补贴、贷款贴息、依托社区养老服务设施开展的政府购买服务项目。

(二) 长三角养老服务具有的共性特征

总体上看,与全国许多地区一样,江浙沪三地和安徽沿江八市在社区居家养老服务政策方面可分为三类:对城市三无、农村五保老人、优抚对象和有特殊贡献的老人,由政府购买服务;对低保老人、高龄老人、生活困难老人,由政府补贴服务费用;对身体健康、有经济支付能力的,则实行优惠抵偿的市场化服务。实施服务的社区居家养老服务组织(机构)多为民非或民营性质的社会组织或企业,包括社区居家养老服务社、社区老年人日间服务中心和社区老年人助餐服务点等。

目前,上海、浙江、江苏、安徽机构养老服务模式总体上呈现出两大特点:一是政府托底的养老机构(福利院、敬老院)及服务不断得到完善,且服务主体多元化趋势明显;二是社会力量举办的养老机构及提供的服务越来越多,已成为机构养老及服务的主体。首先,不断完善托底服务。对待老年人中的弱势群体,江浙沪三地都始终坚持政府主导、强调"保基本,兜底线"。其次,鼓励支持社会力量参与并使其成为主体。

(三) 各地不断创新的养老服务融合模式

随着中国老龄化步伐的不断加快,各地对养老服务需求猛增,传统的养老服务模式已经很难满足需求。在此背景下,上海、浙江、江苏和安徽沿江八市都在积极探索新的养老服务融合模式,并为此出台相应的政策措施。其中,上海的"长者照护之家"模式、浙江的民营化模式、江苏的"虚拟养老院"模式和安徽的医院主导下"医养结合"最具典型意义。上海的"长者照护之家"和安徽的"医养结合"属于养老模式融合。前者是将居家养老、社区养老和机构养老融为一体,后者是将医院养老和机构养老融为一体,解决了养老服务领域的一大难点;浙江的民营化模式和江苏的虚拟养老院模式属于养老服务方式融合。前者属于服务主体的融合,后者属于服务方式的融合。这些城市、省份内部各具特色的养老融合为长三角范围内的整体性养老融合奠定了基础。

1. 传统养老模式的融合——上海"长者照护之家"

2015年11月上海市民政局和市财政局联合印发《关于加快推进本市长者照护之家建设的通知》,明确了对长者照护之家的扶持政策,由市级福彩金给予每张床位1万元的一次性建设补贴，各区县1∶1配比，同时给予一定的运营补贴，在水、电、燃气、有线电视等收费标准上也给予优惠。

长者照护之家床位规模10—49张，总建筑面积最低在300平方米左右（其中，老年人居室面积不低于总建筑面积的2/3），床均建筑面积不低于18平方米，居室单床使用面积不低于5平方米。长者照护之家主要面向社区内失能老人、高龄独居老人以及其他有需要的老年人，提供涵盖机构照料、社区照护、居家护理的一站式综合型服务。

与传统的社区居家养老和机构养老相比，"长者照护之家"的服务模式具有三大优势：首先是融合服务功能，既能提供短期住养服务，又能提供日间照料服务，还能为居家养老提供专业服务和支撑，属于面向不同阶段老人提供全周期、梯度式长期照护的养老服务模式，实现了机构、社区、居家服务的互联互通；其次是促进原居安养，使老人在不离开熟悉的社区环境的前提下享受专业化养老服务，成本低、可推广、容易为社区居民接受，更便于老人家属和子女日常探望；最后是利于持续发展，"长者照护之家"可利用社区现有公共设施或改造闲置物业建成，规模多在10—49张床位，避免了建设大、中型养老机构必须面对的场地、资金、建设周期等硬约束，也能够连锁化、规模化发展。

2. 医院养老与机构养老的融合——安徽医院主导下的"医养结合"

2013年6月，合肥市第一人民医院集团将位于植物园边的西区转型为以托老为中心的养老病区，并成立老年护理院。护理院计划设立床位1500张，一期床位300张，其中失能、半失能养生床位126张，公寓式养生床位74张，住院部床位100张。一期建成后不久就收治老人254人，其中90%都是生活失能或半失能的老人，危重病老人达到70%。

这里采取"医养结合"的模式，老年人在这里住院既可以接受疾病治疗也可以养老。也就是说，在这里"医"和"养"两种状态可根据需要自由切换。处于"养老"状态下的老人，一旦出现病情反复，医院可以马上将病人从"养"转成"医"，申请纳入医保，报销部分医疗费用。反过来也一样，病已"医"好的老人，可以很快转入"养"状态。但不管"医"和"养"怎么转，老人都可以住在同一张床位上，不用办理繁杂的出入院手续。

"医"状态下，老人们在这里除了可以得到专业护理、病情观察、急救治疗和康复指导外，还能得到健康评估和营养支持。病房里有电视，有衣帽间和独立卫生间，基本设施和宾馆差不多。"养"状态下，这里的护士都是专业院校出生，和社会上开办的各类养老机构明显不同。即使在照顾老人吃喝拉撒、洗澡擦身、剪指甲这些简单工作上，他们也不忘用专业知识判断老人病情，进行心理疏导、健康教育等。就拿帮病人翻身来说，对脑瘫、脑血栓、脑溢血病人及开刀部位不同的病人要求都不同，没有专业的知识，护理是跟不上的。

在开展"医养结合"服务模式的同时，护理院也大胆探索"居家养老"服务。院方首批建成12套面积在50平方米左右的套房，准备为生活能够自理的老人提供居家式养老服务。一室两厅的套房非常宽阔，厨房、卫生间、客厅、卧室和阳台，每个房间设施都很完善，电视、空调等一应俱全。每个房间都装有紧急救助设施，一旦老人发生意外情况，可以进行呼救。除此之外还配有专门的护工，提供护理等生活服务。

3. 养老服务主体的融合——浙江民营化养老服务

2014年4月，浙江出台《关于发展民办养老产业的若干意见》，这不仅在全国属于首次，还明显比国家相关政策文件要早。其中，在养老机构用地方面，将其定性为商服用地、其他商服用地（养老机构用地），可通过金融系统做融资抵押。这显然是一次重大的政策性突破；在用房保障方面，规定城镇新建住宅项目应按套内建筑面积不低于项目总建筑面积的2‰且最低不少于20平方米的标准配建居家养老服务设施；在民办养老机构的权益保障方面，规定出资财产属于出资人所有，经营管理较好的，可以从收支结余中提取一定比例用于奖励举办人。另外，民办非营利性养老服务机构投入满5年后，可以转让、继承和赠予。这更是一次重大的政策突破。

在重大的政策利好背景下，2014年6月，浙江在全国率先全面推行养老机构公建民营。全省范围内首批13家公办养老机构将通过招投标，实现民营。涉及床位数达到5601张。"浙江省全面推行养老机构公建民营"也被评选为2014年全国"十大老龄新闻"。

2015年3月1日起施行的《浙江省社会养老服务促进条例》，更是以法律的形式鼓励民间资本设立多种类型的养老机构，满足多样化、多层次的养老服务需求。这也是全国第一个鼓励并扶持民间资本参与养老服务的地方性法规。

2016年年初的统计显示,浙江民办养老机构数量和床位数量占比超过50%,"十二五"以来,全省投入养老服务设施建设的社会资本占总投资的比例接近50%;民营医院占全省医院总数超过50%。在国家鼓励并支持医院设立或改制成老年护理院的背景下,这最后一个50%显然也与养老服务业发展密切相关。

4. 养老服务方式的融合——江苏"虚拟养老院"

2007年年底,苏州市沧浪区(沧浪区现已与其他几个区合并为"姑苏区")打造了一个"围墙是虚拟的、养老是实在的、运作是科学的、服务是优质的",且能够覆盖全区老人需求的新型养老机构——"虚拟养老院"。它依托居家养老服务信息平台和专业养老服务队伍,为老人提供日常生活照料、家政便民、医疗保健、物业维修、心理慰藉、应急救助、粮油配送以及用餐配送等一系列服务,让老人足不出户便能享受到便捷的养老服务。

"虚拟养老院"依托信息平台,提供多项公益服务。"虚拟养老院"里没有一个老人,实际上是该养老院的指挥中心,当地需要服务的老人资料都已被录入系统数据库中。养老院可以提供六大类53项服务(2012年),凡是老人所需要的服务,他们都应有尽有。需要服务的老人可以像进饭店点菜吃饭一样根据自己的需要,只需一个电话随意下单,丰俭由人。

"虚拟养老院"由物业公司主办,利用物业24小时服务管理的优势,以及通过对家政服务员的严格培训考核管理体系,为老人提供主动、快捷式、职业化、标准化服务。虚拟养老院制定"虚拟养老院服务标准",对老人居家养老的服务标准进行量化。

受客观因素制约,虚拟养老院主要做公益性的有限服务。起初,它只通过政府购买服务的方式,为高龄(80岁以上)、残疾、五保等不同类型的退休老人无偿提供日常生活照理服务。急救、诊治等不擅长的服务,不提供。有了一定的发展基础和经验后,才适当作一些抵偿和有偿服务。沧浪区将年满60周岁的老人分成A、B、C三个层面分别提供无偿、低偿和有偿服务。A类对象为政府重点援助的老人家庭,B类对象为政府一般援助的老人家庭，C类对象为自己交费的普通老人家庭。抵偿老人若觉政府补贴不够用，还可以自己购买服务，每小时（2014年价格）20元，低于30元的家政市场价。

虚拟养老院不是中介性质的呼叫平台。呼叫平台型虚拟养老院属于技术主导型，自己没有专业、稳定的服务队伍，虽然服务种类繁多，但服务的专业化水平参差不齐，老人也缺乏信任感，很难满意。虚拟养老院属于服务主导型，提供服务不需老人打电话，而是经过需求调查形成数据库，有一支专门的专业队伍按约定时间上门服务，服务员也基本固定，老人都熟悉。并且，上门之前，还会电话提醒确认，因而深受老人欢迎和信赖。

四 长三角养老融合存在的障碍与瓶颈

人口老龄化程度日渐严峻，加剧了发展养老服务业的必要性和急迫性。目前，长三角在养老服务业协同发展，区域融合的过程中已经取得了一定进展，但依然存在涉老产品和养老服务供给严重不足、养老服务市场开发不完善、多地养老服务发展不均衡等问题，异地养老依然面临着较大的制度及政策障碍。

（一）需求瓶颈：老年人口的实际压力与多元化需求

中国传统养老文化对家庭在经济奉养、心理安慰等多元层面的强调，造成老年群体在实际养老选择上的观念障碍，也使得休闲观光型的异地养老方式不能从根本上缓解长三角老龄化的实际压力。因此，尽管长三角在养老融合上有所尝试，但老年人口的实际需求和实际能力依然是制约异地养老发展的瓶颈之一。

1. 异地养老高昂的经济费用限制了老年人口的区域流动

目前，退休养老金是大部分老年群体的主要经济来源，而养老金的实际收入水平并不足以支撑老年人的退休生活，大部分养老花费需要由整个家庭承担。与传统家庭养老相比，异地养老不仅要承担基本生活与医疗费用，还会牵涉异地住宿、异地服务、异地交通等其他开销，这对逐渐增多的"4+2+1"家庭来说成本较高。因此，只有经济宽裕的老年人或家庭才是异地养老的潜在客户，大部分中等收入水平的家庭依然依赖传统的家庭养老方式。总体而言，高昂的经济成本在很大程度上限制了老年人口区域流动，造成长三角养老区域融合的发展不足。

2. 老年群体的人口特征和"故土难离"传统观念制约了异地养老的推进

与其他群体不同，老年群体有其特有的身体与心理特征，一方面，老年人口中有一部分高龄化、失能与半失能的老年群体根本不可能适应异地养老的舟车劳顿，即使是相对低龄、身体健康的老年人也可能面对不适应流入地生活环境变化。另一方面，"故土难离"成为老年人异地养老最大的心理障碍，远离熟人社区的机构化养老使得老人缺少了代际间交流与社会环境支持。这两方面相互叠加降低了老年群体对于异地养老的实际需求，客观上成为老年群体区域间流动的障碍。

3. 个性化追求带来对模式化机构养老的排斥

与传统概念中的老年人形象有所不同，新近走入老龄化行列的老年群体在养老需求上呈现出个性化的追求。他们有更开放的观念和更独立的姿态，需要更多的自我空间和个性化发展途径。模式化的机构养老，缺乏充足的隐私空间和和谐的人际交往，这在客观上限制了个性化的养老需求，也造成了很多老人对于机构养老的排斥。目前长三角的养老融合推进主要依赖于养老机构的建立与完善，但事实上这种方式并不能契合越来越多的个性化养老需求，也成为推进区域融合的主要障碍之一。

（二）制度瓶颈：顶层设计欠缺与政府推动不足

养老金、医疗保险的属地化管理方式是目前长三角养老融合发展的主要障碍。由于各地养老金和医保标准不同、信息无法共享及户籍制度等问题，异地养老给老年群体的实际生活带来了不同程度的麻烦，许多有流动意愿的老年人也不得不放弃异地养老的选择。

1. 养老、医疗保险异地支取困难加重了异地养老成本

目前我国的社会保障制度还没有形成网络化管理体系，省市之间转移社会和医疗保险的手续还不顺畅，有些省市甚至人为地设置转移壁垒，客观上限制了异地养老，区域融合的长效发展。尽管在近几年的发展中，长三角部分城市逐步开通了医保异地结算、养老金转移提取等服务，但真正对接尚不完善，手续烦琐、结算滞后等问题让异地养老的家庭担心不已。

并且，长三角不同省市的社保基金池容量存在差异，对于养老需求的承接能力各不相同，这成为社会保险异地支取的核心制约因素。

2."医养融合"的相对滞后增加了实施异地养老的难度

异地养老在一定程度上会增加老年人遇到的风险，如老年人在路途中突发疾病及意外伤害、因水土不服引发疾病等。但目前长三角在医养融合方面的探索仍显不足，总体还处于起步阶段，医疗卫生资源并不能很好的进入养老机构、社区和家庭，并为老年群体提供便捷的医疗服务和保障。许多异地养老的老人因离开家庭，无法再异地享受到合适的医疗护理待遇，常常会出现"回巢"的现象，异地养老无法真正促使老年群体稳定下来。应该说，这种医养融合的发展滞后实际增加了实施异地养老的难度，需要积极在各个省市探索新型医养融合的机制，尤其是针对异地养老群体的实际身体和心理需求，实现系统化的照料与安抚。

3. 开放型信息平台的缺乏制约了养老融合的推进

目前，长三角各地缺乏统一开放的老年人口信息管理平台，老年群体的人口信息、健康信息、服务需求信息、医疗信息等无法及时共享和相互借鉴，这就制约了老年群体的实际流动，阻碍了长三角的养老融合。信息的闭塞，不利于不同地域、不同机构对于老年群体的综合评估，不利于老年群体的实际生活与医疗护理，同时也不利于养老和医疗成本的有效管控。这种信息平台的建立离不开当地政府的引导、支持，如何在"互联网+"的时代，建立一个政府监管的信息共享平台，将影响到未来长三角老年群体的自由流动。

4. 养老体系地域间同质化明显，协同合作的互补机制缺乏

作为全国经济发展最为迅速的区域之一，长三角的养老产业在近几年也取得了长足进步。但是就目前的产业特征和发展思路来看，沪、苏、浙、皖四地具有明显的同质性，而个性化、地区化、模式化、目标化的特征并不明显。这就造成长三角在养老融合过程中，缺乏支撑相互融合的互补资源优势。地区之间的异质性和个性化是促进老年人口流动的重要推力之一，也是区域间优势互补的重要前提，而目前各地的养老服务体系大多采用了居家养老、社区养老、机构养老的多层次体系，养老产业也多围绕着观光养老、医养结合展开，并没有充分利用各地资源优势建立具有独特性的养老服务体系，这也成为目前制约长三角养老融合发展的重要瓶颈

之一。

(三) 市场瓶颈: 养老社会化力量不足与市场运营滞后

目前各地政府在养老服务中不堪重负, 养老服务面临着社会化市场化程度不足的实际障碍。事实上, 政府在养老服务业中的责任是保基本、兜底线、建机制, 而多元化的养老服务也需要市场发挥作用。但是目前, 社会力量在养老服务业中的贡献严重不足, 主要表现为社会力量兴办运营养老产业的投入不足, 商业保险与社会保险的缺乏衔接合作, 以及养老服务队伍专业化水平低下。

1. 社会力量尚未在养老服务中发挥更大作用

尽管长三角各地都在以社会力量兴办养老机构或参与养老服务业上有所尝试, 并出台了资金补助、税费减免等一系列优惠政策扶持社会组织, 但总体来看, 社会力量在促进养老区域融合上的作用依然较弱, 承接公共服务的能力较差, 并没有能够在养老机构运营、服务队伍培养、服务标准制定等方面发挥主体作用。而且, 单从数量上来说, 养老服务产业相对老龄人口总量来说规模偏小, 尤其是一些运行规范、服务优良的养老机构分布不均衡, 各省市之间的差距十分明显, 这一点实际上不利于长三角的养老融合。

2. 商业保险与社会保险缺乏有效衔接机制

商业保险与社会保险的有效衔接直接决定了长三角养老融合的实际质量。目前, 仅仅依靠社会保险的基金投入并不能满足老年群体的实际养老需要, 养老金、医疗保险水平不足以满足老年群体的养老需求, 商业性保险应成为养老储备的重要组成。目前, 长三角各地商业保险在养老服务中的地位较弱, 服务网络优势并没有得到很好的体现, 一方面, 商业保险与各地养老保险、医疗保险之间的融合缺乏有效的衔接机制, 相互之间的结算手续烦琐, 另一方面, 商业性保险公司的实力资质良莠不齐, 可信度差距明显, 不利于商业保险的优势发挥。因此, 长三角养老融合, 需要发挥商业保险的力量, 运用市场化的专业网络, 为养老提供资金和服务的支持。

3. 养老服务队伍专业化水平不高

本质上, 实际养老服务水平的高低很大程度上取决于服务人员的专业化程度。目前，长三角的养老服务人员大多年龄偏大、文化程度低、稳定性差、专业技能严重不足，并且不同省市之间、城乡之间的服务水平差异巨大。就上海一地而言，近5万养老护理人员中拥有国家资格证书的仅占17%。这种状况一方面由于各省市缺乏对于养老服务人员的培训与考核，另一方面也因为养老服务的回报相对较低，年轻的专业化人才不愿深度融入。双重原因带来养老服务队伍的发展滞后，能力不足，这在客观上造成了老年群体对于异地养老的不满与排斥，从而在很大程度上限制了长三角养老服务的协同发展与共同提高。

五 长三角养老融合发展的机制建设

长三角经济发展水平的同步性、地理位置的相近性、开放便捷的交通联系以及历史文化的亲和性，都构成了长三角城市融合养老发展的有利条件，使得在这个区域内的养老融合可能而且可行。如何助推各地养老服务协同发展，让长三角老年人可以根据各自需要选择养老地点，让大量优质的养老服务资源能够自由流动，满足区域内老年人的多层次、多方面需求，成为长三角各级政府共同的努力方向。

（一）长三角养老融合发展的总体思路

所谓融合，应该是功能分工协作基础上的合作和一体化。本课题认为，为了实现长三角养老融合，应通过规划和建设，使长三角内各城市形成定位准确、分工明确、功能互补的养老服务格局。我们认为长三角养老融合包括两个方面——老人的自由流动和养老资源的最佳配置。

首先，面对区域内一线、二线城市日益趋重的养老压力，输出养老已是大势所趋。要通过政策引导、迁移补贴、建设养老社区等方法引导老年人从一线城市移入二、三线城市或返乡养老，以减轻降低聚居于中心城市的老龄人口比例，对于二、三线城市也将是一个巨大的新兴产业。但是异地互动养老不应被年龄、性别、地域等客观因素限制，因此，要尽快消除老年人异地养老的各项障碍，为异地养老创造必要条件，鼓励老年人走出人口拥挤、资源短缺的大城市，到风景优美，生活成本低的长三角其他地方安度晚年。

其次，目前长三角各地养老机构的发展在体现出不同地域特色的同时还存在着不平衡性，而这种特色和不均衡正是区域融合的依托和关键。浙江、江苏、安徽在养老机构服务价格、养老服务土地供给等方面有很大优势，而上海的养老服务机构在医疗技术、服务水平等方面有得天独厚的条件。因而在推动老年人异地养老的同时，应进一步拓宽异地互动的养老市场，加强养老资源的流动，促进养老服务机构的品牌化、规模化、连锁化运营。

（二）加快长三角养老融合发展的对策建议

2016年6月《长江三角洲城市群发展规划》的发布和实施，必将推动长江三角洲地区区域一体化进程加快，这为区域内养老融合的发展提供了有利条件。2016年5月27日习近平总书记在主持中共中央政治局第三十二次集体学习时强调指出，坚持党委领导、政府主导、社会参与、全民行动相结合，坚持应对人口老龄化和促进经济社会发展相结合，推动老龄事业全面协调可持续发展。区域养老融合应以长三角一体化为契机，以习总书记讲话为指导，从构建领导协调组织、系统评估科学规划、打通制度政策壁垒、构建信息服务平台、培育连锁养老机构、动员社会力量等方面积极推进。

1. 建立"长三角社会事务协调与管理委员会"和"长三角养老融合发展行业协会"，强化推动养老融合发展的组织体系

未来长三角的养老融合，首先在组织体系上要有保障。养老融合意味着养老服务业必须走整体发展的道路，也意味着建立良好的合作协调机制，而主导性的组织机构则是促进融合的关键。比如养老融合中的异地养老涉及老年人口的迁入、迁出，在异地养老过程中所发生的养老、医疗等问题需要不同城市、不同部门的共同协作和处理，这势必要求建立处理异地养老事务统一的、权威的组织机构。各地政府应尽快成立"长江三角洲社会事务协调与管理委员会"，负责异地养老过程中所涉及的各项事务。可在上海设立总部，江苏、浙江、安徽三省设分支机构，在各省所属地级市设办事机构。每年召开一次全体委员会，讨论区域内养老融合重大问题并作出相关决议，行使区域养老融合的日常事务和组织协调工作。

同时，政府在发挥主导作用的同时，应该从管理养老服务的具体事务

中解脱出来，一些职能要相应地转移给市场和社会。长三角养老服务的社会力量总体上来讲在资金规模、经营理念、管理模式、专业化水平上都具有一定的优势，行业成熟度较其他地区来讲相对较高，因而可以具备"长三角养老融合发展行业协会"的条件，有利于实现区域内行业自律、规范行业行为、开展行业服务、保障公平竞争，促进养老机构整体水平的提高和长三角养老服务一体化发展。政府要做的，就是加强对行业协会建设和管理的引导与监督，以保证其行业行政的社会公信度。

2. 重构长三角养老服务的功能体系，对各个城市的养老功能进行定位，通过错位发展实现相互补充

区域养老融合的功能体系主要包含两个层面的内容：一是中心城市的发展要处于支配地位，这种支配地位主要体现在要有物流、人流、信息流、资金流。二是城市间要有明确的分工与合作，各城市基于资源优势形成互补分工与合作，实现资源的集约利用与效益的最大化。应通过综合评估、合理定位长三角内城市的养老功能，形成分工有序、功能互补的区域养老体系。

（1）根据养老资源的集中程度以及老年人的流动方向，分为中心城市和目标城市

结合区域内主要城市养老服务业的发展状况和当前的养老压力，以及最新的国家城市地位，确立中心城市。所谓中心城市，一方面是指养老服务资源的集中地，作为区域养老融合的整合、协调中心。长三角内的上海、杭州、南京、合肥等重要城市老龄化水平在东南沿海地区均属于高位，这些城市养老服务的需求总规模较大，内部各层次、各类别服务的需求结构多元，对于服务的质量和水平上有较高的要求。同时，这些城市的基础设施、公共配套都相对完善，汇集、累积了大量优质的养老服务资源，养老事业和产业的发展无论在区域内还是全国都处于领先地位。另一方面，中心城市是异地养老老年人主要的流出地。这些城市因为人口、土地、产业结构等因素的制约，养老服务发展受限，依然不能满足本地老年人的需求。在长三角一体化的战略中，这些城市可通过异地养老，化解自身的养老压力。

而位置上处于上海、杭州、南京、合肥周边的气候适宜、环境优美、基础设施和公共服务相对完备而生活成本又不高的小城镇，如扬州、镇

江、湖州、马鞍山等则是区域养老融合的目标城市。这些周边城市与中心城市的养老服务产业形成产业梯度，走产业互补和差异化发展的道路。作为异地养老的目标城市，要做好发展养老产业的中长期规划，适当提高城市养老设施建设的级别和规模。尤其可以先行选择部分地区作为试点城市，规划建设异地养老示范区。

（2）根据城市特性分为承担不同养老融合功能的城市

不同城市因所处区位、城市规模、产业定位和发展水平的区别在养老服务方面也具有适宜养老的不同特质，这种差异性是促进都市圈融合为发展的基础条件。在合作和竞争的过程中会形成分工，同时也形成了互补性。因此在养老融合上要注重体现各自差别，突出各自特色。

可将区域内的城市按其特征分为三类：一是居住生活型养老城市，如镇江、湖州、马鞍山等生活成本低的城市，可以作为追求安逸生活的老年人，尤其对于大城市生活成本高的地区的老年人，这些地方是享受晚年生活的理想地。二是治疗康复型养老城市，如上海、杭州、南京、合肥等城市，可以利用较好的医疗服务设施和专业人员的条件，为有医疗保健需求的老年人提供医治康复服务。三是旅游休闲型养老城市，如绍兴、扬州、芜湖等地，因其丰富的文化遗存、充分的河湖水域和风景观光地，适合想休闲度假的老年人休闲养老。

在这种粗略划分的基础上，各地市应找准自己在养老服务业中的产业定位，提炼出自身的产业特色，根据定位和特色产业制定符合区域经济发展的战略。在此基础上明确城市养老服务业的发展路径，今后在资金的投入方向及额度、设施的建设及改进、机构的规划和布局上都将更有针对性和指向性。从长三角整体来看，这将有利于养老服务资源在整个范围内进行优化重组和最佳配置，提高资源的利用率和有效性。

3. 破除城市群之间的体制机制藩篱，在现有基础上加快养老融合步伐

国外的行政边界不会影响要素流通，而中国的行政边界往往成为市场的边界。养老融合是否能够顺利推进，一体化的制度环境和政策体系至关重要。习近平总书记在主持中共中央政治局第三十二次集体学习时特别强调，要着力完善老龄政策制度，增强政策制度的针对性、协调性、系统性。要完善养老和医疗保险制度，落实支持养老服务业发展、促进医疗卫

生和养老服务融合发展的政策措施。促进各种政策制度衔接，增强政策合力。在区域养老融合中，政府主要责任在于创造良好政策和制度环境。长三角各级政府应认识到养老融合的重要战略意义，从体制机制和政策措施等方面为区域养老融合提供制度保障。

首先，要推进城市群社会保障的同城化。区域内的居民要实现社会保险的互认和衔接。早在2004年10月，江苏省就与上海市正式建立了异地居住退休人员养老金资格协助认证机制，以信函形式向退休人员发出认证通知。但因设限较多，真正能够受益的人员则不多。2009年开始，长三角不断进行社会保险互认及转移接续制度的探索，苏浙皖沪三省一市达成了数十项合作协议，分别涉及养老、医疗、工伤、失业等业务经办及信息共享。目前杭州、嘉兴、湖州、镇江、常州、南通、马鞍山，已实现跟上海的异地就医联网结算，当前长三角实现医保互通的城市已达9个。在现有基础上，要进一步打破省、市行政分割，出台一批统一的包括异地养老内容的社会保障政策和异地养老实施细则等政策体系，为化解地区之间政策不一、待遇不一的难题提供制度保障。其中政策的细化程度、实际的可操作性要特别注意，建立成本共担、利益共享机制，促进区域合作。此外运用信息化手段逐步建立区域内统一的社会保障异地领取、服务和结算体系，从技术上提高养老保险待遇资格协助认证效率，加快推进城市群内养老保险关系转移接续，破解老年人迁移的空间障碍，不断扩大长三角社保互通的范围。

其次，大力培育长三角共同的养老市场。建议构建长三角"共同市场"的基本框架和基本规则，在长三角实行统一的非歧视性原则、市场准入原则、透明度原则、公平贸易原则等，清理各类法规文件，逐步取消妨碍都市圈市场一体化的制度与政策规定，取消一切妨碍商品、要素自由流动的区域壁垒和歧视性规定，促进市场发展，尤其是推动要素市场的发育与完善，鼓励联建或跨市共建养老服务设施。在此基础上，政府要加强对养老服务的监管，提升养老保障的规范化水平，保证老年人在异地养老过程中能享受到全程无缝化专业服务。一是完善法规和规章。研究制定养老机构的管理办法，理顺管理体制，建立公开、平等规范的准入、监管、退出机制，配套完善相关制度措施，将各类养老机构纳入监管范围，为养老服务事业发展提供制度保证。二是加强标准化建设。建立养老服务标准化体系，制定和完善养老服务质量、服务资质、服务规范、服务设施、服务安全卫生、服务环境监测、服务产品等标准。制定失能老年人评估标准，为失能老年人提供适合的养老服务提供依据。

最后，出台各种优惠政策，鼓励老年人异地养老和目标城市承接异地养老。可选择异地养老有一定基础的城市，如湖州、扬州，有效整合现有的养老设施，构建异地养老示范区，按照先点后面逐步推开。对承接异地养老项目的城市和机构而言，政府应建立异地养老服务业的扶持政策，加大对异地养老机构的补助力度，解决异地养老机构运营困难的问题。比如，在养老机构开展互动养老的几年内给予一定补贴或是制定优惠政策（土地廉价划拨、税费减免、床位补贴等），降低该模式的运行风险，从而有效地促进其发展。另外，长三角区试点机构可以享受上海市养老床位运营补贴、机构综合责任保险、医保政策互联互通等政策。

对于异地养老的老人，在养老服务价格、文化体育消费、交通景区票价等方面给予老年人适当优惠，降低老年人的异地养老成本。

4. 构建养老信息服务平台，实现区域养老的供需对接和资源共享

养老需求和服务信息在整个区域内的共享是做好养老融合的前提条件。各地政府及相关部门、机构应联手建设面向长三角的统一养老信息平台，充分发挥地区之间养老资源与功能的互补性，实现区域内不同城市养老信息资源的共享。

第一，针对养老机构与有需求老人之间信息不对称的问题，该平台提供本区域不同地区关于养老机构设施、环境、费用标准、服务项目等具体信息，让有异地机构养老需求的老年人通过比较选择合适的地点和机构。该平台以信息技术为支撑，老年人可以通过多种方式接入养老服务平台，操控中心对各种信息进行分类、处理、跟踪、反馈、归档，进而及时有效地为老人服务。它能够有效对接有异地养老需求的老年人与有床位资源、服务资源的目的地相关机构，在老年群体与社会相关行业之间架起一座桥梁，满足不同老年群体的个体化、多样化需求，使其利用养老资源更加方便。

第二，在政府引导下，依托长三角养老信息服务平台，各养老机构之间可以建立起业务联系，形成完善的互动养老产业网络，以实现信息互通、客源互换、优势互补、利益共赢，以此建立起异地养老互动和资源共

享的长效机制。比如借助此平台开展促销活动或产品推介，还可将把旅游和养老相结合，为有需求的老年人提供养老机构信息资源，以及异地旅游养老、近郊旅游养老等服务，与旅行社、度假基地达成合作协议，有针对性、周期性的开展互动养老项目。

5. 培育连锁养老机构和连锁养老社区，将其作为异地互动式养老模式的主要平台，推动养老融合发展

连锁经营是区域养老融合的实现途径和主要载体。它使得有异地养老需求的老人能够迅速在其他城市找到熟悉的、符合要求的养老服务，获取标准化的照料资源。它采用市场化、产业化的方式，使得养老融合的过程能够更加快捷有效。

首先是连锁养老机构。连锁养老机构的建立，一方面可以通过地域差异降低运营成本，另一方面可以通过客源调配以实现资源最佳配置。比如在上海，有些需要机构养老的老年人因为床位紧张、收费较高等原因无法在短期内进入适合的机构养老（尤其是具有医疗康复资质的养老机构），而这部分老年群体大多为高龄、失能、失智老人，其生活照料和医疗护理有着一定的专业性要求，工作量也比较大，仅靠家庭和社区并不能解决问题。对于这部分人群，就可以转移到周边城镇的品牌养老机构的分支机构，这些分支机构床位较多、收费标准较低，且环境优美，既缓解了一线城市的养老压力，又能充分满足老人的养老需求，又促进了流入地的产业发展。

作为连锁经营式互动养老的实践者，上海和佑养老集团是我国发展较快的全国连锁型养老机构。该集团已在国内华北、华南、华东等地区建设开发各种类型的连锁养老院，全面推行统一的运营模式，实现全国互动异地养老。借鉴和佑的路子，上海、杭州、南京、合肥比较成熟的、资金雄厚的、有品牌效应的养老机构在可在区域内其他地区开设连锁经营式的分支养老机构，各分支机构在环境设施、生活护理、医疗护理、餐饮服务等方面拥有统一的管理标准，有制度化、规范化、标准化管理要求。

在居家养老方面，可以新建、培育连锁养老社区。由于养老社区的建设规模、配套设施、营造时间、资金投入、收益回报等原因，其实际运作难度比较大，涉及的因素比较多，需要有一定实力的企业来承办。2014年，长三角首个由保险公司投资建设的连锁养老社区"泰康之家·申园"

落地上海松江。年轻时交保费，年老了直接获得入住高端养老社区资格，而且全国的社区都可以住，实现"候鸟"式养老。立足上海的同时，泰康在长三角，先后入驻苏州阳澄湖、杭州大清谷等地布局养老项目，形成了"沪上临江、阳澄观湖、龙坞望山"的特色养老格局。随着申园开业，泰康养老社区将在运营管理、服务流程、医疗配套、建筑规范、人员培训等方面形成统一标准的服务运营模式，这对于长三角养老融合是一个具有启发意义的开端。除了新建之外，还可以在社区已有的养老服务设施、资源的基础上培育社区连锁养老中心，这种改造升级性质的工程其成本和难度会远远小于新建一个社区，灵活性强，便于实施。

使用连锁式经营方式，旨在建立起一个平台，此平台不但能整合本系统内的所有资源，还能整合一部分社会资源，使连锁式养老院进行有效的资本运作，降低运营成本，提高服务质量，增加利润空间等优点。连锁型养老机构的大力发展，也为异地互动式养老模式的发展注入新的活力，推动养老融合的实现。

6. 广泛动员社会力量，发挥市场在区域养老融合中的基础作用，加快形成长三角养老服务的大格局

习总书记提出的"老龄工作大格局"的具体含义是：党委统一领导、政府依法行政、部门密切配合、群团组织积极参与、上下左右协同联动的老龄工作机制。这种"大格局"的理念和运作机制在区域养老融合中尤其重要。区域养老融合不是一个孤立的概念，它不仅涉及区域内的不同省份，其良性运转还需要与社会各个行业、各个组织和部门的合作。因此，在区域养老融合中政府的主导作用还应当特别表现为充分动员、组织社会各方面的力量，让尽可能多的养老服务的事务由社会组织和社会企业去承担，发挥它们的重要作用。

社会团体，如中华慈善总会、红十字会等。这些社会团体大多有一定的历史沿革、组织体系完备、资金实力雄厚，同时也有自己一贯秉持的理念，因此如何将老龄工作与其理念相结合，合理的运用社会团体的组织架构、社会影响、运作能力来为养老融合做更多的贡献是关键问题。

非营利性组织。政府在政策、资金方面积极助推，可实际的实现过程还需通过市场化进行运作，充分利用社会资源和力量，走社会化、产业化发展道路，进一步激活并带动互动养老市场的发展，使服务的主体即服务

机构和服务设施社会化。非营利性组织是其中的主要力量。作为公有民办模式的主体，非营利性企业可以在政府的主导和引导下，根据不同的区域、不同的经济收入、不同的个体需求，通过多样化战略提供差异性大、特色性强的服务来尽可能满足服务对象的多样化需求，具有灵活性、适应性强的特点。同时它可以采用与同行业组织进行联合的战略来提高市场竞争力，该战略有利于对现有资源进行强化组合，提高效率，降低成本，形成发展新优势。

各种类型的社会企业。养老项目大多投入大、周期长、回报慢，尤其是连锁经营的养老机构和养老社区，只有那些资金雄厚、组织管理成熟、有完备的运营经验，已经形成了一定的品牌效应的企业能够承担起这类项目的建设和实施。同时，它们能够更敏锐地洞察到养老服务的需求点，在充分、科学的市场调研的基础上采用最经济、最有效方式来提供服务。这种特点是政府和其他组织所不具备的。因而要抓住企业的这种特点，找到企业发展目标和区域养老融合战略的交叉点，鼓励有实力的养老企业走跨区域的品牌化、连锁化发展道路。推进区域养老融合的进度。但是需要注意的是，企业必须和非营利组织一样，统一纳入政府的监管之下，享受非营利组织的待遇，按政府的法规经营。所有养老服务的经办主体应当实行一样的政策，不宜因身份不同而有区别。严禁企业以养老服务为名，搞变相的房地产开发经营。

通过区域养老融合发展不但能够节约老人的生活成本，提高老年人幸福指数，也有助于缓解中心大城市人口压力，提高老年移入地的经济发展机会，促进养老资源的空间优化配置，这对于长三角各个地区经济社会的可持续发展都有着重要意义，是一个多方共赢的举措。长三角首先应积极探索跨区域养老新模式，通过组织体系、功能体系、制度保障、信息平台、实现载体、发动力量等方面加速推进融合进度，借助跨区域购买养老服务、试点并筹划建设养老服务产业园、鼓励有实力的养老企业走跨区域的品牌化连锁化发展等形式，合力破解跨区域老年福利和养老服务方面的身份和户籍障碍，并提供良好的政策支持和社会环境。这也为我国打破行政区划，以城市群为单位解决养老问题提供有益的探索和宝贵经验。

产业创新为长三角城市群深度融合加码

胡国良　千慧雄　吕永刚　沈　于[①]

一　长三角一体化与区域产业融合发展的内在机理

（一）区域经济一体化与产业融合之间的内在作用机制

区域经济一体化是实施区域协调发展战略的重要内容，其概念最早出现在20世纪50年代，经济学家将其定义为单独的经济整合为范围更广的经济的一种状态或过程。对于区域经济一体化的定义，尽管不同的研究者有着不同的观点，但对于一体化的基本特征，已达成基本共识，大多认为其具有以下两个特点：第一，区域经济一体化是多区域多经济体整合为政策统一、规划协同、市场共享的区域或经济体；第二，区域经济一体化是一个动态演化的过程，基于不同尺度视角，对于区域经济一体化的评价会有所不同。但不管从哪个角度看，区域经济一体化的最终目的是实现各区域以及区域内各方面科学分工、共享资源与市场以实现经济协同发展，从而实现整个区域的社会经济活动空间格局最优化、经济利益最大化、对外竞争最强化。20世纪90年代以来，全球出现了大量区域经济一体化组织，其中尤以亚太经合组织、北美自由贸易区为代表，在推动区域乃至全

[①] 胡国良，江苏省社会科学院经济研究所研究员；千慧雄，江苏省社会科学院经济研究所副研究员；吕永刚，江苏省社会科学院经济研究所研究员；沈于，江苏省社会科学院经济研究所博士。

球经济一体化发展上产生了巨大的作用，并带动其他相关组织纷纷出现。在国内，区域经济一体化也日益成为各地方政府乃至国家政策的焦点，如长三角一体化、京津冀一体化，等等。

产业融合是指不同产业或同一产业不同行业相互渗透、相互交叉，最终融合为一体，逐步形成新产业的动态发展过程。产业融合可分为产业渗透、产业交叉和产业重组三类。产业融合使得产业边界变得模糊化，产业分立、协同发展，融合不断催生出新的产业或新业态。通过产业渗透、产业交叉、产业重组等融合方式，实现产业之间的融合；通过产业形态、组织和结构创新拓展了高技术产业成长的空间，实现了产业的融合成长。在产业融合的条件下，促进了价值创造增值，提升了产业的竞争力，产生产业和经济增长效应。

区域经济一体化与产业融合之间存在着正反馈作用机制，具体来讲：

首先，区域经济一体化是区域产业融合的基础，区域经济一体化水平的提高必然推进产业深度融合。一是区域经济一体化的推进能够使区域依据产业优势，构建层次分明的区域分工格局，加快产业在区域层面融合发展。如：上海地区可以充分发挥多年来积累的高级生产要素的作用，积极发展总部经济，将部分制造业逐步转移到苏北、安徽等地区，充分利用不同区域之间在商务成本结构上的差异，实现产业的梯度转移和协同发展，降低整个产业链条的成本。二是区域经济一体化，推动生产要素的合理流动。市场、产业、信息、交通和城乡一体化，形成统一和开放的区域市场，为区域产业融合提供资源保障。三是区域经济一体化过程中的协调机制的建立为区域产业融合提供制度保障。长三角经济一体化推进过程中相关的许多适应的协调机制，联席会议、协商协作等各种形式，为产业融合过程中破除体制制约，打破地区分割的利益格局有积极的作用。

其次，产业融合打破传统产业的技术边界、业务边界，同时也会打破区域边界，促进区域经济一体化。一是产业融合的发展将会促进区域产业结构多样化、复杂化。随着技术的发展新的产业不断分化和独立出来，使得产业结构不断多样化和复杂化。如当前信息技术产业的融合发展不但使围绕信息的生产和服务环节独立出来，同时也催生出许多新的产业部门，在电信、电视和出版三大产业融合中，就出现许多新的产业形态，电子报刊、在线超市、家庭银行等。二是产业融合提高区域间的贸易效应和竞争效应，加速区域间资源的流动和重组。产业融合将打破传统企业之间和行业之间的界限，特别是地区间的界限，利用信息技术平台实现业务重组，发展新业务，这将进一步加速区域间资源流动和重组，促进区域间生产要素的集聚和扩散，发挥要素的规模效益，提高生产率。三是产业融合将会促进企业网络的发展，提高区域间联系水平。产业融合是企业间的技术融合、市场融合、资产组合，这就必然带来企业产权的重新组合与重构，形成以产权为纽带的企业网络组织的发展与繁荣。产业融合带来的企业网络组织发展将成为区域联系的主体，这有助于打破区域间壁垒，增强区域之间的联系。四是产业融合扩大了区域中心的极化效应和扩散效应，有助于改善区域的空间二元结构。产业融合将大大缩小空间距离的限制作用，增强核心区与外围区的极化和扩散作用，使市场的竞争更加充分，地区间的区域垄断性得以消除，打破行业与区域之间的管制，这都将有助于二元结构的消除。五是产业融合将促进区域经济一体化的制度建设。一方面产业融合要求打破旧的行业管制和区域管制的界限，重新建立新的规则，这为区域经济一体化提供了内在动力；另一发面，产业融合规则适用具有广泛性，对旧规则依赖较少，能够推动区域一体化的发展。

（二）长三角一体化与产业融合过程中存在的问题

近年来长三角一体化的进程推进缓慢，没有取得实质性的进展。长三角一体化在管理体制、运行机制、产业结构等深层次领域还面临许多瓶颈和障碍，区域产业融合也存在较多的制约因素。

第一，产业融合存在行政区划绩效考核的锁定，缺乏有效的区域分工。现行的行政区划边界的"硬"约束，在很大程度上阻碍了城市的"集聚功能"和"辐射功能"。地方政府的经济行为在促进区域经济增长的同时，为了追求地方政府自身经济利益的最大化，经常对经济进行不合理的干预，行政区划成了阻隔经济一体化进程的一堵"看不见"的墙，行政边界构成了阻碍长三角经济一体化的壁垒，也成为阻碍长三角城市经济区形成与快速发展的巨大障碍。长期以来，制造产业是地方政府重要的税收来源和GDP的重要组成部分。传统的行政绩效考核体制使得产业融合基本上是在地方行政区划范围内发展。行政区划所形成的界限大大制约了产业融合的自然发展，表现为地方政府行为在产业融合的形成过程中经常发挥着主导甚至决定性作用，尤其是当企业的生产经营活动跨境分离时，受地方利益的驱使，各种地方保护主义势必会增加企业的交易成本。这大大阻碍了区域间专业分工的发展，使得产业发展经常出现只有"扎堆"而无"融合"的现象，企业难以通过产业融合走向高端道路。在区域经济发展的过程中，这种模式容易出现低水平的重复建设，规模攀比，过度竞争和资源浪费，缺乏对产业链的横向和纵向整合，产业融合效应难以充分释放。

第二，制造业与当地生产服务业关联程度较低，缺乏区域内产业融合的需求。长三角制造企业在全球分工体系中多处于加工制造环节，缺乏在上游研发、设计环节，以及下游市场营销环节（如品牌经营）的延伸。这些从事中低端环节的企业多为劳动密集型企业，内部成本中最主要的部分是员工工资，企业生产成本可以依靠廉价劳动力供给进行控制，相对容易得到补充。因此，没有动力引进外部更廉价的、效率更高的劳动生产率供给来源。面临这种情况，江苏等地相关政府部门已经着手推动制造业服务化的发展，制造业与服务业的融合有望改善。

第三，城市化发展滞后，生产服务业难以形成有效的需求集聚效应。长三角发展质量不高，国际竞争力不强。制造业附加值不高，高技术和服务经济发展相对滞后，高品质的城市创业宜居和商务商业环境亟须营造。城市间分工协作不够，低水平同质化竞争严重，城市群一体化发展的体制机制有待进一步完善。人均地区生产总值、地均生产总值等反映效率和效益的指标，与其他世界级城市群相比存在明显差距。

第四，长三角内产业发展存在明显两极分化态势，部分地区产业融合难度大。在长三角分布最多、最广的是传统的劳动密集型产业和中低端的生活消费品产业集群。这些产业集群依靠的是低廉的土地和劳动力要素，生产方式较粗放，产品的创新意识不够，且过于依赖外部市场，因此，产业融合发展的质量不够理想。另一方面，在上海、苏南等区域，一些显现出勃勃生机的高新技术产业集群及创新型集群主要集中在少数几个高科技园区，规模和数量都十分有限。同时，生产服务产业集群的区域发展情况也不理想，如研发、设计、营销以及金融等服务产业，仍只分布在上海、南京、杭州等少数核心城市。这种产业集群类型的不协调造成了长三角内部经济发展潜力和优势的不均衡。

第五，产业趋同造成索取资源要素相近，区域间产业无法形成分工协作，产业融合难度大。目前，长三角因为竞争手段单一出现了产业重构现象。16个城市中选择汽车作为重点发展产业的有11个城市，选择石化的有8个城市，选择通信产业的有12个城市。在食品饮料、纺织、印刷、塑料、办公机械设备等产业方面，三地的产业同构率竟然高达80%以上。而苏锡常三地在经济总量中排名前五位的产业几乎一样。长三角的都市圈和产业发展到了一定阶段，形成功能、产业不同的需求，互补性加强。而事实是长三角由于产业结构趋同现象严重，区域间各自索取资源要素相近，产生恶性竞争。

（三）新常态下长三角产业分工合作的时代特征与战略机遇

"十三五"期间，世界新一轮产业革命将进一步加速酝酿，全球产业分工格局将进一步发生深刻变动，长三角作为中国参与国际产业竞合的核心区，将更直接面对全球产业竞争变局、更充分嵌入全球产业价值链分工体系当中，不仅长三角在全球和全国产业分工中的角色将发生新变化，长三角分工合作格局也将面临新变局。

1. 国际分工合作体系面临历史性重塑

从全球经济周期看，当前全球经济正进入新"技术经济范式"的转换期，世界新一轮科技与产业革命处在从导入期到拓展期的转折点，信息化与工业化加速融合，互联网与其他产业深度融合，新兴技术不断涌现，传统的工业生产供应链、生产者与消费者关系都将迎来大变革。"十三五"期间，长三角在新兴产业领域实现对发达国家"弯道超车"的可能性大为增加。相对于在传统产业链上向价值链高端攀升，后发国家通过发展战略性新兴产业掌握产业链控制权要容易得多。因为，过去"蒸汽机革命""电力革命""信息技术革命"等科技革命均发轫于西方发达国家，后发国家不仅输在起点，同事还面临发达国家的"结构封锁"，很难实现经济赶超；但由于全球新一轮科技革命仍在孕育过程中，后发经济体和西方发达国家处在大致相同的起跑线上，如能抓住此次产业和科技变革的机遇，就有可能在有基础、有条件的领域率先突破，增强在全球产业链中的控制力，抢占未来竞争的战略制高点，支撑和引领经济社会走上创新驱动、内生增长的发展轨道。

2. 发达国家抢占"后危机时代"产业发展制高点

以美国"制造业回归"、德国"工业4.0"为代表，西方发达国家抢占"后危机时代"国际产业发展制高点。"十三五"期间长三角产业分工合作必须适应更强国际产业竞争的挑战，创造新优势、拓展新空间。从实施效果看，美国奥巴马政府提出的"再工业化"战略已经取得一定效果。美国实施再工业化战略，不是简单地回归传统制造业领域，而是致力于在制造业里最高端、最高附加价值的领域，全力强化技术优势，促进以人工智能、机器人和数字制造技术为主的现代制造业的发展，从而达到巩固并长期维持其世界第一经济超级大国地位的战略目标。欧洲则以德国"工业4.0战略"为代表，旨在通过充分利用信息通信技术和网络空间虚拟系统与信息物理系统相结合的手段，将制造业向智能化转型。日本虽然近年来经济疲软，但在新能源汽车、节能环保新材料和机器人等方面依然保持了相当的优势。长三角制造业基础良好，特别在"两化融合"方面处于全国领先地位，有条件在"十三五"期间借鉴发达国家推进制造业发展的可行做法，塑造新竞争优势，进一步提升区域产业整体竞争力。

3. 产业链整体转移成为全球产业转移最明显特征

关联产业协同转移逐步增多，为长三角超越国际代工的传统定位提供新机遇、提出新挑战。受国际金融危机影响，世界经济正进入减速调整期，原有发展空间受到压缩，迫使各国政府和企业寻求新的发展空间，并对原有的国际产业格局进行战略调整，这使得第三次国际产业转移呈现一系列新特点，如：产业链整体转移趋势明显，关联产业协同转移现象增多；跨国公司投资日益多样化，主导着全球产业调整转移；高新技术产业出现了加快转移趋势，服务业逐渐成为产业转移新热点；产业转移的形式多样化，国际产业转移进入劳动密集型、资本密集型、技术密集型产业和研究能力转移并存的新阶段。受上述变化影响，我国面临的产业转移态势开始发生深刻改变，一方面，我国东部沿海地区如长三角向本地区内部以及中西部地区转移步伐加快；另一方面，部分海外制造业回归，同时，一些发展中国家取代中国成为国际产业转移新型目的地。"十三五"期间，长三角应着眼国际产业转移新特点，一方面积极承接国际高端产业转移以提升地区的产业质态，另一方面，主动通过内外部产业转移拓展产业空间、释放产业潜能、调优产业结构。

长三角是国家战略的叠加地,长江经济带、丝绸之路经济带及21世纪海上丝绸之路、长三角一体化、江苏沿海地区发展、苏南国家自主创新示范区、舟山群岛新区等,在江浙沪地区次第展开,不断地获取新的动力源。地理上相邻,人文上相近,经济上互补,让长三角一体化走得很早、走得很稳、走得很实。在多重国家战略叠加的新形势下,给长三角产业合作带来新的机遇。

(1) 长三角被打造成为世界制造业基地

长三角一体化上升为国家战略已经有10年时间,这期间,经济全球化促进了全球范围内的产业向长三角转移。在这个过程中,发达国家逐步把制造业,例如将鞋业、玩具、日用化工品等产业向中国,向长三角转移,与此同时,发达国家还把高科技产品生产中的低端技术的零部件生产和成品组装线向长三角转移,例如,苹果公司、惠普公司等西方大公司在中国进行的电脑附件(如键盘、鼠标等)生产和最后的产品组装,还有诸如摩托罗拉公司、诺基亚公司等国际大公司在中国进行的手机配件生产和最后的产品组装等。从制造业区提升为世界制造业基地的过程中,长三角的制造业规模不断扩大,制造业从初级向高技术等多种门类发展,制造业的国际化程度也随之增加。目前该地区集中了全国34%的制造业总量(按工业增加值计算),32%的工业制成品出口总量和36%的外资企业出口总量。制造业的国际化分工和国际贸易的快速发展标志着长三角已经成为世界制造业基地。

(2) 长三角由产业集聚向产业集群方向发展

近年来长三角的产业集群化特征越来越明显,在高科技产业、IT产业、日用、五金等领域已形成了具有一定规模的产业集群。这些产业集群大致可以分为两类:一类是区域传统优势产业和新兴产业发展形成的产业集群。如上海、杭州、苏州等地的汽车、钢铁、医药、石化、丝绸、电子等优势产业和金融、信息技术等产业发展而来的产业集群。另一类是区域自发孕育出许多富有竞争力的产业集群。如上海化工区有30家外资和中外合资企业,总投资金额已经超过80亿美元,世界三大化工巨头英国石油、德国拜耳和巴斯夫公司均有重点项目在这里落户。又如,浙江温州的鞋业、打火机、塑料薄膜、眼镜、低压电器等,宁波的塑料模具、家用电器、服装等,绍兴的轻纺,永康的小五金,义乌的小商品,嵊州的领带等。这些集群内部具有完整的产业链，对外拥有较高的市场份额，在国际市场上也有一定的影响力。

(3) 长三角一体化使长三角经济可以联合技术创新，共享政策红利

长三角一体化使得长三角必然要加强区域合作品牌建设，联合区域内各城市共同打好"长三角牌"，推动更多的"长三角制造"向"长三角品牌"提升。不仅需要技术创新，更要有理念创新、机制创新、管理创新等多元一体的创新体系。一体化战略使得长三角地区在战略性新兴产业共性技术产业化、传统制造业升级路径研究上取得突破，通过优势互补，使得产业技术的层次和竞争力得到提升。长三角一体化让长三角内的企业可以共享上海自贸区的做法，可以融入上海自贸区产业分工序列中分享政策红利。除此之外，区域公共安全、新型城镇化、差别化等领域都将展开研究，特别是在生态环境上，长三角将设立区域生态环境治理合作机制研究课题，鼓励各成员城市积极实施主体功能区规划，根据各城市的资源环境承载能力，统筹谋划经济发展和生态保护，发挥空间资源的最大效益，建设魅力城市。

(4) 长三角发展成了世界第六大城市群，具有相当的国际影响力

长三角经济快速发展，推动了工业化和城市化进程。该地区已经成为中国城市化水平最高的区域。由上海城市群、南京城市群和杭甬城市群构成的长三角逐渐发展为世界第六大城市群。这三个城市群在经济发展水平、历史文化、区域特性等方面各具特色，相互依存、相互影响。上海城市群包括了以上海市行政区划范围内的城市群和市域行政区外的经济辐射区域，包括江苏的苏州、无锡、南通和浙江的嘉兴、湖州等区域，形成"1+5"区域格局。南京城市群，以南京为核心，主要包括南京、扬州、镇江、常州、泰州、马鞍山、滁州、芜湖，形成"1+7"的发展格局。杭甬城市群，以杭州、宁波为核心，形成环杭州湾的双核城市群，主要包括杭州、宁波、绍兴、舟山和台州等城市，形成"2+3"的发展格局。三个城市群尽管经济发展水平差距不大，但其历史传统、社会文化、语言、风俗习惯等方面存在很大的差异，这些差异体现了长三角深厚的历史积淀和文化的多元性，增添了城市的魅力，吸引了越来越多的国内外游客和投资者。

二 长三角一体化下产业分工与合作模式需要新视野新理念

(一)"十二五"期间长三角产业分工合作回顾与经验总结

"十二五"期间,面对国际金融危机后续影响的持续发酵、国内"三期叠加"对经济发展带来的综合考验,长三角抓住经济调整的窗口期,致力于推进产业转型升级和区域产业分工合作,区域产业格局、产业质态和产业竞争力均发生了新的积极变化。

1. 区域分工从产业间分工逐步向价值链分工转变

"十二五"期间,长三角产业分工合作最深刻、最关键的变化是产业分工内涵的改变。以往的产业分工合作更多地是依据各自要素禀赋、产业基础进行的梯度产业转移与承接,表现为不同产业在不同地区的纵向垂直分工。当前,这种纵向垂直分工在长三角依然存在,但更多的则是水平型的产业内、产品内分工,具体体现为不同地区切入到同一产业、产品的不同环节,彼此分工协作,由此形成更大范围、更具竞争力的产业集群。以汽车产业为例,长三角目前已成为国内汽车制造、研发、营销、零部件等相关产业最发达和完善的地区。汽车产业是长三角产业分工深化、细化、一体化的缩影。通过紧密的产业协作,长三角各地经济紧密度更进一步。中国社会科学院倪鹏飞研究员预计到2020年,长三角经济区将基本形成世界第一超级经济区。这一判断能否得以成立的关键不在于长三角人口规模、经济总量是否实现世界领先,而在于长三角是否基于共同区域市场形成了紧密型产业分工合作,因为这是衡量长三角超越行政区划,成为一体化经济圈的根本指标。"十二五"期间长三角产业分工合作新态势为这一判断提供了具有说服力的例证。

2. 上海高端服务成为带动区域分工深化的最大引擎

上海率先转型是长三角产业合作的根本。只有上海发挥好地区龙头作用,长三角产业才能形成有序竞争、合理分工。"十二五"期间,上海着眼全球城市新定位,加快经济结构调整,国际大都市功能更加完善。第一,基本实现了服务转型。构建以服务业为主体的产业结构是上海发挥国际大都市功能的基本标志。2014年,上海第三产业增加值占全市生产总值的比重达到64.8%，比2010年增加7.8%。第二，"四个中心"建设取得新进展。国际金融中心建设取得新突破，金融创新、金融开放的红利进一步显现。2014年，全市金融业增加值达到3268.43亿元，占同期全市GDP的13.87%，距离国际金融中心更进一步。第三，国家创新中心的地位进一步凸显。"十二五"期间，上海全社会研发投入保持高速增长，创新型企业、创新创业型人才队伍快速壮大，对全球创新要素的吸纳整合力进一步提升。成为全球科技中心是全球城市的重要功能。目前，日益强大的高端创新能力已经成为上海提升区域产业链中配置能力的有力支撑，也成为带动长三角开展更高层次、更加紧密产业分工合作的重要基础。

3. "同城化"与"一体化"协同并进

"十二五"期间，"同城化"与"一体化"协同并进，以核心城市为主导的都市圈分工合作进一步深化。以南京都市圈、杭州都市圈为代表，长三角"同城化"取得了实质性突破，都市圈内产业分工合作更加紧密，成为长三角经济一体化的最大亮点之一。以宁镇扬同城化为例，在长期合作基础上，2009年，三市签订《同城化建设合作框架协议》，2011年，进一步签订若干双边全面合作协议，实质性推动了同城化进程。2014年，江苏省人民政府正式印发《宁镇扬同城化发展规划》。根据《规划》，三市将共同打造长江国际航运物流中心、区域金融商务商贸中心、全国文化科技中心和国际著名旅游目的地；共建国家战略性新兴产业和先进制造业集聚基地；共建大都市区现代农业基地。"同城化"与"一体化"并不矛盾，"同城化"为更大范围的"一体化"培育了更成熟的合作主体；同时，"同城化"的深入探索也为"一体化"提供解决问题的经验和思路。

4. 空间扩展使各板块资源、市场和产业互补性增强

"十二五"期间，长三角空间格局的最大"变量"是安徽从长三角的外围区域或边缘区域实质性地全面融入进来，并成为长三角不可分割的板块。2010年，全国首个产业规划《皖江城市带承接产业转移示范区规划》获批以来，皖江地区承接产业转移进入"快车道"。皖江城市承接产业转移示范区分别设立了两个集中区、七个产业转移示范区、一个跨区域的苏滁现代产业园、一个综合保税区和两个出口加工区。到2013年，累计承接产业转移的资金达到1.28万亿。与安徽的加盟效应类似，"十二五"期间，苏北、苏中地区全面突破交通瓶颈制约，长江天堑变通途，巨大的

发展潜力全面转化为现实优势，轻工、纺织、建材等传统优势产业加速转型，新能源、新材料、生物医药、节能环保、高端装备制造等新兴产业快速成长，成为长三角产业成长性最好的区域之一。从安徽、苏北等后发地区产业发展实践来看，长三角产业转移有着占领新市场、扩大生产规模、降低成本、获取资源等多方面战略发展目标，包括规模扩张、功能整合和战略扩展等动因。产业转移已不再仅仅是简单的劳动密集型等低端产业项目的输出，高新技术产业项目也开始加入到了转移的行列，在转移过程中不断实现技术、装备的整体升级。转移的产业也从单纯的制造业转变为制造业、服务业和研发产业多领域的综合性趋势。这种转移特点，使得长三角欠发达地区转变过去的被动承接产业，而是主动提升自主创新能力，逐步提高参与长三角水平型产业分工的层次，并在一些优势领域形成市场优势。

综合考察"十二五"期间长三角产业分工合作的历程，得出以下经验教训：

第一，推进长三角产业分工合作的关键是以上海为龙头带动长三角形成世界级、现代化、一体化的产业区。上海率先实现转移，最重要的是打造并释放"科技创新中心"功能，通过建设具有全球影响力的科技创新中心，增强创新对经济发展的驱动作用。只有持续保持强大的科技创新力，上海才有底气将制造业中非核心环节转移出去，才有条件换出城市空间聚焦于发展高端服务业，才有资格真正成为全球创新要素的聚集地和全球创新网络的枢纽型节点，才有能力带动长三角其他地区，共同打造匹配世界级城市群、世界级超级经济区的产业分工格局。

第二，推进长三角产业分工合作的基础是实现区域专业化分工，共同打造跨地区国家级产业价值链。打造国家产业价值链是在产业政策的指导下，选择与城市功能定位和支柱产业相吻合、城市规模与其资源禀赋相适应、控制不宜发展的产业增量，从而在产业链打造中实现产业转型升级。长三角各地区应根据自身的比较优势，确定差异化的产业功能定位，并以此为基础形成区域分工格局。当然，各地区功能定位具有相对稳定性，同时根据形势变化也需要进行动态调整。例如，随着长江经济带、"一带一路"等新国家战略的出台，长三角各区域功能定位也将发生新变化。但无论如何变化，长三角作为中国参与全球竞争与合作核心区的定位不会改变,长三角都需要树立"全国一盘棋"的思路,通过合理分工形成整体产业竞争优势,在全国率先形成完整的跨地区国家产业价值链。

第三,推进长三角产业分工合作的根本是坚持市场主导,让企业成为推动区域分工合作的主动力。企业的经济活动是促进区域经济一体化和城市网络关系的核心要素,相比较政府而言,企业是区域合作更为重要的参与者。为获取更多的资源和扩大市场空间,企业具有积极寻求空间扩张的内生动力。从本质上讲,区域一体化程度高低不是由政府决定的,而是企业基于产业价值链的空间分工合作促成的。产业内部的功能性分布,如总部、研发、生产制造、销售等不同环节的嵌合,在空间上是由企业自身而不是政府来生成的。因此,实现区域分工合作的合理化,最根本是要强化市场在资源配置中的决定性作用,通过企业间市场竞争和资源要素的市场流动,促进区际间不断增长的互相依赖性和区域经济一体化,从而实现区域产业合作布局的动态最优化。

第四,推进长三角产业分工合作的保障是构建区域间计量单位共享的产业协作机制。缺乏一体化区域联动长效机制是长三角合作长期停滞不前的根本原因。经过多年建设发展,长三角一体化水平在全国处于领先水平,但制约区域一体化的深层次矛盾和瓶颈并未消除。整体而言,长三角仍未形成有效的产业协作机制,保障区域一体化进程的机制体制尚不健全,已经出台的区域合作规划和协调机制缺乏刚性约束力,使得区域合作前景缺乏稳定预期,进而影响区域一体化的深度推进。"十三五"时期,长三角各种类型、各种形式的产业分工合作活动必将更加频繁,由此引发的利益纷争、政策博弈乃至观念冲突都将在所难免。为此,必须进一步加强制度建设,在区域一体化大框架下,构建更加稳定、更具约束力的产业协作机制,为规范、引导、协调区域产业分工合作活动提供更有力的制度保障。

(二)按照产业对接、共享政策、共赢发展思路开展产业合作

1. 以价值链攀升为目标,以企业合作为主体,提升产业链主导合作模式的合作水平

从改革开放 30 多年来的发展来看,长三角长期处于全球价值链的低端,形成了对外的依赖经济:一是对加工贸易的高度依赖;二是对引进外

资的高度依赖；三是对国外原材料工业和装备工业进口的高度依赖；四是对国际大买家的高度依赖。在经济全球化的过程中，长三角外向型经济发展出现了新的具有"依附"特征的发展趋势。在全球价值链中变成了"发包"与"承包"的关系，变成了"创造"与"制造"的关系，变成了"高端"与"低端"的关系，变成了"控制"与"被控制"的关系，变成了"老板"与"打工者"的关系。

今后长三角产业合作要以价值链升级为导向，摆脱对外部经济的依附性，成为价值链的主导者。具体来讲可以通过以下几个途径：一是制造业企业通过跨区域的合作，以及通过跨区域产业集聚之间的分工，构建长三角价值链体系。长三角制造业价值链升级和国家价值链构建的可行路径是先构建区域性价值链，待积累经验后，向国家价值链方向发展。基于国家价值链构建的区域产业转移将呈现新的特征，由传统的"整体转移""单向转移"向"工序转移""网络型转移"等形式转变。实践中，长三角有些地区通过建设异地工业园区形成产业集群间的分工，已经初现通过集群分工促进区域价值链构建的发展趋势。二是贸易企业通过跨区域合作与发展，促进专业性市场的升级，从而通过贸易渠道对价值链进行整合和升级。长三角制造业 NVC 的构建离不开流通领域的变革和本土贸易企业的成长，需要对现有贸易渠道进行重组和创新。长三角有实力的贸易企业可以通过收购兼并、资产重组或连锁经营等形式整合贸易渠道，并逐渐整合价值链上各环节的活动，先期构建区域价值链，不断积累经验，逐步构建国家价值链。三是通过生产者服务业企业的跨区域合作与发展，提升长三角制造业和其他服务业整体竞争水平。生产者服务业作为独立的产业部门，以其强大的支撑功能成为制造业增长的牵引力和推进器，是制造业起飞的"翅膀"和"聪明的脑袋"。当前长三角生产者服务业整体水平不高，可以通过全区域要素的整合，以上海为中心，发展现代生产者服务业。

2. 发展园区共建产业合作模式，培育优势产业集聚

从园区共建的发展历程来看，早在 2005 年江苏省委就出台《关于加快苏北振兴的意见》，明确提出加快产业转移和南北挂钩共建产业园区，苏南苏北共建园区在长三角合作共建中起步较早，具有示范意义。安徽自 2011 年起学习江苏经验，也开始了皖南皖北合作共建的探索，目前共有 3

个南北共建园区。2010年"长三角园区共建联盟"成立,合作共建园区成为长三角合作的重要内容。截至目前,长三角上海、江苏、浙江、安徽四省市参与合作共建园区已逾200个。其中,江苏、安徽数量最多,江苏已建成39家。跨省域共建中,江苏、浙江多与上海合作,安徽在皖江城市带承接产业转移示范区获批后,与江浙沪三地共建园区较多。

园区共建的合作模式,最终目的是要通过资源的优化整合,培育有优势产业集群。形成了诸如泰州医药业、镇江造纸业、绍兴纺织业、嘉兴皮革制造业、湖州木材加工业、扬州和嘉兴的化纤制造业等出口导向型产业集群。面对新的形势,长三角要以培育优势产业集群为抓手,加强产业合作,整合区域资源。一是培育产业集群、壮大集群实力。扶持关键性企业,加大对关键企业的扶持力度,为其发展创造更好的空间。同时,鼓励其他企业充分利用关键性企业发展带来的有利环境,加快自身发展。进一步创造条件、优化环境、深化改革,切实增强集群技术创新的动力和活力,推动产业集群向创新集群转型。二是加强集群间相互联系、促进合作交流。一方面推进集群企业跨地区联合,实现企业的跨地区联合,组建跨地区大型企业集团,注重提高企业的规模和质量,同时充分发挥这些跨地区大型企业对整个区域经济的拉动作用,带动其他一些企业的发展,形成以这些大型企业为核心的产业带。另一方面,促进科技中介的协同与整合,逐步转变政府职能,打破条块分割的管理体系,鼓励中介机构在长三角范围内公平竞争、合作共赢,走市场化运作之路。三是拓展发展空间、优化产业集群发展环境。优化政策法规环境,重点是完善长三角知识产权保护协作网络,构筑一体化的行政、司法和行业自律相结合的知识产权管理和保护体系。促进现有科技政策的协调与对接,促进现有技术标准、规范、资质认证制度的统一,联合颁布新的区域性科技政策。净化社会诚信环境,加快社会信用体系建设,建立、健全企业与个人诚信体系,严厉查处不诚信行为,逐步净化社会信用环境。发挥政府主导作用,规范政府行为,建立政府信用。强化区域合作意识,加大对内、对外宣传力度,营造科技合作氛围,弘扬科技合作文化,增强长三角一体化意识,促进集群内部、集群与集群之间的协作,形成集群内企业在产业链上的梯度分布、不同集群在空间价值链上的错位发展。

3. 构建和完善长三角创新联盟合作模式，提升区域科技创新能力

长三角产业技术创新联盟已经有一定的发展，浙江自 2010 年颁布《产业技术创新联盟建设与管理办法》以来，大力发展产业技术创新联盟，先后成立了船舶、工业设计、无缝织造以及海洋生物制品等联盟，仅 2015 年新增 23 家重点产业技术创新联盟。江苏在新能源、新材料、生物医药、信息技术、高端装备制造以及节能环保等领域建成了一批产业技术创新联盟，在节能环保领域的低温余热回收发电、生物医药领域的基因芯片和抗体诊断、高端装备制造领域的城轨牵引与辅助电源系统以及新材料领域的 T300 级碳纤维等取得了重大技术突破。

长三角产业创新联盟快速发展的同时也存在不少问题。运行过程中出现的活跃度不高、组织相对松散、跨区域协同发展不够等问题在一定程度上影响了联盟技术产出及运行效率。因此要构建和优化构建长三角创新联盟合作机制，提升区域科技创新能力。一是构建长三角知识融合与技术积累协同发展机制。一方面，做大做强协同发展的创新源，长三角科研综合实力强，既有复旦大学、浙江大学、南京大学等国内知名高等学府，又有大量从事新兴产业且具有草根精神的创业创新人才，因此要畅通高端人才流通渠道，开放配置创新资源，促使人力资源、技术技能积累等创新要素向区域产业融合和企业技术突破领域集聚。另一方面，要依托优质技术研发平台开展知识融合与技术积累，在现有科研机构、产业孵化园、高科技园区基础上，立足企业、联合长三角大院名校打造一批高规格的国家研究实验基地、科技基础数据中心、技术标准检测机构以及联合实验室，突破产业发展的节点技术，积累性能参数，着力解决基础性、关键性问题，开展产前研究，推进跨学科和跨产业研究。二是要建立信息化与创新联盟深度融合机制。在两化融合的基础上推进长三角信息化与创新联盟深度融合，加速信息传递，提高技术创新效率，实现智能制造。加快云计算、物联网、大数据、移动互联网为代表的新型信息技术开发，实现设计研发、生产制造和储运销售等全产业链的智能化、自动化，提升技术创新效率。三是建立基于文化融合的联盟区域协作信任与沟通交流机制。在长三角文化交融的基础上提倡形成"兼容、开放、多元、创新"的共同文化价值取向。通过观念文化和制度文化的建设，使联盟区域协作中的每个企业、每个机构彼此之间达成最大化的目标共识，形成共同的行为准则。通过建

立专门的联盟沟通管理机构,使联盟成员充分了解各自的组织文化、组织规模、创新潜力,为深入开展合作创新奠定基础。通过技术人员流动和业务交流,提升联盟成员企业的技术水平。总之,这种系统化、制度化、例行化的联盟区域协作信任与沟通交流机制有助于解决关系冲突,降低协调成本,促进有效沟通。

三 跨区域经济合作区平台上产业融合发展机制分析

(一) 共建跨区域经济合作区,疏解区域间利益分割

1. 长三角产业合作的传统模式

一是股份合作模式。即在一方开发区中设立共建园,由合作双方成立的合资股份公司负责园区管理,收益按双方股本比例分成。目前,江苏与上海之间的园区共建主要采用这一模式。如外高桥启东产业园,上海、启东各占股本60%和40%,税收等收益按照6∶4分成。二是政府援建模式。即由欠发达地区政府在其开发区中划出一块园区,与发达地区政府共建,后者提供资金、人才、信息援助,并负责招商引资、园区管理等。江苏省内的南北园区共建大多是这种模式。三是有条件托管模式。即委托方在开发区内划出一块园区,托管给有条件的受托方,全权委托其操作。苏浙一些大型集团与安徽一些地区合作就采用这种模式。四是产业招商模式。即委托方在开发区内划出一块园区,全权委托给受托方,对特定产业开展招商。安徽芜湖机械工业园与浙江玉环、乐清的合作就是这种模式。五是异地生产、统一经营模式。园区企业采取"总部经济、异地生产、统一经营"的方式,将总部设在甲园区,生产基地则在乙园区。如上海杨浦工业园和大丰工业园的合作,入驻杨浦工业园的企业,其研发和经营职能在上海杨浦工业园,生产基地则落在大丰工业园。

2. 长三角传统的产业合作模式的优势及存在的问题

"十二五"期间,长三角产业分工合作取得显著进展,说明长三角传统的产业合作模式有其存在的优势,这主要表现在以下几方面:一是政府推动成为长三角产业合作主要外在动力。这有利于在较短时间内,调动人的积极性和各项产业要素,能在较短时间内形成一定的生产规模和一定的

生产效益；二是以政策红利和低成本为主要内在动力。传统的长三角产业合作模式主要由政府出面，通过土地、税收等显性政策吸引以及环境破坏的隐性承受，再加上低廉的劳动力成本，使产业合作双方很容易达成合作意向；三是合作模式主要以股份制形式，利益明晰、权责清楚。

但是，传统的产业合作模式也面临诸多难以持续发展的难题：第一，上海等核心城市在全球分工体系中地位仍然较低，对区域产业链高端环节的控制力不足，难以占据产业链制高点，使得长三角难以形成完整的产业链分工体系，实现从国际代工向自主创新的转型仍然任重道远。第二，科技创新能力不足构成长三角产业高级化的最大瓶颈。长三角核心城市普遍面临诸如科技成果产业化渠道不畅、科技创新软环境不佳、科技人才激励不足等方面的制约。第三，地方本位主义远未消除，严重制约区域进行合理产业分工合作。产业分工是形成区域整体优势的重要方式，但各级地方政府往往忽视自身的比较优势而去追逐产业利润率和前后向牵引力高的产业，不仅会阻碍区域产业之间的合理分工与布局，还会引起区域内部产业重复配置与低水平过度竞争。第四，部分地区跨区域产业合作效果不佳，一些合作园区产业交叉和重复性较大，同质化程度偏高，地域优势无法体现，甚至一些园区仓促上马，前期投入巨大但却入驻企业少且乏善可陈，无法形成有效产能。第五，部分跨区域产业合作中利益机制设计不合理，对合作双方的权责界定不清，未能有效调动合作双方积极性，影响产业合作效果和可持续性。

3. 长三角跨区域经济合作区的构建

行政区域限制长三角经济合作的背后推手是区域经济利益，可以通过以下几种渠道创新利益分配机制，来推动建立跨区域经济合作开发区。一是完善目前已经比较成熟的分税制模式，让合作双方取得双赢；二是采用股权投资模式，根据股权份额分配开票收入；三是合作地双方财政通过协议商定一定期限内开发区的收益分配标准。江苏与上海一江之隔，近年来长江交通状况迅速改善，苏南、苏中与上海已经进入一小时经济圈，江苏综合商务成本远低于上海，劳动力素质高，以产业链共建为路径，以开放合作的模式充分吸纳外部力量，创造互促共赢局面，使全产业链全价值链上的各方通过产业的关联效应。

(二) 突破区域间产业链分割，建立跨区域大项目合作平台

长三角一体化的范围不断扩展、层次不断抬高，但由于以各级地方政府为代表的诸多利益主体的存在，行政割据导致的地方保护主义和诸侯经济现象依然严重。由于资源类似、区位相近，甚至政府部门的职能、目标与任务也大同小异，直接导致了长三角城市在产业发展和吸引资本方面的竞争日益加剧，城市的产业相似系数越来越高。目前长三角除上海、南京外，其他城市的发展水平和城市定位差异性不大，分工不明确，不利于区域的长远发展。长三角城市在产业分工中未形成梯度层次，制造业结构严重雷同，同质竞争情形十分突出。构建跨区域项目合作平台，以项目引导合作，可以突破区域行政壁垒，发挥区域间资源的优势互补；以项目合作的形式进行产业合作，实践上实施"一事一议"，极大提高了合作的灵活性；构建常设平台，降低信息搜集成本、提供了项目协商谈判的平台，提高合作效率。因此构建大项目合作平台，完善和提高平台上的合作机制，是推动长三角产业合作向纵深发展的一个重要举措。

1. 构建"互联网+"大项目产业合作平台，促进长三角内的产业对接

在"一带一路"、长江经济带建设等国家战略稳步推进的大背景下，长三角经济转型升级及产业合作共荣正在进入"互联网+"时代。2016年3月25日长三角城市经济协调会第十六次市长联席会议上，长三角发出"'互联网+'长三角城市合作与发展"共同宣言，已初步商定"互联网+"的协同发展路径。力争到2018年，基本实现互联网与长三角内经济社会各领域的深度融合，基本形成有利于互联网创新的宽松制度环境；力争到2015年，长三角各城市网络化、服务化、协同化的"互联网+"产业生态体系基本完善，区域内"互联网+"新经济形态初步形成。长三角城市"互联网+"协同发展的重点是基础设施的数字化、互联网化改造，提高互联互通和应急处置能力；推进"互联网+"产业园区合作，共享园区发展信息；推动完善长三角大数据建设；形成长三角"互联网+"一体化公共服务保障体系。

当前形势下，构建长三角"互联网+"大项目合作平台，是打破区域产业链分割，实现区域产业合作向纵深发展的有效途径。大项目合作要

围绕长三角工业支柱产业以及战略性新兴产业，全力推动长三角传统产业转型升级。在这个平台的产业合作服务界面上，将利用网络渠道获取社会上企业、投资人、招商机构对产业的需求，建立"大数据"平台，建设需求对接的管理模块。坚持以市场为导向，以企业为主体，以完善激励约束机制为动力，构建跨区域大项目合作平台。平台对企业提交的产业合作需求进行评估之后，可联合各地合作招商机构进行产业合作需求的匹配对接，逐步形成对接需求受理、对接信息推送、对接项目管理和跟进、对接业务统计等功能。

2. 完善大项目合作平台的合作机制，提高合作效率

平台搭建容易，真正有效运行却比较难。因此，长三角跨区域大项目合作平台的高效运转还有赖于平台合作机制的构建与完善。在机制中应该明确合作各方的权利、义务和相互关系，维护合作各方的合法权益；应建立争端解决机制，当合作各方的利益产生冲突时，能协调解决；应构建完善的管理与运行制度，确保合作过程中的信息沟通，从而了解合作需求，达成合作的目的；应不断完善激励制度，重视对参与合作的企业等主体进行有效的激励，提高他们参与合作的积极性和责任感。

一是构建和完善长三角跨区域大项目平台的政府主导的平台协调机制。地方政府要形成合作的战略共识，长三角的项目合作既是区域自身发展的需要，更是国家的战略需要，地方官员应建立地方公共利益或区域公共利益的观念，从国家战略高度，围绕国家战略目标构建项目合作平台，搭建信息交流平台，完善磋商机制，建立多边的直接协商对话机制，就地方间产业分工与协作、经济和科技资源的整合、区域科技合作管理机构构建、基础设施网络的规划和协调等问题进行交流和沟通，解决地方间争端。二是构建和完善长三角跨区域大项目合作平台的利益共享机制。对于大项目合作平台参与方权责利的界定是维系合作关系持续稳定发展的基石，也是形成互利、共赢、共同发展的良性局面的根本保证。平台的组建，首先就需明晰各方的权责利。利益分配应该以互利为基础，是大项目合作得以持续发展的终极动力，合作平台的构建要以合作各方的利益增长为基础，寻求不同利益的共生原点，用制度化的方式明确产学研合作创新过程中的资源配置与使用机制、人才使用与工作机制、成果使用与归属机制、项目开展的激励与约束机制，真正做到企业、高校与科研机构各方之

间互惠共生、各取所需和平等共赢。三是构建和完善长三角跨区域大项目合作平台长期发展机制。大项目合作平台的组建是一个系统工程，平台本身也总是处于动态发展之中，因而对其组织架构和运行机制的研究不可能是一劳永逸的，应该不断探索以寻求合作平台的长效发展机制。至少还有以下两方面是值得继续探索和完善的。一方面是建立和完善平台的监督及绩效考核机制。要引导平台的项目合作方向与国家战略利益相结合，与区域支柱经济发展需求相结合。围绕支柱和新兴产业重大技术需求，制定平台长远发展目标和方案，形成长效机制。一方面是不断完善利益共享分配机制。应按照市场机制建立以知识产权为中心的利益分配机制。在各方自愿的基础上，建立长期合作的信用和约束机制。明确各方的责、权、利，保障合作各方的利益。实现风险共担，利益共享。

3. 构建大项目合作平台的相关支撑平台体系，为大项目合作提供支持

长三角跨区域大项目合作平台的有效运行还需要构筑一系列相关支持平台，如金融、贸易、技术创新、产业转移平台等。这些支持平台一方面可以对大项目合作平台起到有力的支撑作用，另一方面也是促进长三角一体化发展，以及长三角产业合作向立体化发展的有力推手。一是构建长三角"互联网+"大数据市场平台。2015年上海市政府合作交流办公室联合北京龙信数据及复旦大学，将共同成立"长江经济带大数据研究中心"，打造数据融合和智库平台，对长江流域社会经济的多纬度巨量数据进行挖掘与分析。大项目合作平台应该积极与大数据平台对接，发挥大数据平台的信息优势、数据处理优势，提升大项目合作平台的运转效率。二是构建长三角跨区域"互联网+"公共资源交易平台。该平台主要由各专业交易、数据交换和基础支撑三大系统组成，包含工程建设招标投标、土地使用权和矿业权、国有产权及罚没物资交易、政府集中采购、药品及医用耗材集中采购等专业交易业务系统，及其与省、州市、县市和相关主管部门的数据完全对接功能。三是构建长三角跨区域技术创新平台。结合长三角发展战略，培育一批跨区域的产业技术创新平台，在项目合作中驱动区域整体产业升级。四是构建长三角跨区域融资平台。一方面可以整合长三角内的地方性金融机构构建类似专业银行的融资平台，专门为长三角内跨地区基础设施建设、项目合作，以及产业转移服务；另一方面也可以

利用"互联网+",发展互联网金融,打造有竞争力的互联网金融企业,为长三角产业合作平台服务。

另外,还可以构建诸如产品交易平台、研发与设计服务平台、技术转化服务平台、知识服务平台、风险评估服务平台以及知识产权保护服务平台、产业转移服务平台,等等。通过完善集成服务功能,树立集成服务品牌,提供优越的制度环境,促进长三角区域经济合作和发展。

(三)江浙沪皖联合,打造我国科技创新中心区

作为中国境内经济最具活力和竞争力的地区,长三角是我国首屈一指的科研院所与高等教育资源集聚中心,又是中国对外开放与国际经济技术交流的前沿阵地。在长三角一体化的进程中,能否利用好上述科学技术资源,能否将科技资源转化为创新成果和先进生产力,关乎长三角经济区的长远发展前景。为此,江浙沪三地亟待整合资源,打造地区科技创新中心。

1. 加强顶层设计,合理制定区域科研合作规划,推动区域科研资源共享

自2005年以来,长三角在推进区域一体化的进程中,先后制定了《长三角十一五科技发展规划》《长三角科技合作三年行动计划》等科研规划,为开展区域科研创新合作,突破关键领域核心技术,发挥了不可或缺的引领作用。未来,长三角应进一步强化顶层设计,着眼学科内在规律和长三角产业发展的实际需要,合理确定本地区科研攻关项目重点,制定新一轮科技创新协同发展规划,在此基础上展开重大科研项目联合攻关行动。在规划制定的过程中,一方面当然应当聚焦本地区经济发展的迫切需要,通过企业调查、专题研讨会等方式,筛选出那些关乎江、浙、沪三地产业发展前景的前瞻性技术与共性技术,并注意调动区域内企业、高校、科研院所等多方力量,联合开展科研攻关。另一方面,随着长三角科研能力与经济实力的提升,也可有选择的面向基础科学、前沿学科的某些领域展开探索性研究,为本地区综合科研水平的长期提升奠定良好的基础。目前,本地区已经搭建了"长三角大型科学仪器设备协作共用网",初步建成了覆盖江、浙、沪及安徽省的科研仪器共享平台。未来,相关职能部门应进一步加强区域内科研设备的入网登记工作,并努力提升入网设备的实

际利用率。不仅如此，从长远看，江、浙、沪三省（市）应考虑联合出资成立跨区域的"产业技术研究院"，推动长三角联合科研攻关的常态化、制度化发展。此外，为了提升区域内科研活动的针对性和时效性，提高科技创新效率，长三角应积极考虑改革科研创新统计监测体系。为此，长三角相关部门可考虑择机对现行科研创新统计系统实施改革，加强对国际专利、专利转化率、科研成果产业化率的统计与考核，从而更好地引导科研机构瞄准经济社会实际需求展开科研创新活动。

2. 大力推进科技成果转化，全力打通智力与资本，成果与商品之间的对接通道

长三角应切实落实国家政策，支持科研人员在职创业、离岗创业，支持科研成果作价入股，推进科技型企业股权和分红激励计划，以此充分调动科研人员积极性，促进科技成果资本化、产业化。江、浙、沪三省（市）应在各自现有的技术市场、知识产权市场的基础上，优化整合区域科技信息资源，联合打造集"展示、交易、投融资"于一体的跨区域、综合性科研成果线上交易平台，实现科研信息网上实时发布，成果对接网上洽谈、网上签约交易等功能。与此同时，应强化线上交易平台金融服务能力，充分发挥"互联网＋金融"的效能，为非上市小微科技企业，未上市科技股份公司提供互联网贷款，科技成果质押融资。依托线上交易平台，加快集聚一批技术服务中介机构，形成虚拟市场与实体市场相结合的完整的创新服务链。值得一提的是，打造科研成果线上交易平台需要防止一建了之，要特别重视线上交易平台的日常运营管理，防止出现"建设"与"管理"相脱钩的局面。为此，相关部门可借鉴阿里巴巴等成熟网上交易市场的管理模式，探索对科研成果线上交易平台实施公司化管理。

3. 进一步弘扬长三角开放、包容、勇于冒险的传统文化特质

从根本上说，任何创新活动都是由人所主导的，而人的行为总是在一定的历史、文化背景下做出的。在长三角，无论是"吴文化""海派文化"还是"江南文化""永嘉文化"，都具有开放包容、敢为天下先的特征。根据熊彼特的观点，企业家是创新活动的真正推动者。正是由于具备了优秀的历史文化传统，自20世纪80年代以来，长三角的企业家人才辈出，成为中国改革开放的排头兵。未来，长三角要进一步提炼、鼓励和弘扬本地区创业创新的精神传统，各级政府在日常工作中要注意发现企业

家、培养企业家、爱护企业家、宣传企业家，推动全社会形成勇于尝试、敢于冒险、不怕失败的氛围，促进本地区创新型社会的构建。

4. 充分发挥市场机制对创新的引领作用，推动产业集聚、要素集聚，加快产业集群的发展

产业集聚区往往是创新活动集中发生的区域，在产业集聚区，大批相关企业的集中，使得研发人员近距离交流沟通的机会大大增加，从而显著降低了企业协同创新的成本，提高了创新活动的成功率，并加速创新成果的扩散。此外，集群内部竞争的加剧也迫使企业不断进行创新。考虑到以上这些因素，要促进长三角的科研创新，首先就要大力推动本地区产业集聚、要素集聚，加快产业集群的发展。无可否认的是，近年来，长三角已经出现了明显的产业集聚特征，其中不乏一些高水平的产业集聚区，比如，上海浦东电子信息设备产业群、浙江杭州互联网电子商务产业群等。然而，与发达国家相比，长三角的产业集群依然存在着规模较小、较为分散、布局不合理等弱点。从整体上看，长三角的产业集群化水平依然存在很大的上升空间。要促进本地区科研创新能力，就必须进一步扩大产业集群规模，提升产业集群档次。为此，长三角各级政府，应根据自身要素禀赋、比较优势及产业发展的历史路径等因素，合理确定本地区产业发展规划，加强本地区市场制度的立法执法建设，建立统一、开放、竞争、有序的市场体系，强化与优势产业相关的基础设施，比如能源、基础电信、交通、污水处理、职业教育等公共项目的投资，从而充分发挥、创造本地区的比较优势，推动、吸引优势产业的集聚。

5. 加强金融支持企业创新的力度

由于创新的高风险、高收益特性，传统商业银行往往无法对其提供足够的信贷支持。长三角应最大限度的发挥政策性金融的作用，为企业科技创新活动提供期限长、成本低的融资服务。各级政府应适时引导商业银行加大科技金融服务和金融创新力度，完善科技信贷服务体系，完善和创新无形资产评估体系和质押方式，优化服务流程，积极探索融资租赁、产业链融资等适合企业科技创新活动特点的金融服务。不仅如此，相关部门还应下大力气降低科技创新的信息不对称程度，充分利用行业主管部门的信息优势，建立科技创新项目信息发布平台，完善企业信用评级体系。与此同时，健全产权、股权价值评估和交易转让体系，加强企业，特别是初创

型科技企业的担保抵押能力。要鼓励发展针对企业科技创新活动的担保体系，建立政策性担保、商业担保、民间担保等多种担保组织形式；鼓励和支持保险公司开发科技保险产品、创新科技保险服务，降低商业金融对科技创新企业支持的风险。此外，还应进一步完善与科技创新相结合的多层次资本市场体系，大力发展股票市场、场外交易市场，为科技创新企业的金融支持提供更加完善的退出机制。

6. 加强国际合作，提高科技创新活动的国际化程度

大力吸引外资研发设计和工程服务等机构入驻长三角；鼓励外资研发机构与本地研究机构及企业开展广泛的学术交流与合作科研，并通过技术链的垂直传递和水平扩散激发整个创新系统的活力；采取多种措施，鼓励企业赴海外设立研发部门，增强企业利用全球科技创新资源的能力。

（四）通过重组、组建跨区域行业龙头

尽管长三角的一体化程度正在逐渐增强，但一个不争的事实是：在长三角内，产业结构的同质性、重复性现象依然较为普遍。据统计，截至2013年，长三角江浙沪三省（市）产业结构相似系数的均值达到0.84，显著高于同期京津冀地区的0.69。毫无疑问，重复叠加的产业布局形态可能造成严重的资源浪费，且极易诱发行业内恶性竞争，对全行业的长远发展前景构成损害。有鉴于此，缩减过剩产能，推动产业整合，培育跨区域行业龙头，已成为长三角一体化进程中极其重要的一个环节。为此，相关部门应着力做好以下几个方面的工作。

1. 破除不合理的地方保护政策，淘汰落后产能，建立长效市场出清机制

在财政分权、地区竞争的大背景下，地方政府基于自身利益考虑，存在保护本地产业的天然倾向，具体做法包括设置贸易壁垒，限制域外产品流入；对困境中的本地企业给予财政金融支持等。毫无疑问，名目繁多的地方保护政策损害了市场经济固有的优胜劣汰功能。僵尸企业长期低效、无效运营对优质企业的生存发展构成了严重拖累。在长三角一体化的进程中，要提升产业集中度，培育行业龙头企业，首先就要建立健全完善的市场出清机制，为落后企业提供切实可行的市场退出通道。

一是采取多种措施，推动长三角内企业兼并重组。在中国的现实环境

下，推动企业兼并重组特别须要处理好政府与市场的关系。要注重发挥市场在资源配置中的基础性、决定性作用。企业兼并应以市场为主导，由企业基于自身实际需要加以展开。政府可以从中牵线搭桥，但切忌"拉郎配"。政府的主要作用在于创造与维护有利于兼并重组的市场环境，并对企业的重组行为提供政策支持。各地应根据实际情况，突出重点、分类指导，适时出台政策，鼓励和支持优势骨干企业对资源利用率低、经营困难的企业兼并重组；鼓励和支持重点行业的上、下游企业联合重组；鼓励和支持行业龙头企业以资金、技术、品牌、标准、专利和市场等优势开展兼并重组；鼓励和支持有实力的企业收购科技研发机构，提升企业创新能力。各级政府可考虑通过财政贴息、信贷奖励补助等途径，鼓励商业银行加大对企业兼并重组的信贷支持力度。在兼并重组的过程中，特别须要发挥民营资本的作用，注意降低民营资本的准入门槛。此外，要充分发挥长三角内上市公司较为密集的优势，特别要发挥上海的金融中心功能。

二是建立企业有序退出机制。对于长期陷入经营困境、无望恢复生机的企业，若因债务负担过重而导致重组困难，应有序实施破产，同时应确保破产企业员工的最低生活保障，并通过多种途径，推动员工转岗、再就业。作为中国经济最发达的地区，长三角内的各级政府一般拥有相对充裕的财力资源，在企业破产退出的过程中，各级政府应加大财政投入和转移支付的力度，尽快建立起一整套产能退出补偿机制，用于退出企业失业人员的职工赔偿、职业培训，扶持下岗失业人员再就业等。

2. 推动自主品牌建设，以长三角内企业为龙头，打造国内价值链（NVC）

作为中国经济最发达的地区，长三角人口密度大，城市化水平高，快速成长的市场规模为本地区企业打造自主品牌，构建国内价值链提供了潜在可能性。长三角各级政府应综合运用财税补贴、信贷激励等手段，为本地区企业研发自主技术、打造自有品牌，突破跨国公司控制，构建NVC提供支持。具体而言，第一，各地区政府应尽快调整不合时宜的代工支持政策。在推进长三角一体化的进程中，相关部门应及时转变发展思路，对某些加工贸易及代工支持政策进行调整，将工作重点转向鼓励、支持代工企业转型升级上来。第二，政府在对待本地区品牌上，要发挥模范带头作用。长三角应加强协调，把具有自主品牌、自主知识产权的本地区产品列入政府优先采购目录。第三，政府应支持企业进行技术升级，对企业率先使用新技术、采购新设备给予适当的财政、税收补贴，并可考虑采用融资租赁等多种金融手段对企业上马高端装备予以资金支持。第四，大力发展专业性市场。专业性市场以现代物流体系为依托，承担着特定类型商品的生产、销售、流通职能，集市场交易、物流配送、综合商务于一体，具有很强的市场凝聚力，从而能吸引来自全国乃至全球各地的产品采购商。

四 构建长三角产业融合发展机制的切入点及保障措施

（一）构建长三角产业融合发展机制的切入点

1. 长三角产业分工合作模式创新要更多地体现在新兴产业上

"十二五"期间，长三角以创新驱动为导向，涌现出一批具有高度竞争力和市场前景的新产业、新技术、新业态、新模式。例如，上海重点发展"四新"产业，即"从制造到智造"的新技术模式，如智能机器人、新型显示、3D 打印等；"从制造到制造＋服务"的制造业服务业相融合的新业态，如卫星导航、车联网、智慧医疗等；"从服务到服务"的跨界融合服务新形态，包括互联网金融、云计算、大宗商品交易平台等。电子商务应用是"四新"的重点领域，上海积极深化旅游、餐饮、教育、文化、医药等领域电子商务创新应用，2014 全年实现电子商务交易额 1.4 万亿元，占全国 10% 以上。再如，浙江大力发展互联网经济，电子商务等新兴业态迅速发展。2014 年，全省电子商务交易额突破 2 万亿元，省内实现网络零售额达到 5642 亿元，省内居民实现网络消费额 3193 亿元，2014 年 9 月 19 日，阿里巴巴在纽交所上市，募集资金 250.3 亿美元，成为全球史上融资额最大的 IPO，市值已超过沃尔玛公司。"四新"经济的涌现，不仅成为区域经济新增长点和经济结构调整的新引擎，同时也为区域产业合作注入了新动力、拓展了新空间。

2. 长三角产业分工合作需要在更广大的区域空间展开

在长三角规划确定的"两省一市"空间范围内，上海自贸区成立、通州湾国家级新区以及南京江北新区即将上升为国家战略等"大事件"相继发生，正在深刻改变长三角的空间结构。特别是，随着安徽被正式纳入长三角，一个以上海为中心，覆盖沪苏浙皖的世界超级经济区开始浮现，这意味着长三角要素资源将在更大空间范围内流动整合。当前，世界范围内的竞争，已经从单个行政区或城市之间的竞争，发展成为以一体化的经济区和城市群为单位的竞争。2014年9月出台的《国务院关于依托黄金水道推动长江经济带发展的指导意见》将合肥与南京、杭州并列定位为仅次于上海的都市区，这标志着长三角格局将发生重大改变，合肥正从安徽省内区域的经济社会中心以及皖江示范区核心城市，变为长三角核心城市。过去长三角核心城市如南京与皖江城市间存在较大的梯度差异，南京在长三角西部拥有显著的首位度，随着合肥都市圈的快速成长，长三角由以上海为龙头，南京、杭州"两翼呼应"的格局，转变为以上海为龙头，杭州、南京、合肥"三星拱首"的格局。依托城际高速通勤网络和长江黄金水道，整个安徽将成为支撑长三角经济转型升级的腹地空间。集聚力是辐射力的基础。战略空间的拓展，要求上海等长三角主要城市的集聚力与"首位度"必须随着提升，形成更为强大的核心辐射源，以带动腹地经济发展。

3. 长三角产业分工合作应立足于高端产业链的提升

上海作为我国改革开放的前沿阵地和经济发展的龙头，是长三角的核心和加快长三角一体化发展进程最重要的推动力量，也是长三角其他地区紧密依托的核心，上海将初步构建匹配全球城市的产业形态。从产业结构看，上海已形成"以服务经济为主的产业结构"，2012年上海服务业占GDP比重超过60%。放置在现代产业体系的角度，上海正围绕国际经济、金融、贸易和航运中心建设，打造在亚太乃至全球有重要影响力的国际金融服务体系、国际商务服务体系、国际物流网络体系；围绕培育区域性综合服务功能，加快发展金融、物流、信息、研发等面向生产的服务业，努力形成以服务业为主的产业结构，联合建设一批主体功能突出、辐射带动能力强的现代服务业集聚区；打造若干规模和水平居国际前列的先进制造产业集群，联合建设全球重要的现代服务业和先进制造业中心。作为正在崛起的全球城市，上海要适应全球经济服务化的要求，并通过构建以服务经济为主导的产业基础来提升城市能级，促进网络平台及流量扩展。近年来，上海城市定位正在发生改变，目标定位从2020年的现代化国际大都市，转变为到2040年建成具有全球资源配置能力、较强国际竞争力和影响力的全球城市。全球城市是世界城市网络体系的基本节点，是代表国家参与全球化国际竞争的基本单元。上海发展目标定位的再提升，有利于增强长三角高端要素的虹吸力，将根本改变国际代工角色，极大提升长三角在国际产业分工体系中的地位。

4. 合作模式应从过去的松散型为主转向机制化、常态化合作

长三角需深化改革，构筑促进区域分工合作的体制机制新优势。在传统政绩考核评价体制以及由此形成的地区利益主体之间的协调性障碍是制约长三角一体化进程中的重要因素，特别是市场机制与制度壁垒的矛盾成为阻碍区域合作的主要因素。在经济新常态下，区域合作的加强应该建立在常态化合作机制的基础之上。其核心是构建以企业为主体，以市场为导向的区域一体化内生机制，创新政绩考核评价，打破区域城市之间的市场机制与制度壁垒，为区域产业分工协作创造条件。新一轮打破地域分割和市场壁垒的长三角合作，将有助于推动长三角产业分工合作闯出新路子，形成新优势。

（二）长三角产业融合发展的政策空间

1. 继续深入推进长三角经济一体化进程，为长三角产业融合奠定坚实的市场基础

在新一轮经济发展高潮中，随着上海城市产业的不断高级化、江苏沿江地区产业带的建设、浙江民营经济的发展壮大，区域旅游一体化、人才使用一体化、金融服务区域化、城市公共设施服务网络化等正不断加强，长三角一体化的发展态势已初步显现。从基础设施支撑体系一体化上看，与要素流动、城市间联系的不断加强相呼应，促进区域基础设施网络的一体化发展也逐渐成为共识。在长三角，包括以上海航运中心为主体的江海港群、区域的干支机场系统、高速公路连网互通、城际轨道交通、区域供水、防洪、流域环境治理等一系列区域基础设施连网建设，已经或正在取得显著的成效。此外，长三角还在推进产业布局一体化、区域市场一体化、体制创新一体化和招商引资一体化方面进行了有益的探索。2014年12月，江苏、浙江、安徽和上海市商务部门负责人在上海共同签署了《推进长三角市场一体化发展合作协议》，从规则体系共建、创新模式共推、市场监管共治、流通设施互联、市场信息互通和信用体系互认等六个

方面加强区域合作，着力打破地区封锁和行业垄断，建设长三角一体化大市场，形成具有国际竞争力的长三角世界级城市群。

从当前长三角的一体化进程来看，已经基本实现了第一阶段的经济要素一体化，区域发展的一体化主要推进了人流、物流、技术流、资金流和信息流的聚集和辐射。现在，长三角正向第二阶段的一体化迈进，即制度一体化，这是经济、社会、人口、资源、环境"五位一体"的一体化。制度一体化的推进，主要是要打破长三角各省、市之间的区域行政壁垒，实现法规一体化、政策一体化，从而实现各区域间的分工与协作，而不是政策性的恶性竞争。这一进程中主要涉及区域发展战略整合、区域产业转型升级、区域城市化发展和区域生态环境的共同治理四个重大难点。在现有行政管理体制之下，建立区域间有效的协调机制是较为现实的选择。另外，还有必要增强中央政府对区域发展协调功能，协调主体多元化，协调手段多样化，建立协调区域发展的法律制度。

2. 继续完善和提升长三角多层次协调机制，为长三角产业融合提供制度上的"润滑"与保障

统一的经济运行与管理机制是长三角产业融合发展的重要保障。多年来，长三角的区域协调工作已取得了显著的效果，但仍存在较多问题。一是缺乏处理区域协调问题的常设机构。长三角经济区现代化建设协调领导小组成立以来的工作很有成效，对许多区域发展问题进行了协调，做出了明确的决策，但由于不是常设机构，加之其成员是各市市长及重要省直部门的领导，其会议的召集比较困难，而且由于缺乏相应的实施跟踪机制，其决策落实的效果不很理想。二是缺乏统一的市场行业标准。由于长三角行政区的人为分割，特别是受计划经济习惯思维惯性的影响，在区域市场统筹的思路、模式及政府行为等方面还存在不少误区，行政区壁垒的痕迹较深，有意识或潜意识地，把行政地域作为市场综合体的主要范围，缺乏区域性统一的资信认证标准、诚信体系和市场监管规则。三是缺乏区域协调的法律依据和政策保障。虽然早在1995年就制定了《长江三角洲经济区城镇群规划》，但规划本身并无法定地位，而且对规划实施主体和对象的界定、权利和义务的划分、程序和规则的明确等方面的法规尚未出台，使区域规划既无实施主体，更无实施程序和对违反规划的处罚规则。因此，今后长三角多层次协调机制的构建要从以下三个方面入手：一是建立

高层次的常设区域协调机构，使得区域协调问题可以及时得到解决；二是为长三角协调建立法律和制度依据，增强协调的权威性；三是可推动民间协调组织的发展，降低制度成本。

3. 构建长三角产业联动机制，推进长三角产业深度融合

产业联动是指通过产业之间的互补、合作和相互作用，形成合理的产业分工体系，达到优化区域产业结构、提升产业能级、增强区域产业竞争力的目的。从推进区域产业联动的目标出发，长三角应该开展区域统一规划、强化区域一体化的知识产权保护、减少政府直接干预、发挥长三角行业联合会作用，在建设长三角创新体系方面取得突破，为创新驱动、结构调整、核心竞争力提升服务。具体来讲：一是要完善长三角合作协调机制，长三角的区域合作协调机制应逐步由非制度化向制度化转变。在现行的行政管理层级制度下，区域内各城市自上而下的垂直领导和利益互动机制已经较为成熟，在充分发挥已有垂直合作的基础上，特别要加强跨区域层面、区域内部各城市之间的水平合作机制。二是推动市场一体化、基础设施一体化及环境保护一体化。建立统一开放的人力资源、资本、技术、产权交易等各类要素市场，实现生产要素跨区域合理流动和资源优化配置；建立各城市的沟通协调机制，加强城市群内跨行政区域的综合规划和建设，真正实现区域内的共建共享；加强长三角环境保护一体化，特别是共同治理流域的污染治理。三是建设区域创新网络。要充分利用长三角，特别是上海的人才和研发机构的优势，建立一个区域一体化的创新网络。这个网络包括研发网络、信息技术交流网络、科学实验室共享网络、成果转化服务网络、风险投资网络等，创新一体化网络的建设可以提高长三角企业的产业层次和竞争力，促进区域产业联动和协同转型升级。

（三）长三角产业融合发展的保障措施

1. 利益均衡机制保障：打造与长三角一体化相适应的地区间利益协调机制

区域经济一体化的主要目标，是在分工合作、互利协同的基础上，形成各地区责任共担、利益共享的均衡机制。为此，相关部门应大力倡导地区间交流，通过建立不同利益群体的表达与对话机制，引导各利益群体以理性、合法的方式表达各自的利益诉求，并通过一定的制度程序整合到公

共政策中去。具体地说，各地区应着力做好以下几个方面的工作：（1）建立长三角一体化的利益补偿机制。推动僵尸企业退出市场，促进企业兼并重组，是长三角产业融合发展的关键性举措之一。在企业兼并重组的过程中，很容易出现地区间利益的再分配，从而诱发地区间利益摩擦，最终阻碍产业融合的实际进程。为此，相关部门应根据利益共享、责任共担的基本原则，建立与完善长三角一体化的利益补偿机制。在产业融合发展的过程中，对于那些因顾及整体利益而受到损害的一方采取多种方式进行适当补偿。补偿对象主要是在企业兼并重组过程中受到损害的地方政府、企业及相关员工。补偿的出资方主要是企业重组兼并过程中的获利群体。此外，政府也可从财政资金中拨出专款，承担一定的利益补偿责任，用以化解区域合作中的利益矛盾与冲突。（2）建立长三角合作的利益约束机制。在推进产业融合、区域一体化的进程中，各地区难免发生利益摩擦与冲突。这就需要建立可行的利益约束机制，对成员行为进行规范和限制。对此，一方面应加强立法，由国家制定区域一体化方面的法律法规，引导和规范区域合作行为。另一方面，应加紧建立区域政府间博弈的制度约束，主要应包括以下三方面的内容：（1）构建综合、长效的政绩考核机制，遏制地方官员的短期逐利行为；（2）建立行政监督检查制度，督促地方政府在博弈过程中有所为又有所不为，从而更好地履行其区域管理者的责任；（3）建立行政审计制度，以有效消除因信息不对称而导致的地方政府"道德风险"与"逆向选择"。

2. 财力保障：建立与长三角一体化进程相匹配的跨区域财政转移支付体系

要从制度层面缓解地区间发展的非均衡现象，削弱地区间产业融合、产业集聚的阻力，就必须下大力气建设长三角的财政转移支付机制，为本地区产业融合发展提供更加有效的财力支撑。首先，探索长三角共同财政预算。可由一个具有权威性的区域合作机构，比如长三角城市市长联席会议牵头，负责长三角共同财政预算制度的研究与政策制定、监督与修订。对于那些涉及区域一体化的公共事务，跨地区公共产品，在由项目牵头方和受益方承担主要经费的基础上，可由区域共同财政拨款给予合理的资助。其次，探索实施区域内横向财政转移支付制度。作为中国最发达的地区，长三角整体经济繁荣，上海、苏州等部分城市更是财力雄厚，完全具备承担由于产业融合而产生或加剧的财政失衡问题的物质基础。在区域一体化、产业融合发展的进程中，不同地区的收益或受损程度各异，横向财政支付体系应据此并结合地区间财力强弱的差异，确定并动态调整转移支付资金的规模和结构、运作方式和计算方法，逐步建立横向财政均衡体系和监督制度，从而有效缓解因区域一体化而带来的地区间发展失衡问题。

3. 法制保障：推动市场规则建设，构建统一协调的区域法规及法律执行体系

首先，清理阻碍长三角产业融合发展的政策法规，这主要包含以下四个方面的内容：（1）清理造成地区封锁、地方保护以及经济割据的规定与做法；（2）尽可能统一区域内的法律政策（特别是涉及市场经济运行方面的规制政策）；（3）统一产品、检验方法等技术标准的适用层级与范围；（4）统一实行非歧视原则，在诸如地方著名商标互认等方面提供平等保护。其次，尽快建立长三角法制协调长效机制，在中长期立法规划、年度立法计划的制订以及立法决策的过程中，加强信息交流、沟通、意见征询等，力求法律政策的协调、统一。与此同时，执法部门间应加强沟通，通过经验交流，实现不同地区同一领域的执法标准、尺度、规范的协调与统一，避免同类行为在不同地区处理上的畸轻畸重，共同营造协调、平等、公正的执法环境，以此推动区域内统一市场的形成。此外，在地方政策的制定上，地区间政府部门应注意加强沟通协商，尽可能减少不同区域间的政策落差和政策摩擦，促进地方政策的协调和对接。

4. 组织机制保障：尽快打造跨行政区的区域一体化协调管理机构

长三角应当在国务院区域管理委员会的指导下，建立一个反映各地方政府意愿、获得各地方政府普遍认同的、具有民主治理结构的跨行政区的协调管理机构，以此推动地方政府间合作机制的落实，并促进长三角的产业融合。区域一体化协调管理机构的主要职能包括以下几个方面：负责协调跨行政区划的统一高效的市场体系建设，特别是推动跨区域生产要素的流动；协调与监督区域内的重大基础设施建设与战略资源开发，协调规划区域生态环境保护等问题；与各地方政府沟通磋商，牵头制定符合本区域长远发展利益的经济社会发展规划和产业布局；指导各地方政府制定与区域一体化战略相衔接的产业发展规划；制定、监督统一的市场竞争规则、

产业进退规则和相关政策措施。在区域一体化协调管理机构内部，可设立各种类型的专业委员会或工作小组，如长三角规划与产业协调委员会、长三角重大基础设施开发管理委员会、上海国际航运中心管理委员会、太湖流域环境保护与治理委员会，等等。与此同时，长三角应在现有城市合作的基础上大力推动"城市联盟"建设。城市联盟有助于打破行政区划的限制，消除市场壁垒，促进人才合理流动，从而优化资源配置，是提高城市竞争力、促进地区间产业融合的有效途径。借助"城市联盟"这种超边界合作组织，长三角将可能被整合成风险共担、利益均沾的共同体。为此，长三角应尽快制订具有法律效力的城市联盟章程，设置日常执行机构，建立决策、执行、监督等协调机制，推动长三角各城市间形成平等、协商、互利、共赢的新型伙伴关系，从而促进城市经济的协调、可持续性发展。

5. 治理机制保障：创新区域治理机制

随着长三角产业融合及区域一体化朝向纵深发展，迫切需要寻找与新型区域合作相适应的治理形态。为此，长三角亟待对正式与非正式两种治理机制进行创新。就正式治理机制而言，长三角各地应积极转变政府职能，构建服务型政府，强化政府的社会管理和公共服务职能，加强政府社会治安、公共应急等能力建设，提高科教文卫、就业和社会保障等方面的服务水平；合理匹配地方各级政府的事权和财权，增强公正履行职责的能力。就非正式治理机制而言，长三角各地要充分发挥市场机制的基础性、决定性作用，充分调动企业参与区域合作、实现产业融合的积极性。另外，积极培育、扶植区域性行业协会，通过行业协会制定本地区行业发展规划和市场规则，树立区域市场秩序，整合区域内各类市场资源。与此同时，鼓励与支持与长三角一体化相关的各类咨询机构、智库、研究院所等非政府机构的发展，举例来说：在学术层面，可依托高校成立"长三角一体化发展咨询委员会"等组织；在产业层面，可依托商会等成立"长三角一体化促进会"等组织；在企业家层面，可依托龙头企业经理人成立"长三角企业家联合会"等组织。这类机构的主要职能包括：研究长三角产业融合、区域一体化的发展战略；为各级政府制定相关政策、规则提供咨询；推动区域内产业技术创新和市场秩序建设；促进人才流动和知识外溢等。这些非政府组织通过协商、动员、自愿、促进等方式，可以有效促进与实现区域集体行动,打破地区间壁垒,从而加速长三角产业融合、区域一体化的进程。

6. 考核机制保障:打造科学的政府考核评价系统,建立与长三角产业融合发展相称的官员激励机制

首先要建立科学的官员政绩综合考核体系。新型考评体系不仅注重考察政府所在地的经济发展速度与社会和谐、民生状况、生态环境等,同时也要把地方政府推动长三角产业融合、促进区域经济一体化发展的业绩列入考评范围,从而扭转地方政府基于自身利益而片面追求本地区经济增长的现状。具体考核项目可包括区域一体化组织措施与落实情况,一体化的决策机制及协调运作成效,政府服务对接机制与运作成效,公众对区域一体化工作的满意程度,等等。其次,在条件许可的情况下,相关部门可考虑引入第三方机构对涉及长三角一体化的相关工作进行评价,从而增强考评体系的客观性与公正性。

开放发展篇

高标准开放为长三角城市群
发展开启新引擎

沈桂龙　张晓娣[①]

作为中国经济最发达的地区和国家战略叠加地，自2008年长三角一体化提升至国家发展战略以来，已取得了有目共睹的成绩：2014年12月沪、浙、苏、皖商务部门签署了《推进长三角市场一体化发展合作协议》，有力地推动了长三角一体化和市场一体化；2015年3月26日，长三角公路交通运输一体化合作框架协议签约仪式在上海市举行，标志着长三角交通一体化迈入了新阶段，随着交通网络的不断完善，长三角绝大多数城市处于上海市3小时经济圈内，一体化程度在不断提升；2016年6月，国家发展改革委、住房城乡建设部印发《长江三角洲城市群发展规划》，要求三省一市着力打造改革新高地、争当开放新尖兵、带头发展新经济、构筑生态环境新支撑、创造联动发展新模式。"十三五"规划开局阶段，上海市自由贸易区建设、江苏省沿海地区开发、舟山群岛新区开发、长江经济带、丝绸之路经济带及21世纪海上丝绸之路等在长三角次第展开，不断为长三角一体化提供新的动力和发展机遇。

在长三角一体化水平日益提高的同时，区域对外开放程度，尤其是国际经济联系和贸易关联度也在不断提高。改革开放30年来，长三角抓住经济全球化和全球产业转移的契机，以全国2.26%的土地面积、11%的

---

① 沈桂龙，上海社会科学院经济研究所研究员；张晓娣，上海社会科学院经济研究所助理研究员。

人口，创造了48.18%的进出口额和48.6%的FDI。"十三五"期间，由上海市、江苏省、浙江省、安徽省四省市26个城市组成的长三角城市群（以下简称"长三角"），被李克强总理寄予厚望：要争当新一轮改革开放的排头兵，到2030年全面建成具有全球影响力的世界级城市群。

一 区域一体化与开放关系的理论研究

（一）区域一体化与开放互为支撑

首先，开放为区域一体化系统构建确立了新的目标、内容和行动纲领。开放的目标是形成经济全球化条件下参与国际经济合作和竞争的新优势，为转变经济增长方式和创新发展指引新的路径。因此，区域一体化便需要通过经济体制和制度的新一轮创新、复制和推广，以区域为基础进一步构筑互相联系、互相促进的中国开放型经济整体。

其次，区域一体化是开放型经济规划和实施的重要工具。区域发展开放型经济的过程，是融入世界经济的过程，是各种生产要素重新配置与流动的过程。在这一过程中，不仅原有的经济格局随着产业结构的调整而发生变化，更重要的是推进区域经济结构的合理调整和社会经济的协调发展，市场的打通及其功能的重构也将提上日程。因此，区域一体化将从系统、协调、流通等角度为实现开放型经济提供必要的思路和工具支持。

最后，区域一体化是开放型经济体系的基础和重要支柱。区域一体化有助于形成产业承接转移的有效阶梯、技术吸收、消化、融合、创新的顺畅通道，而这与开放型经济体系的架构有着紧密联系。改革开放以来，中国已实现了整体各个区域的对外开放；在新的历史时期，提升区域开放的层次成为进一步深化改革开放的迫切要求。为此，区域内沿海地区的开放将要继续深化，进行转型升级，从国际加工装配基地向自主性先进制造基地转变，从制造中心向制造研发中心、服务贸易和物流中心转变；区域内内陆地区则将承担承接产业转移的职责，共同提高对外开放整体质量。

（二）开放是区域一体化的高级形态

初级形态的区域一体化主要在地理、历史、文化背景相似的基础上形成，因而具有一定封闭性，其基本特征在于经济一体化区域的排他性；而高级形态的区域一体化最本质的特征即是将对内开放与对外开放有机结合，包括：

一是高级形态的区域一体化将国际自由贸易和对外经济合作作为区域经济一体化的宗旨，不仅要求区内各成员之间在经济发展水平上尽量缩小差距，而且强调区内与区外之间的要素自由流动程度并无明显的区别。

二是高级形态的区域一体化重视加强与其他区域的经济贸易联系，并不通过文化、历史背景的相似性使自身变成内向的、排他的合作集团，而是在市场力量的驱动下，努力减少贸易保护主义和贸易投资壁垒来实现的。

三是高级形态的区域一体化遵循全球化融合的要求，将通过区内外经济技术协作和开放型创新促使区域中心—边缘色彩逐渐淡化，一方面缓解区域内发展不平衡的矛盾，另一方面与国家的全球化战略起着相互补充、相互促进的作用。

二　长三角一体化对新一轮开放的助推作用

（一）长三角一体化在中国各区域开放升级中的独特作用

在经济全球化进程日趋加快的今天，区域经济一体化已成为中国应对全球化挑战的重要选择，并构成全球经济一体化的有机组成部分。地缘相邻地区间以资源共享、降低交易成本为出发点，超越地理边界，以一体化形式集结新的区域聚合力量，有助于推动国内区域一体化与国际区域一体化（对外开放）的有机衔接，实现新发展。就中国各区域在开放升级中的作用来看，以上海市为龙头的长三角一体化重在开放引领和全球价值链的高端升级。

一是以上海市为龙头的长三角一体化与"一带一路"等国家开放及发展战略相对接，利用自贸区机遇加速全球化，加快嵌入全球价值链高端。长三角内各省市自然联系十分紧密，江苏省、浙江省、安徽省及上海市经济相融、人文相亲，已开始形成"贸易自由、投资便利、高端产业集聚、金融服务领先"的发展格局。今后更需要借助"一带一路"沿线信息技术建设及金融服务跨境发展，力争使上海市成为国际和长三角合作机制的新平台和联结点。长三角应充分利用在投资、自主创新方面的优势，继续发挥民营经济在江浙皖发展中的引擎作用，抓住上海市自贸区建设和浙江省新设自贸区的大好机遇,在融合"一带一路"的对外开放合作中,加快产业的创新升级,提高企业自主创新能力,改变江浙皖处于国际产业链条低端的地位,树立长三角的整体观念,多层次、多渠道、多形式地参与竞争,打造长三角经济一体化发展的新时代。此外,消除体制机制性壁垒,形成更加紧密的合作互动载体,强化区域内政策协调和产业分工,是未来长三角需要认真探讨的战略规划。

二是"京津冀"一体化将充分发挥首都地区的核心竞争力和明显的区位优势,借鉴东京、纽约等国际著名城市圈一体化建设模式,逐步缩小与世界一流城市圈发展的差距。同时,在交通基础设施、生态环境和公共服务一体化的基础上,加强产业、金融、科技、物流、海空港、教育、医疗等领域的分工合作。这样可以进一步扩大"京津冀"地区的开放力度,联手共建中国投资和贸易最便利的创新经济区,同时加强区域内的社会、文化、环境等方面的内在联系,进一步培育地区竞争软实力。

三是"粤港澳"一体化将通过主动融入"一带一路"战略,带动贸易、能源、物流、旅游等优势产业的发展,进一步扩大对外开放的步伐。"粤港澳"在国际交流合作方面拥有强大优势,广州、深圳、东莞等市在30多年的改革开放中一直先走一步,积累了不少开放的经验,加之自身独特的区位优势,与香港、澳门经贸往来十分密切。加深加快与世界经济的融合,在全球范围内配置资源,深化各城市在经济上的互补效应,努力探索国际经济合作的新机制,是"珠三角"区域经济一体化战略提质升级的重要思路。

四是大西南经济圈一体化将是中国西部大开发战略的重点区域。该区域包括云南、贵州、四川、重庆、广西五个省(市、区),常住人口接近全国的1/5,占据与东盟贸易区联动的天然有利区位,海陆、水路、陆路都可以直通东盟,是中国与东盟贸易的重要集散地。"开放大西南,重振南丝路"是大西南经济圈现阶段要解决的核心问题。应利用物流基础设施建设将西南地区与东盟和其他丝路沿线国家紧紧编织在一起,建立工业园区、物流区、港口集散加工区等多个经贸区,构成一个区域经济增长带,促进中国西南地区与东盟贸易的繁荣与效率。

(二) 长三角一体化深入推进的新特征

1. 通过明确地区功能促进错位协同发展

随着长三角一体化的深入推进，愈加显现出功能明晰、错位互补、协同发展的特征，最终将达到良性的区域均衡发展格局，同时形成"一核四带五圈"的世界级城市群网络——一核就是上海市；"四带"就是沪宁合杭甬发展带；"五圈"就是南京市都市圈、杭州市都市圈、合肥市都市圈、苏锡常都市圈与宁波都市圈。

上海市未来的目标定位是长三角核心与领头羊，旨在提升全球城市功能，引领长三角一体化发展，提升服务长江经济带和"一带一路"等国家战略的能力。2016年《上海市城市总体规划（2016—2040）》，明确2040年打造成为卓越的全球城市，成为令人向往的创新之城、人文之城、生态之城，加快提升上海市核心竞争力和综合服务功能，加快建设具有全球影响力的科技创新中心，推动非核心功能疏解，推进与苏州市、无锡、南通、宁波、嘉兴、舟山等周边城市协同发展等。

江苏省的定位是长三角北翼核心区，以南京市为中心城市，打造与镇江、扬州抱团式发展的都市圈，加快建设南京市江北新区，辐射带动淮安等市发展，促进与合肥市都市圈融合发展，发挥江苏省江海联动、陆海统筹、开发开放的叠加优势。

浙江省的目标定位是长三角世界级城市群的重要一翼，加快建设杭州市国家自主创新示范区和跨境电子商务综合试验区、湖州国家生态文明先行示范区，建设全国经济转型升级和改革创新的先行区，与嘉兴、湖州、绍兴形成一个都市圈。

安徽省的目标定位是承东启西的沿江发展带与保障有力的生态安全屏障，作为长三角"后来者"，首要目标是补齐与苏浙沪在经济基础、机制体制、一体化、国际化上的差距，向全国第一方阵冲刺，成为内陆崛起的"标杆"，打造内陆增长新引擎。

"苏锡常"因为靠近上海市，未来将与上海市的功能全面对接和互动，建设苏州市工业园国家开放创新综合试验区等。宁波未来将通过与舟山、台州抱团打造一个都市圈，形成全球一流的现代化综合枢纽港、国际航运服务基地和国际贸易物流中心，形成长江经济带龙头龙眼和"一带一路"战略支点。

2. 重视交通信息网络联动发展

长三角三省一市在构建长江黄金水道集运体系，打造江海联运服务基地，统筹铁路、公路、航空、油气管线建设，建设智能化综合立体交通走廊和能源通道，促进区域贸易便利化等方面达成了多项共识。包括：（1）建立长三角立体化交通运输体系，以强化对外通达、促进城际对接、畅通都市交通委为重点，推动三省一市城市群城际交通网络规划的对接。例如，上海市将构建与苏州市、无锡、南通、宁波、嘉兴、舟山等地区协同发展的"上海市大都市圈"，形成90分钟交通出行圈，突出同城效应；合肥市计划实现与长三角中心城市、省内周边城市的1—2小时通达；（2）依托长江黄金水道，加强沿江重要港口集疏运体系建设。打造黄金水道安全畅通、集约高效、便捷公平、智慧绿色的综合交通运输体系、建设长江流域虚拟无形经济带、建设长江经济带区域合作体制机制等，促进长江经济带贸易一体化、基础设施一体化、市场一体化和制度一体化。

3. 探索要素市场与公共服务一体化

一是构建要素市场联动机制。包括：（1）推进跨地区、跨行业产权市场互动融合，建立完善统一的产权市场体系，共同探索开展碳排放排污权交易；（2）建立多层次区域性资本市场体系，尝试组建长三角发展投资基金，加快跨境人民币试点业务发展，共建"信用长三角"信用信息平台，推进跨区域公共信用信息交换和共享，力争建成国家信用建设合作示范区。

二是建立基本公共服务一体化体制机制。推进社会保障一体化，促进公共服务配套衔接，引导教育、医疗跨区域的资源共享，尤其是长三角养老保险关系转移接续沟通机制、建立长三角省级医疗保险信息化管理合作平台、建立协作的食品安全联动机制、加强突发事件的联合处置和信息通报。

三是探索成本共担利益共享合作方式。共同设立城市群协同创新中心，推进重大基础设施共建共享，开展三省一市沿江沿海港口一体化发展改革，统筹城市群资源开发利用，探索政府推动、市场运作、利益共享、风险共担的合作方式。

(三) 长三角一体化深入推进对新一轮开放的影响

1. 以上海市为龙头的长三角一体化为区域新一轮开放提供平台与服务

一是接轨上海市的大平台支撑。上海市打造全球城市的国际化战略为周边城市和地区的发展创造了高起点的平台。在信息技术革命日益深化的背景下，这个平台一方面是以千万个整合了制造业与服务业的创新型平台企业作为微观基础，另一方面也离不开总部经济，尤其是大量集聚的跨国企业总部的有力支撑。(1) 上海市为长三角开放升级提供平台经济支撑。自2009年以来，平台经济对上海市转型发展的"火车头"作用日益明显。上海市已成为全国创新力最强、活跃度最高、影响力最大、发展环境最优的平台经济高地之一。万亿级的金融票据平台、万亿级的大宗商品交易平台、万亿级的电子商务交易平台不断崛起，众多的"平台型企业"如雨后春笋般涌现。一号店、PPTV、汇付天下、诺亚财富等已在国内外具有一定知名度和影响力。长三角城市一方面可以借鉴上海市经验，打造自身服务于自身企业的市场交易平台、信息技术平台、产业集聚平台，以及内容丰富的平台型企业等；另一方面可充分利用上海市平台企业，克服区内企业的融资、信息、人才等瓶颈，推动企业的生产、商业模式转变等；(2) 上海市为长三角开放升级提供总部经济支撑。上海市的总部经济不仅已具有一定的规模，更重要的是已从最初的仅仅服务于本土市场阶段，进入了更高级的参与全球资源配置的阶段。跨国公司地区总部中，亚太级以上总部已占15%左右。越来越多的跨国公司已将中国区总部升级为亚太地区总部，或设立事业部全球总部，提出"立足上海市，服务世界"的新战略口号，将在中国市场研发的产品和技术推广到全球市场，并在上海市总部完成所有的经营指令、采购单据、外汇资金结算等。而且，随着城市竞争力日益转变为以产业互动联系为基础的城市所在整体区域的竞争，上海市总部经济的发展越来越离不开周边区域的产业配套与合作，共同构建起总部经济的完整链条。这对长三角城市来说，也是融入上海市大产业体系的重要的捷径。各城市可利用这些总部的投资、采购销售、研发、资金管理、共享服务等功能和公司高级管理团队，来推动企业与国际市场的有效对接和融入。

二是接轨上海市的大服务支撑。（1）塑造和提升科技服务功能。包括为研发、设计等创新性活动和创意产业发展服务的风险投资、风险担保服务，发达的通讯、信息服务、高层次人才服务及其他人力资源管理服务，专利及知识产权服务、科技中介服务、法律、会计、文书服务，较高专业水准的公共技术平台服务、功能完善的孵化器等。在未来发展中，上海市将主要构建科技资源服务系统、科技创新服务系统、科技管理服务系统等三大系统，提供包括建立国家级和省部级重点实验室、国家级和省部级工程技术研究中心、企业重点实验室、工程化服务平台等四大类重大创新平台在内的服务，构建公共科技基础条件平台、行业创新平台和区域创新平台等三大研发科技服务平台体系。（2）塑造和完善现代化专业服务功能。尤其是提供金融、咨询、保险、评估、法律、现代物流、信息服务、文化服务等专业服务业，完善现代服务业体系。如助力科技创新能力建设，大力发展新兴金融业，建设天使投资、风险投资、股权众筹融资、私募基金、股权投资、资产管理等科技金融产业园和新兴金融产业园等。

2. 交通基础设施网络连通有助于构造全方位开放空间格局

长期以来，上海市更是我国对外开放的最前沿阵地，是直接沟通国际市场的最大平台，众多资源丰富的长三角腹地市场仅能通过接轨上海市参与国际市场。而随着长三角一体化的深入发展，打造长江黄金水道集运体系和江海联运服务基地，统筹铁路、公路、航空、油气管线建设，建设智能化综合立体交通走廊和能源通道，跨海大桥和铁路通道的次第贯通，都市区一体化的城际轨道网、快速交通网、公共信息网，以及实现90分钟交通出行的"上海市大都市圈"，为上海市以外的地区提供了与海外建立多层次、直接性联系的渠道与机遇。

一是长三角口岸城市群的联动建设打开连通海外多层次窗口。舟山群岛新区建设，是实施我国海洋战略的"两洋、两极"即太平洋、印度洋和南极、北极战略的重要区域；江苏省连云港市的沿海建设，也是我国东陇海线的欧亚大陆桥的起点，是我国在21世纪开拓"新丝绸之路"的重要区域；从南通市、盐城市到连云港市的再建和完善港口，如吕泗港、洋口港、大丰港和连云港等，对上海市国际航运中心建设将起到重要作用。

二是长三角流域港口的统筹发展有助于构建开放型经济新体制。以上海市国际航运中心引领长江黄金水道综合运输大通道建设，将打破行政区划界限，探索大洋山港开发的体制机制，适应长江经济带开发带动集装箱和货源不断增长的需求；出台针对内河支线船公司的相关扶持政策，将鼓励港口物流企业以市场化方式参与沿江港口建设和运营，推动长江沿线港口至洋山的江海直达运输，促进水水中转业务发展。

三是杭州市湾大桥及杭州市湾东方大通道为长三角走出去带来机遇。在长三角规划中，杭州市湾大桥和将建的二桥、三桥都将与上海市接轨，规划中的杭州市湾东方大通道将连接我国南方沿海、沪崇苏大通道，与我国沿海南北大通道相连，在我国的沿海战略上具有重要的战略地位。作为新世纪长三角最重要的沿海发展轴，杭州市湾北岸城市群将成为核心特色区域，进入重要的启动期——浙江省舟山群岛积极落实国务院发展战略，做好海洋战略的大文章；嘉兴市欲抓住历史性机遇，拓展城市规模；宁波以及沿线的慈溪、余姚等城市的经济集聚与辐射能量将得到极大释放。

3. 要素市场一体化有助于提升区域产业链国际竞争力

国际金融危机后，国际产业链布局、贸易和投资环境已改变，国内经济发展模式也面临重大调整。长三角要素市场一体化将加速区域内要素的有序自由流动和资源的高效配置，在区域内根据各地的禀赋优势，形成和优化产业分工体系，构建我国最先进的产业体系，各城市与上海市的关系也将逐渐从以垂直分工为主转向共同面向全球竞争的水平分工为主，进而融入进入更高级的全球资源配置和国际价值链。三省一市在要素市场一体化推动下形成的预期分工格局如下：

上海市依托自身在科技创新、人才、资金、信息等资源上的催化作用，在与另外三省的市场相通、资源共享、产业共兴共荣、体制相融、人才互通中，最好地发挥各区域、各城市的综合优势。

江苏省依托产业与土地资源，沿海开发中将着重创新土地利用、重化工业转移升级、港口建设等。尤其是地处我国黄海之滨的江苏省沿海，有着广袤的可围垦的土地，在我国向海域要土地的过程中，每新增1亩土地，其中就有四分之一来自江苏省沿海，南通的一个县级市可向黄海围垦的土地，就相当于上海市浦东新区的面积总和。因此，江苏省沿海是我国未来"数控一代"工业企业、前瞻性产业技术创新、工业互联网创新链的重要基地。

安徽省依托高校与技术资源，将建设全国具有影响力的综合性科学中心和产业创新中心。依托合肥市大科学装置，在新能源、新材料、未来信息、环境健康等领域催生变革型技术，在新型显示、量子通信、人工智能、机器人等领域攻克一批关键共性技术，推动制造业高端化、智能化、绿色化、服务化。到2020年基本打造10个千亿级战略性新型产业集聚发展基地。

浙江省依托互联网与创新资源，作为全国唯一国家级"信息化和工业化深度融合"示范区，正大力推动网络强国战略在浙江省的实践，继续推进以信息经济为首的第三产业经济新引擎。同时，创新创业"新四军"——以浙大为代表的高校系，阿里巴巴IPO后离职创业的阿里系，以千人计划人才为代表的海归系，以及以创二代、新生代为代表的浙商系——共同推动浙江省在全国网商创业最活跃的25个城市中上榜7个。

4. 公共服务一体化有助于打造国际化社区环境

长三角基本公共服务一体化机制有利于苏浙皖三省在城市服务功能、生活服务配套设施和公共服务配套体系上实现与上海市的国际化、高端化综合服务相对接，一方面建设长三角国际化便利化居住与营商环境，集聚国际高端人才，另一方面建设长三角国际旅游休闲度假产业体系。具体体现在：

一是通过一体化教育、医疗等社会服务功能，营造高品质的生活服务环境，包括引进国际性的从幼儿园到大学的完整的教育体系、职业技术培训机构、国际知名医院、特色专科医院等，打造长三角国际教育培训基地、康体养生基地等，以优质的生活环境吸引国内外高端人才纷至沓来。

二是通过接轨旅游休闲度假服务业，长三角城市可将自身的旅游资源与上海市紧密对接，如对上海市迪士尼、杭州市极地海洋公园等国际性旅游资源的产业链延伸项目，进行一体化的线路设计，从而打造自身的国际旅游休闲度假产业体系。

三 长三角新一轮开放对区域一体化的倒逼

（一）长三角新一轮开放的总体特征

1. 在"双向开放"中强化对内开放

一是正式启动长三角市场一体化发展合作机制。以发挥上海市自贸区溢出效应为中心，围绕6大方面加强区域合作：规则体系共建——结合上海市、南京市率先开展国内贸易流通体制改革和发展综合试点，打破条块分割的政策和体制障碍，加快探索建立统一的区域市场规则体系；创新模式共推——加快市场流通技术和模式创新，提高区域市场流通现代化水平；市场监管共治——推动监管互认、执法互助，形成权责一致、运转高效的区域市场综合监管体系；流通设施互联——健全长三角基础设施网络，完善综合运输通道和区际交通骨干网络，形成互联式、一体化的交通网络体系；市场信息互通——推进三省一市地方电子口岸平台逐步实现互联互通和信息共享，形成联网申报、核查和作业的通关协作机制，建立长三角便捷通关企业统一认定标准和管理互认机制；信用体系互认"三共三互"工程——推动长三角流通企业信用信息系统的互联互通，实现流通企业的行政许可、资质认定、行政处罚、法院判决裁定等信用信息共享，逐步开展企业信用分类管理。着力打破地区封锁和行业垄断，建设长三角开放的一体化大市场。

二是要素从"单向"流动到"双向"流动趋势愈加明显。一方面，上海市作为传统以国资和外资为主导的中心城市，在长三角一体化进程中，其区域开放度对于内资的吸引力也在不断上升。到2014年为止，外省市单位和自然人来沪设立控股或相对控股企业存量数已接近80万户，注册资本总额近6万亿元。在上海市2015年私营企业和非国有控股企业纳税百强榜中，各地在沪企业占了近一半，这说明在区域一体化的推力下，内资流动性在不断增强。另一方面，以往资金、人才等要素从"内地流向沿海、周边流向中心"的局面发生了根本性改变。不少规模大、行业地位领先、与外资和国际市场有联动效应的大型企业，在让研发中心留守上海市的同时，将生产基地乃至总部迁往长三角其他城市（如，联合利华关闭上海市所有的生产基地迁往二线城市——合肥市。合肥市成为其全球四大生产基地之一，上海市则成为其全球第六大研发中心）；与此同时，上海市通过与长三角其他地区的"园区共建"，实现产业合理的梯度分布和互动。"双向开放"是对内开放的一个更高阶段，更为市场化，也更有利于资源的合理配置。

2. 强调与国际高标准投资贸易规则的对接

构建高标准的开放区域布局是《国民经济和社会发展第十三个五年

规划纲要（草案）》对长三角全面参与全球经济的合作与竞争，发挥对外开放门户作用的新要求。其中，首当其冲的便是率先对接国际高标准投资贸易规则体系，培育具有全球竞争力的经济区。

当前，全球性多边贸易协定逐步边缘化，区域性和双边贸易协定有取代之势，全球正处于国际经贸投资规则重塑期，美国正在主导 TPP 和 TTIP 的新一轮国际贸易规则，发展中国家如不能积极参与其中，有可能被新的国际贸易体系排斥；如果被动接受新规则，竞争优势可能弱化。因此，尽早将中美投资协定谈判中难以短期内在全国范围推行的投资贸易规则，通过上海市自贸区先行先试并逐渐向长三角复制推广、积累经验，是探索建立国际高标准规则体系的前瞻性战略之一。具体表现包括：

一是率先启动区域国际贸易"单一窗口"建设。根据国家"全面实施单一窗口"部署，长三角：（1）多省市将联手在深化推进区域通关改革、率先推动长三角"单一窗口"建设以及促进长三角"水水中转、空陆联运、铁海联运、铁铁联运、保税货物流转"等多式联运发展方面，务实开展项目化、专题化的合作，推动长三角创新发展、一体化发展。（2）各检验检疫局根据国家质检总局部署，全面实施以"出口直放、进口直通"为主要内容的检验检疫通关一体化。（3）海事部门全面推进海上运输专项整治、危化品运输安全监管等方面合作；边检部门根据合作备忘录要求，联手研究并推动互通共享港口登轮人员和交通工具管理信息。

二是推行长江经济带海关区域通关一体化改革。推动实现口岸"信息互换、监管互认、执法互助"，以降低通关成本，从而进一步提高通关效率。五地海关将打破关区界限，整合监管资源，使长三角形成一个大海关，企业进出口将更加便利。一体化模式下，允许报关企业在长三角"一地注册、五地报关"，五地海关实现"执法互认"，确保企业税款保函在长三角互认通用。外贸企业可在经营单位注册地、货物进出境地及直属海关集中报关点自主选择申报现场；可根据物流需求自主选择海关查验地点；可自主选择口岸清关、转关、"属地申报、口岸验放"、"属地申报、属地放行"等任何一种通关方式。

三是搭建服务长江经济带的境外投资服务平台。为了加快构建对外投资服务促进体系，上海市自贸区境外投资服务平台涵盖了综合咨询、境外投资备案、投资项目推荐、投资地介绍、行业分析、境外投资专业服务等功能，可以为投资者提供综合信息支持，并对企业境外投资提供事中、事后持续跟踪和全方位服务。据统计，2015年上海市自贸试验区累计办结境外投资项目360个，中方投资额126.84亿美元，其中长三角内资占比超过60%；中方投资额是截至2014年底自贸试验区境外投资额的3倍多。此外，自贸区对外投资平台对国内，尤其是长三角知名企业和产业基金"走出去"的便利作用还体现在：依托于自由贸易账户，积极为自贸试验区内企业与境外企业提供了本外币跨境融资服务功能；跨国公司总部外汇资金池集中运营管理和跨境人民币双向资金池业务为国内企业实现集团内部各关联企业之间的资金跨境划转提供了高效便利的渠道。

此外，2014年，财政部、海关总署、国家税务总局联合发文明确扩大启运港退税政策试点范围，长三角的南京市龙潭港、苏州市太仓港、连云港市连云港港、芜湖市朱家桥港、九江市城西港等均被列为适用启运港退税政策的启运地口岸，在试点的8个城市中，有7个城市属于长江经济带区域。此举为促进长三角国际贸易发展方面起到了实实在在的辐射作用。

3. 从"散点式"开放向"联动式"开放发展

旧时"自扫门前雪"式的"条块式"开放发展模式已经过时，长三角亟须以区域协同发展为平台，参与国际合作与竞争。

一是以科技创新联动开发拓展国际市场。长三角科教与创新资源丰富，拥有普通高等院校300多所，国家工程研究中心和工程实验室等创新平台近300家，年研发经费支出和有效发明专利数均约占全国30%。经济实力领先、教育资源丰富、产业积淀深厚、心态理念开放，再加上比较好的营商环境，吸引很多新科技、新模式、新业态企业选择在长三角"生根落地"、"深耕细作"。近年来，长三角产业合作与转移的步伐持续加快，在长三角与周边，乃至长江两岸更大的经济发展格局内盘活经济协同发展的"一盘棋"——上海市高校协同创新研究院与苏钢集团等共建"物流产业协同创新中心"；上海市理工大学与蚌埠高新区建立大学科技园；上海市与芜湖共同组建"上海市技术交易所——芜湖协同创新中心"。面对世界经济艰难复苏、我国出口压力增大的艰难环境，这类联合孵化器中有不少科技型、创新型企业在低迷的外需环境中闯出了一番天地——例如，跨境移动电商浙江执御短短两年内在沙特、阿联酋等海合会国家成为移动电商"领头羊",其移动APP品牌覆盖当地四成以上用户;此外,润和软件、亚信科技等都是长三角发展创新经济、推动在更高层面参与全球合作与市场竞争的一个缩影。

二是以制度创新联动打造改革开放新高地。2013年9月中国(上海市)自由贸易试验区正式成立后,从对外商投资实行准入前国民待遇加负面清单管理模式,到率先扩大人民币跨境使用,从海关通关便利化改革,到人才服务体系创新等试点——通过制度改革创造经济红利。随后,长三角其他省市开始陆续复制自贸区的"准入前国民待遇"和"负面清单"的外商投资管理模式、"一口受理、综合审批、高效运作"的服务模式、综合执法体系和信用、信息平台建设等制度创新。除了劳动力、资源、资本、技术等要素联动外,制度创新上的联动也成为使长三角开放式经济向"更好"迈进的关键变量。以贸易便利化为例,目前仅江苏省就有七成以上货物从上海市口岸出口;实施通关一体化改革后,上海市自贸区的海关监管创新在区域内复制推广,使企业通关成本进一步降低。

(二)长三角新一轮开放对区域一体化的推进

1. 江苏省全面融入全球经济体系:完善网络化空间格局

为了进一步强化国家"一带一路"、长江经济带、自贸试验区等战略对开放布局优化和区域协调发展的牵引作用,江苏省加快培育对外开放战略节点和通道;尤其是在深化"一带一路"交流合作、积极参加长江经济带建设的过程中,在空间总体布局、基础设施、产业发展等方面主动对接其他二省一市。

一是重点培育同城化的长三角都市圈与城镇发展带/轴。包括:继续推进以都市圈为载体的苏皖合作;深入推进宁镇扬同城发展现行示范区建设;加快宁淮一体化发展,打造宁淮现代服务业集聚区;强化苏锡常都市圈协作联系;加强与上海市在产业载体、社会事业、资源要素优化配置上的对接互动。

二是加强与长三角口岸的通关协作。推动"两个中心、三项制度"通关模式落地,实现一体化通关管理。在此基础上,推进外贸优进优出,加强出口基地与出口品牌建设,扩大拥有自主知识产权、自主品牌和自主营销网络的高端产品借助上海市自贸试验区、中国(杭州市)跨境电子商务综合试验区等扩大出口；促进货物贸易和服务贸易融合发展，大力发展生产性服务贸易。

三是发展与长三角内国际化城市互补匹配的产业、服务、创新、集散等功能，打造对外开放优强载体。包括：突出抓好重大国际展会、高规格国际经济活动，增强城市影响力；深化企业国际化进程，发挥重大装备、成套产品、品牌渠道、知识产权等比较优势，创新联合对外投资方式，提升优势产能走出去规模化发展水平，推动全球化生产布局。

2. 安徽省实施大开放战略：积极利用长三角资源与市场

一是利用长三角一体化联动发展机制共享资源、补齐短板。这是安徽省借力发展的必然选择。重中之重则是遵循市场规律，发挥政府引导，强化资源共享、优势互补，探索城市群一体化发展新模式。包括：建设产权交易共同市场；提高金融市场一体化程度；建立土地高效配置机制；建立教育、医疗等基本公共服务一体化发展机制，建立重点群体就业联动机制；推动养老保险跨区转移接续；建立税收利益共享和征管协调机制。

二是加快长三角产业承接转移示范区建设，打造具有国际竞争力的产业创新基地。（1）在更高层次上推动与苏浙沪链式制造业合作，重点承接二省一市高科技产业链的关键环节、传统产业链中的高增值环节、区域性总部经济的梯度转移，分类实施增链、补链、强链。（2）在更高水平上承接以苏浙沪为重点的国内外高端服务业，围绕现代金融、物流、休闲旅游、健康、养老服务等重点领域，打造一批"安徽省品牌"。

三是加强与长三角城市间合作，提升本省城市的国际化水平。具体包括：支持合肥市与上海市开展双城合作，深化科技创新、城市治理、文化旅游等领域合作；支持宣城与上海市开展白茅岭、军天湖农场等飞地经济合作；鼓励池州扩大与上海市长宁区的合作，在共建产业园、企业并购、文化旅游等方面取得突破。

3. 浙江省深化创业创新开放引领优势：深入接轨长三角

浙江省经济作为长三角经济的重要组成部分，其独特优势在于：（1）民间资本活跃，市场经济发达，"双创"活力蓬发，既可以根据各地自身特点和优势，也可以放眼外部空间来寻求资本盈利渠道和市场化最大获利空间，加上浙江省山海并利的优势，发展路径和空间形态也趋于多样化。（2）是经济转型升级的重要领跑者。面对国际金融危机所带来的长期洗牌效应，冲破传统体制和发展方式的禁锢，用倒逼机制进行机遇再造、优势再创，早已成为浙江省各级政府和企业的共识；信息经济正成为浙江省转型升级的动力源、结构优势调整的大枢纽，经济整体转型的新起点。（3）是国内电子商务聚集度最高的地区之一，拥有世界上最大的电商交易平台，最大的电商交易数据库及最大的小商品批发市场；随着创新驱动战略深入实施，杭州市自主创新示范区，城西科创大走廊等创新大平台加快建设，互联网产业链正在不断延伸，变得越来越完整。

在新一轮开放中，浙江省的定位是"成为具有全球影响力的长三角世界级城市群的重要一翼"。围绕这"重要一翼"的定位，浙江省积极行动，对纳入"长三角"规划的8市，从城市发展基础、环境容量、文化特色等方面推动其与长三角的融合发展，具体包括：（1）协同建设区域创新体系和现代产业体系。积极对接上海市全球科创中心建设，探索建立产业合作利益共享机制，推动区域跨省市合作共建产业园区，积极对接上海市制造业和服务业发展，支持临沪地区共建产城融合平台。（2）从提升区域整体竞争力出发，发挥比较优势，集中力量发展信息经济、节能环保、健康、旅游、时尚、金融、高端装备制造与新材料等七大万亿级产业，做强做精丝绸、黄酒、茶叶等历史经典产业，形成一批具有国际竞争力的跨国公司和产业集群。

4. 上海市建设全球科创中心：依靠长三角构筑科技创新集群

未来如果没有长三角城市共同打造科技创新中心的集群建设，上海市要建设具有全球影响力的科技创新中心就会成为一句空话；换言之，长三角应是上海市打造全球科技创新中心的重要承载区域。

一是借力于长三角的产业分工体系，推进国际化和多元化发展，加速要素配置流动，加快科技创新中心体系建设。发达国家的历史经验表明，创新多发生在国际化程度较高的城市和区域。国际化和多元化有利于国外文化和技术的引入，能够从供给和需求两个方面影响创新的形成，促进要素流动，产生创新成果，在区域内根据各地的禀赋优势，形成和优化产业分工体系。

二是借力于长三角的城市化进程，建设长江经济带和长三角，加快科技创新中心布局建设。长三角城市化进程的进一步推进，有助于进一步形成产业集聚，加快非专利技术的扩散速度，大大降低创新试验的成本，形成良好的创新氛围。集聚程度的提高，会带来企业竞争加剧，迫使企业不断创新。城市化的实质是要素资源在空间的集聚，会促进多元知识和文化的交流，带动人才集中，形成区域创新的动力源泉。当前，长三角已经具备较好的产业基础、市场意识、国际影响力和居民消费水平。上海市需要与长三角城市一起，共同建设有世界级和区域性成体系的科技创新中心。

三是借力于长三角科技创新中心建设，合理定位城市群区域科技创新中心的功能与布局，重点发挥城市群区域科技创新中心体系中的中枢作用。中枢应当包括：五大机构——实验室、企业技术中心、工程研究中心、工程技术研究中心、外资研发机构；三大系统——科技资源服务系统、科技创新服务系统、科技管理服务系统；四大类重大创新平台——国家级和省部级重点实验室、国家级和省部级工程技术研究中心、企业重点实验室、工程化服务平台；三大研发科技服务体系——公共科技基础服务、行业创新服务和区域创新服务。

四　制约长三角一体化与新一轮开放正反馈关系形成的瓶颈

（一）一体化发展尚未突破行政壁垒束缚

一是长三角一体化主要依靠三省一市主要领导人座谈会来推进，政府间行政协调机制不成熟、不充分。2005年年底首次苏浙沪两省一市主要领导人座谈会在杭召开，2008年安徽省受邀，座谈会扩大至三省一市的范畴。然而，从2005年至今，长三角实际协同发展却始终形式大于内容。长三角一体化从最初提出概念到具体推进实施已近15年，可时至今日，长三角一体化实际进程不但远远落后于珠三角，甚至按照现有势头，京津冀一体化很可能在"十三五"时期全面超越长三角。尽管长三角有不同层次的跨区域论坛，但长三角的政府协调政策的约束力，有待进一步增强，跨区域协商不能只停留在"台上握手"的层面。现阶段，各省市政府都把一体化建设的重心放置于交通等基础设施一体化上，但这只是城市一体化的基础，进一步扫除城市间壁垒、实现公共服务等社会资源均衡分布，将是下一步努力的方向。

二是行政区划壁垒的表现形式多种多样。长三角16座地级市公交一卡通项目推进已达5年多，迄今未能完全实现；上海市张江高新园区内来自不同地方的企业主体还存在竞争大于合作的现象；一些落地早于长三角规划的区域规划，往往因为隐形的行政壁垒，一体化发展有名无实。此外，对于企业等市场主体，由于各地区的支持政策、财税制度、管理制度等都互不衔接，往往导致竞争大于合作，不利于互利共赢、共同发展。

（二）各地区规划编制中各自为政现象突出

围绕国务院《长江三角洲城市群发展规划》（以下简称《规划》）的落实，苏浙皖沪政府均给予高度重视，多数地区都以发改委作为牵头单位，初步拟定了推进国家重大战略实施的行动方案供政府研究讨论；政府主要领导之间、政府职能部门之间也已就共同关心的议题进行深入讨论和交流。然而，现阶段长三角三省一市在编制区域发展规划时各自为政的现象依然存在。

一是对于如何推动《规划》落地，各省（市）仍存在困惑。究竟是各省各自起草行动方案，还是采用联合协商的方式，至今尚未有确切安排。纵观目前已经完成的《长江三角洲城市群发展规划安徽省实施方案》、《江苏省贯彻落实〈长江三角洲城市群发展规划〉行动方案（2016—2020年）》、《浙江省关于进一步加强城市规划建设管理工作　加快建设现代化城市的实施意见》等规划，均存在内容重复化、同质化、可操作性不足的弊病，对于各省的功能定位也没有明确的区分与交错。

二是各地区域规划发展在具体内容上存在冲突与分歧。上海市新近出台的《上海市城市总体规划（2016—2040）》提出构建"上海市大都市圈"，包括江苏省的苏州、无锡、南通，却把常州排除在外，与江苏省长期形成的地缘发展传统不一致；浙江省与上海市在跨海通道的路线设计、大洋山战略储备港口开发，以及浙江省与上海市浦东、金山的铁路连通等问题上，均存在不同思路。

（三）区域一体化可能导致同质化竞争加剧

相比散点开放和单一城市，长三角一体化与城市群发展打开了人才、资金等要素在地区间流动的壁垒；但另一方面，也有可能加剧城市建设"千城一面"的同质化竞争。

一是长三角丰富的港口资源由于功能、定位、服务产品大同小异，造成互相压价，竞争激烈。部分内河港口已呈现运力的结构性过剩，同质化的港口建设使得港群整体竞争力在缩水。在管理协调层面，尽管国务院早在1997年就成立了上海市组合港管委会，用其管理和协调长三角的港群关系，但由于管委会内部各自为政，缺乏实质权力而并没有达到预期的效果。

二是城市群内开展产业分工还不明晰，避免内耗、实现"1+1＞2"任重道远。《规划》明确指出，长三角"城市间分工协作不够，低水平同质化竞争严重，城市群一体化发展的体制机制有待进一步完善"。（1）经济发展方面，为了做大GDP总量，各省市都把主导产业放在电子信息、新材料、新能源、汽车及汽车零件、生物医药等大容量制造业上，造成了产业结构上的高度相同。（2）城市规划方面，在城市综合体的建设上，长三角各城市管理层都竞踩油门，比如南京市在售及正建的城市综合体超过了50处，杭州市就提出将建成100个城市综合体。中国社科院财经研究院课题组研究发现，2004年之后，长三角整体的产业结构相似度系数均值连续7年上升，2014年达到0.795，而上海市与江苏省、江苏省与浙江省的产业结构相似度更高，近年来分别保持在0.9和0.85左右；安徽省与江苏省、浙江省的相似度系数也在这几年快速上升，目前已经达到0.8以上。

三是分工模糊使得长三角发展质量不高。其人均生产总值、地均生产总值等反映效率和效益的指标，与其他世界级城市群相比还存在差距——长三角面积仅次于北美五大湖城市群，GDP却排名倒数第二，略高于英国中南部城市群，人均GDP与五大湖城市群相差近5倍，地均GDP更是与世界最高的日本太平洋沿岸城市群相差近10倍。

（四）上海市开放与协同发展龙头的势能不足

从当前发达国家世界级城市群的城市体系看，大多呈现出"金字塔"形："一个世界级核心城市——若干区域性中心城市——一定数量的一般城市——数量较多的小城镇"这样的驱动模型。和这些世界级城市群一样，中央也在《规划》中明确赋予了上海市绝对的中心地位，确立上海市要成为世界级城市群的核心城市，提升其作为"全球城市"的功能，上海市承担着带领和辐射长三角参与世界城市竞争的未来使命。因此，长三角想要真正跻身世界六大城市群，上海市至关重要。

一是上海市相对周边城市的竞争优势差距并不像其他全球城市巨大。尤其是苏州市、杭州市作为上海市两翼最大经济体量的城市，虽然一直提出和上海市错位竞争，但实际上，这么多年来，无论是先进制造业还是现代服务业的招商方面和上海市暗战不断。在招商引资上，常常上海市一个项目刚谈到一半，就被隔壁城市以税收和政策的灵活性以及较低的成本挖走；在实体经济发展上，上海市工业领域正继续面临较大下行压力，2016年上半年总产值同比下降5.1%，其中老牌的汽车制造业下降了9.7%，而杭州市、苏州市这项数值都是正值。

二是上海市作为城市群首位城市作用偏弱，城市的首位度偏低。上海市的城市首位度只占全国GDP不到5%，与国际发达国家首位城市占全国的GDP比重相比较，差距较大——如纽约占24%，东京占26%，伦敦占22%，首尔占26%。

三是上海市高端服务业对长三角的辐射力度正在减弱。由于上海市本身产业能级提升的乏力，也导致近年来长三角接受国际辐射的力度在增强，而接受上海市的辐射的力度在削弱，上海市同周边城市之间昔日的梯度效应正在减弱，产业梯度形成的基础正在弱化。而要扭转这一趋势，必须增强上海市现代生产性服务业的辐射功能，使其发展的空间范围突破6300平方公里，以长三角10万平方公里为其腹地，延伸现代服务业的服务半径。

五 推进一体化与开放升级的措施建议

（一）尽快建立国家级、多层面的协调推进机制

统筹协调长江经济带的规划、政策和发展中的一些重大问题，必须打破行政壁垒，杜绝各自为政。因此，需要尽快建立国家层面的协调推进机制。

一是建立省级长三角联席会议，成立各省市发改委参与的"长三角一体化"办公室。引导三省一市共同编制《规划》的落实部署计划于行动方案，乃至实现在未来两个五年计划上的衔接。具体做法可参考长三角

合作已形成的"三级运作，统分结合"协调模式。

二是建立梯度化、层级性的协商对话机制。在国家层面，仿效京津冀一体化过程，由国家发改委领导协调；在省级层面，不能仅仅依靠每年一次的副省（市）长级别的"沪苏浙经济合作与发展座谈会"，必要时需开启双边协商会谈；在市级层面，将"长江三角洲城市经济协调会"办成真正贯彻落实沪苏浙经济合作与发展的务实性合作机制，就深化重点领域改革、深入推进经济结构调整、加强重点专题合作、完善区域合作协调机制等事项进行了深入讨论；在职能部门层面，建立长三角各城市政府交通、科技、旅游、金融等专业部门之间的长期联络制度与对口联系协调机制，围绕贯彻《规划》的难点要点及时磋商。

（二）高起点编制各省市开放联动发展战略规划

在规划思路上：（1）三省一市在编制"十三五"规划时，要把区域协同发展、区域生态安全、区域环境保护纳入各自规划编制之中。一言以蔽之，就是三省一市在安排未来五年各自发展时，要充分考虑其余"三位邻居"的感受，从各自为政甚至互相恶性竞争向强调协同发展转变。（2）考虑并尊重彼此的发展诉求和发展布局，例如，实现江苏省连云港东中西区域合作示范区、浙江省海洋经济和舟山群岛新区、安徽省皖江示范区和上海市"四个中心"建设的联动协调式发展。（3）在互相尊重三省一市未来五年各自重点发展区域的基础上，各方争取就构建长江黄金水道集运体系、打造江海联运服务基地、统筹铁路/公路/航空/油气管线建设、建设智能化综合立体交通走廊和能源通道、促进区域贸易便利化等方面达成共识。

在规划落实上：（1）对《上海市城市总体规划（2016—2040）》进行调整和完善。例如，浙江省提出将嘉兴纳入上海市域轨道交通网络；贯通杭州市湾滨海绿化带通道；连通宁波、舟山至上海市浦东的跨海通道；以宁波、舟山为核心发展江海联运，缓解上海市港口集装箱吞吐能力上限的压力；浙江省平湖与张江共建长三角科技城等。（2）建议开展杭州市湾北岸城市带规划试点工作。未来，杭州市湾大桥和将建的二桥、三桥都将与上海市接轨——杭州市湾东方大通道将连接我国南方沿海、沪崇苏大通道，与我国沿海南北大通道相连，在我国的沿海战略上具有重要的战略地位；舟山群岛新区规划、杭州市湾大桥以及即将规划建设的杭州市湾大桥二桥和三桥也将对长三角结构调整带来重大影响。因此，要为长三角城市总体规划尤其是上海市都市圈的发展转型做好准备，重点在港口运能、物流运输、现代制造业、石油化工等产业进行资源布局的整合。

（三）明晰产业与空间功能分工实现优势互补

一是形成各展所长、各具特色的产业协同发展格局。（1）上海市——龙头和服务中心。上海市是全国的经济金融贸易航运和创新战略中心，服务经济最发达，金融商务服务优势明显，社会秩序良好，公共资源和服务集中，具有较高的国际化营商环境，能够率先与国际贸易投资规则接轨，社会运行较为规范，有条件吸引最高端的人才和最高端的产业及服务。因此，上海市将着力提高国际经济、金融、贸易、航运、科技创新和文化等城市功能，推动非核心功能疏解。（2）江苏省——创新见长、城镇体系发达。江苏省综合经济实力在全国一直处于前列，制造业基础雄厚，城镇体系比较完整，大中小城市发展都较快，相对来说，集体经济、规模经济以及实业经济较为发达，滨江临海，具有发展多样性和较强的开发适宜性。因此，应积极打造现代新型城市和新生中小城市"双新"城市，培育发展特色小镇。加快经济转型，提升产业科技创新能力，持续优化调整江苏省"四沿"产业布局，加强与长三角其他区域、长江中上游地区产业合作。聚焦基础设施、环境治理、公共服务等重点领域，打破行政壁垒，建立健全协调发展机制。推动创新三省一市合作方式，健全实施体系，强化政策支持，形成规划实施强大合力。（3）浙江省——市场经济先发地、创业创新引领区。浙江省最大的优势是民间资本活跃，市场经济发达，"双创"活力蓬发，互联网经济正成为浙江省转型升级的动力源、结构优势调整的大枢纽，经济整体转型的新起点。因此，从提升区域整体竞争力出发，发挥比较优势，集中力量发展互联网与平台经济、节能环保、健康、旅游、时尚、金融、高端装备制造与新材料等七大万亿级产业，做强做精丝绸、黄酒、茶叶等历史经典产业，形成一批具有国际竞争力的跨国公司和产业集群。（4）安徽省——科研教育见长、潜力广阔。安徽省合肥市是国家重大科学工程布局重点城市，拥有中科院系科研院所820家，在合肥市工作的两院院士将近百人，2015年拥有国家级研发平台

36个，国家级高新技术企业数达1056家。拥有三所国家实验室、四座重大科学装置和包括中国科技大学、安徽省大学、合肥市工业大学等在内的一批高等院校、科研院所，高端科技人才汇集。长三角要发展成一个世界级城市群，必须要有在全球有影响力的世界级产业集群、全球有影响力的科创中心。虽然原来的小长三角已经具备这些要素，但是安徽省是科技大省科研基地，长三角要成为世界级城市群必须要把这个资源利用起来，把安徽省的资源纳入长三角一体化中统筹利用。

二是完善空间协调布局。包括：（1）布局长三角周边城市群，建立"超大城市、特大城市、大城市、中等城市和小城市"相结合的现代化城市体系。城市群之间相互包容、相互融合和相互渗透。（2）布局长三角二级城市群，要由合肥市城市群、南京市城市群、杭甬城市群和上海市城市群等次级城市群构成。（3）推进上海市都市圈建设，以"一核""三带"为基础，以上海市都市圈规划功能为导向，建设一批城市间彼此社会经济和生态联系密切、枢纽网络联动，与江苏省、浙江省等周边城市规划协调的小城市。

三是促进港口合理布局。强化港口分工协作，统筹港口规划布局，优先发展枢纽港口，积极发展重点港口。鼓励大型港航企业以资本为纽带，采用商业模式整合沿江港口和航运资源。发展现代航运服务，加快上海市国际航运中心、南京市区域性航运物流中心、宁波舟山港口建设，积极培育高端航运服务业态，大力发展江海联运服务。加强集疏运体系建设，以航运中心和主要港口为重点，加快铁路、高等级公路等与重要港区的连接线建设，提升货物中转能力和效率，有效解决"最后一公里"问题，实现枢纽港与铁路、公路运输衔接互通。

（四）聚焦长三角一体化及开放重要议题开展联合研究

在联合调研研究过程中，可重点聚焦以下问题：（1）如何提升上海市在全球和长江流域的资源配置能力。关键是吸引跨国公司在沪设立地区总部、投资性公司、研发、营运、结算、共享服务中心等；建立和完善面向跨国公司地区总部的高效协同的工作机制，整合区域内投资、销售、研发、结算、资金管理、共享服务、物流分拨等业务，开展区域总部业务一体化运作；还要完善"走出去"的促进机制和"走得好"的保障机制。（2）如何建立以上海市国际航运中心引领长江黄金水道综合运输大通道。

包括：加强长江流域港口的统筹发展；打破行政区划界限，探索大洋山战略储备港开发的体制机制，适应长江经济带开发带动集装箱和货源不断增长的需求；鼓励港口物流企业以市场化方式参与沿江港口建设和运营，推动长江沿线港口至洋山的江海直达运输，促进水水中转业务发展。

长三角城市群推进中文化建设不能缺位

徐 涛[1]

一 导论

长三角城市群（以下简称长三角）是我国经济最具活力、开放程度最高、创新能力最强、吸纳外来人口最多的区域之一，是"一带一路"与长江经济带的重要交汇地带，在国家现代建设大局和全方位开放格局中具有举足轻重的战略地位。[2] 长三角最新一轮的一体化进程开始于20世纪80年代，一开始并不顺利，设立上海市经济区的设想与措施最终没能成功。90年代起，特别是进入21世纪后，相关思路逐渐成熟，为了推动长三角的一体化发展，国务院在2008年曾经出台了《关于推进长三角的社会经济改革发展和一体化发展的指导性意见》；2010年正式批准实施了《长三角区域规划》；2016年，常务会议又通过《长三角发展规划》，提出到2030年，全面建成"全球一流品质的世界级城市群"[3]。

---

[1] 上海社会科学院历史研究所副研究员。
[2] 国家发展改革委、住房城乡建设部联合发布：《长江三角洲城市群发展规划》，2016年6月，第1页。
[3] 同上书，第14页。

1957年，法国地理学家戈特曼（Jean Gottmann）在研究美国东北部都市区连绵化现象时提出大都市带（Megalopolis）的概念，[1] 引发国内外学术界持续的研究热情。[2] 1976年，戈特曼认为世界已有6个大都市带成型：（1）从波士顿到纽约、费城、巴尔的摩到华盛顿的美国东北部大都市带；（2）从芝加哥向东经底特律、克利夫兰到匹兹堡的大湖都市带；（3）从东京、横滨经名古屋、大阪到神户的日本太平洋沿岸大都市带；（4）从伦敦经伯明翰到曼彻斯特、利物浦的英格兰大都市带；（5）从阿姆斯特丹到鲁尔和法国西北部工业聚集体的西北欧大都市带；（6）以上海市为中心的城市密集区。同时，他也指出以上海市为中心的城市密集区是一个研究比较少的大都市区。[3] 随着国家相关政策的出台与实施，长三角一体化的进程明显加速，相关学术研究亦呈现逐年增多的态势。1980年至1989年，以上海市、江苏省、浙江省三省市的专家学者为主体，共同开展的以"长三角一体化发展战略"为核心内容的学术研究和决策咨询活动，积累了一批研究成果，形成了新中国成立以来长三角研究的第一次热潮；1992年至1999年，随着上海市浦东开发开放的实践，长三角区域发展战略问题再次成为学术界关注的特点问题；进入21世纪以来，长三角一体化的研究呈现井喷式发展，学者群体逐渐从本地区扩展到全国范围，甚至更广，研究成果也更加深入细致，如推动区域经济一体化发展、区域产业同构与分工、区域竞争力提升、长三角城市群或都市圈的

---

[1] Jean Gottmann, Megalopolis or the urbanization of the northeastern seaboard, *Economic Geography*, 1957, 33 (3): pp. 189 – 200.

[2] 史育龙、周一星：《关于大都市带（都市连绵区）研究的论证及近今进展述评》，《国外城市规划》1997年第2期；唐路、薛德升、许学强：《1990年代以来国内大都市带研究回顾与展望》，《城市规划汇刊》2003年第5期；顾朝林：《城市群研究进展与展望》，《地理研究》2011年第5期；李仙德、宁越敏：《城市群研究评述与展望》，《地理科学》2012年第3期。

[3] Jean Gottmann, Megalopolis System around the World, *Ekistics*, Feb. 1976, Vol. 41, No. 243, pp. 109 – 113.

形成与发展、区域发展的比较研究等。① 对于厘清人们对长三角一体化的相关认识与思路起了很重要的作用，也对长三角一体化的实践起到了极大的推动作用。

当今长三角一体化的核心区域即是中国历史上的"江南"地区。就历史脉络而言，唐宋以前的江南地区，在经济、社会、文化等方面全面落后于北方；唐宋时期，它逐渐从经济社会相对落后的地区逐渐发展为中国的财赋重地；其后元明清时代，更是一跃而成为当时中国经济、社会、文化、科技最为发达的区域；近代以来，又最先受到近现代文明的沐浴，至今其社会经济发展水平始终走在全国前列。对于不同时期江南地区社会经济发展的历史、文化，人文学科领域已经有过十分厚重的研究基础，海内外涌现出一批著名

---

① 其中较为重要的研究著作除了持续多年发布的"长三角蓝皮书"系列丛书、"长江三角洲城市年鉴"系列。另有：沈立江、葛立成主编：《长三角一体化理论新视角》，浙江人民出版社 2003 年版；王立人主编：《长三角一体化发展初探》，新华出版社 2004 年版；郁鸿胜：《崛起之路：城市群发展与制度创新》，湖南人民出版社 2005 年版；纪晓岚主编：《长江三角洲区域发展战略研究》，华东理工大学出版社 2006 年版；李清娟：《长三角都市圈产业一体化研究》，经济科学出版社 2007 年版；曾骅、莫建备、徐之顺等主编：《科学发展·和谐发展·率先发展：长江三角洲区域经济社会协调发展研究》，上海人民出版社 2008 年版；郁鸿胜、宗传宏、李娜：《长三角区域城镇体系空间布局研究》，上海社会科学院出版社 2008 年版；徐之顺等主编：《转方式·调结构·促增长：长江三角洲区域经济社会协调发展研究》，上海人民出版社 2010 年版；刘志彪等：《长三角区域经济一体化》，中国人民大学出版社 2010 年版；刘志彪、郑江淮等：《冲突与和谐：长三角经济发展经验》，中国人民大学出版社 2010 年版；宁越敏、武前波：《企业空间组织与城市——区域发展》，科学出版社 2011 年版；宁越敏、石崧：《从劳动空间分工到大都市区空间组织》，科学出版社 2011 年版；郁鸿胜：《崛起中的蓝色经济：上海海洋经济服务长三角发展研究》，格致出版社 2012 年版；徐长乐、曾群华主编：《后世博效应与长三角一体化发展的区域联动》，上海人民出版社、格致出版社 2012 年版；徐长乐、朱元秀主编：《长江三角洲城市群转型发展研究》，格致出版社 2013 年版；刘靖北主编：《长三角地区城市发展的路径选择：转型与创新》，人民出版社 2014 年版；相关研究的学术论文更是数不胜数，如，陈立人、王海滨：《长江三角洲地区准都市连绵区刍议》，《城市规划汇刊》1997 年第 3 期；宁越敏：《长江三角洲经济一体化研究》，《世界地理研究》1998 年第 2 期；顾朝林、张敏：《长江三角洲城市连绵区发展战略研究》，《城市问题》2000 年第 1 期。

学者,学术界已有"江南学"之称,[1] 甚至上海市一座城市的研究成果已是蔚为大观,早有成为一门专门学问的发展趋势。[2] 人文学科的这些研究成果大大深化了人们对江南社会历史发展的认识,甚至也使人们对前近代中国社会经济的发展水平有了一个全新的认识。

然而上述研究成果之间存在着巨大的鸿沟。研究当代长三角一体化进程的学者,几乎对长三角一体化的历史渊源及其发展脉络甚少关注,缺乏历史维度的深入体察,这在一定程度上影响了对历史发展长期趋势的把握以及在具体问题上对历史经验的借鉴。而同样囿于学科局限,"江南学"(包含"上海市学")的研究成果大多仍然停留在就历史论历史、就文化谈文化的层面,学者们大都缺乏用研究指导现实的意识。如何从现实反观历史,特别是在现实问题的刺激下,从历史文化上去寻找江南社会发展转

---

[1] 其中重要的学者如傅衣凌、李伯重、熊月之、王家范、樊树志、陈学文、唐力行、王振忠、范金民、陈国灿、陈忠平、王卫平、刘石吉、卜正民（Timothy James Brook）、施坚雅（G. William Skinner）、本杰明·艾尔曼（Benjamin A. Elman）、森正夫、川胜守、王国平、陈伯海、刘士林等。上述每位学者都有一本甚至数本江南研究的著作,新生代的学者专著亦层出不穷。详细参见刘石吉:《明清市镇发展与资本主义萌芽——综合讨论与相关著作之评价》,《社会科学家》1988 年第 4 期；范毅军:《明清江南市场聚落史研究的回顾与展望》,(台北)《新史学》第 9 卷第 3 期；任放:《二十世纪明清市镇经济研究》,《历史研究》2001 年第 5 期；钞晓鸿:《近二十年来有关明清"奢靡"之风研究评述》,《中国史研究动态》2001 年第 10 期；刘艳元:《1990 年以来明清江南宗族史研究综述》,《学海》2001 年第 1 期；范金民:《明清江南城市文化研究举要（1976—2000 年）》,《人文论丛》2003 年；安涛:《近十年来近代江南乡村史研究综述》,《枣庄师范专科学院学报》2003 年第 6 期；安涛:《近 40 年代来江南市镇社会经济史研究综述》,《枣庄学院学报》2007 年第 3 期；任放:《近代市镇研究的回顾与评估》,《近代史研究》2008 年第 2 期；冯贤亮:《史料与史学:明清江南研究的几个面向》,《学术月刊》2008 年第 1 期；刘石吉:《小城镇大问题:江南市镇研究的回顾与展望》,《近代史学刊》2005 年第 2 期；王卫平、董强:《江南城市史研究的回顾与思考（1979—2009）》,《苏州大学学报》2010 年第 4 期。

[2] 详见夏林根、丁宁:《建国以来上海史研究述评》,《学术月刊》1982 年第 5 期；1986 年上海大学召开首届上海学研讨会,与会学者的发言选载在《上海大学学报》1986 年第 3 期；唐振常、许敏:《上海史研究四十年》,《社会科学》1991 年第 8 期；《史林》1999 年第 2 期刊登的一组文章:陈旭麓:《上海学刍议》,沈渭滨:《也谈"上海学"》,唐振常:《关于上海学（Shanghaiology）》,熊月之:《是建立上海学的时候了》；熊月之:《20 世纪上海史研究》,《上海行政学院学报》2000 年第 1 期；熊月之:《上海学平议》,《史林》2004 年第 5 期；裴定安、张祖健:《对"上海学"研究的思考》,《上海大学学报》（社会科学版）2005 年第 1 期；刘邦凡、杨华昌:《"上海学"研究管窥》,《重庆工学院学报》（社会科学版）2008 年第 12 期；熊月之、张生:《中国城市史研究综述（1986—2006）》,《史林》2008 年第 1 期；张祖健:《对"上海学"研究的新思考》,"庆祝北京学研究所成立十周年暨第十次北京学术研讨会",2008 年 6 月 27 日。

型的经验，并为当代长三角发展提供借鉴的优秀成果却并不多见。

江南地区特有的政治经济、人文地理、社会结构、文化传统与精神范式，与世界其他区域有异，且从无至有，不曾中断，不仅决定着长三角城市群的现在，亦将影响到长三角一体化的未来。本文以比较研究角度切入，试图总结出长三角历史生成的独特之处，并通过对传统联系机制的江南文化所进行的挖掘，希冀对长三角一体化未来建设所需的文化认同的最终形成而有所助益。

二 江南性格：长三角的历史特点

戈特曼"大都市带"概念的提出，本身是根据欧美城市发展历史（主要是美国城市发展历史）的经验，关于概念如何界定、应用即使在西方学界也存在着诸多争议。[1] 中文语境中，1992年"城市群"概念首次提出，对"大都市带"做了广义的理解。[2] 时至今日，关于"城市群"的界定尚无定论，[3] 但可以肯定的一点是今日长三角内部各个小区域间的有机联系与相互整合在历史上早已存在，当今长三角一体化实在是一个自然的历史过程。长三角的历史始自于在晚唐至北宋这一周期发展起来的相对复杂的城市体系，并在一千多年的发展进程中生成诸多独特之处，论者称之为"江南性格"。

（一）中心城市主导、城市群联动的空间格局

长三角城市群历史上一个突出的特点是始终存在一个中心城市主导、

---

[1] 史育龙、周一星：《戈特曼关于大都市带的学术思想评价》，《经济地理》1996年第3期；史育龙、周一星：《关于大都市带（都市连绵区）研究的论证及近今进展述评》，《国外城市规划》1997年第2期。

[2] 姚士谋等：《中国的城市群》，中国科学技术大学出版社1992年版。

[3] 《牛津地理学词典》给出的定义是："任何超过1000万居民的众多中心、多城市、城市区域，通常由低密度的定居和复杂的经济专门化网络所支配。"而综合相关学科的研究，衡量城市群的标准主要有五条：一是区域内有比较密集的城市；二是有相当多的大城市，中心城市与外围地区的经济社会联系十分紧密；三是城市间有通畅便捷的交通走廊；四是人口必须达到相当大的规模，西方的标准是2500万人以上；五是属于国家的核心区域，并在国际联系中起到交往枢纽的作用。按照这些公认的标准，在明清江南地区已出现了一个相当成熟的中国古代城市群。参见刘士林《明清江南城市群研究及其现实价值》，《复旦大学学报》（社会科学版）2014年第1期。

其他城市作为卫星城联动的空间格局。虽然中心城市的历史变迁由扬州、至杭州、至苏州（一说在苏州之前为南京①），最终至上海市，但长三角城市群的空间格局未发生大的变化。随着京杭大运河的开凿，晚唐至北宋时期，江南地区经济、文化开始超越北方，沿运河两岸形成了江南城市体系的雏形。此时，江南地区的中心都会是扬州。扬州是唐后期全国工商业最发达的城市之一。大中九年（855年）即有人指出，"大凡今之推名镇为天下第一者，曰扬、益（即成都），以扬为首，盖声势也"②；更为诗云："天下三分明月夜，二分无赖是扬州"③，这都是对扬州商业繁荣状况的写照。南宋朝廷定都杭州，激起了江南地区城市群又一个上升的发展周期。扬州此时走向衰落，城市群的结构朝向新的都城重新定位，之后很长时间里杭州一直是江南地区的中心大都会。南京在明朝成立伊始以首善之区曾作为中心都会而打造，然而直至明代中叶取代杭州中心城市地位的是苏州，而非南京。直至清中叶三百年间，苏州"形成一个以府城为中心、以郊区市镇为'卫星城市'的特大城市"④。近代以降，一方面太平天国运动给江南地区，尤其是苏州以灾难性打击，另一方面上海市作为通商口岸开埠，在中西文明交冲中，取代苏州成为长三角城市群的中心城市。作为现今长三角城市群的中心城市，上海市历经北洋政府时期、南京国民政府时期、新中国时期并未受到挑战，并且在改革开放之后，随着浦东的开放开发，在国家诸多规划战略中被有意识的确定下来，其地位日益巩固。

（二）超越政治、军事动荡的长期稳定性

隋唐之后，中国自统一至分裂，自分裂归一统，几经反复。然而，江南地区自从超越北方地区之后，就一直维系着经济社会发展程度在中国的绝对领先地位，超越千余年而不坠。不仅如此，江南地区在1800年之前

---

① 该观点认为14世纪，明太祖朱元璋开创了一个发展周期，大大扩展了的南京，在这个周期中起着中心城市的作用。G. William Skinner ed., *The City in late Imperial China*, Stanford University Press, 1977. ［美］施坚雅主编：《中华帝国晚期的城市》，叶光庭等译，陈桥驿校，中华书局2000年版。

② 卢求：《成都记序》，《全唐文》卷744，中华书局1960年版，第3413页。

③ 徐凝：《忆扬州》，《全唐诗》卷474，中华书局1960年版，第5377页。

④ 李伯重：《工业发展与城市变化：明中叶至清中叶的苏州》，李伯重、周生春主编：《江南的城市工业与地方文化》（960—1850），清华大学出版社2004年版，第7—65页。

甚至长期保持着世界范围内的领先地位。美国的加州学派[1]认为明清时期的中国经济社会的发展程度与同时期的西欧相比绝不逊色，特别是中国的江南，直到工业革命发生前夕，在许多方面都优于西欧最发达的英格兰。[2] 从城市群的角度，虽然中心城市不断转移，城市体系反复重组，但是江南地区的主要城市，尤其是中心城市，没有一个趋于衰落，而一蹶不振。以苏州为例，"把苏州城1229年的石刻全图与1945年的航空拍摄图并列对照，足见城市形式异常稳定。……这一千年中，苏州人口与升而复降——从922年的大约20万升到1850年的大约70万；此后人口下降，至1945年摄影时，可能只有40万。但苏州作为长江下游中心大都会，在其鼎盛时期的前后，它始终维持着作为重要商业中心和政治中心的地位"[3]。这种超越政治、军事动荡的江南城市群的长期稳定性，在世界范围内罕有比肩者。这种长期稳定性，无法用经济抑或是技术层面的因素加以诠释，需要更为深入的文化层面的挖掘。

（三）独一无二、辉煌灿烂的文化样态

江南地区的文化成就于经济成就相较而言，有过之而无不及。"江南"早已不仅仅是一个地理概念，更为重要的是一个具有极其丰富内涵的文化概念。

江南地区的远古文明源远流长，与黄河流域的文化一样古老灿烂，是中国古代文明的主要发源地之一。最具有代表性的是宁绍地区的河姆渡文化、杭州湾以北及太湖周围的马家浜文化、南京北阴阳营文化和良渚文化等。[4] 然而长久以来，华夏文明的中心并不在江南。江南文化之所以能够从边缘向中心转变，契机在于东晋至南朝时期开启的北方人口的持续南迁，中原文化与江南文化融合，根本上提升了江南文化的层级。江南文化的底，定在

---

[1] 20世纪90年代后期，中外一批历史学者先后发表论著起来挑战中国研究领域中的"中国历史长期停滞"的观点，由于这批学者主要来自美国加利福尼亚州的几所大学，因此被称为"加州学派"。

[2] 主要代表观点，参见 Kenneth Pomeranz, *the Great Divergence: Europe, China, and the Making of the Modern World Economy*, Princeton University Press, 2000.

[3] ［美］施坚雅主编：《中华帝国晚期的城市》，叶光庭等译，陈桥驿校，中华书局2000年版，第17页。

[4] 景遐东：《江南文化传统的行程及其主要特征》，《浙江师范大学学报》2006年第4期。

隋唐宋元时期，此时她呈现出明显的地域特征，又自觉承载了中华文明的统绪，展现出向地域之外的开放性超越，从而为新的统一帝国文化的出现奠定了坚实基础。江南文化达到辉煌在明清时期，此时的江南地区不仅享有崇高的政治、军事地位，同时也是当时全国的经济、文化中心。以科举取士为例，"江南成为全国最为重要的人文奥区。'不识大魁为天下公器，竟视巍科乃我家故物'，明清两代，全国四分之一以上的进士诞生在江南。科考名次江南人最为显赫，明代状元近四分之一和清代状元半数以上出自江南，榜眼、探花更不在少数，三鼎甲往往为江南人囊括"①。与上海市的崛起相对应的是近代中国所谓"海派文化"应声而起。作为江南文化的现代形式，海派文化最明显的演进在于更多大量世界文明因素的融入。

可以看出，江南文化的历史走向，与区域城市发展的变迁相表里，与地区经济社会的水平呈正比。江南文化其核心本质则是一种城市文化。芒福德在思考城市定义时写道："城市不只是建筑物的群体，它更是各种密切相关并经常互相影响的各种功能的复合体，不单是权力的集中，更是文化的归极（Polarization）。"② 在江南城市发展过程中，城市物质环境（或是说一切物质性因素）往往会随着时空更替而消减、转化，城市文化则可以超越时空，具有长久的渗透力和影响力，是城市的灵魂。③

三　江南文脉：长三角一体化进程中的文化动因

今天的长三角城市群在中国城市发展中之所以遥遥领先，与江南文化密切相关。然而，文化是一个内涵极其复杂的概念。关于文化的概念解释，根据美国学者克鲁伯（A. L. Kroeber）和克罗孔（C. Klukhohn）1952年出版的专著《文化：关于概念和定义的检讨》④ 来检讨"文化"，从

---

① 范金民：《赋税甲天下、科第冠海内——探寻江南地域文化演进的路径和特色》，《光明日报》2011年10月26日。
② [美]刘易斯·芒福德：《城市发展史——起源、演变、前景》，宋俊岭等译，中国建筑工业出版社2005年版，第91页。
③ 武廷海：《中国城市文化发展史上的"江南现象"》，《华中建筑》2000年第3期。
④ A. L. Kroeber and C. Kluckhohn, *Culture*: *A Critical Review of Concepts and Definitions*, Papers of the Peabody Museum of American Archaeology and Ethnology, Harvard University, v. 47, no. 1, 1952.

1871年到1951年的80年间，关于文化的定义至少有164条。时至今日，文化概念的解释又不知增加凡几。对于长三角城市群而言，仅仅意识到文化储量丰厚、传统相关度高是远远不够的。最关键的是如何在返本开新的基础上实现江南文化的重建与当代转换。[1] 如何实现江南文化的当代转型与创新？学界迄今还未能给出可以振奋人心的答案。笔者下文几点拙见，并非奢望能涵盖江南文化的全貌，仅对长三角一体化现代经验中依然存续的文化动因（姑且以"文脉"名之）作一概览式的描述与提炼，通过对传统联系机制的江南文化所进行的挖掘，希冀对长三角一体化未来建设所需的文化认同的最终形成而有所助益。

（一）见贤思齐的竞逐意识

长三角是当今我国城市化水平最高、城市体系最为完备的区域，"各具特色的小城镇星罗棋布，城镇分布密度达到每万平方公里80多个，是全国平均水平的4倍左右"[2]。这种中小都市（市镇）的密集出现，是唐宋时期江南地区社会经济变革的重要表现，[3] 在明清时期达到一轮高峰，发挥着重要的经济和文化职能。江南城市体系下层的重要性和厚度，即中小都市（市镇）的兴盛，与改革开放之后长三角经济社会发展的"苏南模式"有历史承接关系，是长三角城市群现今的突出特征之一。文化上的表现是江南城市（包括市镇）称谓上"小某某"的普遍应用。以"小扬州"为例，仪征因为盐务的缘故，商贾做派和文人风气与扬州想通，厉惕斋《真州竹枝词》云："敢说吾乡浑不俗，君来又住小扬州。"高邮的生活方式和人文气息颇似扬州，王虎卿《珠湖竹枝词》云："莫笑一州如斗大，而今已作小扬州。"泰州在晚晴一度是东南政治经济重镇，朱宝善《海陵竹枝词》云："眼底烟花太寥落，淮南赖有小扬州。"[4] 不仅

---

[1] 刘士林：《江南文化的当代内涵及价值阐释》，《学术研究》2010年第7期。
[2] 国家发展改革委、住房城乡建设部联合发布：《长江三角洲城市群发展规划》，2016年6月，第5页。
[3] ［日］斯波义信：《中国都市史》（前言），布和译，北京大学出版社2013年版，第3—4页。
[4] 韦明铧、冬冰：《风从四方来：扬州对外交往史》，东南大学出版社2014年版，第150页。

"小扬州""小杭州""小苏州""小上海"这样的别称自古至今在江南城市中俯拾皆是。这种异常活跃的"小某某"文化现象,既是卫星市镇与中心城市之间存在联动合作关系的一种表现,更有见贤思齐的竞逐意识,历史上不乏"小某某"最终超越并取代"某某"的成功案例,大如苏州取代杭州、上海市取代苏州,次如无锡取代常州在近代的崛起。①

(二)重商崇奢的卓越匠心

江南文化价值取向由尚武好勇到斥力崇文,与江南城市新型工商业经济的兴盛是相统一的。②城市精英群体:士人和富贾相结合,造就了江南城市文化中重商崇奢的社会风气。③江南人讲究饮食,讲究衣饰,建造精致的园林,冯梦龙等人《三言二拍》之类描写市民生活的读物在江南找到读者,袁宏道等人讲究享乐的学说在江南如此盛行,都是江南文化重商崇奢的具体表现。这种重商崇奢,追求现实世界的享乐和幸福的精神,不仅与导致西方资本主义兴起的所谓新教伦理精神有悖,也与春秋战国以来北方文化中形成的重俭恶奢的伦理观念相冲突。明代学者陆楫对江南城市中重商崇奢的文化基因促进了工商业的繁荣有过精彩的论述:"今天下之财在吴越,吴俗之奢莫盛于苏杭之民,有不耕寸土而口食膏粱,不操一杼而身衣文绣者,不知其几何也,盖俗奢而逐末者众也。……然则吴越之易为生者,其大要在俗奢。市易之利,特因而济之耳,固不专掠乎此也。长民者因俗因为治,则上不劳而下不扰,欲徒禁奢可乎?"④

与重商崇奢相表里的是工商技艺的发达。"明清时期,江南人普遍重视日用技艺。专精一技,不但能获利,也能出名,即袁宏道所说'凡艺到精极处,皆可成名'。那篇收入中学课本的《核舟记》,脍炙人口,生动地描绘了江南精妙绝伦的雕刻艺术。苏绣、顾绣、南京云锦、常州梳

---

① 囿于篇幅,不一一详述,参见熊月之《上海通史》(15卷本),上海人民出版社1999年版;李伯重:《江南的早期工业化(1550—1850)》(修订版),中国人民大学出版社2010年版;Toby Lincoln, *Urbanizing China in War and Peace: The Case of Wuxi County*, University of Hawaii Press, 2015.

② 傅衣凌:《明清社会经济变迁论》,人民出版社1989年版。

③ 傅崇兰:《中国运河城市发展史》,四川人民出版社1985年版;范金民:《明清地域商人与江南文化》,《江海学刊》2002年第1期。

④ 陆楫:《论崇奢黜俭》,《蒹葭堂杂著摘抄》,丛书《记录汇编》本。

篦、各色绣衣、绣鞋、地毯、丝毯、编织、玉器、牙雕、红木雕刻、竹雕、石雕、湖笔、剪纸、灯彩、泥塑、紫砂茶壶、苏式家具，在江南都发展到极致，让人叹为观止。"① 不仅如此，更为重要的，伴随全球化影响全世界的中国的瓷器、茶、丝绸，其制作技艺与精品、名品皆公认出产于长三角，也并非偶然。

江南文化的重商，追求物质利益，公开言利言色，敢于冲破传统，日后在上海市文化中都被继承下来，并且大为发展。② 近代以来，尤其是新中国成立初期，上海市本身就是一个品牌，由其生产的商品以质量优良著称的，产品遍销全国，乃至全世界，与这一文脉的延续不无关系。

（三）开放包容的群体心态

江南开放包容的群体心态，主要表现为两点：一是对城市移民的吸附，二是对异质文化的吸纳。城市化的进程意味着对外来移民的吸附，概莫能外。对外来移民的态度，也考验着一种文化的高度。江南文化无疑是其中的典范，其城市社会始终保持着高度开放包容的群体心态。明清时期的江南中心城市苏州不仅仅是江南地区移民的汇聚之地，其府城的"染坊、踹布工匠，俱系江宁、太平、宁国人氏，……总计约有二万余人"③，硝皮业工匠也多为江宁人，纸匠来自江宁、镇江，冶坊工匠则多为无锡、金匮两县人④；还是全国商人集中的地方，据《云锦公所各要总目补记》记载："吾苏阊门一带，堪称客帮林立，……如鲜帮、京庄、山东、河南、山西、湖南、太谷、西安、温台州帮……长江帮等等，不下十余帮。"⑤ 其中仅是聚居于南壕一带的福建客商，人数就多达万人以上；甚至是吸引了世界各地的商人前来居住，"吴为东南一大都会，当四达之冲，闽商洋贾，……半行旅也"⑥，开张字号行铺者，率皆四方旅寓之

---

① 熊月之：《略伦江南文化的务实精神》，《华东师范大学学报》（哲学社会科学版）2011年第3期。
② 刘云柏：《近代江南工业资本流向》，上海人民出版社2003年版，第12页。
③ "雍正元年四月五日苏州织造胡凤翚奏"，《雍正朱批谕旨》卷200。
④ 洪焕椿：《明清史偶存》，南京大学出版社1992年版，第537页。
⑤ 范金民：《明清江南商业的发展》，南京大学出版社1998年版，第184—185页。
⑥ 《乾隆吴县志》卷8"市镇"。

人。① 五口通商开埠以来的上海市，更是移民构成的国际性大都市，号称远东第一大都市。生活在近代上海市的外国人，来自世界各地，最多时达到 58 个国家，超过 15 万人。② 世界各国的人将上海市视为自己的家园，创造了一个词语"Shanghailander"，表达的是他们心中对上海市作为自己家乡的认同。

江南文化还是兼容并蓄的代表。江南文化时至今日历经了许多文化融合过程，大略首先是吴文化和越文化的交融，继而是与中原文化的整合，最后是对西方文明的碰撞、吸纳。现在所说的江南，可以说是中国的江南，更是世界的江南。例证有二：在中原文化主导下，儒教（学）、佛教和道教存在着相互之间排斥、冲突，然而两宋以后，江南文化中的儒释道三教开始互相融合，成为异质文明"和合共生"的一次成功实践；③ 近代以来，许多西方人认为他们"创造"了上海市，英国传教士慕威廉（William Muirhead）在 1893 年上海市开埠 50 周年之际演讲道：上海市可视为全球租界城市中的"模范"（Model），"西人在上海市租界的经营，体现的是较高一级的文明和基督教文明向中国的输入"④。囿于眼界与身份，慕威廉的结论显然太过于简单和有失偏颇。如今的西方学者也承认"随着研究的深入，我清楚地认识到，不管上海市怎么异化，她还是一座中国城市。是中国人填满了前租界的空间，没有他们的认同与合作，任何规划都不可能实现。上海市社会接受了西方人带来的形式，把它吸收、消化并转化成中国式的现代特色。这座城市所具有的独特性和吸引力是其他殖民地都没有的，亚洲、非洲别的殖民地区完全是另一种模式"⑤。

（四）理性务实的人文精神

研究面向社会、关心现实的经世之学，是江南文化对传统"两耳不

---

① 郑若曾：《苏松浮赋》，收于郑若曾《郑开阳杂著》。
② 具体参见邹依仁《旧上海人口变迁的研究》，上海人民出版社 1980 年版。
③ 王战：《江南人曾做成全世界都知道的生意，秘诀是啥？》，《上海观察》2016 年 7 月 16 日。
④ The North-China Herald, Nov. 24, 1893.
⑤ ［法］白吉尔：《上海史：走向现代之路》，王菊、赵念国译，上海社会科学院出版社 2005 年版，第 2 页。

闻窗外事，一心只读圣贤书"学术态度的反动。宋元时期，江南地区的"永康学派"与"永嘉学派"都主张事功之学；明代，东林党人主张"不贵空谈贵实行"，那副家喻户晓的对联："风声雨声读书声声声入耳，家事国事天下事事事关心"，成为当时读书人关心社会现实的生动写照。浙江省余姚的王阳明创"心学"，主张"知行合一"。江苏省昆山的顾炎武写出《天下郡国利病书》等名著，"天下兴亡，匹夫有责"，成为倡导经世致用之学的杰出代表；清代，苏州唐甄所著《潜书》，对社会积弊提出多方面的批评，在思想史上留下重要一页。晚晴江南更是人才辈出，冯桂芬、王韬、沈毓桂、马相伯、马建忠、薛福成、李凤苞、吴宗濂、张元济等一大批知识分子，痛心于中国的衰落，致力于救亡图存的各种实践。近代上海市是中国的文化中心，各种先进思想的宣传基地，将江南文化中的敢为人先、经世致用、兴亡有责等精神因子挥洒得淋漓尽致。

在认识自然、改造自然的科技之学方面，江南学者非常突出。晚明时期，利玛窦等西方传教士来到中国，带来西方自然科学，包括天文、数学、地理等方面，中国兴起学习西方科学技术的热潮，其最突出的代表是徐光启、杨廷筠、李之藻，这三人被称为明末天主教"三大柱石"，徐是上海市人，杨、李是杭州人。[①] 熊月之曾对明末以后科技学者的分布情况作过一个统计：阮元等人所编的《畴人传》（包括续编、三编与四编），共收明末以后的各地天文、数学方面的学者220人，籍贯确切可考者201人。江南人占了一半以上，这充分说明江南地区科技人才众多而密集。[②]这一传统一直被延续下来。2000年全国科学、工程两院院士人数，按城市排名，前10名依次为：上海市（84）、苏州市（83）、宁波市（70）、无锡市（65）、福州市（49）、绍兴市（45）、常州市（43）、杭州市（41）、北京市（36）、嘉兴市（30），除了北京市和福州市，其余都在江南地区。[③]

[①] 熊月之：《略伦江南文化的务实精神》，《华东师范大学学报》（哲学社会科学版）2011年第3期。
[②] 熊月之：《西学东渐与晚清社会》，上海人民出版社1994年版，第79页。
[③] 吴恩培主编：《吴文化概论》，东南大学出版社2006年版，第69页。

四 结语

城市群本身不仅是各种物质要素在空间上集聚的产物,更深层次上,亦是非物质要素在空间上集聚的产物。江南文化的特殊意义在于,她是以中华民族为文化创造的主体结构,在中国千余年历史的生活世界中创造出的一种生活方式。"作为一种建立在中国经验基础上的、具有天然合法性'文化理论'与'解释框架',无论是在中国传统文化资源的开发与保护上,还是在探索中国传统都市文化与当代全球化的城市化潮流的对话与交流方面,其意义都是任何西方文化理论所无法替代与解构的。"[①] 当今的长三角城市群的建设与发展过程中,既有经济与资源方面的矛盾与竞争,也有政治与文化上共同的长远利益。可以说,当今决策和规划中对文化建设的严重忽视,是影响长三角区域融合难以取得进展的深层原因。因此,只有通过对传统联系机制的江南文化进行深入挖掘,特别是江南文化的当代转型与创新,才能为长三角一体化建设提供必需的文化认同与价值归属。

[①] 刘士林:《江南都市文化的历史源流及现代阐释论纲》,《学术月刊》2005 年第 8 期。

金融"溢出效应"助推长三角迈向世界级城市群

上海师范大学课题组[①]

长三角城市群作为我国经济发展最有活力的地区之一，近年来发展迅速，逐步形成了以上海市为核心，以江苏省、浙江省、安徽省为腹地的区域经济发展模式，推动了长三角一体化进程。据统计，土地面积占全国2.21%的长三角城市群，2015年经济总量为13.55万亿元，占全国的20.02%。2016年5月，国务院批准实施的《长三角城市群发展规划》更是为长三角一体化的发展提供了战略方向。而金融作为现代经济的核心，在全球经济金融日益融合的大背景下，为实体经济的发展提供了雄厚的资金支持，今年第一季度长三角社会融资规模增量达1.96万亿元，占全国（6.59万亿元）的29.74%。区域金融的协作发展也必将有效地促进各生产要素在区域间的自由流动，引导产业转移，推动长三角城市群经济结构的调整和产业结构的优化升级，从而进一步促进长三角的一体化进程。因此如何通过推动区域金融的融合发展来促进长三角一体化进程，建立有效的发展机制显得尤为迫切。

一 文献综述

随着国内市场化水平的提高，长三角金融的融合发展得到不断推进，

[①] 课题组成员：赵金实、梁红霞、周慧洋、李婷婷、王强、郑晓涛、闫艳梅、黄礼林、李志祥、张亚楠。

学术界对长三角金融一体化推动经济一体化的研究也随之增多。苏宁（2008）认为推动"长三角"金融协调发展，要遵循市场经济规律，适应"长三角"经济一体化的内在要求，创造条件消除制约区域金融协调发展的各种不利因素，突破行政区划界限，促进金融资源的合理流动和高效利用，推进金融创新，为区域经济一体化发展提供更加有力的金融支持。魏清、朱瑾（2009）为了了解长三角金融一体化的程度，用储蓄—投资的相关性来检验长三角内部的资本流动，发现储蓄—投资的相关性变大，当控制住其他影响储蓄—投资相关性的因素后，储蓄—投资的相关性仍然很明显，说明长三角金融一体化的程度没有得到加强。魏清（2010）通过对长三角两省一市银行存贷款数据进行分析，发现1994年以来，长三角两省一市的银行存贷款相关性变大，说明分税制对金融一体化的阻碍作用，最后提出长三角金融一体化的本质是要求政府从管理和干预金融到服务金融角色的转变。张红（2010）对两岸经济合作框架协议（ECFA）对长三角金融一体化和两岸金融合作影响进行了初步分析，提出了长三角金融一体化应该坚持政府引导、市场主导的社会主义市场经济发展路径，切实制定有利于两岸以及长三角内部金融合作与交流的各项政策措施。王晓红（2010）认为长三角金融一体化的根本目的是优化金融资源配置，促进资金跨区域融通。需要树立共赢理念，由政府和市场化解区域壁垒；创新金融监管体制，推动金融机构跨区域提供金融服务；加强金融基础设施的一体化，实现金融信息化战略。张婧（2011）采用数理模型等分析方法，探讨了区域经济一体化背景下长三角金融发展的现状与趋势和区域金融演进的空间特征，分析了区域经济一体化背景下长三角金融协调发展的基本状况、具体走向与总体趋势，并论证分析了长三角金融协调发展存在的主要问题，最后提出了长三角金融协调发展的构想及促进区域金融协调发展的对策建议。包旭宁（2012）基于地区金融一体化的现状，结合上海市国际金融中心的建设，提出了建设和完善长三角圈的初步构想，并从政府引导、市场推进层面给出了可供借鉴的政策建议，以期最终形成一个主导区域经济发展的金融支撑体系，以促进区域经济和金融的和谐发展。季菲菲等（2014）利用长三角16市的金融发展状况与上市公司主要年份的交易数据，探讨了区域内金融流动的动力机制及其对金融一体化的影响问题，最后得出长三角金融发展与金融资源分布差异显著但有缩小趋势的结论。林乐芬等（2016）通过对江苏省、浙江省、安徽省三省7个地级市130家不同性质的商业银行的问卷调查的研究，发现了长三角金融一体化滞后于经济一体化，提出加快构建基于互联网金融的统一服务于整个长三角小微企业的金融支持创新体系的政策建议。

本文在上述研究基础上，以最近几年的相关金融数据作为研究基础，研究长三角金融融合发展现状，分析长三角金融融合发展过程中存在的障碍及原因。从市场角度出发，引入竞争机制，通过市场实现资源的有效配置。

二 长三角金融发展现状

（一）长三角三省一市融资能力

1. 社会融资规模基本情况

社会融资规模是指一定时期内实体经济从金融体系获得的资金总额，与人民币贷款相比，更能够全面反映金融与经济关系，以及金融对实体经济资金支持力度。如表1所示，2016年第一季度，长三角三省一市社会融资规模增量达1.96万亿元，占全国（6.59万亿）的29.74%。江苏省、上海市两地分别以9154亿、4789亿的增量在全国排名中位居第一、第三。由此可见，长三角金融体系在全国范围内的优势地位，对实体经济发展起着重要作用，这也为三省一市的区域金融融合发展和长三角一体化奠定了基础。

表1 长三角三省一市社会融资规模季度数据（单位：亿元）

时间	安徽省	浙江省	江苏省	上海市	合计
2013—12	4969	8345	12070	7964	33348
2014—03	1281	2638	5739	2382	12040
2014—06	2625	4789	10355	4482	22251
2014—09	3307	6207	11143	5356	26013
2014—12	4262	7998	13440	7761	33461
2015—03	1246	2590	5607	2555	11998
2015—06	2162	5906	8554	4688	21310

续表

时间	安徽省	浙江省	江苏省	上海市	合计
2015—09	2901	6382	9147	6607	25037
2015—12	3575	6291	11394	8507	29767
2016—03	1690	3920	9154	4789	19553

数据来源：wind 数据库。

如图 1 长三角三省一市社会融资规模结构图所示，江苏省的社会融资规模在长三角三省一市中居于前列，占比在 35% 以上，2016 年 3 月更是高达 46.82%；上海市和浙江省的融资规模占比相差无几，均徘徊在 20%—30%；而安徽省由于在金融机构数量和金融市场发展方面，远不如江浙沪地区，因此在社会融资总规模方面落后于其他三省，占比仅在十分之一左右。

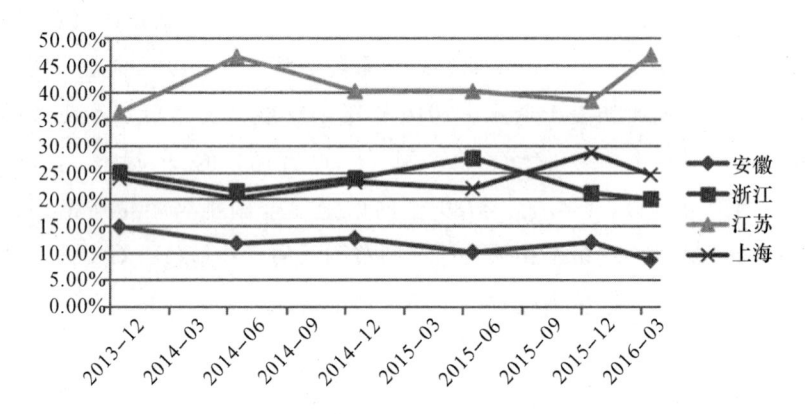

图 1　长三角三省一市社会融资规模结构图

综合考虑到各地区的生产总值情况，由图 2 可知上海市社会融资规模占当地 GDP 的比重远高于其他三个地区，2015 年四季度更是高达 120% 左右；而其他三省则位于 30%—80%。由此可见，虽然江苏省的总融资规模在长三角中最多，安徽省最少，但是江苏省的融资效率却低于上海市、浙江省、安徽省。

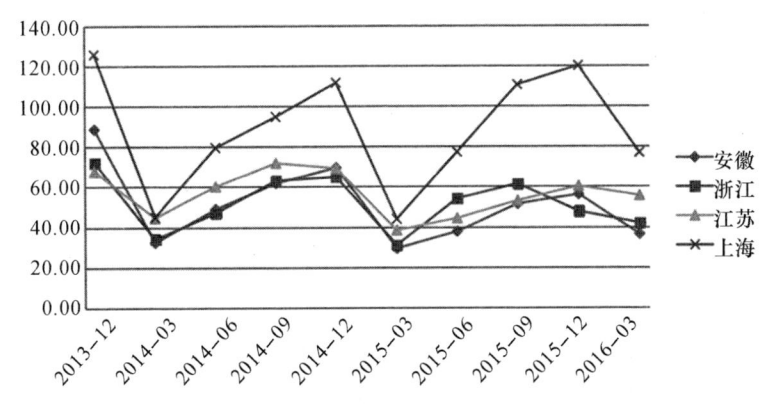

图2 长三角三省一市社会融资规模占GDP比重（%）

2. 非金融企业境内股票融资情况

我国的金融结构仍以间接融资为主，但直接融资规模也在逐年增加。随着金融市场的不断发展以及各类金融产品的创新，长三角近年来的非金融企业境内股票融资额不断增加，从2013年第四季度的381亿增长至2015年第四季度的1984亿，两年时间增长近6倍。如表2所示，截至2016年第一季度，浙江省非金融企业境内股票融资额达405亿元，高于上海市、江苏省、安徽省股票融资总额。究其原因，在于浙江省众多中小企业的集聚，以及2013年浙江省创新板的推出为众多优秀中小企业提供了低成本的融资平台。

表2 长三角三省一市非金融企业境内股票融资（单位：亿元）

时间	安徽省	浙江省	江苏省	上海市	合计
2013—12	117	130	49	85	381
2014—03	14	52	45	48	159
2014—06	23	98	100	91	312
2014—09	55	232	272	123	682
2014—12	171	395	349	278	1193
2015—03	12	141	218	244	615
2015—06	73	361	382	625	1441

续表

时间	安徽省	浙江省	江苏省	上海市	合计
2015—09	121	471	492	374	1458
2015—12	126	749	618	491	1984
2016—03	52	405	135	204	796

数据来源：wind 数据库。

由图 3 长三角三省一市非金融企业境内股票融资结构图可知，2015年之前，江浙沪地区非金融企业境内股票融资额占比差别不大，尽管上海市有众多金融机构集聚，并且拥有中国两大证券交易所之一的上海市证券交易所，其证券营业部和上市公司数量远高于长三角城市群其他城市，但浙江省的杭州和江苏省的南京的金融机构数量也在逐年增加，金融实力不容小觑。且从 2016 年第一季度的数据来看，浙江省股票融资以 50.88%的占比遥遥领先。从长期来看反映了江浙沪金融发展的同质化现象突出，分工不明确，竞争较为激烈。

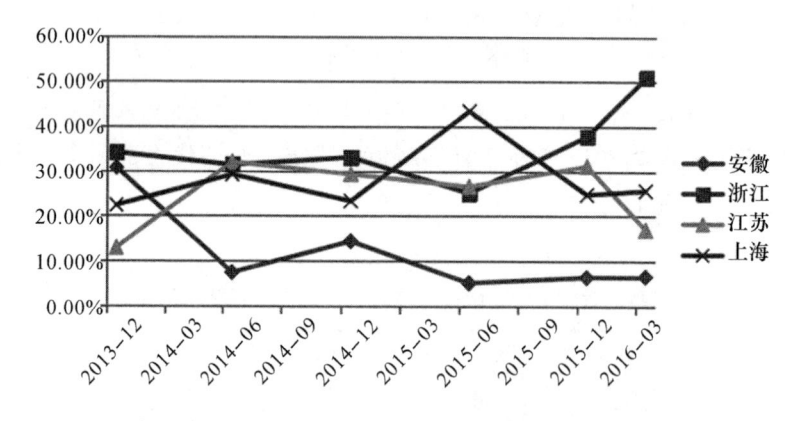

图 3　长三角三省一市非金融企业境内股票融资结构图

3. 企业债券融资情况

债券市场作为直接融资的重要平台，不仅在优化社会融资结构、降低社会融资成本方面发挥了积极的作用，同时也在助推金融改革，以及借助资本市场助推企业发展环境的培育方面成效显著。如表 3 所示，2016 年第一季度，长三角企业融资规模达 2965 亿元，江苏省的企业债券融资额为1283亿元，随后是上海市、浙江省和安徽省。

表3 长三角三省一市企业债券融资额（单位：亿元）

时间	安徽省	浙江省	江苏省	上海市	合计
2013—12	358	871	1624	494	3347
2014—03	118	165	518	-172	629
2014—06	374	663	1513	70	2620
2014—09	552	1070	2004	423	4049
2014—12	657	1341	2509	695	5202
2015—03	127	179	88	178	572
2015—06	255	455	533	380	1623
2015—09	335	1072	1411	541	3359
2015—12	340	1275	2507	1476	5598
2016—03	195	572	1283	915	2965

数据来源：wind数据库。

由图4长三角三省一市企业债券融资结构图所示，依然是江苏省独占半壁江山，2016年第一季度，江苏省的企业债券融资额占长三角总额的44.78%，上海市为30.86%，浙江省为19.29%，安徽省为6.58%。

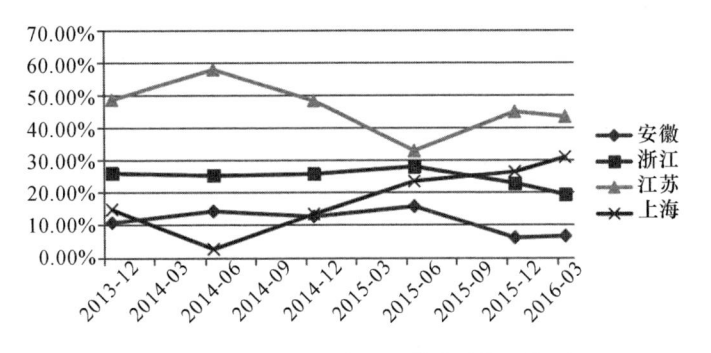

图4 长三角三省一市企业债券融资结构图

从总体来看,长三角三省一市股权与债权融资差别较大。以 2016 年第一季度的融资数据为例,上海市与浙江省的社会融资额基本相同,但是其具体指标侧重点则略有不同。上海市的非金融企业境内股票融资占比(25.63%)低于企业债券融资占比(30.86%);浙江省的非金融企业境内股票融资占比(50.88%)高于企业债券融资占比(19.29%)。江苏省的社会融资规模最高,同时其非金融企业境内股票融资占比(16.96%)低于企业债券融资占比(44.78%);安徽省与前三个省市相比,亟待努力。

(二) 三省一市金融机构存贷款余额

从图 5、图 6 长三角金融机构存贷款余额变化趋势图来看,自 2008 年金融危机以来,长三角金融机构存贷款余额均成稳步增长态势,且江浙沪存贷款余额数量上差距不大,都高于安徽省;除了上海市,其他三省的存款多用于贷款,这得利于我国最大的证券交易所之一——上海市证券交易所,除了从银行等金融机构获得贷款的间接融资方式,以股票和债券等直接融资的方式在上海市也占重要地位。同时碍于行政区划的设置,阻碍了金融一体化对资源跨区域自由流动的诉求,因此,长三角各地区的金融机构存款多用于本地经济发展需求,资金跨区域流动受到限制,不利于长三角经济的一体化。

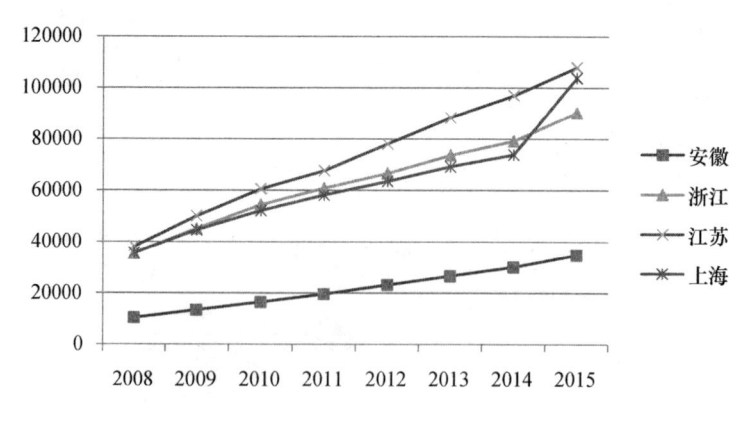

图 5 长三角三省一市金融机构本外币存款余额

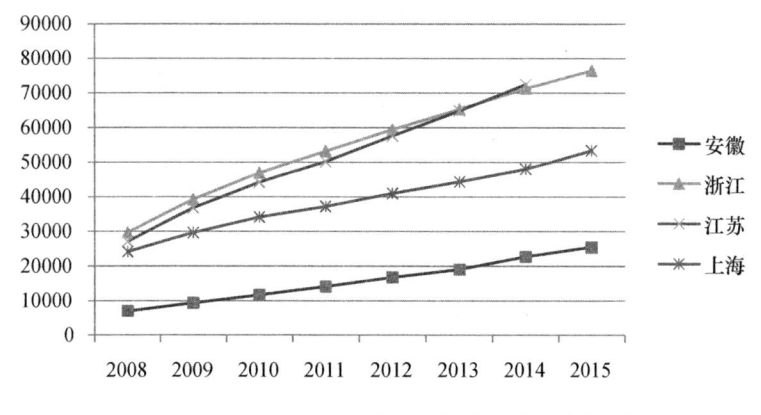

图6 长三角三省一市金融机构本外币贷款余额

(三) 长三角在上交所上市和融资情况

1. 长三角企业在上交所上市情况

上海市证券交易所成立于1990年11月26日，同年12月19日开业，归属中国证监会垂直管理。其主要职能包括：提供证券交易的场所和设施；制定证券交易所的业务规则；接受上市申请，安排证券上市；组织、监督证券交易；对会员、上市公司进行监管；管理和公布市场信息。

经过二十六年的快速成长，上海市证券交易所已发展成为拥有股票、债券、基金、衍生品四大类证券交易品种的、市场结构完整的证券交易所；拥有可支撑上海市证券市场高效稳健运行的、世界先进的交易系统及基础通信设施；拥有可确保上海市证券市场规范有序运作的、效能显著的自律监管体系。依托这些优势，上海市证券市场的规模和投资者群体也在迅速壮大。2015年，沪市上市公司家数达1081家，总市值29.52万亿元，全年累计成交金额133.10万亿元，日均成交达5454.89亿元，股市筹资总额达8712.96亿元；债券市场挂牌只数达4538只，托管量3.44万亿元，累计成交122.85万亿元；基金市场上市只数达135只，累计成交10.38万亿元；衍生品市场上证50ETF期权累计权利金成交金额236.66亿元。投资者开户数量已达13586万户。

如表4所示，截至2016年6月底，长三角企业在上交所上市的企业达到450家，大约占上交所上市企业总数的三分之一，长三角中，上海市排在了首位，上市企业数为192家，浙江省和江苏省上市企业的数量相当，分别是113家和109家，安徽省最少，仅有36家。

表4　　　　　　　　长三角企业在上交所上市的数量

长三角	上海市	浙江省	江苏省	安徽省
个数	192	113	109	36

数据来源：wind数据库。

从图7得到上海市上市企业数占上交所总上市数的17%，基本达到了总数的五分之一，浙江省和江苏省也基本达到了总数的十分之一，安徽省最少只有3%。

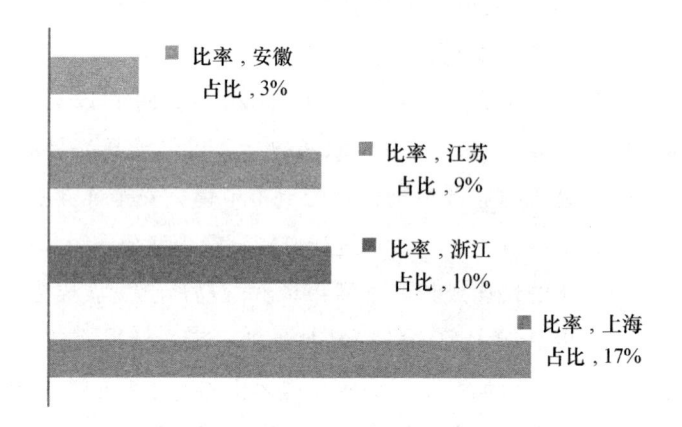

图7　长三角上市公司数占上交所上市公司总数

2. 长三角企业在上交所融资情况

长三角在上交所上市的企业累计股权融资达到了3387亿元，上海市、江苏省、浙江省和安徽省的企业累计股权融资分别为1160亿元、1020亿元、590亿元和128亿元。由图8得到上海市企业股权融资总额基本是长三角企业股权融资总额的一半，江苏省基本是总额的十分之三，浙江省达到了17%，安徽省只有4%。由此可见，在长三角，企业的股权融资情况发展是不均衡的，上海市基本达到了一半，而安徽省连5%都不到。

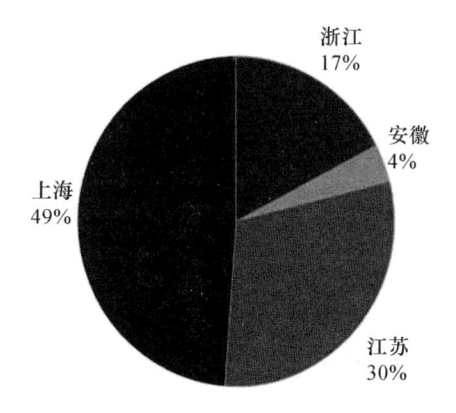

图8 长三角在上交所上市企业融资总额占比情况

(四) 长三角在新三板挂牌和融资情况

1. 长三角企业在新三板挂牌情况

全国中小企业股份转让系统（俗称"新三板"）是经国务院批准设立的全国性证券交易场所，全国中小企业股份转让系统有限责任公司为其运营管理机构。2012年9月20日，公司在国家工商总局注册成立，注册资本30亿元。上海市证券交易所、深圳证券交易所、中国证券登记结算有限责任公司、上海市期货交易所、中国金融期货交易所、郑州商品交易所、大连商品交易所为公司股东单位。公司旨在完善市场功能，加强市场服务，维护市场秩序，推动市场创新，保护投资者及其他市场参与主体的合法权益，推动场外交易市场健康发展，促进民间投资和中小企业发展，有效服务实体经济。经营范围主要包括：组织安排非上市股份公司股份的公开转让；为非上市股份公司融资、并购等相关业务提供服务；为市场参与人提供信息、技术和培训服务。

新三板扩容后，2014年江苏省的累计挂牌数超过了上海市，随后挂牌数在长三角一直保持领先地位。如表5所示，截至2016年6月底，长三角挂牌新三板的企业达到了2560家，上海市、浙江省、江苏省和安徽省累计挂牌数分别为691、668、957和244。

表5　　　　　　　　新三板三省一市累计挂牌数（单位：个）

时间	2012	2013	2014	2015	2016
上海市	11	49	164	439	691
浙江省	0	0	70	412	668
江苏省	0	0	169	645	957
安徽省	0	1	46	163	244
长三角	11	50	449	1659	2560

数据来源：wind 数据库。

2. 长三角企业在新三板融资情况

如图9所示，长三角挂牌新三板融资总额累计约为13亿元，其中上海市挂牌新三板的企业融到的资金约是长三角三省一市总融资额的一半；其次是江苏省、浙江省，各占27%、15%；安徽省最低，只有融资总额的十分之一。一定程度上说明上海市挂牌新三板的企业质量普遍高于其他三省。

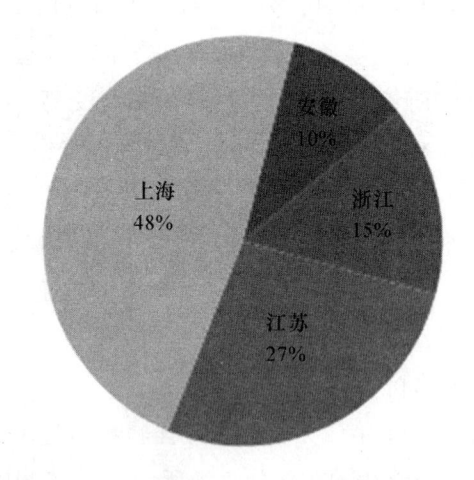

图9　长三角挂牌新三板的企业融资总额占比情况

由图10可知，长三角挂牌新三板融到资金的企业仅有93家，仅占挂牌数的3.6%。具体来看，浙江省融到资金的企业比率最低，为1.5%，相当于平均200家企业中仅有3家融得到资金。上海市的比率最高，但也仅有6.1%。说明新三板流动性问题亟待解决。

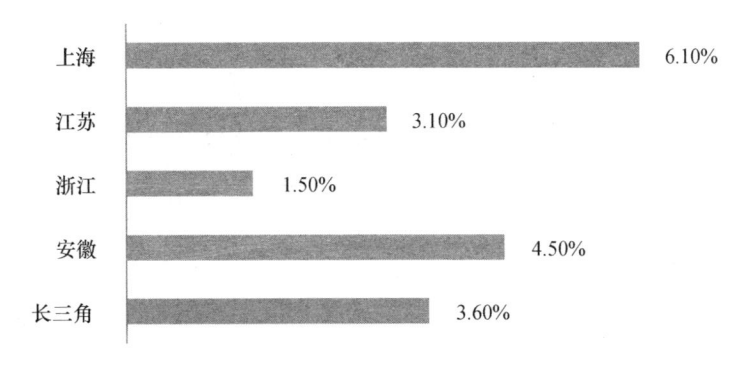

图10 长三角挂牌新三板融到资金企业数比率

上海 6.10%
江苏 3.10%
浙江 1.50%
安徽 4.50%
长三角 3.60%

3. 长三角新三板挂牌公司质量

从图11可得，上海市挂牌新三板的企业中销售毛利率高于30%的有64%，净资产增长率高于50%的有55%。浙江省、江苏省和安徽省挂牌新三板企业中销售毛利润高于30%的分别有51%、48%和44%，浙江省、江苏省和安徽省挂牌新三板企业中净资产增长率高于50%的分别有48%、37%和41%。从总体来看，公司质量由高到低分别是上海市、浙江省、江苏省和安徽省。

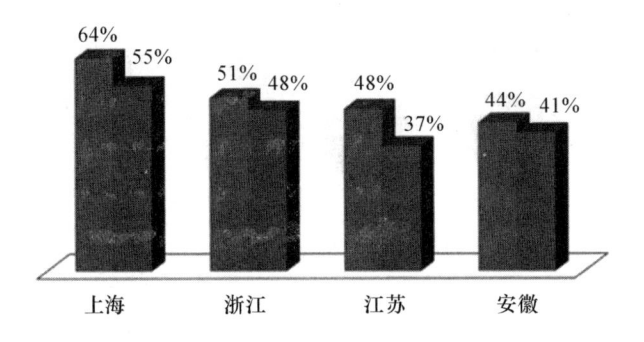

图11 长三角新三板挂牌公司质量

三　长三角股权交易中心发展现状

截至 2016 年 6 月底,长三角各省市在区域股权交易中心挂牌的企业达到了 13470 家,占全国区域股权交易中心挂牌公司总数的 31%。其中上海市股权托管交易中心融资总额达到了 164.47 亿元。

（一）长三角股权交易中心概述

1. 上海市股权托管交易中心

上海市股权托管交易中心经上海市政府批准设立,归属上海市金融服务办公室监管,从事股权托管交易及相关业务的市场组织,其主要职能包括:为非上市股份有限公司的股权托管、登记、转让、融资、结算、过户等提供场所、设施和服务;组织和监督股权托管交易活动;发布市场交易信息;代理股权买卖服务等。2012 年 2 月 15 日,上海市股权托管交易市场启动,首批 19 家企业成功挂牌。2013 年 8 月 7 日,上海市股权托管交易中心中小企业股权报价系统（Q 板）启动,成为服务中小微企业的重要平台之一。2015 年 12 月 28 日,上海市股权托管交易中心"科技创新板"正式开板。首批挂牌的企业共 27 家,其中包括科技型企业 21 家、创新型企业 6 家,行业覆盖互联网、生物医药、再生资源、3D 打印等 13 个新兴行业。

该市场重点面向尚不具备上市条件的科技型、中小型企业,为统一监管的场外市场交易及创业板、中小板及主板市场培育输送企业资源。同时,上海市股权托管交易中心是一个面向特定投资者进行股份转让和实施定向增发的非公开市场,有一些特定要求,例如非上市股份公司股东不超过 200 人、不公开发行股份、不采取集中竞价和做市商等集中交易方式、要求投资人买入卖出时间间隔不少于 5 个交易日等。

2. 浙江省股权交易中心

浙江省股权交易中心成立于 2012 年 10 月 18 日,是浙江省政府根据中国证监会的有关文件精神,结合浙江省经济金融特色,为着力解决"两多两难",推进温州金融综合改革,促进经济转型升级而设立的省级股权交易平台,是我国多层次资本市场体系的重要组成部分。

其定位是为省内企业，特别是中小微企业提供股权、债券的转让和融资服务。提供股权登记托管、公司挂牌、私募债备案、权益产品交易等业务。五大功能分别是为浙江省中小微企业提供融资渠道的融资平台、努力拓宽各类资金特别是民间资金的投资渠道的投资平台、积极尝试探索和研发创新产品的创新平台、互联网金融平台、不以盈利为主要目的的公共平台。

3. 江苏省股权交易中心

江苏省股权交易中心成立于国务院下发《关于清理整顿各类交易场所切实防范金融风险的决定》与证监会下发《关于规范证券公司参与区域性股权交易市场的指导意见（试行）》之后，是由江苏省人民政府牵头、省内多家国有证券公司出资筹建的区域股权交易市场，注册资本2亿元。中心大股东为华泰证券，持股52%，其余四家股东分别为南京证券、东吴证券、国联证券、东海证券，这五位股东在资本市场均有较为丰富的同业资源和客户群体，在企业挂牌服务、投资银行服务、固定收益市场服务以及其他金融资产交易服务上能支持中心的发展。

主要服务对象为创新创业型中小微企业，经营范围包括：为非上市的公司股权、债券、资产和相关金融及其衍生品的批准募集挂牌、登记、托管、交易、融资、结算、过户、分红、质押等提供场所、设施和服务；组织和监督市场活动，发布市场信息；代理挂牌产品买卖服务；为市场参与方提供咨询等综合服务。

4. 安徽省股权托管交易中心

由安徽省国元（控股）集团有限责任公司、国元证券股份有限公司、华安证券股份有限公司、安徽省产权交易中心、合肥兴泰控股集团有限公司、芜湖市建设投资有限公司及蚌埠产权交易中心共同出资组建，于2013年8月1日在安徽省工商行政管理局注册登记成立，注册资本2亿元。

安徽省股权托管交易中心下设五大板块：成长板、科技板、农业板、文旅板、中医药板块。最新数据显示：挂牌企业数达958家，其中成长板有111家，科技、农业、文旅板块共有847家，中医药板块暂无数据。

（二）各区域股权交易中心公司挂牌数

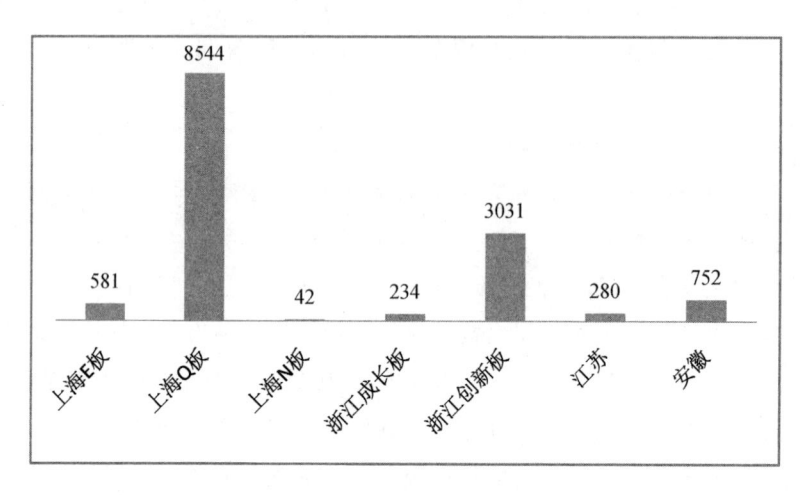

图12　长三角股权交易中心企业挂牌数

从图 12 得到，长三角股权交易中心中，上海市 Q 板挂牌的企业最多，达到了 8500 多家，其次是浙江省创新板挂牌数达到 3000 多家，其他均不足 1000 家。

上海市股权交易中心 E 板、N 板，是非上市股份有限公司股份转让系统的别称，E 板、N 板仅限于已完成股份改制的企业，E 板、N 板相比 Q 板的最大优势，是企业能得到更高股权融资额度。上海市股权交易中心 Q 板，是中小企业股权报价系统的别称，挂牌公司可以通过系统进行线上报价，但交易、融资均在线下完成。Q 板允许未股改制企业挂牌转让。

在浙江省成长板挂牌的企业需经过股份制改造，通过推荐商辅导，建立起"三会一层"完善的现代企业制度，规范公司治理。随后为拓宽广大中小微企业，尤其是具有核心竞争力的创新型科技型企业的直接融资渠道，使得更多企业可以低成本进入资本市场，浙江省股权交易中心推出了以服务有限责任公司为主体的创新板。浙江省创新板在服务公司的形式方面与上海市 Q 板类似，允许未股改公司挂牌，吸引了更多的中小企业，增加了板块的活力，这也是浙江省创新板的挂牌数在长三角仅次于上海市

Q板的原因。

江苏省股权交易中心充分发挥推荐商会员、投资商会员和专业服务商会员的资源和优势，对已完成股份改制的企业提供挂牌融资的服务。

安徽省股权交易中心也对已完成股份改制的企业提供挂牌融资的服务，随后为了对挂牌企业进行分类管理，交易中心推出了农业板、科技板、成长板和文旅板。

（三）长三角企业跨地区挂牌情况

表6　　　　　　　长三角股权交易中心的挂牌数及所属地区

	上海市	浙江省	江苏省	安徽省	其他	挂牌总数
上海市E板	345	30	70	16	120	581
上海市Q板	1178	480	1167	234	5485	8544
上海市N板	42	0	0	0	0	42
浙江省成长板	0	234	0	0	0	234
浙江省创新板	0	3031	0	0	0	3031
江苏省	0	0	279	0	1	280
安徽省	0	0	0	752	0	752

数据来源：wind数据库。

从挂牌公司的统计数据可以得到，在上海市N板、浙江省、江苏省和安徽省的股权交易中心挂牌的基本是本地企业。上海市E板和Q板允许跨区域挂牌，具体情况可参考图13和图14。

在上海市E板挂牌的企业中，有59%是上海市本地企业，江苏省、浙江省和安徽省的企业各占12%、5%和3%。

在上海市Q板挂牌的企业，以其他省市的企业为主。上海市和江苏省的企业各占14%，浙江省和安徽省分别占5%和3%。

（四）区域股权交易中心会员跨区域服务情况

区域股权交易中心的会员主要参与非上市公司股份或股权、债券、资产和相关金融及其衍生产品的相关业务，包括推荐挂牌、定向增资、增资

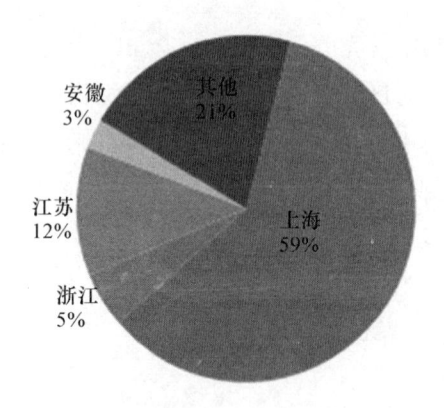

图13 上海市E板各省占比

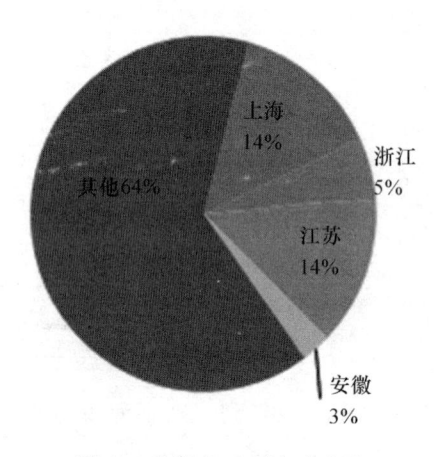

图14 上海市Q板各省占比

扩股及其他相关业务。交易中心会员主要分为推荐商会员、服务商会员、经纪商会员和战略会员。

从图15得到,长三角股权交易中心会员数最多的是上海市股权交易中心(506个),占整个长三角总会员数(1172个)的43%,这与上海市地区的金融业发达密不可分。浙江省股权交易中心的会员数是江苏省股权交易中心的1.77倍,安徽省股权交易中心的1.82倍,则浙江省股权交易中心的活跃度要高于江苏省和安徽省的股权交易中心。

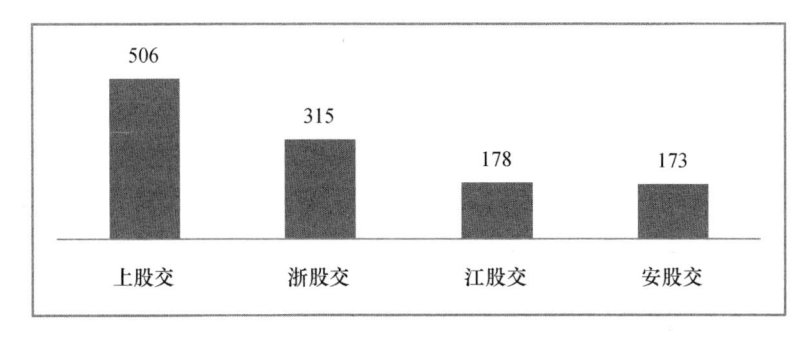

图 15 区域股权交易中心会员数

表 7 各区域股权交易中心会员所属地区

	上海市	江苏省	浙江省	安徽省	会员数
上海市股权托管交易中心	341	15	5	2	506
浙江省股权交易中心	29	3	244	1	315
江苏省股权交易中心	21	119	7	0	178
安徽省股权交易中心	6	4	2	125	173

数据来源：各区域股权交易中心官网。

从表 7 得到，上海市股权托管交易中心会员中，会员为长三角其他地区的有 22 个，占总会员数的 4.3%。浙江省、江苏省和安徽省股权交易中心会员中，会员为长三角其他地区的个数分别为 33、28 和 12，分别占总数的 10.5%、15.7% 和 6.9%。

四 长三角互联网众筹融资现状

（一）各省份正常运营平台数量情况

截至 2016 年 6 月底，全国众筹平台分布在 26 个省市，多位于经济较为发达的沿海地区。北京和广东作为众筹行业的开拓地，平台聚集效应较为明显，也是目前全国正常运营平台数量最多的地方。广东以 94 家平台数反超北京位居榜首；北京以 92 家位居其次；上海市地区排名第三，浙江省排名第四，分别为 52 家和 27 家。山东排名第五，有 23 家。北京市、广东省、上海市、浙江省和山东省5个地区正常运营众筹平台数为全国前五,占全国总正常运营平台数的77.84%。

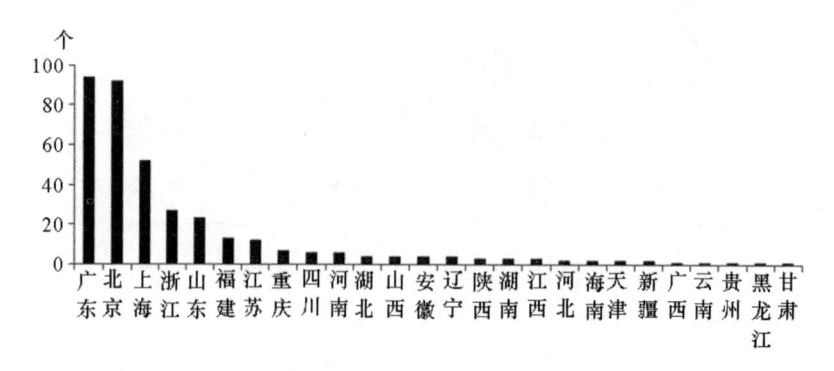

图 16　2016 年上半年全国各省份正常运营平台数量

数据来源:互联网金融协会。

从图16中可以得到,除了安徽省地区的互联网众筹平台数在全国中游,长三角其他地区的平台数都是全国前列,且优势明显。

(二) 各省份筹资规模情况

2016年上半年全国众筹平台成功筹资金额地区分布,北京市、广东省和浙江省位列前三,成功筹资金额分别达27.16亿元、17.97亿元和14.17亿元。上海市地区排名第四,成功筹资金额达7.77亿元;江苏省位居第五,达6.80亿元。上述五个省市成功筹资金额占全国总筹资金额的93%,由于上述五省市经济发展处于全国的领先水平,投资意识也较强并且获得地方政府政策的支持较多,因此,中短期内国内的众筹筹资规模还是由这些省市所决定。而其他21个有众筹平台的省市,仅成功筹资5.54亿元,地区差异仍十分明显。

从图17中得到,长三角除去安徽省,其他三个省市互联网众筹总的筹资规模占全国的筹资规模的36%。由此可见长三角互联网众筹的发展潜力巨大。

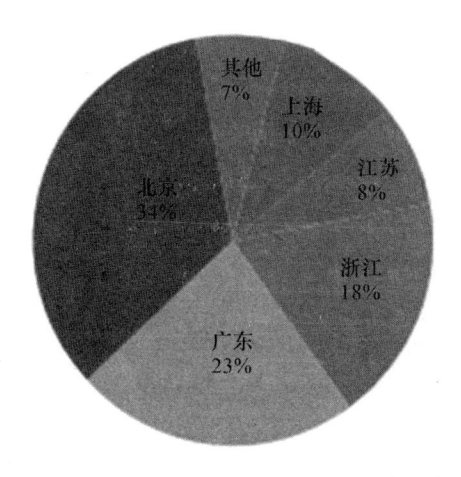

图17　2016年上半年全国各省份筹资规模

数据来源：互联网金融协会。

五　长三角金融融合发展存在的问题

（一）行政区划的设置，阻碍了金融一体化对资源跨区域自由流动的诉求

1. 行政壁垒

鉴于政绩考核的原因，各地行政机构高度依赖本地金融机构的资金，不愿意资金外流；另一方面，金融监管机构和银行参照行政区划设置在各地设立分支机构，资金的跨区域调动可操作性差，且周期较长。因此各地区金融机构存贷款均由当地自行消化，同一商业银行在各地区的分行之间没有形成有效的协作发展模式，不利于促进银行间的区域联动发展和风险监控。

2. 跨区域挂牌受限制

上海市N板、浙江省、江苏省和安徽省的股权交易中心挂牌的基本是本地企业，只有上海市E板和Q板进行了实质的跨区域挂牌业务。在上海市E板挂牌的企业中，有59%是上海市本地企业，江苏省、浙江省和安徽省的企业各占12%、5%和3%。在上海市Q板挂牌的企业，以其他省市的企业为主。上海市和江苏省的企业各占14%，浙江省和安徽省分别占 5% 和 3%。

2012 年 8 月 23 日颁布的《关于规范证券公司参与区域性股权交易市场的指导意见（试行）》中规定：首先，区域性重点在于市场平台由地方（省级）政府批准设立并主要负责监管；其次在于其功能亦限定于为一定行政区域内的企业提供股权、债权转让和融资服务，"原则上"不得跨区域开展业务，也不得接受跨区企业挂牌。而一旦被证监会认定不符合标准，不但证券公司不能在此开展业务，连市场本身能否通过证监会牵头的部际联席会议的验收备案都将成为问题。该意见颁发之后各地应者云集，一省一市场的设置原则必将引致"区域性股权交易市场"进入惨烈竞争的战国时代。证监会在 2015 年 6 月底发布的《区域性股权市场监督管理试行办法（征求意见稿）》，在 7 月 27 日完成征求意见。对区域股权市场的基本定位是基于区域性股权市场的自身优势和所服务企业的特点，明确区域性股权市场是为其运营机构所在地省级行政区划内中小微企业私募证券的发行、转让及相关活动提供设施与服务的场所，是私募证券市场的一种形式。《办法》中"限制为跨区域企业提供服务"条款颁布之前，上海市股权托管交易中心、前海股权交易中心、天津股权交易所和重庆股份转让中心已经面向全国，为全国的中小企业提供挂牌服务。

纵观资本市场的历史，如市场功能相似，产品（服务）雷同、主体类似，唯有尽可能互联互通，信息共享，标准趋同，方能收提供流动性、价格发现、最终实现资源有效配置之实效。人为的条块割裂市场，必将扭曲要素配置的价格信号，妨碍企业和资本选择最为适合的市场，各地方一哄而上又势必形成重复建设浪费资源，最终妨碍社会主义市场经济秩序正常形成。

（二）江浙沪金融发展的同质化现象突出，分工不明确，竞争较为激烈

虽然上海市是国内公认的未来国际金融中心之一，但是目前在金融模式创新、金融业务多样化方面，与江苏省和浙江省相比，上海市并不具备绝对优势，因此江浙沪地区金融发展同质化严重，同时江苏省、浙江省并不乐意接受由上海市占据区域金融中心的地位，造成了长三角内金融机构之间事实竞争远大于合作的局面。这在一定程度上增加了金融机构的运营成本，不利于区域金融的融合发展和长三角的一体化。

（三）长三角三省一市区域股权交易中心发展中的不平衡

1. 江苏省股权交易中心挂牌数落后于浙江省和安徽省股权交易中心

2013年9月24日江苏省股权交易中心正式揭牌开业，接受企业挂牌，首批22家企业成功挂牌；安徽省股权交易中心2013年8月1日在安徽省工商行政管理局注册登记成立，2013年9月30日首次挂牌运营，首次挂牌数达150家，为了满足市场的需要，安徽省股权交易中心又推出不同板块；2012年10月，浙江省股权交易中心启动首批挂牌企业55家（成长板），一年后，创新板开板，首批475家企业挂牌。

从时间上看，浙江省股权交易中心启动时间要早于江苏省和安徽省，江苏省和安徽省的时间基本同步；从政策扶持上看，浙江省、安徽省和江苏省的政府对挂牌区域股权交易中心的企业奖励基本相同；从交易中心板块分层上看，浙江省推出了成长板和创新板，安徽省现在拥有成长板、科技板、农业板和文旅板，江苏省还没有进行分层管理。

江苏省股权交易中心的发展在长三角相对落后，从其他省市挂牌上海市股权交易中心Q板和E板的数量上来看，江苏省的企业占比都相对较多，这是江苏省股权交易中心挂牌数相对浙江省和安徽省少的第一个原因。第二个原因是江苏省的民间资本较多，大多数中小企业不需要通过到区域股权中心挂牌获得融资，反过来，也证明了安徽省的民间资本较少，中小企业为了发展，只要有获得融资的机会，它们会纷纷响应挂牌。第三个原因是江苏省存在着大量没有进行股份制改革的企业，无法满足股权交易中心的条件，交易中心缺少像浙江省股权交易中心创新板那样去对接未股改企业融资的板块。

2. 长三角股权交易中心会员数分布不均

长三角股权交易中心会员数上海市股权交易中心（506个）和浙江省股权交易中心（315个）共有821个，占整个长三角总会员数的（1172个）70.1%。江苏省和安徽省的会员数相对偏少，分别占长三角总会员数的15.2%和14.8%。

这与所在地区股权交易中心的挂牌数有一定的关系，上海市和浙江省交易中心挂牌数在长三角都是相对较多的，且优势明显。江苏省和安徽省的会员数基本相同，但安徽省交易中心挂牌数是江苏省的 2.69 倍，则安徽省交易中心的会员数与挂牌数不匹配，若完全打破区域界线，允许会员流动，则使资源得到有效配置。

3. 交易中心会员跨区域服务不活跃

上海市股权托管交易中心会员中，会员为长三角其他地区的有 22 个，占总会员数的 4.3%。浙江省、江苏省和安徽省股权交易中心会员中，会员为长三角其他地区的个数分别为 33、28 和 12 个，分别占总数的 10.5%、15.7% 和 6.9%。

这种现象的产生与上文所提到的《关于规范证券公司参与区域性股权交易市场的指导意见（试行）》有一定的关系，区域性市场原则上不得跨区域设立营业性分支机构，不得接受跨区域公司挂牌。确有必要跨区域开展业务的，应按照 37 号文（《关于清理整顿各类交易场所的实施意见》）要求，分别经区域性市场所在地及拟跨区域的省级人民政府批准，并由其负责监管。会员区域性市场开展跨区域企业挂牌业务，面临着"双重"省级审批门槛，使得交易中心会员跨区域服务不活跃。区域性股权交易市场发展趋势应该是优胜劣汰的过程，规范的且能有效帮助中小企业解决融资问题的区域性市场和会员，有竞争优势并最终活下来。

4. 长三角股权交易中心存在监管风险

目前监管体制设计，区域性市场监管将由地方政府来担当，则各个区域股权交易中心存在着监管风险。其一，当前区域性市场平台设立模式大体都是地方政府国资平台为主出资成立，市场平台在人、财、物上与地方政府皆高度关联，事、权、业上也基本上唯地方政府马首是瞻。其二，区域性股权交易市场与各地的经济发展紧密相关，地方政府拥有强烈的动机把这个市场建设成为地方 GDP 的推进器。作为监管主体，各地政府能否抑制追求任期内政绩等机会主义冲动，拿出真正的诚意和措施从长计议，把市场建成对中小企业长远发展有利的服务平台，避免行政干预等违反市场规律的做法，尚待时日方能定论。其三，交易平台的市场竞争包括平台监管水平的竞争，而各地方政府作为监管者究竟会采取"奔向高端"的竞优路径，以获精品市场之誉；还是采取"奔向低端"的竞次战略，以得广种薄收之利？从近期新设区域性市场竞相降低入场企业挂牌标准的端倪来看，指望地方政府牢牢守住区域性市场的监管底线，从而在竞争中不断提高市场的整体质量与效益是否现实，让人不免顾虑重重。

5. 安徽省互联网众筹平台和融资额明显低于长三角其他地区

江浙沪的互联网平台数建设都在全国前列，且融资额占全国总融资额的36%，但安徽省的众筹平台和融资额都明显落后江浙沪，众筹平台的建设与当地政府的政策导向有关。在所有众筹平台里，出现了京东众筹、淘宝众筹和苏宁众筹三足鼎立的局面，他们总的筹资额远远超过其他众筹平台。淘宝众筹属于浙江省，苏宁众筹属于江苏省，两大众筹平台，奠定了长三角互联网众筹的优势地位，安徽省的众筹发展相对落后。为了通过互联网金融发展来突破区域界线，促进长三角一体化，需首要解决安徽省在互联网金融发展落后的问题。

六　政策建议

（一）借鉴欧洲金融一体化模式，建立长三角洲区域性银行协调机制

依托落户于上海市的人民银行上海市总部，可以赋予其长三角洲区域银行的职能，建立长三角洲区域性银行协调机制，加强长三角城市群之间的金融协作。一方面，可以提高资本要素和人才的跨区域流动，推动长三角的一体化；另一方面，有利于各地银行分支机构加强信息交流，以及各家金融监管机构的监管协调，为区域金融的安全提供制度保障。

（二）取消"区域性股权交易市场"的"区域性"定性

"政府既是增长的源泉，又是衰败的根源。"诺斯悖论提醒我们：作为资本市场的后发国家，政府在汇聚资源、组织平台、激励交易等方面有着不可替代的作用，称其为市场发展的第一推动力亦不为过。然而一旦市场开始运转，其固有的规律就要不以外在意志为转移地发挥作用，并自发自为地演化发展下去。此时政府自身拿捏好与市场共舞的分寸尺度，做到进退有据、宽严相济至关重要。在西方发达国家由场外分散到场内集中，由丛林法则买者自负盛行到政府行政监管与市场自律监管并重的资本市场发展路径，在我国恰恰体现为由场内集中到场外分散，由行政权力一统江湖到市场化与行政化犬牙交错的相反路径。近年来主板等市场化改革虽举步维艰，但其有特定的转型期历史成因与路径依赖性，不可过分苛责。而

在当前市场经济体制已经基本建立的时空背景下，场外市场发展若依然采用政府驱动模式，深陷行政化泥潭难以自拔，则只能是穿新鞋走老路。

应当看到，当前中国资本市场的发育程度已足以用自身的力量支撑起一个基础性的场外市场，对此我们应有充分的方向与制度信心。因而场外市场发展的主基调应该是，也必须是彻底、坚决的市场化，而重中之重必然在于充分、公平、有序的交易市场间竞争。而这样的市场化竞争，长远来看甚至能形成倒逼推动沪深主板等推进市场化的动力，可谓一举多得。

鼓励地方性股权交易市场开展错位竞争，辅以适度宏观层面的引导规划。通过充分的市场竞争实现交易市场本身去行政化与优胜劣汰、兼并重组的双重目的。最终实现不依行政区域而依经济区域、产业集群等市场需求自然形成的差异化市场板块。综上所述，长三角应该打破区域股权交易中心的区域界线，在长三角交易中心之间引入竞争机制，使资源得到有效的配置，提高资源的使用效率，降低监管成本并预防监管风险。

（三）搭建长三角信息共享平台

首先，长三角内信息共享平台的搭建有利于投融资双方的互相了解，降低信息成本，促成资金的跨区域流动。具体可以通过形成区域共同基金为长三角信息环境建设提供资金，一方面，该信息平台可以起到融资机构信息披露的作用，另一方面，融资机构也可以将自身经营信息发布到该平台。被披露信息的真实性可以由工商管理部门进行监督，同时建立虚假信息披露的举报制度，对于虚假信息披露的企业给予处罚。

其次，为保证长三角信息化建设以及信息公开的效率，可以定期由政府邀请社会上权威的信息分析专家对长三角信息环境以及相应的制度进行评估，请知名券商和财务人员对信息平台的企业做金融资质评估。由此发现制度执行的效果及存在的问题，并且提出相应的建议，保证长三角信息环境建设的效率。

最后，类似于欧盟的"圆桌会议"，长三角的三省一市地方政府可以牵头建立区域内商业银行和需要融资的企业的沟通和对话机制，帮助银行和企业增进了解，以便建立长久的合作关系，进而形成银行和企业共同发展的双赢局面。

(四) 加强金融中介功能，解决信息不对称问题

金融中介作为资金供求者之间的媒介和桥梁，在金融市场的资金融通过程中起到重要作用。同时，金融中介的存在降低了资金供需双方的搜寻和核实成本，监督和审计成本，以及风险管理和参与成本。在解决信息不对称问题，防止逆向选择和道德风险方面，金融中介也可以进行有效防止。

最重要的是，金融中介的介入可以有效地带动区域金融发展的良性竞争，长三角城市群的众多优质中小企业可以更有效的获得上海市的雄厚的资金，上海市的资金可以得到高效的利用，同时可以巩固自身作为全国资金调配中心的地位。进一步来看，长三角地区的金融中介进行混战之后，可以彼此之间明确其市场地位，从而自下而上的在区域内形成分工合作机制，避免目前无序的同质化竞争局面。

具体可以从取消对长三角证券公司不得跨区域经营业务的限制入手，证券公司作为各地股交中心重量级的会员，一些知名的券商自身的品牌效应就可以带来投融资双方的聚集。券商可以由此扩大业务范围和品牌知名度；投资方可以获得更多的投资选择范围；融资方可以跨区域寻求合作，同时可以借助券商的品牌融到更多资金，得到更多的关注。

(五) 利用互联网金融打破区域界线

近年来，互联网金融呈快速发展之势，在提高金融服务效率、满足多元化投融资需求、提升金融服务普惠性和覆盖面等方面发挥了积极作用。为长三角内众多中小企业提供低成本的金融服务，以第三方支付促进电子商务的快速发展；以便利的移动支付方式满足区域内活跃的交易需求；以网络贷款、众筹融资等途径解决区域内中小企业小额融资需求难题，打破了成本、地域、行政的限制，为长三角一体化和区域内金融的融合发展创造了有利条件。

具体可以借鉴天津交易所的"添金融""添金投"互联网金融平台发展策略，长三角三省一市的区域股权交易中心积极发展互联网业务，将网络股权众筹、网络贷款业务、企业债网上销售业务等整合到统一的平台上，为资金跨区域流动创造条件。

参考文献

［1］苏宁：《加快长三角金融协调发展支持区域经济一体化进程》,《中国金融》2008年第10期。

［2］魏清、朱瑾：《长三角金融一体化的实证研究——基于储蓄—投资相关性的分析》,《阅江学刊》2009年第4期。

［3］魏清：《长三角金融一体化的现状——基于银行存贷款关系的分析》,《工业技术经济》2010年第1期。

［4］张红：《ECFA框架下长三角金融一体化的路径探析》,《上海市金融学院学报》2010年第6期。

［5］王晓红：《推进长三角金融一体化的探讨》,《现代金融》2010年第11期。

［6］张婧：《区域经济一体化背景下长三角金融协调发展研究》,华东师范大学论文,2011年。

［7］包旭宁：《长三角金融一体化问题研究》,浙江大学论文,2012年。

［8］季菲菲、陈雯、魏也华、袁丰：《长三角一体化下的金融流动格局变动及驱动机理——基于上市企业金融交易数据的分析》,《地理学报》2014年第6期。

［9］林乐芬、李暄、李永鑫：《长三角商业银行小微金融发展及区域金融一体化建议》,《中国浦东干部学院学报》2016年第2期。

城市网络形成源于开放：
三种整合模式视角

王 健[①]

在今天的中国大陆，长江三角洲地区无疑是经济、社会、文化最为发达的区域之一，它在行政区划上虽然分属于江浙沪皖四个不同的省区，但历史地看，其内部各个小区域间有机联系与相互整合却早已存在。特别是自16世纪以来，随着世界市场的兴起，海外贸易的发展，使得这一区域经济社会整合的步伐大大加快，其对内的整合与对外的开放经历了数个阶段的波折，最终形成了今天长三角特有的区位特点和优势。因此，追溯其渊源，今天长三角的形成与发展实在是一个自然的历史过程，而回溯这一历史演变的过程及其背后的原因，对于今天长三角经济社会的全面整合，是十分有意义的。

一 研究概况的简要回顾

当前学界研究的重点在于当代长三角的一体化进程，对长三角一体化融合发展机制的历史渊源及其发展脉络关注甚少，仅有的研究寥寥可数，关注点也比较分散，如关于古代长三角（江南）地区整合的研究有葛剑雄《上海与长三角的历史渊源》（《中国改革》2004年第5期）、关注当

[①] 上海社会科学院历史研究所副研究员。

代长三角区域整合的论文则有陈建军《长三角区域经济一体化的历史进程与动力结构》(《学术月刊》2008年8期),而讨论长三角一体化与区域文化认同关系的则有李明波《长江三角洲地区文化认同的历史与现状》(《华东理工大学学报》2005年第1期)等文章。

另外,也有学者从纯粹历史学的角度出发对历史时期长三角区域内部的整合、转型等问题做了一些局部的、个案性的探讨,如洪焕椿、罗仑主编的《长江三角洲地区社会经济史研究》(南京大学出版社1989年版)作为一部学术论文集,对历史上长三角(江南)地区内部的农田水利、农业经营、商业网络以及长三角地区的经济优势等作了初步的分析,再如范金民的《明清江南商业的发展》(南京大学出版社1998年版)则对明清以来江南地区的商品生产、商品市场、商品流通等问题做了较多的阐释。以上若干著作在史料运用、观点阐释等方面都较有新意,对于我们理解长三角地区融合发展机制的历史轨迹有一定启发。但总体来说大多仍然停留在就历史论历史的层面,缺乏用历史经验指导现实的意识。

因此,整体而言,对于历史上的江南直至现当代长三角地区融合发展的完整历史脉络,学术界至今还没有作过深入系统、丰满翔实的研究,更很少引起相关决策咨询研究者的注意。

正因如此,围绕经济、社会、文化等多方面发掘,从历史上长三角地区融合的角度整理其中的历史经验,架设起历史与现实的桥梁,为当代长三角社会发展提供具有学理性、实践性、前瞻性的研究成果,相信可以对长三角社会融合发展有所助益。

二 从江南到长三角:长三角区域的沿革与区位特征

长三角作为一个地域空间概念的出现并不是从来就有的,从地理环境来看,所谓长江三角洲本指以长江入海而形成的冲积扇平原所涵盖的江苏、上海、浙江以及安徽的部分地区,而这一地区的核心区域事实上就是历史上的江南地区,因此历史地看,要讨论长三角的发展历史,就必须先对江南区域的发展有所关注。

江南一词,在历史学界,对于其区域界定历来有着众多不同的观点,但是如果我们从历代设立的与江南相关的政区入手观察,或许能够更清楚地对历史上关于"江南"观念的变迁有所了解，进而能够对江南的核心区域有所体察。江南第一次作为行政区划名称出现并得到延续是在唐代，史载唐太宗贞观元年，设江南道，囊括了今长江以南，南岭以北，西起四川、贵州，东至海滨。开元二十一年，江南道一分为三，即江南东道、江南西道与黔中道。其中江南东道包括今苏南、上海、浙江、福建以及皖南部分和赣东北地区。[①]肃宗乾元元年（758年），江南东道又析分为四道，其中浙西道统辖今苏南、浙北、上海等地。北宋改道为路，设有江南东西两路，其中江南东路辖一府（江宁）、七州（宣、徽、江、池、饶、信、太平）、二军（南康、广德），大致包括今南京、皖南、赣东北部分地区；在今镇江以东的苏南、上海、浙江地区设两浙路，建炎南渡之后又分为浙东、浙西两路。其中浙西路包括临安、平江、镇江、嘉兴四府，安吉、常、严三州，江阴军，也就是环太湖的苏南、浙北及上海地区。[②]

清顺治二年（1645），将明朝的南直隶改为江南省，辖区包括今江苏、上海、安徽三省市。顺治十八年（1661），江南省设左、右布政使，左布政使驻江宁，领有今安徽及苏北地区共九府四州，右布政使驻苏州，领江宁、镇江、常州、苏州、松江五府，这为江南分省迈开了第一步。其后江南省又增设巡抚、按察使各一员，划区分管。至乾隆二十五年（1760），江苏、安徽分省最终确立，江苏因事务繁剧，又增设藩司一员，"将江、淮、扬、徐、海、通六府州分隶江宁藩司管辖，苏、松、常、镇、太五府州分隶苏州藩司管辖"[③]。

考察上述行政区划的变迁情况，我们可以发现，历史上与江南相关的行政区划设置虽然屡有变迁，但是其核心区域却总是包括在内，这一核心区域从行政区划上看，就包括今天的苏南、上海、皖南以及浙西、浙北地区。而如果从地理形势上加以考察，可能会显得更加清楚，事实上作为整体的区域空间结构，江南地理呈环形梯级分布：西边和西南边沿缘饰着山丘，有宁镇山脉、天目山、黄山、莫干山地，山体一般在700米以上；中部核心地带是苏南平原和杭嘉湖平原，地势低平，以太湖为中心，呈浅碟

[①]《旧唐书》卷40《地理志三》，中华书局1975年版，第1583—1601页。
[②]《宋史》卷88《地理志四》，中华书局1975年版，第2173—2177页，第2186—2192页。
[③]《清高宗实录》卷619，乾隆二十五年八月己亥。

形，一般海拔 2.5 米；介于高低层级之间的是垄冈高地，从北部沿海而西而南而东，连属成环。整个江南以太湖为枢纽，上纳山地之水，倾注入太湖，下泄至东海。这就是构成今天长三角发展基础的历史上江南的核心地带。

当然，对于这一区域我们不应该仅仅从行政区域与自然地理的角度来进行考察，而更加应该关注到其经济与文化的内涵，正是在这一点上，才更能体现出历史上的江南与今天的长三角两者间割不断的历史承继关系。

唐宋以前的江南地区，相对于北方而言，其在经济与文化上的相对落后是毋庸置疑的，而到了唐宋时期这一情况开始发生改变，特别是随着京杭大运河的开通，江南内部的沟通得到加强，可以看到今天长三角内部的一些重要城市如镇江、常州、无锡、苏州、嘉兴、杭州等城市，都分布在这条运河岸旁。而自唐代后期以来，江南的粮食物产便源源不断地通过大运河向北方运送，而这一过程一方面加强了江南内部各城市之间的联系，另一方面亦加大了当时相对落后的江南地区接受北方先进文化辐射的力度。因此，可以说大运河的存在第一次奠定了江南地区内部网络联系的基础，同时也初步造就了江南地区对外开放的基本性格。

不过，正如日本学者斯波义信指出的，迟至宋代的江南也只是处于其周期发展中的"始发阶段"（burgeoning stage）。[①] 实际上到唐宋以后，江南地区的经济社会发展才进入了一个全新的阶段，驯致 16 世纪以后，更是到达了历史的高峰。如果说，此前沟通南北的运河在江南区域发展中扮演了至关重要的角色的话，那么，到了明代中晚期以后，沟通东西部的长江所起的作用开始变得越来越大。

与此同时，随着 15 世纪末 16 世纪初的地理大发现，打破了当时世界各地的隔绝状态，"开拓了世界市场，使一切国家的生产和消费都成为世界性的了"[②]。武装走私的海商将江南地区卷入了世界市场与贸易体系之中，在当时江南的对外贸易格局中，以太仓的刘家港为中心，以徽州海商为中介，江南的各类物资源源不断地输往海外，江南区域的对外开放性于

---

① ［日］斯波义信：《宋代江南经济史研究》，方健、何忠礼译，江苏人民出版社 2001 年版。

② 《马克思恩格斯全集》第 23 卷，第 167 页。

此得到了进一步的彰显与奠定。

至16世纪后，随着商品经济的进一步发展，在江南、华南、华北和长江沿岸的华中地区，形成了日益密切的市场网络，至迟到18世纪初，全国市场的架构已基本完成。清代前期的全国市场，是由三条主要商业网络所构成的：一条是由长江中下游航道为干道组成的东西向国内网络，一条是由京杭大运河、赣江、大庾岭商道为干道组成的南北向国内网络，另一条则是由东北到广州沿海的海运网络，以此三条商业网络为主轴，构成当时的全国市场。[①] 而这三条商道恰好交汇于苏州地区，苏州也就自然而然地成了这张商业网络的中心。

苏州伴随着海内外商业贸易发展的崛起是江南区域发展史上带有标志性的事件。乾隆二十七年《陕西会馆碑记》赞叹说："苏州为东南一大都会，商贾辐辏，百货骈阗。上自帝京，远连交广，以及海外诸洋，梯航毕至。"[②] 由此可见苏州作为全国商业之中心，其繁盛局面已经非一般城市可想颉颃的了。因此，近代以前，江南内部的整合与网络联系正是以苏州为中心展开的，而现代所谓长三角的概念在这一阶段也粗具雏形。

不过这一局面到了近代开始发生改变，苏州逐渐由江南的中心转变为上海的腹地。这一变化的转折点是与太平天国运动在江南的发展紧密联系在一起的。在这场战争中，苏州受到了沉重的打击，据同治《苏州府志·田赋二》的统计，道光十年（1830）苏州府共有"实在人丁"为3412694人，经过"庚申之难"，同治四年（1865）苏州府的"实在人丁"锐减至1288145人，净减2124549人，这还不包括妇女、儿童和老人。简单地讲，在太平天国战争中苏州人口损失了约三分之二。人口大量死亡的结果就是耕地荒芜，工商业萧条。

与苏州所遭到的破坏相比，上海却以不可思议的速度繁荣了起来。1860年，太平军挺进苏常，江南的缙绅商贾大规模逃入上海租界，以致租界人口激增至30万，1862年又增加到50万，一度曾达到了70万。因之，有人估计1860—1862年，至少有650万银圆的华人资本流入租界。

[①] 邱澎生：《由苏州经商冲突事件看清代前期的官商关系》，《台湾大学文学院编（文史哲学报）》1995年总第43期。

[②] 《明清苏州工商业碑刻集》，江苏人民出版社1981年版，第331页。

在某种程度上说，正是战争意外地推动了上海租界的飞速发展，从此以后，租界开始由上海城外的荒芜弃地变成了上海城市的中心，上海在江南的地位也随之改变，它不再是松江府下的一个普通县城，而是中国最大的贸易中心，远东国际商港。"从1860年代开始，上海迅速繁荣，并取代苏州和杭州，成为江南新的中心城市和长江三角洲地区社会经济发展的龙头。这种取代，是现代城市对传统城市的取代。因此，苏州、杭州的衰落和上海的崛起又代表了一个时代的结束和另一个时代的开始。"[1]

正是随着上海对苏州的取代，现代意义上的长三角地区才最终得以形成，从19世纪50年代开始，上海就成了中国最大的对外贸易中心城市，而这一地位正是建立在长三角广袤腹地基础上的，随着上海的发展，在中心城市的辐射下，一方面长三角内部的网络联系更趋紧密并且得到不断的扩展，另一方面长三角腹地城市也正是通过上海将自己与海外市场紧密地联系在了一起，进一步塑造了其开放的性格。

从太平天国运动到今天，上海一直延续了其作为长三角中心城市的地位，在现代化的条件下，当前长三角的内涵、发展道路等正在发生深刻的转变，但是区域发展既有的"路径依赖"却仍然将使我们对16世纪以来江南区域及长三角内部的整合与开放问题的研究有其启示意义。

三 16世纪以来长三角整合发展的若干模式探讨

（一）苏州时代：内部整合的两种类型

正如我们已经阐明的，16世纪以后直至近代，苏州一直是江南的中心，因此也就自然而然地成了其内部整合的中心点所在。前近代时期，正是以苏州为中心，因着各种条件的差异，在当时的长三角形成了不同的内部整合方式，在此，我们主要分析其中主要的两种类型，亦希图由此而见一斑。

1. 由边缘向中心的整合：徽州与苏州的个案

如果借用我们在上文中对江南所做的地理界定，徽州无疑是处于这一地理范围的边缘地区，但是，正是在这里，自16世纪以后，产生了著名

---

[1] 周武：《太平军战事与江南社会变迁》，《史林》2003年第1期。

的徽商，为近世中国社会经济的发展留下了浓墨重彩的华章。而徽商之所以会产生，正是与作为江南边缘的徽州与作为江南中心的苏州两者之间的整合与互动紧密联系在一起的。

虽然说一为边缘，一为中心，但苏州与徽州的直线距离并不算太远，仅为270余公里，应该说是相邻而方便的。只是因为地理条件所限，两地陆路交通极其不便，《徽商便览·徽州总论》指出："惟万山环绕，交通不便。大鄣昱岭雄其东；浙岭五岭峻其西；大鳙、白际互其南；黄山、武亭险其北。路皆鸟道，凿险缒幽。"① 因此，水路就成了两地互动的主要通道。但徽州的河流与苏州不同。苏州的水平缓、四季盈盈，而徽州的水湍急、季节性强。由于徽州地势高峻，"天目于浙江之山最高，然仅与新安之平地等"②，徽州的水有高屋建瓴之势，滩高流急，从而形成难进易出之势。徽州至苏州的水道有二：北可由青弋江至芜湖，顺长江而下，在镇江入运河，南抵苏州。东由新安江至杭州，再转入运河至苏州。千百年来徽州商人不避艰难，或攀行于山间鸟道，或挽舟逆水而行，络绎于徽州的道上，将徽州与苏州沟通起来。

苏州与徽州两地自古以来就有密切联系。据《新安名族志》载，有陆、朱、张、叶四姓的始迁祖分别于唐、宋两代由苏州迁入徽州。苏州四大名族中，除顾姓外，陆、朱、张多有迁居徽者。另据语言学者对徽语的田野考察，北方移民多由吴地或经由吴地沿新安江进入徽州，③ 给徽州带来中原及吴地的文化。可见，苏州、徽州最先的互动是由北向南互动的继续，是在江南范围内的由东向西的互动。

而由徽州乡村向苏州都市的自西向东的移动，则稍迟于东西向的移动。其原动力则为经济要素。"徽介万山之中，地狭人稠，耕获三不赡一。即丰年亦仰食江楚，十居六七，勿论岁饥也。天下之民，寄命于农，徽民寄命于商。"④ "今邑之大众几于汉一大郡，所产谷粟不能供百分之一，安得不出而糊口于四方也。谚语以贾为生意，不贾则无望，奈何不亟

---

① 吴日法：《徽商便览·徽州总论》。
② 归有光：《震川先生集·汉口序》。
③ 曹志耘：《语言学视野下的新安文化论纲》，载《95国际徽学学术讨论会论文集》，安徽大学出版社1997年版。
④ 《休宁县志》卷7《汪伟奏疏》。

呕也。""吾邑之不能不贾者,时也,势也,亦情也。"① 最早关于徽人经商的记录是西晋。许承尧在《日新录记徽俗二则》一文中说:"《知新录》云:徽俗好离家,动经数、十年不归。读司马晞传有云,晞未败时,宴会辄令娼妓作新安人歌舞离别之辞,其声甚怨。后晞果徙新安。则知此风自昔已然。盖新安居万山之中,土少人稠,非经营四方,绝无治生之策矣。"②

此后,徽州人外出经商者不绝如缕。南宋建都临安,徽州商人得到一个较大发展的机会。至明清时期,大批徽州人开始由农村迁往市镇,由山区迁往平原地区。万历年间盐政改革,实行票盐制,徽商垄断淮盐与浙盐两大盐场,积累巨额资本,这为徽州人进军江南经济、政治、文化中心——苏州,从而形成两地密切互动创造了条件。明唐寅《阊门即事》云:"吴阊到枫桥,列肆二十里"。阊门外二十里的街市,是苏州最繁华的商业区,也是徽商的天下,苏州与徽州互动的力度前所未有地加强。

苏州与徽州两地的互动,是由徽商充当媒介的。因此,考察徽州商人与徽州家族向苏州的移徙,以及他们在定居地发展及其与家乡的长久联系,是我们探讨两地互动必不可少的环节。大阜潘氏原是徽州商贾世家,清初徙入苏州,经过百余年的发展,至乾嘉以后成为苏州势力最为煊赫的科第世家、官宦世家、积善世家,同时还是晚清苏州酱园业的行业领袖。而那些留在大阜以及后来由苏州迁回故里的潘氏族人则日渐式微,生活困窘。大阜潘氏分居徽苏两地,尽管往来不断,互有影响,但由于徽苏两地自然环境和社会环境的巨大差异,两地家族的发展结果却有天壤之别。通过对徽苏两地潘氏家族的迁徙过程和互动形式的考察,我们可以发现,明清时期徽州与苏州乃至其他地区的家族迁徙及其文化互动具有如下特点:一、徽州家族的迁徙主要是经商的形式向外迁出,徽商尽管也大量回流到故里,但仍有不少徽商滞留在外,而这些滞留在外的徽商往往就是徽商中精英人物,他们对苏州的经济发展和文化繁荣做出了重大贡献;二、与徽商大量外流相比,徽州由于特殊的自然环境和社会环境,外地人流入徽州的极少,因而徽州与外地之间的家族迁徙和人口流动主要表现为单向性的

---

① 万历《歙志·货殖》。
② 许承尧:《歙事闲谭》卷26。

外流，地域间的互动主要是通过徽州人自己来实现。徽州人在促进了异地繁荣的同时，却不断地借助于资金的回流，将宗族意识输回故里，在徽州建宗祠、编宗谱、立义庄、修族墓等，从而保证了徽州社会的相对稳定和持续静止状态，进一步扩大了徽苏两地社会发展的差距。所以，在徽州与苏州的互动中，徽商的资本就像一把双刃剑，在两地各自产生了不同的效果。

正是在互动的基础上，两者之间产生了相互作用：在经济上，苏州是江南的经济中心，并孕育资本主义萌芽；财力雄厚的徽商将巨额的商业资本汇聚到苏州，大大增强了苏州的活力。在社会发展上，苏州随人口和经济发展，经济结构渐渐变动，承接着传统的经济优势，自发、缓慢地发生社会转型，徽商的经营活动客观上推动着苏州等地的社会转型。徽商在苏州异常活跃，获取大宗商业利润。其商业利润输回徽州，却加固着徽州宗族社会的旧秩序；徽州由于宗族制度普遍存在，束缚了社会转型。在文化上，苏州和徽州都是儒学发达之地，清代又以吴学和皖学相对峙，教育、科举昌盛，人才辈出。徽商把苏州等大都市的经济文化信息和生活方式输入徽州，使徽州社会经济发生变动；同时，徽商把徽州深厚的宗族制度和文化带到苏州等大都市社会，凝入经济和社会生活之中，一些徽州的精英也在苏州定居下来。

而两地整合的最高层次就是文化上的相互认知。苏州在徽州人的心目中是美好的，"沈归愚《国朝诗别裁集》选歙人诗，……其论吴茵次诗则赏其《虎丘酒楼》句：'七里水环花市绿，一楼山向酒人青。'谓'写山塘风景如画'"①。苏州不仅有虎丘、山塘的如画风景，还是徽州人的淘金地。徽州人在苏州经商，以儒商自居，讲究以义取利的长久之道，但良莠不齐，不免有欺诈和刻薄的行为，引起苏州人的反感。所以徽商力图改变苏州人对徽州人的认知。士大夫是社会舆论的中心，徽商在苏州十分注意与文人的交游。歙县潘之恒，经商苏州，"以文名交天下士"②。婺源李贤，"乐与贤大夫亲，故随所在，吴士大夫咸愿与之游"③。徽商与文人相

---

① 《歙事闲谭》卷12《沈归愚评歙人诗》。
② 汤显祖：《汤显祖集》卷41《有明处士潘仲公暨吴孺人合葬志铭》。
③ 《明清徽商资料选编》第168页。

交而相知，这对他们融入苏州社会和经营活动是很有好处的。徽州文人汪道昆一语道破了其中的好处，指出："其（休宁商吴用良）出入吴会，游诸名家，购古图画尊彝，一当意而贾什倍。"① 此外，如归有光、王世贞、王世懋兄弟、焦竑、陈子龙、冯梦祯、陈继儒、茅坤、吴伟业、钱谦益、汪琬、钱大昕辈都为徽商撰写过充满理解、又不乏褒美之辞的墓志铭。苏州人与徽州人相互的认知越深，则相互吸引力越大，两地的整合也越易成功和顺畅。

在苏州与徽州互动的过程中，大量的徽商散落在苏徽两地间的市镇，他们的经营活动造成了"无徽不成镇"的局面，徽州的坐贾行商穿梭于江南的中心与边缘，由点到面地整合着江南的都会、市镇、乡村，从而编织成一张硕大无比而又极其繁荣的商业网络。

但是，总体而言，明清时代苏州与徽州之间的整合关系充分体现了长三角地区早期一体化的一些特征：第一，是商业资本的单向流动性，具体而言就是商业资本总是从徽州流向苏州，从边缘流向中心，尚未形成双向的资本输入输出机制；第二，与第一点相对应的，就是区域整合的结果只是促进了商业资本流入地，也就是苏州地区的早期社会转型；第三，对于资本输出地徽州而言，固然会有利润的部分回流，但其最终指向的却是进一步凝固了当地的传统社会秩序。

2. 长三角融合过程中的市镇：苏州盛泽的个案

盛泽镇地处苏州吴江东南部，地理坐标东经 120°40′，北纬 30°54′。作为一个市镇聚落，它在行政区划上隶属于苏州吴江县；在区域经济关系上是江南蚕桑丝织业专业市镇群中的重要一员；从整体性区位意义来说，它又居于具有深厚经济社会文化积淀的江南核心区域之列。

16 世纪前后，全国各地商品化作物种植的专门化与地域分工皆呈现出日益明确的趋势。江南地区除太湖东南岸一带成为主要的蚕桑区之外，苏松一带的棉花种植也居于全国领先地位，农业结构已经由单一式转变为多元化，乃至出现了蚕桑、植棉压倒稻作的现象，这一变化还与手工业有着部分的结合，在乡间兴起了丝织业与棉纺织业。显然，绝大部分丝绸与半数以上的布匹都不可能在乡间自行消费，其商品化与生产的专业化倾向

---

① 《太函集》卷五十二《明故太学生吴用良墓志铭》。

日趋显著。然而，尽管蚕桑丝织业与棉纺织业可以给农户带来远胜于单一务农的收益，但人口日益稠密的江南地区因田亩面积下降，产粮区收缩等一系列因素导致了粮食供应的紧张。因此，16世纪以来，整个江南地区生丝、丝绸与棉花、棉布的对外输出与大量的粮食购入构成了对外经济交往的内在需求趋向，从而在推动了该地区商品交换兴盛的同时，促进了区域性经济、社会、文化的整合。

这构成了16世纪以来盛泽崛起的重要背景，但是作为一个身处蚕桑区却不宜农桑的小渔村兼定期集市，它的崛起过程又是与周边地区的整合联系在一起的，主要可以体现在以下几个方面：

首先，在技术支撑层面，盛泽丝织业的兴起源于技术的引进。"绫绸之业，宋元以前，惟郡（苏州）人为之。至明熙宣间，邑民始渐事机丝，犹往往雇郡人织挽。成弘而后，土人亦有精其业者，相沿成俗。"[1] 正是在郡城苏州丝织业的辐射影响之下，盛泽这个明初的小村落才得以凭借丝织业的兴盛而迅速发展，成市升镇，富甲一方。除了苏州人"手把手"地教会盛泽、黄溪四乡农户丝织技术外，以"包头绢"为主打丝织品的双林，在距盛泽近两日内的水程；因出产"濮绸"闻名天下的濮院距盛泽50里；擅织大环锦的新塍仅与盛泽相隔30里；另一个长三角区域重要的丝织业专业市镇——王江泾与盛泽只有6至7里之间，它们的丝织工艺与技术无不逐渐地被善于学习的盛泽人所吸纳。

其次，丝织业之所以能够在16世纪以后的盛泽取得迅速发展，更基于其处在长三角蚕桑区中心的优越地理。靠近原料产地的手工业布局使得盛泽四乡丝织业拥有源源不绝的生丝来源。长三角区域最大的两个偏重蚕桑业的市镇网络——乌青与南浔—震泽分别位于盛泽45里、36至48里的水程之内，其部分乡脚更与盛泽的四乡接壤，生丝供应甚至不必经过这些中心市镇的集散，而直接输入盛泽丝市。如震泽镇之乡脚开弦弓村就有航船专线直通盛泽。此外，为了求得质地上好的经纬，盛泽机户还会在新丝上市的时节前往乌青"零买经纬自织"，而乌青镇上又有商贩"贸丝诣各镇，卖于机户"[2]。道光年间（1821—1850），"凡江浙两省之以蚕织为

---

[1] 乾隆《吴江县志》卷三八《生业》。
[2] （清）张园真：《乌青文献》卷三《土产》。

业者,俱萃于是,商贾辐辏,虽弹丸之地,而繁华过他郡"①。

最后,在销售网络方面,16世纪以来,濮院、双林、王江泾与盛泽并立为长三角区域的四大绸市,其中,濮院兴起于宋,元时已经相当兴盛;王江泾"自宋元明以来,望族聚处,蒸蒸富庶"②;以产绢闻名的双林,早在南宋已有收购纱绢的集市——绢巷;与它们相比,明初还只是个小村落的盛泽丝织业起步最晚。但由于它地处长三角中心地带,地理的便利使得吴江县内及嘉兴、湖州府县邻近市镇的丝织品自乾隆年间以后均已到此上市。其中,濮院所出的濮绸就在这时开始经由盛泽转销全国。褚凤翔在其于乾隆十八年(1753)所做的《禾事杂吟》中这样写道:"濮绸新样似西绫,染作宫衫见未曾,一夜北镳来盛泽,机中富贵价频增"。延"至嘉(庆)道(光)后,绸市渐移于江苏盛泽,而濮市乃稍稍衰息"③。双林的包头绢也因与盛泽所产相似却稍逊,而在竞争中渐落下风。因丝绸品种齐全而市易兴盛的盛泽则出现了"机户仰食于绸行,绸行仰食于商客,而开张店肆者,即胥仰食于焉"④的局面。

清代,长期居留于镇市上的客商为了加强同乡之间的团结协作,更好地维护其在丝绸贸易中的共同利益,先后在盛泽设立了金陵、济宁、济东、山西、宁国、宁绍、徽宁共七所商业性会馆。从其馆籍来看,清前期及中期盛泽绸的营销网络以华中、华北为主,包括宁皖平原、长江沿岸,浙闽沿海,太行山两麓及长城内外,甚至部分丝绸经与海商联系紧密的山东商人与徽州商人之手远销海外。另外,随着盛泽绸市对周边各专业市镇丝织品的集散功能日益增强,原先在其四乡及周边地区经营的外籍客商也出现了向镇中心聚集的趋向。比如,据嘉庆年间(1796—1820)徽州府六县与宁国府旌德县商人合建徽宁会馆的碑文显示,捐输钱款者共计55人,不止居留盛泽镇市,更有不少来自新塍、平望、王江泾、黄家溪、谢

---

① 道光《吴江盛泽镇徽宁会馆缘始碑记》,苏州历史博物馆、江苏师范学院历史系、南京大学明清史研究室合编《明清苏州工商业碑刻集》,江苏人民出版社1981年版,第356页。
② 宣统《闻川志稿》序。
③ 光绪《桐乡县志》卷7《物产》。
④ 乾隆《盛湖志》卷下《风俗》。

天港、坛丘、周家溪等周边村镇。①

显然，在明中叶至清中叶的商品化渐进式发展阶段中，以盛泽为中心的丝织业区域正是在技术支撑、原料供应与营销网络三个层面上与周边地区进行着相互的整合并加速了自身的崛起。

到太平天国政权控制盛泽时，由于盛泽绸市未停，各邻近丝织业专业市镇的居民纷纷前往避难。"咸丰十年（1860）双林之有资者，避于盛泽"②，他们大多为丝商，定居后形成丝行中的双林帮，成为盛泽生丝供应的重要力量；同年，"湖州逃难来者，尽至盛泽，人众比平时数倍"③，一批湖州绸商也携资加盟盛泽绸市；"庚申（1860年）之难，（王江）泾成焦土，泾之士商同时避乱迁盛（泽）者，无虑数百家"④，原先以盛泽、王江泾为双中心的丝织业市镇网络，因后者的元气大伤，而重心愈益移聚于盛泽。太平天国战争后延至1880年时，主要战场之一的嘉兴城，大部分仍是一片废墟，城内尚存织机约二千台，但清廷地方官吏每月要向每台织机收税一元，迫使大多数机户携织机迁往盛泽。当时"城内织机不满六台，均织造里子绸"⑤。

至1880年前后，通过战时与战后邻近市镇丝织业向盛泽的聚集，加上在苏州、上海等地原有丝绸销售网络的恢复，以其为中心的丝织业区域经济交往圈基本完成了近代的重新整合。至19世纪末叶，在吸纳了嘉兴、湖州、濮院、双林以及王江泾等城镇丝织业的大部分资金、技术与产品销路之后，盛泽迅速成长为近代长三角区域内最大的丝织业生产与销售中心。19世纪末至20世纪初，盛泽"绸行大者，曰广庄……绸之行销最广者，为四川、江北、长沙、汉口等处，而以广东为大宗。行销大率皆由沪出口，绸装船逐日运往。其银钱咸汇嘉兴，由盛泽班轮船午后运至而发庄。资本稍轻之绸行，曰下院庄……专销内地"⑥。通过如此庞大的销售

---

① 道光《吴江盛泽镇徽宁会馆缘始碑记》，苏州历史博物馆、江苏师范学院历史系、南京大学明清史研究室合编《明清苏州工商业碑刻集》，江苏人民出版社1981年版，第356—357页。
② 民国《双林镇志》卷18《户口》。
③ 光绪《吴江县续志》卷38《杂志·纪兵》。
④ 同治《盛湖志》序。
⑤ The Maritime Customs, *Special Series*: *Silk*, Shanghai, 1917, p. 80.
⑥ 《江苏省实业视察报告表·吴江县》，第137页。

网络，盛泽及其邻近城镇出产的丝织品，对外销往朝鲜、南洋、印度以及欧美，对内则遍及粤闽地区、长江沿岸各口、江浙各县乃至京津一带。①

有学者曾经指出，徽州在向苏州整合的过程中，形成了所谓"大徽州"与"小徽州"格局，那么，在盛泽与周边地区整合的过程中，同样也出现了类似的"小盛泽"与"大盛泽"的局面，小大之间，正体现了江南内部的网络构成与对外开放性格的张扬。当然，由于具体地理人文区位的不同，盛泽的方式与徽州又略有相异，大致来说，所谓"小盛泽"本身是苏州作为江南中心辐射的产物，而在此基础上，它能够抓住机遇，吸引江南各地的商人，如盛泽最早的会馆是由金陵商人于顺治年间（1644—1661 年）捐建的，位于镇南西肠圩的三义殿（即关帝庙）内。同时它又能够及时地整合周边地区，从而在竞争中胜出，不断扩张，最终成就了"大盛泽"的局面。

（二）长三角在近代的进一步整合与扩大：南通模式的意义

南通地处长江以北，本来并不在传统的江南地域范围之内。它的发展其实是与近代以来上海的崛起紧密联系在一起的，考察南通早期现代化的发展模式，对于我们了解近代以来以上海为中心的长三角的进一步整合与扩大，有着重要的启示意义。

南通的早期现代化发展是近代中国地方现代化的一个理想模式，它的出现看似是孤立的，或者说是与张謇个人的理想与作为是分不开的。张謇以"治国若治圃""点石成苔，皆有布置"的精神，经过近 30 年的努力，构筑起一个"新新世界的雏形"——"南通模式"。在当时满眼现代性荒漠的中国，它是一个十分引人注目的现代化"盆供"。这一"儒家千年王国"的现代再现，曾被清政府、以后又被北洋政府誉为"模范"。

南通模式由以下自成体系的内容构成：一是以大生纱厂为核心，建立以棉纺织为主体，包括工业（冶铁、供电等）、手工（磨面、榨油、罐头等）以及交通运输、金融贸易等企业；二是以通海垦牧公司为起点，建立以淮海垦殖为主体，包括大有晋、大丰、中孚等 20 余个垦殖公司和农会、水利会、棉业实验场、天生果园等棉农事业；三是以通州师范为核

---

① 周德华：《吴江丝绸志》，江苏古籍出版社 1992 年版，第 368—369、363 页。

心，建立以师范教育为主体，包括高等教育、普通中学、小学、专门技艺学校、职工学校以及幼稚园、教育馆等教育机构和设施；四是以南通地方社会福利为中心内容的各类事业——医院、图书馆、博物馆、气象台、公园、残废园、育婴堂、养老院、警察传习所、伶工学社、更俗剧场、栖留所和模范监狱等。五是建立地方自治制度，即形成"乡里士夫"，人人奋起，各自效力于地方，为地方做几件实事，从而建立一个"自存立，自生活，自保卫"的人民安居乐业的新村落。

南通模式起初是在一个相对封闭的环境下逐渐形成的。以大生纱厂为例，它创建之初所依靠的就是南通的小市场。张謇在经营乡里的时候，就已经看到，在南通传统的土布生产销售过程中，专营收购运销业务的布庄也纷纷兴起，并且形成一定的市场分工。有所谓县庄，专销里下河各县；京庄，专营南京业务；关庄，则从事远销山海关外。张謇极为重视与这些花布商建立密切的联系和合作。在大生纱厂初办时，他就注意运用市场机制，通过花商，就地购棉，就地销纱，利用当地棉花种植与农村家庭手工棉纺织业的传统优势，形成原料供需关系，使纱厂的生产经营与农村植棉业、手织业有机结合起来。特别是在纱厂资金短缺，处于生死存亡的关键时刻，张謇就是通过这些花商，采取了"尽花纺纱，卖纱收花"的方法，维持了纱厂的生机，进而促进了纱厂的发展。通州大生纱厂等工业企业又运用市场机制，通过布商，与众多农户产生经济联系，形成产品的供需关系，农村土布生产的扩大，需要商人去开拓市场，从而，形成了南通自成体系的小循环市场。

不过，所谓孤立、封闭也是相对的，事实上，南通模式之缘起，并不完全是"儒家千年王国"的理想，更为重要的是以张謇为首的地方绅商对西方文明的接触以及上海近代化对南通区域的辐射和影响。上海的辐射作用对于长三角地区的城市近代化至关重要。近代以来，大量的外国进口商品、上海本地的产品，以后又发展到上海的资金、优秀的人才、先进的技术、信息等，源源不断地向以南通为代表的附近第二市场体系传递、渗入、扩散，成为这些城市发展的主要外部推动力。这些城镇与上海之间在资金融通、科技传播、商品产销和人员往来等方面，逐步建立起较为密切的互动关系。南通与上海之间的互动和整合关系也随着南通现代化的发展而逐渐强化。

这种整合表现在以下几个方面：首先，张謇充分注意到上海作为中心城市，在资金集聚、技术传播、人才荟萃、内外贸易渠道等方面所拥有的无可替代的优势，他十分重视利用和发挥这些优势，用以催生和推动他在南通诸多近代企业的创办和经营；其次，南通模式发展的过程也是其与上海之间经济的交流和互动的过程，如大生纱厂建厂初期的劳动力，绝大部分来自附近的农村，而技术骨干则主要招自上海；最后，两地互动的结果就是进一步从各个方面加强了区域间的整合，一个突出的例子就是由于大生系统企业均与上海有着密切的联系，有些工厂如大生纱厂就直接在上海设分厂，这就直接推动了张謇创办南通与上海之间的近代航运业，方便了两地的交通，为南通进一步融入江南的长三角地区提供了更为便利的条件。

总之，尽管南通模式是在一个相对封闭的地域自身产生的现代化，但由于这场运动的领导人张謇个人的经历以及西方文明对他的影响，这一模式却得以整体推进、协调发展，呈现出起步早、起点高、发展速度快等特点。特别值得注意的是，南通区域现代化在形成了一个次级中心地后，逐渐向周边地区扩展和渗透，并不断加强与沿海中心地上海的联系，接受其强大的经济辐射，使两地在经济上互为呼应。上海与南通区域经济社会之间的整合发展，使地处江北的南通成为长三角区域的一个重要组成部分。这是近代上海成为长三角中心城市以来在长三角区域内部扩张性整合的一个典型。

四 关于长三角整合过程中文化作用的思考

16世纪以来长三角经济社会的整合作为一个自发的过程，在其步步推进的背后，经济的力量无疑是重要的原动力之一。但是，仅仅有经济层面的整合是不够的，我们要研究的长三角的整合，同样也应该包括文化的整合。只有有了文化与社会层面的整合，长三角的发展才可能走向纵深，处在长三角经济社会整合第三阶段的我们对此必须要有清醒的认识。

我们在此提出所谓长三角文化，从源流上考察，或许应该包括以下三个层面的内容：

一是吴文化。传统时代，吴文化是江南文化的主体，它是泰伯奔吴，带来了中原文明，与本地文明杂交而生成的，本身就是黄河文明与长江文明的结晶，因此天然地具有一种内在的、自觉的开放意识。在春秋时代，吴文化又带有一种粗犷的个性，经过六朝唐宋时代的浸染，愈益变得精致，至晚明以后而臻于鼎盛。当时的苏州就是吴文化浸润而成的结晶。这样一种精致的文化，代表了帝国时代文化的最高成就，因此自然也是人们争相效仿的对象，文化的吸引力是当时长三角内部整合的重要动力之一。

二是商业文化，或曰商帮文化。16世纪以来，在长三角的不同区域产生了若干著名的商人群体，明清时代影响最大者有徽商，后来又曾相继产生过洞庭商、宁波商、锡商等，这些商帮群体的出现，不仅对中国商业文化影响巨大，同时蕴涵在他们身上的商业精神也同样是长三角文化的重要组成部分。这样的文化首先是一种在夹缝中求生存，勇于任事的文化，如徽商就是从长三角边缘的山区走出来的，有一种不屈服于自然环境，坚忍不拔的精神；这样的文化还有抢抓机遇，勇于尝试的特征，如近代以来在上海叱咤风雨的宁波商人，就是因为其抓住了上海开埠的机遇，积极投身于各类贸易活动中，不保守，常进取，才成就了他们在当日上海之辉煌。

不过，无论是吴文化还是商帮文化，也都有着他们自身的弱点。如本质上作为士大夫文化的吴文化，虽然精致，但在根子上却同样难以摆脱明清以来中国文化整体过于内敛的个性，进入近代社会以后，它显然已经不合时宜。而商帮文化又往往不够大气，同时各商人群体间也有着较强的畛域之见，这些同样是与长三角的整合相背道而驰的。

于是，近代在吴文化与商帮文化的基础上，所谓海派文化应声而起。海派文化自然最先发源于上海，近代上海是中国的主要文化中心和东西方文化交流中心，也是长三角的文化轴心，海派文化就是以上海为核心、长三角其他主要城市为重要支撑点的文化。其形成事实上也包含了长三角各个城市之间的互动与文化的相互输出。与传统的吴文化相比，海派文化无疑更多了一些务实与灵动的特征，但这毕竟是一种在被迫开放条件下形成的文化，自然又带上了时代的烙印，尤其在处理传统文化与外来文化的关系上往往显得过于生硬。

改革开放特别是20世纪90年代以来，海派文化又获得了新生，或许可以称为是新海派文化。在新的历史条件下，这种文化事实上是正在将以前的海派文化与传统时代的吴文化、商帮文化杂糅起来，与上述三者相比，其外在形式、内涵、实质等均已经发生了很大变化。一方面它传承了自吴文化与海派文化以来的开放性格，但它的主动性更强，强调在改造和创新的基础上接受外来文化；另一方面，在开放的基础上，它也继承了吴文化强调精致、闲适的品格，以人为本，努力实践人性化的回归。

我们认为，这样一种精致而开放的文化在未来仍然会有其进一步发展的空间，在长三角进一步发展的过程中，诸如共赢的理念、程序规范的意识、更加开放的气魄等必将进一步丰富它的内涵，它也已不仅仅是苏州的文化，也不仅仅是上海的文化，而是可以称为长三角文化，它将成为长三角内部的共同文化，成为中国特色社会主义文化的典型，在长三角的一体化过程中发挥更大的作用，也将为中国乃至世界文化发展放一异彩。

五　历史视野下长三角整合发展的若干经验

经过 16 世纪以来的内部整合与外部开放，到 20 世纪初，以上海为中心的长三角核心区域已经基本成型。此后，由于种种原因，这一进程一度中断，直到改革开放之后，才又重新启动，并在全球经济一体化的浪潮中焕发了新的生机。回顾数百年来的长三角整合之路，我们完全可以在历史与现实之间找到相互的勾连，并从中获得经验和启示。

第一，长三角整合过程中中心城市的地位越来越重要，中心城市对周边地区，对整个长三角地区的带动、辐射作用必然会越来越明显，对此必须加以重视，建议有必要进一步完善以上海为中心的长三角城市群联络机制。

在 16 世纪以来长三角整合的历史过程中，曾经相继形成了苏州与上海两个中心以及若干个副中心。在苏州时代，苏州虽然可以被视为长三角的中心城市，但限于资本、人员流动等方面的限制，它对周边地区的带动作用还是有限的，这一点我们在上文通过苏州与徽州之间整合关系的探讨已经详加指出。近代以来，上海逐渐崛起，并替代苏州成为长三角新的中心城市，随着交通、对外贸易等各方面条件的变化，近代上海的辐射力已经大大加强，远非明清时代的苏州可以比拟。

而在新一轮的长三角整合过程中，上海作为长三角中心城市的地位得到了进一步的强化。当代长三角新一轮的整合曾经有过曲折，如 20 世纪 80 年代，就一度有过设立上海经济区的设想与措施，但最终却没有成功。直至 20 世纪 90 年代，随着经济的进一步发展，各城市间的联系不断增强，其相互整合的愿望也变得越来越迫切。20 世纪 90 年代上海明确提出了大都市圈概念，认为上海的发展有赖于融入长三角经济一体化的战略，在整体的发展中，进一步明确自身的定位，以更加开放的心态与上海以外的城市，特别是长三角地区的城市合作，加速经济发展。在这一轮一体化过程中，上海明确了城市定位，即要形成未来的国际经济、贸易、金融以及航运中心，成为亚洲经济中心城市。

在这样的目标下，上海作为长三角的龙头，加大了对该地区经济发展的辐射力。其主要表现一是利用自身的服务业优势服务于长三角地区，即在金融、贸易等领域与长三角地区加大合作力度；二是随着四个中心目标的确立，上海的部分制造业开始向周边地区逐步转移；三是政府在一体化进程中开始扮演越来越重要的角色。而就长三角周边城市来说，在这样的情况下也加快了与上海的对接，他们一方面利用上海制造业外撤的机会，致力于成为中国最重要的制造业基地，吸引了大批的资金与人才进驻，另一方面加大了市场培育力度，一定程度上促进了本区域内商品和各类生产要素的自由流动，从而初步改变了以前生产要素从上海到周边城市的单一流动局面。

可以认为，自近代以来，上海作为长三角中心城市的地位至此而愈益彰显，此后在长三角的整合与开放过程中，上海的中心地位一定要得到进一步的强化，同时也要注意培育不同层次的大中小城市和城镇，以方便梯度性地承接中心城市的辐射作用。

第二，在长三角一体化过程中，要进一步加快现代化的交通设施的建设，这是长三角整合的重要基础，同时在互联网时代更要重视现代化信息网络的精准构建。建议密切追踪世界大城市群交通、信息网络发展的最新动向，以利于对长三角地区的相关规划做出最新的调整或补充。

其实，推动历史上长三角地区早期一体化的最初动力之一就是交通状况的日益改善，从运河的开凿到长江黄金水道的形成，没有交通的一体化，长三角的一体化是无从谈起的。早在张謇的时代，他就已经认识到了交通对区域城市联系交往的重要性，因此他当年在积极谋求将南通融入以上海为中心的长三角地区时,重要措施之一就是出资开辟两地的航线。而在现代化的条件下,交通的作用更加显得重要。

我们看到,近年来在江浙沪三省市政府的推动下,长三角区域重大基础设施建设取得了突破性进展,使长三角各地区的区位条件均质化程度越来越高。区域还明确提出要打造2—3小时都市经济圈。一个纵横交错、通江达海的现代化快速交通网,将把"长三角"中心城市、中等城市以及小城镇全部纳入这一都市圈。

同时,必须进一步加快现代化信息网络的精准构建,为长三角内部不同区域之间,以及长三角与外部区域之间的信息交流和沟通,为长三角地区内部的进一步整合奠定技术和物质基础,也为今后长三角地区的一体化发展提供动力,也必将加速区域内部互相认知的过程。

第三,必须要进一步推动共同市场的完善,这是长三角整合的重要手段与目标之一。建议应该确立相关指标体系,对长三角共同市场的建设及其完善程度进行随时的跟踪和分析。

综观当代世界经济的发展,一体化的共同市场的形成已经成为区域经济社会一体化的重要基础。在长三角,近代以前,内部各城市与区域间也有相互频繁的经贸往来,有着众多的商帮、商人穿梭其间,构建起最初的共同市场,但限于交通、信息等方面的条件,显然很难达到今日区域共同市场的高度,这也直接限制了区域内部整合的广度与深度。

当前,在接受上海辐射的前提下,长三角内部的共同市场正在进一步完善。推动长三角一体化的主体力量是市场,是企业,是长三角区域内具有独立市场主体地位的各类市场法人和自然人,各市场主体之间多维度、多层面的广泛的市场交易和经济合作是构成一体化的主要内容。而包括外资、民资在内的各类资本进入长三角更是加快了共同市场的形成,因为,资本的进入完全是一种市场化选择,完全遵循市场规则,由此便可带动长三角地区的有效整合,也抵消了行政区划对资源跨区域配置的阻碍力量,加快推动区域一体化发展。

第四,进一步的,我们要反思行政力量在当代长三角一体化过程中的作用,充分利用"看得见的手"和"看不见的手"两方面的力量来推动长三角的一体化进程。建议在长三角一体化过程中,要适当下放本来属于政府的一些权力,让权、让利于民,让市场的作用得到充分的发挥。

从历史上看，长三角的早期一体化无疑是一个自发的过程，换句话说，也就是几乎完全是民间力量推动的结果，其背后主要的动力来自于商品化以及各类生产要素的跨区域流动的需求，正是这种最原始的需求，这个"看不见的手"将前近代以至近代长三角的内部融合推到了一个很高的高度。

而我们今天的一体化，往往有着政府的整体规划、有着各级政府间的合作机制以及政府的有意撮合等，我们无意否认行政以及制度力量在一体化过程中的积极作用，但是我们必须清醒地认识到长三角的一体化并不能完全依靠规划机械地加以推进，政府部门的"自觉"不应该抹杀的民间的"自发"行为，只有"自发"与"自觉"的结合才能够更好地推动当前长三角的一体化进程。

第五，在长三角一体化进程中，必须重视文化的力量，建议发挥相关科研机构的作用，一方面加强理论研究，比如可以成立长三角历史文化研究会，另一方面则可以通过发掘长三角历史文化内涵，制定长三角文化发展规划，推动相关文化产业的发展，反过来再促进长三角地区的文化认同。

在长三角一体化进一步深入的过程中，历史上形成的吴越文化、商帮文化和海派文化等三种文化应该要不断加以融合，我们要有意识地引导其形成一种新的，更为精致而开放的文化，用诸如共赢的理念、程序规范的意识、更加开放的气魄等来进一步丰富它的内涵，使它超越单纯的苏州文化或上海文化的范畴，而成为一种"长三角文化"，这种文化层面的整合必将引导长三角一体化越来越走向纵深。

结语：长三角一体化的两大特征及其前景

站在21世纪的门槛内，回眺16世纪以来长三角经济社会的整合与发展，其势凡有三变：明代中后期，当着国内商品经济的发展，以长江为纽带，江南内部的东西向互动愈益发展，成就了长三角历史上的第一次内部整合与对外开放时代的到来。驯致近代，随着上海时代的到来，上海取代苏州，成了长三角的中心城市，宣告了一个时代的结束和另一个时代的揭幕。毫无疑问，改革开放以来，特别是20世纪90年代以来的长三角是

16世纪以后最具有活力的，随着世界经济发展进入一体化时期，经济全球化成了不可逆转的大趋势。因应着这样一个趋势，长三角内部的整合与外部的开放进入了一个全新的阶段，而随着最近国家层面一系列政策与规划的出台，再加上长三角地区民间活力的迸发，一个新的时代正在来临。

以上三个阶段大致可以用来描述16世纪以来长三角地区社会经济整合的情况，而在这一过程中又形成了数种不同的整合模式，我们举出了其中的三类加以分析，即以徽州为代表的边缘向中心的整合，以盛泽为代表的中心地本身的整合与辐射，以及近代以南通为代表的主动将自身整合入长三角的例子。

当然，以上三种模式并不能全然覆盖16世纪以来长三角内部整合的全部类型，但是由此却无疑可以管窥数个世纪中长三角发展所具备的一些特征。我们认为，这些特征中有两点是最重要的：其一是长三角内部网络的形成与整合。16世纪时，长三角内部以长江、运河为纽带形成了若干重要的商道，将各个小区域紧密地结合在一起，在此基础上，内部的商业贸易活动又进一步加强了这种联系。近代以来，以上海为中心，这种内部的网络结构更加显得清晰可见，直到如今，长三角更是建立在城市内部网络联系的基础上的，只是其载体又有了新的变化，除了铁路、公路，又有了信息网络的加入，除了传统的整合，又有了新的一体化概念的引入。

其二是对外的开放。纵观16世纪以来长三角历史发展的几个阶段，每一个阶段内部的整合其实都与对外的开放是紧密结合在一起的。晚明时期，广阔的海外市场为江南经济的发展创造了条件，但是在官方海禁的历史条件下，只有靠走私贸易，才使得江南的生产与世界市场发生了联系，这是一种偷偷地开放。而近代以来，列强的坚船利炮轰开了中国的大门，上海成了长三角的中心，实行对外开放，成了近代中国最大的对外贸易中心城市，也因此有足够的能力来整合周边的城市，实现长三角地区新的发展，不过这样的开放还只是一种被迫而无奈的开放。只有最近的一次，才是真正自主的对外开放，建立在主动开放基础上的长三角地区必将能够实现新的飞跃。

文化人才建设需要落实四个转变

陈清华[①]

国以才立，文以才兴。文化人才指的是一定区域内宣传思想文化领域的人才，特别指的是社科理论界、新闻出版传媒界、文艺界、社会宣传界和精神文明建设界从事文化产品生产和服务的各类人才。近年来，长三角文化人才既当宣传员，围绕中心"鼓"与"呼"；又当建设者，站在中心"闯"与"干"，切实发挥了推进经济社会发展的主力军作用，是推动区域文化大发展大繁荣的核心要素和主导力量。本文遵循文化人才的成长规律，系统总结了长三角文化人才队伍建设的经验，剖析了文化人才队伍建设过程中存在的问题，以国际化视野，构建了既符合科学发展要求，又具有长三角特色和时代特征的文化人才队伍建设目标体系，提出了一系列创新文化人才队伍建设机制的对策建议。

一 现状与问题

（一）现状与经验

一方面，文化人才队伍建设呈现出"四个明显提升"的态势。

一是文化人才数量规模明显提升。据南京航空航天大学国家文化产业研究中心不完全统计，截至2008年年底长三角文化及相关产业从业人员367.32万人，到2015年年底增长到621.41万人，年均增长7.8%。截至

[①] 江苏省社会科学院研究员。

2008年年底，长三角文化人才数量为32.04万人，到2015年年底增长到43.02万人，年均增长4.3%。特别是近三年，长三角文化人才总量年均增长6.1%。

二是文化人才梯次建设明显提升。长三角高层次领军人才逐年增加。截至2015年年底，高层次领军人才已达209人。其中，全国"四个一批"人才86人。重点文化人才3038人。其中，享受国务院文化人才队伍建设特殊津贴专家435人。具有中高级职称的专业文化人才34902人，占文化人才总数的8.1%。后备文化人才达11万人，占文化人才总数的25.6%。

三是文化人才贡献率明显提升。自进入"十一五"以来，长三角文化领域从业人员规模不断扩大，文化及相关产业吸纳就业能力不断提高，人均创造增加值不断增加，人力资本对文化建设的贡献率不断提高。如仅人均创造增加值一项，10年就增加了2倍。

四是文化人才创新创业能力明显提升。长三角文化人才创业动力激增，创新活力旺盛，文化改革发展成果丰硕。影视剧创作形成了"江苏现象"和"横店特色"，仅2015年长三角范围内就生产电影71部、电视剧67部2397集、舞台作品104台，《海棠依旧》等影视剧广受观众好评。动漫画原创能力、作品数量和质量全国领先。2015年长三角范围内生产动漫画221部近13万分钟。文化产业年均增长30%以上，2015年长三角范围内文化及相关产业增加值达8820亿元（含个体经营户），平均约占GDP的5.1%。

另一方面，文化人才队伍建设"四个注重"引领文化大发展大繁荣。

一是注重政策创新，引领优先发展。近年来，按照"人才资源优先开发、人才结构优先调整、人才制度优先创新、人才投入优先保障"的要求，"一市三省"市（省）委宣传部、市（省）委组织部和市（省）人事社会保障厅等相关部门先后联合下发了构建文化人才高地和实施高层次文化人才工程等一系列政策文件，明确了长三角文化人才建设的指导思想、目标任务和对策措施。市（省）委宣传部配套出台了开展全市（省）宣传文化系统"四个一批"人才培养工作的意见、文化艺术人才培养引进工程等具体政策，引导推动长三角文化人才又好又快发展。

二是注重高端引领，打造人才"高峰"。长三角着眼培养一批在国内外具有广泛影响的大师名家,重点实施了文化名家培育工程,每年选拔多名文化名家,承担重大课题、重点项目、重要演出,组织创作研究、展演交流和出版专著等活动。市(省)委、市(省)政府评选"社科名家",表彰奖励在文化事业、文化产业和哲学社会科学等领域卓有建树的拔尖人才,在全社会产生了广泛而深远的影响。

三是注重工程推动,锻造人才"砥柱"。"一市三省"均实施"高层次文化人才培养工程",每年给予入选者人才经费补助和重点扶持;实施"四个一批"人才培养工程,每年选拔多名优秀文化人才,发放津贴补助和项目资助;实施"青年文化人才培养工程",每年选拔多名青年文化人才,进行基础培养和战略开发;实施骨干人才专项培训工程,每年组织骨干文化人才赴美国等先进发达国家培训,分批组织多名优秀人才到北大、清华进行研修;遴选一批优秀中青年文化人才赴国内外进行个性化培养。

四是注重整体推进,夯实人才"基石"。长三角各地均依托乡镇(街道)党校、文化站、广电站和社区教育中心,建立基层文化后备人才培训站(所),分类分层组织培训。从本区域内选聘多名高级记者、编辑到高校担任兼职教授,开展马克思主义新闻观教学实践活动,培育德才兼备的新闻后备人才。在2012年全国宣传文化系统干部人才工作座谈会上,江苏省还就基层后备人才教育培训工作作了典型发言。此项工作的经验、做法得到了中共中央宣传部肯定。

(二)问题

一是文化人才数量质量与文化大发展大繁荣的需求不相适应。长三角文化人才只占全部人才总量3259.09万的1.32%,规模偏小,高层次人才偏少,领军人才紧缺,严重影响和制约了长三角的文化改革发展。长三角正处于世界"加工厂"向创意"梦工厂"的过渡阶段,再加上人民群众精神文化需求日益增长,迫切需要大批能够整合产业资本、金融资本和文化资源的文化经营管理人才,需要大批理论功底深厚、专业能力精湛的高层次文化领军人才,需要大批敢担风险、勇于开拓、奋力争先的创新人才。

二是文化人才队伍结构与文化产业转型升级的需求不相适应。从文化人才层次看,中等人才居多,高层次人才偏少。截至2015年年底,长三角具有高级职称的专业文化人才12021人,仅占文化人才总量的2.8%。从区域分布看,上海、南京、杭州和合肥主城区文化人才相对集中,地级市、县(市、区)尤其是乡镇文化人才资源十分薄弱。"一市三省"经济发达地区人才数量相对居多,质量相对较高;而人口数量较大、地域宽广的经济欠发达地区人才数量相对较少,质量相对较差。从行业分布看,长三角文化人才大多数分布在演艺、报刊、广电和出版发行等传统领域,文化创意、文化博览、动漫游戏和数字传输等新兴文化产业以及文化旅游和工艺美术等特色产业人才十分匮乏。这严重制约了长三角文化事业产业的大发展大繁荣。

三是文化人才国际化程度与全球化竞争的需求不相适应。从国际文化发展趋势来看,欧盟等发达国家以文化知识为基础的服务业占GDP的70%~80%,美国占80%以上。数字化时代的传媒汇流趋势促进了文化内容产业与高新技术产业的融合发展。与他们相比,长三角的差距还很大。具有全球视野、战略思维,掌握国际最新、最先进的知识、技术与信息动态,谙熟国际文化产业发展规律,擅长文化产业策划、文化管理、文化经营、文化交流、文化制作和文化经纪的复合型领军人才十分紧缺,难以在全球化竞争中形成人才优势、发展优势,也难以有效地推动长三角文化"走出去"。

四是文化人才投入与文化人才培养的需求不相适应。目前,上海市、南京市、杭州市、苏州市和宁波市等地已经设立了文化人才专项资金,但绝大部分地区尚未设立文化人才专项资金。现有投入大部分都用于人头费和各项工资补贴,文化系统基层单位福利待遇偏低,难以吸引人才、留住人才。文化企业在职人员的职业发展、继续教育的投入普遍不足,文化企事业单位存在重选用、轻培养的现象。这都严重影响了长三角文化人才队伍建设。

(三)原因

一是观念滞后。有的职能部门人才观念陈旧,缺乏开放的视野和现代理念,人才工作管理思维和"官本位"意识较重。在人才政策制定、人才标准设定、人才价值导向上存在偏差,投资上"重物轻人",选用上论资排辈、求全责备。评判标准单一,尊重个性、尊重差异、尊重创新的氛围尚未形成，导致有的地方人才出不来、用不上、引不进、留不住。这制约了有能力、有贡献的优秀人才脱颖而出。

二是机制不完善。在组织保障方面，统筹整合长三角文化资源的工作机制尚未建立，亟待建立健全布局合理、"一市三省"联动的统筹协调机制。在文化人才发展载体上，行政人才工作平台尚未实现高效优质，人才市场平台尚未实现多元系统，人才信息平台尚未实现快捷共享。在选人用人上，一些地方和单位仍局限于体制内选才用才，而对体制外人才关注不够，有的沿用行政管理的办法去管理文化人才，人才分类分层管理系统不健全。在用人主体方面，尚未打破行业、地域、身份和所有制界限，政事、政企不分，人才市场配置机制不完善，造成用人单位主体作用发挥不够，人才潜在能量释放不畅。

三是制度"瓶颈"。在制度建设上，长三角文化与创意、资金、技术、人才等资源整合尚待进一步加强，文化领域的人才派遣制度、项目招标制度、人才社会保障制度、人事争议仲裁制度以及知识、技术和管理等生产要素参与分配的人才资本产权制度等探索步子不大、突破不多。分配制度的平均主义未能根本改变，文化人才不能真正按业绩和贡献获得相应报酬。这抑制了文化人才原创能力最大限度地发挥。

（四）机遇

一是世界文化发展新趋势对文化人才队伍建设提出了新要求。当今世界，文化已渗透到经济社会发展的"每一个毛孔"，历史、传统和民俗等文化资源日益成为经济社会发展的基础性资源，创意、设计和构思等文化创新日益成为价值创造的重要支点，品牌、形象和信誉等文化形态的无形资产日益成为市场竞争的关键手段，文化与经济融合产生的竞争力已经成为一个国家最根本、最持久和最难替代的核心竞争力。在全球化背景下，国际竞争、区域竞争、企业竞争归根到底是人才的竞争。全面提升文化生产、文化创造、文化传播和文化管理等方面人才的竞争力，既是长三角文化人才队伍建设面临的时代课题，也是文化人才队伍建设的重大机遇。

二是文化大发展大繁荣为文化人才队伍建设拓展了新领域。党的十七届六中全会对全国文化改革发展做出了重大战略部署，为长三角文化人才队伍建设指明了方向。党的十八大提出的"扎实推进社会主义文化强国建设"目标，进一步提高了文化发展在国民经济中的地位作用，为长三角文化人才人生出彩、梦想成真提供了前所未有的契机和空间。

三是推进区域率先实现现代化为文化人才施展才华提供了新舞台。随着长三角率先实现现代化的深入实施和转变发展方式的深入推进，文化与经济、科技、教育、金融的融合更加紧密，长三角文化人才创业创新创优的领域更加广泛，施展才华的舞台更加广阔。文化大发展大繁荣的宏伟目标，对长三角文化人才人尽其才、才尽其用、用当其时提出了新期待。这进一步增强了长三角文化人才的使命感和责任感。

二 发展预测

依据长三角文化人才队伍建设的现状和问题以及经济增长率、城镇居民消费水平、人口增长等因素，对未来5年长三角文化人才需求做如下预测。

（一）需求预测模型

一是影响因素选定。通过资料检索、整理和比较，本文发现并确认影响长三角文化人才数量和质量的因素主要为：区域GDP总量、区域人均GDP、区域"三产"GDP、区域城镇居民人均可支配收入、区域城镇居民人均消费支出和区域人口增长六大因素。将这六大因素取对数进行相关关系分析后发现，这六个变量之间存在着严重的多元共线性，但前五个变量与人口增长对数的相关系数不显著，所以采用二元回归模型进行回归。

二是因变量数据确定。根据"一市三省"《文化统计年鉴》数据，确定"一市三省"2008—2015年的文化从业人数总量，经过散点图分析，可以看出对长三角文化人才数量的预测可以通过线型回归模型拟合。模型的比较：将长三角区域GDP总量、区域人均GDP、区域"三产"GDP、区域城镇居民人均可支配收入、区域城镇居民人均消费支出的对数，分别与区域人口增长对数组合为自变量、长三角文化从业人员的对数组合为因变量，进行模型回归，比较各模型得到拟合最好的二元回归模型，公式为：y = 4.503 + 0.094 × lg 人均可支配收入 + 0.058 × lg 人口增长。

三是自变量预测。一方面，长三角城镇居民人均可支配收入预测：采用简单平滑预测法,可以发现城镇居民人均可支配收入呈明显的线型分布,对可支配收入进行对数处理后经拟合线性回归公式为 y = 3.756 + 0.057t,y 代表城镇居民人均可支配收入,t 代表第几年。由此可以预测出在未来年份中城镇居民人均可支配收入。另一方面,长三角人口年增长量预测:采用简单平滑预测法,可以发现人口年增长量除了 2008 年以外,其他年份呈明显的线型分布,剔除 2008 年,对 2008—2015 的人口年增长量进行线性回归,拟合公式为 y = 5.771 + 9.175t,y 代表人口年增长量,t 代表第几年,模型 F 值为 14.611（$p < 0.05$）,调整后的 R_2 值为 0.745,模型较好。由此可以预测出未来 5 年人口年增长量。

(二) 总量预测

见表1。根据公式 y = 4.503 + 0.094 × lg 人均可支配收入 + 0.058 × lg 人口增长,可以得到 2008—2020 年长三角文化人才需求预测量,即到 2020 年,长三角文化人才为 54.91 万人,与 2008 年相比,净增长 22.87 万人,增长率为 71.4%。

表1　　　　2008—2020 年长三角文化人才需求预测表

年份	长三角文化人才总量	增长率
2008	32.04 万人	——
2009	32.03 万人	-0.03%
2010	32.89 万人	2.7%
2011	34.37 万人	4.5%
2012	36.02 万人	4.8%
2013	38.22 万人	6.1%
2014	40.51 万人	6.0%
2015	43.02 万人	6.2%
……	……	……
2020	54.91 万人	5.0%

（三）结构需求预测

一方面，高层次文化专业技术人才缺口扩大。从需求结构分析，文化产业核心层对劳动力的素质和能力要求较高，核心层的人才结构需求主要为创意人员、高级文化经营人才、管理人才和文化科技人才等，这类人才不能像一般服务业通过农村劳动力转移实现。首先，2008—2015年长三角文化产业核心层增加值从288亿元增加到687.6亿元，占文化产业总增加值比重由2008年的31.78%下降到24.05%，而新兴的网络文化服务占比只有0.69%。相反，增长较快的是文化相关层的文化用品和设备制造业及销售业，占54%，增长了3倍。其次，增长较快的是相关层的文化休闲娱乐业和服务业，占比约为20%。这一部分对劳动力素质和能力要求相对较低。而长三角有较大规模的从事制造业和服务业的熟练劳动力，劳动力转化的压力相对较小。相关层设备制造业和销售业通常是资本或劳动力密集型产业。随着物质资本和低端劳动力边际效益递减，规模报酬会逐渐降低。文化产业核心层发展对高级文化人才的需求量较大，这一人才缺口且有不断扩大的趋势。

另一方面，文化事业人才质量有待提升。文化事业人才缺口主要包括高素质的宣传思想人才、文化部门党政领导人才、基层文化艺术骨干人才和哲学社会科学领域学科带头人等。特别是亟须加强文化党政领导人才选拔和培养。自进入"十一五"以来，长三角文化基础设施建设成效显著，各级政府在兴建图书馆、美术馆、展览馆、文化馆、文化站、图书室和农家书屋等文化公共设施等方面取得了非常大的成就。随着基层文艺表演队不断活跃和文化节庆活动的不断增多，社会主义新农村文化建设也亟须一批业务精干、管理能力强的基层文化艺术人才和文化管理人才。在哲学社会科学领域，特别是文化艺术研究和文化产业研究领域亟须引进和培育在全国乃至国际具有较高知名度和影响力的学科带头人和学科团队。特别应在文学、影视编导、美术创作、舞台艺术和艺术设计等领域，引进、推出一批文化艺术拔尖人才和名家，着力引进文化艺术大师级人才，形成长三角文化艺术人才高峰。

(四) 高层次人才需求预测

以2008年为基数，从人才更新角度看，2013—2018年是高层次文化人才退休高峰期，将有占目前41.32%的高层次文化人才退休。因此，高层次文化人才更新压力较大。

三　发展目标和总体思路

(一) 发展目标

根据长三角"十三五"经济社会发展需要，经过抽样调查和实证分析，到2017年，预计完成千名文化拔尖人才和领军人才、万名重点文化人才、十万名基层文化骨干等"千万十万"目标，文化人才对经济社会发展的带动和贡献显著增强，人才数量质量位居全国区域第一。到2020年，预计把长三角建成全国文化人才聚集中心，文化人才素质能力达到中等发达国家水平。到2020年的具体指标：

一是文化人才竞争力显著提高。重点引进、培养和扶持国内外有较大知名度和影响力的拔尖人才。其中，国际化高端人才1000名，打造20个国家和省级文化科技创新团队，长三角文化人才在国内外的竞争力明显增强。

二是文化人才队伍结构显著优化。长三角文化人才队伍层次结构基本形成1∶10配置的"千万十万"梯次格局；文化人才行业结构基本达到门类齐全、优势互补、配置合理，紧缺的新兴文化产业人才数量大幅增加。文化人才区域结构基本实现经济发达地区和经济欠发达地区因地制宜、统筹推进、协调发展。

三是文化人才队伍建设机制显著完善。政府宏观管理、市场有效配置、单位自主用人、人才自主择业的文化人才管理机制基本形成。文化人才培养开发机制、评价发现机制、选拔任用机制、流动配置机制、激励保障机制和统计发布制度基本形成。并建成运转高效、协调统一、落实有力、作用明显的文化制度体系。

四是文化人才作用效能显著增强。长三角文化人才对经济社会发展的促进作用明显提高，人才贡献率显著提高，文化精品力作总量、版权交易量和文化发明专利授权量等位居全国前列，文化产业增加值占 GDP 比重达 6% 以上，成为长三角支柱产业。

（二）总体思路

一是建设"一个中心"。努力把长三角建设成为投资成本低、创业回报高、创新能力强、引领作用好、竞争实力大的人才集聚中心，成为文化人才创业、乐业的"乐土"。

二是坚持"五个并重"。坚持梯次分明与规模宏大并重，在"铺天盖地"基础上建造文化人才"金字塔"；坚持境外引进与本土培养并重，以引进促培养、以培养促引进；坚持高端引领与整体开发并重，以高层次人才带动整体人才队伍建设；坚持政策倾斜与优化环境并重，创造有利于发现人才、选用人才、用好人才的良好条件；坚持文化创业与鼓励创新并重，激发全社会创新创业的"正能量"。

三是发挥"三个作用"。发挥政府主导作用，当好建设文化人才队伍的组织者、推动者和服务者；发挥用人单位主体作用，充分调动引才、聚才、育才、用才的主动性和创造性；发挥市场配置作用，构建市场、政府和社会共同作用、多元驱动的文化人才资源配置新格局。

（三）支撑体系

一是基本形成宏观管理体系。推动长三角文化人才管理职能向创造良好环境、提供优质服务转变，运行机制和管理方式向规范有序、公开透明、便捷高效转变，形成管理高效、保障有力、执行顺畅的宏观管理体系。

二是基本形成政策导向体系。推动长三角文化人才培养、引进、选用和激励等政策更加完善；知识产权保护和劳动争议仲裁等政策法规更加完备；人才考核评估制度更加科学，激励作用更加明显，政策导向作用得到充分发挥。

三是基本形成服务保障体系。创新服务方式，拓宽服务范围，提高服务质量，打造技术公共服务、技术成果交易服务、创新创业投融资服务、社会化人才服务平台，健全人事代理、企业用工登记、人事档案管理和就业服务制度，基本形成多层次、多功能、覆盖长三角的社会化服务体系。

四 对策建议

假设长三角文化就业弹性系数与第三产业就业弹性系数相近，以2008年文化及相关产业从业人员367.32万人为基数，用就业弹性系数法，可以推算出，到"十三五"期末，长三角文化及相关产业从业人员总量将达793.09万人左右。按照不低于人才总体建设标准来推算，到"十三五"期末，长三角文化及相关产业人才总量将达54.91万人左右。因此，建议"一市三省"市（省）委宣传部联手，推动区域内的所有市（省）辖市（区）委宣传部协同坚持"尊重劳动、尊重知识、尊重人才、尊重创造"原则，制定并实施《长三角文化人才队伍建设实施意见》，完善党委领导机制，创新以品德、能力和业绩为导向的培养、引进、选用和激励机制，加强高端人才、重点专业人才、基层文化骨干的培养、引进、选用和激励，为长三角文化大发展大繁荣提供人才保障。

（一）完善党委领导机制

发挥党委领导核心作用，统筹长三角文化人才队伍工作，构建完善长三角文化人才工作责任机制、工作运行机制、工作合力机制、专家咨询机制，用发展凝聚长三角文化人才，用实践造就长三角文化人才，用机制激励长三角文化人才，用法制保障长三角文化人才，切实提高党管长三角文化人才水平。党委主要负责同志要树立强烈的文化人才队伍意识，善于发现人才、培养人才、团结人才、用好人才、服务人才。

（二）培养由"重量"向"重质"转变

在文化人才培养方面，长三角过去注重"大而全"地"铺摊子"，讲数量，比指标，没有注重人才数量和质量的均衡发展。面对文化建设的新形势、新任务、新要求，长三角文化人才培养要更加注重质量和效益，依托丰富的高教、科技和产业资源，尊重文化人才队伍成长规律，在保证数量、规模稳定增长的同时，重点实现文化人才队伍培养由"重量"向"重质"转变，发现一批适应时代要求、富有开拓精神、善于创新创造的文化人才队伍，培养一批扎根长三角、影响全国的名家、大师和各领域领军文化人才,造就一批优秀中青年骨干文化人才。

一是构建文化人才科学规划机制。制定《长三角文化人才中长期发展规划》,出台《长三角高层次文化人才需求指南》,引导各级政府科学规划长三角文化人才引进、培养、选用和选拔工作,逐步建立门类齐全、布局科学、结构合理、拔尖人才涌现的长三角文化人才队伍建设机制。

二是构建完善高端文化人才选拔培养机制。实施"333高层次"人才培养工程、宣传文化系统"五个一批"人才工程和"文化名家"工程,以遴选培养、资助扶持等方式,推出一批党政管理、文艺创作表演、新闻宣传、科技创新、经营管理、资本运作、国际传播和文化遗产保护等创新型、复合型、外向型、科技型高端人才,探索跨学科长三角文化人才培养模式,开展专业学院"3+2"跨学科本硕连读或硕博连读学历教育。"十三五"期间,培养1000名左右高端人才、10000名左右重点骨干人才、100000名左右专业技能人才。组织高端人才赴海外、进高校研修,支持参加EMBA学位班学习。鼓励企业、园区建立政产学研结合的高端长三角文化人才队伍培养基地。改进"五个一批"人才培养方式,强化分类指导,加强针对性培训,量化考核评估。建设20个左右校企合作文化类博士后工作站。

三是构建完善技能文化人才教育培养机制。建立高校、职业学校和人才培训基地等多层次人才教育和培训体系,加强高校文化艺术、文化产业等学科建设,聘请有丰富实践经验的高管人才兼职任教,增强高校教育的针对性实践性。文化类职业技术学院(校)和职业高中的学生教育推行"订单式"培养方法,培养一批技术技能型、复合技能型和知识技能型高级技师。加强在职继续教育,完善职业资格体系,支持发展各类专业培训机构和远程教育,加速在职人员的知识更新。发挥文化产业创业基地等"'长三角'城市群文化人才孵化器"作用,鼓励文化园区和文化企业自己培养所需专门人才。文化企业提取职工教育培训经费在计税工资总额2.5%以内的,可在企业所得税前扣除。

(三)引进由"刚性"向"柔性"转变

长三角虽是经济发达、文化昌盛区域,但与北京和广东相比,客观地讲还是有相对劣势的,海外或一线城市的人才是不愿来江苏省、浙江省和安徽省发展的。因此，长三角要创新文化人才引进方式，树立"不求所有，只求所用"的观念，完善长三角文化人才市场服务功能，推进文化人才市场体系建设，畅通文化人才队伍流动渠道，不断突破身份、资历甚至地域限制，实现文化人才引进由"刚性"向"柔性"转变，建立党委部门宏观调控、市场主体公平竞争、中介组织提供服务、文化人才自主择业的文化人才"柔性"引进机制，从而让海外或一线城市的人才不离开原来工作地而为长三角文化建设服务。

一是构建完善文化人才市场服务机制。发挥市场配置文化人才的基础性作用，构建完善专业化、信息化、产业化、国际化的文化人才市场服务机制；加快推行文化人才人事代理制度，充分发挥文化人才中介组织作用；健全文化人才市场监管机制。

二是构建完善文化人才信息发布机制。发挥文化人才行业协会作用，建立统一的长三角文化人才信息数据库和信息化平台，实现文化人才信息资源共享。

三是构建完善紧缺文化人才引进促进机制。制定高层次紧缺文化人才引进目录，建立长三角统一的紧缺文化人才基本信息数据库。完善"企业为主、政府支持、人才满意"的引进政策，建立高层次文化人才引进专项资金，支持企业、园区面向海内外引进高层次领军人才、创新团队。对引进的人才或团队给予高额资金资助，并对个人所得税以奖励形式补还。对带技术、带项目、带资金来长三角创办科技型文化类生产企业的人才或团队，除可享受给予创业启动资金及优惠政策外，按照重点推荐、优先推荐、一般推荐项目分别给予资金匹配，并享受其他各项优惠政策。参照"省海外人才引进计划"的相关规定，对海外高层次留学人才来长三角文化单位工作的，不受用人单位编制、工资总额和出国前户籍所在地限制。对引进的海外优秀人才和国家级学科带头人在医疗保险、配偶就业、子女入学和住房等方面给予优先安排或资助，并提供一定的科研条件。用人单位引进高层次文化人才的住房货币补贴、安家费和科研启动经费等费用，可依法列入成本核算。鼓励支持文化人才通过项目合作、兼职、考察讲学、学术休假和担任业务顾问等多种形式，为长三角文化改革发展服务。

（四）选用由"相马"向"赛马"转变

由于体制和历史的原因，长三角宣传思想文化领域事实上形成了不少诸如"武生肚大不能跳、文生年高不上台"、"奖励证书一大包、多年没有出作品"和"占着位置不干事、想干事者没位置"等情况。因此，长三角要坚持德才兼备、以德为先的用人标准，改革文化人才选拔聘用方式，文化人才选用由"相马"向"赛马"转变，促进人岗相适、用当其时、人尽其才，形成有利于文化人才脱颖而出、充分施展才能的选用机制。

一是构建完善文化人才招聘机制。立足长三角，构建完善文化重大项目负责人全国和国际招聘机制。在海内外广大的范围内选拔和引进人才，出台领军型文化人才需求目录，从文化人才引进培养和市场环境疏导等方面做更多工作，靠薪酬、感情和机制等从全国范围内招聘领军型文化人才，构建完善文化重大项目负责人全球招聘机制。

二是构建完善文化人才公推公选机制。改革选拔方式，构建完善骨干文化企业主要领导公推公选机制。对骨干文化企业主要领导实行长三角全部范围甚至全国范围的"公推公选"，从而真正促进优秀管理文化人才脱颖而出，切实防止产生用人不正之风。

三是构建完善文化人才领导选拔机制。推行党委决定文化企业领导任用票决制，构建完善文化企业领导选拔机制。深化文化企业领导选拔任用制度改革，把政治素质好、实绩突出、群众公认的文化企业干部选拔到领导岗位。完善文化企业领导管理体制，健全符合现代企业制度要求的文化企业人事制度。规范文化企业领导干部选拔任用提名制，完善党委讨论决定任用文化企业领导干部票决制，坚持文化企业领导干部任期制，建立组织选拔、市场配置和依法管理相结合的文化企业领导干部选拔制度。

四是构建完善文化人才竞争聘用机制。坚持"人才能进能出、薪酬能高能低、职务能上能下"的原则，构建完善文化企业人才竞争聘用机制。推进文化企业人事制度改革，建立权责清晰、分类科学、机制灵活、监管有力，符合文化企业特点的文化人才人事管理制度，实现文化企业由"固定用才"向"合同用才"转变，由身份管理向岗位管理转变。全面推行文化企业人才公开招聘、竞聘上岗和合同管理制度。改革和完善文化经营管理人才竞争聘用方式，充分发挥市场配置文化人才的基础性作用，促进文化经营管理人才竞争聘用。完善和强化文化人才专业技术职务聘任制度，建立按需设岗、按岗聘任、竞争择优的文化企业人才竞争聘任机制。

（五）激励由"单一"向"多元"转变

长三角以前在宣传思想文化领域主要的人才激励方法是加工资、评职称、给奖励等。但针对目前文化人才多元化的物质、精神需求，长三角要建立完善文化人才分配、激励和保障制度，由"单一"向"多元"转变，建立以岗位职责为基础、以能力和业绩为导向、充分体现文化人才价值、有利于激发文化人才活力和维护文化人才合法权益的评价激励机制。不断做大做强文化事业和产业，为文化人才施展才华、发挥才智、创造业绩提供舞台，从而让他们在人生拼搏的事业上产生"酒逢知己"之感，并勤业乐业、干劲十足。坚持以人为本，注重在政治上、思想上、生活上对文化人才进行关心，从而使他们感受到组织和单位的温暖和温情，进而更加自觉地投入到各自的工作中去。建立"人才能进能出、职务能升能降、薪酬能高能低"的竞争聘任和绩效考核机制。国有及国有控股文化企业逐步实行总经理招聘制、任期制。探索高层次、高技能人才协议工资制和项目工资制等多种分配形式，完善文化企业岗位工资绩效制度，实施知识、技术、管理和技能等生产要素按贡献参与分配的办法，鼓励有条件的文化企业对做出杰出贡献的文化经营管理人才、专业技术人才和高技能人才实行期权、股权激励，使分配向关键岗位和优秀文化人才倾斜。建立人才资本和科技成果有偿转移制度，积极推行技术成果入股和技术分红等制度，探索知识资本化的其他途径。制定《长三角文化人才队伍补充保险办法》，支持文化企业为文化人才建立补充养老、医疗保险。逐步提高文化企业退休人员基本养老金，对在文化企业退休的高层次专业技术人才给予重点倾斜。

参考文献

[1] 张晓明主编：《中国文化产业发展报告》，社会科学文献出版社2009年版。

[2] 潘晨光主编：《中国人才发展报告（第4卷）》，社会科学文献出版社2007年版。

［3］孟秀勤、史绍洁主编：《北京人才工作报告》，人民出版社2007年版。

［4］黄长著主编：《国外专业人才培养战略与实施》，社会科学文献出版社2006年版。

［5］秦岭：《创意产业异军突起，创意产业人才供应告急》，《中华建筑报》2006年11月8日。

［6］陈东有、李曜：《宣传文化系统优秀人才的素质要求和培养模式》，《江西社会科学》2006年第10期。

从典型案例看长三角城市群
融合之路该如何走

江苏省社会科学院课题组[①]

在经济全球化、区域一体化、新型城市化的发展趋势下，长三角地区由于地域相邻、经济互补、文化相通，具备一体化的内在需求和现实基础，从而成为我国较早开展一体化实践的地区。经过多年的发展，无论是长三角整体还是内部在一体化方面都取得了显著的成效，形成了可行的模式，积累了一定的经验。对长三角省市域内不同层面、不同类型、不同领域的一体化融合发展经验进行提炼，不仅可以为长三角省市域内一体化的深入推进提供有益的参考，而且也可以为我国其他区域的一体化进程提供合理的借鉴。

一 长三角省市域内一体化融合发展的概念内涵

(一) 国外区域一体化经验借鉴

省市域内一体化是指在省内和市域的范围内，逐步消除商品、资源、资本、技术、劳动力等生产要素的流动阻碍，实现最有效的资源配置，获得经济与社会利益最大化的过程。省市域内一体化是区域一体化的一种类型。第二次世界大战后，国际一体化和区域集团化成为世界经济发展的重要趋向，而且日益成为经济理论与国际政治的研究热点。我国学者对国际

---

① 课题组成员：吴先满、方维慰、李洁、立冬、张吨军、徐春华、沈宏婷、孟静。

性区域经济合作组织进行的类型划分可归纳为欧盟类型、北美自由贸易区类型、"雁型模式"（日本为首的东亚地区）和"增长三角"（如东盟）四种基本类型（详见表1）。这四类组织中只有欧盟明确提出一体化目标且已实现较高阶段的一体化。

表1　　　　　　　　　　国际性区域经济合作类型

经济合作组织	成员国差异	合作形式
欧盟	各成员国社会制度和发展水平相近	产业水平分工追求规模经济效益
北美自由贸易区	各成员国经济发展水平差异较大	围绕核心国形成区域性市场体系，形成有一定排他性的自由贸易区域
雁型模式	各成员国经济发展水平差异较大	以经济大国为领头雁形成产业体系，和成员国形成以垂直分工为主的产业联系
增长三角	各成员地区经济发展水平相近或差异较大	利用不同国家毗邻地区经济的互补性，以市场机制为基础的跨国或跨地区经济合作

关于一体化的成员构成与合作基础，早在20世纪50年代和60年代，经济学界就以欧洲国家的集团化发展实践为主要实证基础，提出区域一体化的概念，该概念包括四个基本假设：第一，主权国家是国际一体化的主体；第二，国家一般都倾向于通过集团性的区域内部贸易来提高本国的经济福利水平，伙伴国家都看重以区内贸易利益为主的集团利益；第三，参与一体化集团的伙伴国家在国家体制和经济发展阶段水平等方面具有一定相似性，共同构成具有一定排他性的利益集团；第四，一体化是一个有明确顺序的阶段性发展过程。在这些假设基础上，一体化被定义为伙伴国家之间逐步加强经济合作联系，结合成为范围更大的区域经济实体的过程。

关于区域一体化的主要发展阶段，主流理论观点是伙伴国之间市场一体化的过程是从产品市场、生产要素市场向经济政策的统一逐步深化。欧盟发展历史可明确划分为以下五个阶段：自由贸易区（在区内贸易伙伴间取消一切贸易壁垒）—关税同盟（除了形成自由贸易区以外，还达成一致对外的关税，提高一致对外的整体竞争力）—共同市场（生产要素，主要是劳动力和资本在贸易伙伴之间可以自由流动）—经济联盟（伙伴国的经济政策、市场规则、宏观经济和货币政策以及收入分配政策等统一化)—货币联盟(伙伴国之间统一货币)。这五个发展阶段是制度层面的划分,由贸易一体化开始,逐步实现生产要素特别是劳动力和资本的区域内自由流动,进而通过补偿等一系列相关机制实现区域内部的统一管理,这种制度合作的演进路径值得我们学习和借鉴。

欧盟经济的区域一体化,成员国的均质性是个重要初始条件,欧洲共同体的8个初始成员国的政体、社会制度和经济发展水平相对接近,技术、文化、意识形态、消费习惯与水平也大体相近,得以形成一套完整的与成员国大体平行的超国家组织和管理机构。但是,必须警惕的是,随着欧盟东扩,成员国的准入门槛不断降低,已经严重背离了"均质性"这个重要初始条件,也为近年来欧盟矛盾激化、困难重重埋下了伏笔。英国脱欧可能意味着欧盟发展已经步入拐点,沉重的债务负担和难民包袱只是表面导火索,成员国内部差异过大却采用"一刀切"政策才是导致前进乏力、分崩离析的实质。而其他类型的经济合作组织,特别是20世纪90年代以来构建的地区性集团大多数都存在均质性较低、成员组合趋向复杂化的问题,如北美自由贸易区、亚太经合组织等,这些区域集团如要推进一体化就必须直面成员国之间利益冲突和诉求矛盾。

(二) 国内区域一体化发展历程

20世纪70年代前,我国经济学界研究了生产力布局问题,地理学家研究了产业布局问题,可以说是构成了国内区域经济学研究的基础。改革开放后,"自下而上"特征显著的区域经济蓬勃发展,"自上而下"的政府规划也随之应运而生。20世纪80年代区域经济研究主要涉及编制地区国土规划,制定区域发展战略和地区产业政策等。20世纪90年代之后,政府与学界就区域发展模式、区域产业优化、城市经济、城乡联系、区域差异、区际分工、农业可持续发展等问题都开展了广泛研究,并且出台了相关政策。进入21世纪,由于区域发展不平衡已经成为制约我国可持续发展的瓶颈,所以区域协调发展成为国家最紧迫的任务之一,长三角、珠三角、京津冀等区域一体化被上升为国家战略。目前,我国区域经济的主要问题有:区域发展不平衡加剧(既有东、中、西三大地带的发展水平差距拉大,也有各区域内部先进地区与落后地区发展不平衡);区际分工弱化，区域结构趋同严重（发达地区为了保护领先地位，落后地区为了摆脱贫困，都愿意选择附加值高、利润大、周期短的加工业，结果造成低水平重复建设、盲目引进、各地产业雷同的恶性竞争局面）；地区间摩擦加剧（不仅区域间地方保护严重，区域内部也同样存在各种贸易壁垒和非贸易壁垒）；区域协调难度大（行政区域与经济区域划分不同，区域协同缺乏地方政府间共同利益的基础）。继长三角、珠三角一体化研究热点之后，京津冀协同研究又成为新热点；区域内协同发展、区域间协调发展的研究内容也从局限于经济方面扩展到文教卫、生态环境等社会发展领域以及政府公共管理和制度方面。

此外，区域一体化动力过程中政府行为和企业行为两个层面存在明显的差异，两者目标经常性背离，而且政府意愿往往与实际进展存在差别。一些学者把区域一体化分解为两个概念，以政府为主导的制度性区域一体化和以公司为主导的功能性区域一体化（陈斌进等，1995）。制度性区域一体化概念已被广泛采用，用以描述在区域集团化方面的政府行为，指合作伙伴之间出于发展合作关系的政治意愿建立一定形式的组织和制度。

（三）长三角省市域内一体化融合发展内涵

在我国经济发展步入新常态背景下，在多重国家战略聚焦和叠加下，长三角省市域内一体化的发展面临新的机遇，由过去单纯贸易一体化的"浅表一体化"向着覆盖经济和社会的"深层融合一体化"方向深入推进。所谓一体化融合发展是区域一体化发展的高级发展阶段，是基于贸易投资一体化基础的区域内部经济与社会全方位的深入融合。这个阶段的发展目标是：在经济方面，实现贸易与投资一体化，实现区域内经济制度与政策的统一；在社会方面，既包括交通通讯等各类生活与生产基础设施的一体化，也包括区域内居民享有文教卫及社保等社会生活的均质化服务等。然而，由于资源基础、制度机制等原因，包括各都市圈、长三角、长江带等次区域及区域一体化的发展仍面临多重挑战与发展桎梏；如何紧抓机遇、应对挑战、突破桎梏、率先发展，不仅是区域一体化发展的迫切要求，也是以长三角为代表的中国经济升级版的必然选择（解艳波，2010；王振、孙亚南，2015）。

长三角省市域内一体化融合发展的任务是：（1）统一市场。贸易与要素在省市域内自由流动与组合可以大幅提高资源配置的效率，也可以发挥比较优势，产生规模效益，从而提升省市域内经济的整体竞争力。（2）区域分工。省市域内一体化意味着域内某个产业中，不同企业会有不同的定位，共同组成一个产业链参与外部市场竞争。细致的分工可以保证产品的质量和价格，形成高效的合作，并加快实现产业发展的专业化。（3）统一管理。由市场进行资源的调配可以取得更高的效率，但有时也会出现投资的盲目性，造成资源浪费。在市场经济中发挥政府的宏观指导、引导作用，进行适度的统一管理可以弥补市场的不足，也可以减少区域之间的冲突。（4）合理补偿。省市域内各个单元的资源禀赋不同，在整个区域经济中扮演的角色也各异，要形成具有竞争力的区域经济，必然会有做出牺牲的一方，进行合理补偿，可以在保证区域经济竞争力的同时，实现内部公平。

二 长三角省市域内一体化融合发展的主要进展

（一）都市圈发展稳步推进，同城化成为发展趋势

在长三角省市域内一体化发展过程中，都市圈成为推动省市域内一体化的核心载体和基本模式。其一体化的内容已经从最初较为单一的旅游产业的合作延伸到交通、产业、规划、环保、公共服务和制度等多方面的一体化，不断践行着从要素流动向资源融合、从经济协同向社会融合、从松散协作向制度融合的深刻转变。其中以南京都市圈、杭州都市圈为代表的同城化取得了突破性的进展，如南京和句容、杭州和德清之间均已开通公交线路，中心城市辐射周边的轨道交通也已经在向都市圈内推动，宁镇扬三市实现了医保互通等公共服务同城化待遇。都市圈的合作能取得实质性的进展，关键在于形成了层次分明、分工合理的协调发展机制。如南京都市圈成立了城市发展联盟，形成了党政领导决策层、分管领导协调层、职能部门执行层三级都市圈运作机制，成立了都市圈秘书处及17个专业委员会，保障了都市圈工作的有序推进，提高了都市圈的认同度和知名度。

（二）共建园区广泛开展，区域联动促进融合发展

区域发展差异较大是长三角三省一市面临的共性问题。为了充分发挥

经济发达地区对经济落后地区的引领带动作用，促进区域协调发展，以共建园区为载体，推动产业梯度转移，成为区域融合发展的重要方式。经过多年的积极探索，各地区在园区共建过程中形成了园中园、共管园、托管园等不同的运作模式。江苏省的苏南苏北共建园区在长三角合作共建中起步较早，效果较好，具有示范意义。通过将苏南的资金、技术、管理、信息等要素优势与苏北的土地、劳动力、环境承载力等要素优势直接进行深层次市场化融合，有效地推进区域之间优势互补、良性互动，直接带动了苏北地区的快速发展，也促进了苏南地区的"腾笼换鸟"和产业升级。安徽省自2011年也开始探索皖南皖北合作共建，合肥的几家共建园区成效较好，皖南地区的共建园区的经济效应还有待挖掘。浙江省通过山海协作工程，在沿海发达市县与浙西南和舟山海岛欠发达市县之间搭建了交流合作平台，以协作项目合作为纽带，以产业梯度转移和要素合理、优化配置为主线，在强调政府行政推动作用的同时，更加注重运用市场化的运作方式，有效促进区域生产力布局的优化和海陆联动新格局的形成。

（三）国家战略深入实施，改革试点亮点频现

随着上海市"四个中心"和自贸试验区建设、江苏省沿海开发和苏南现代化示范区及苏南国家自主创新示范区建设及南京江北新区建设、浙江省海洋经济发展示范区和舟山群岛新区、安徽省皖江城市带产业转移示范区和皖南国际文化旅游示范区建设等国家战略的实施，长三角三省一市充分发挥区域内重大改革试点的示范带动作用，着力在制度创新、科技进步、产业升级、绿色发展等重点领域和关键环节攻坚克难，不断推动长三角省市域内一体化发展再上新台阶。如浙江省为了统筹利用海洋资源，推进海洋港口一体化发展，成立全国首个海洋港口发展委员会，由副省长兼主任，宁波市长、舟山市长等兼副主任，对全省沿海港口以及有关涉海涉港资源和平台进行全方位整合，理顺港口管理、开发建设和运营体制机制。同时成立浙江省海港集团，以市场化运作方式，贯彻落实省委、省政府统筹管控全省港口、岸线等海洋资源的战略意图。江苏省为了助推沿海地带发展和产业转型升级，成立了总规模100亿元的江苏省沿海产业投资基金，为沿海地区跨越式发展提供强有力的融资支持和保障，也成为江苏省改革财政性资金对竞争性领域支持方式的重要范例。

（四）生态补偿机制不断完善，区域共治能力增强

长三角工业化和城市化进程的加速推进在带动经济发展的同时，也引发了大量的环境污染问题。由于水、土、气等环境治理往往是跨区域、跨部门的，仅依赖单一地方政府和单一部门进行治理和监管难以取得成效。为了加强区域环境保护，长三角开始以联防联控、共保共治的一体化发展思路，共同应对发展流域经济和海洋经济所带来的环境问题。江苏省在环境问题的倒逼机制下，率先启动水环境"双向补偿"，并于2014年10月开始在全省推行统一的区域补偿制度，成为全国首个水环境区域补偿全境覆盖的省份。浙江省则是全国最早开展区域之间的水权交易的省份，也是最早实施排污权有偿使用制度的省份。通过在水权、碳排放权、排污权交易方面进行市场化探索，促进了长三角由"招商引资"向"招商选资"的转化。

（五）公共服务均等化水平提升，城乡一体化效果显著

省市域内一体化的最终目标是缩小地域与城乡之间的发展差距，提升省市域内全体居民的福利水平。随着三省一市经济的不断发展，城乡居民的生活水平也在不断提高，城乡之间的差距不断缩小，基本公共服务的均等化程度不断提升。如上海市已建立城乡居民统一的养老保险制度、城乡低保制度和基本医疗保险制度，打造10—15分钟的社区养老服务圈，并以郊区新城和新市镇功能提升为抓手，充分发挥新城在城乡一体化中的作用。江苏省在苏州市城乡发展一体化综合配套改革中先试先行，成效显著，创造了"三集中""三置换""三大合作"等做法和经验，并全面推广"一委一居一站一办"新型社区管理模式。浙江省充分利用以"互联网+"为核心内容的信息技术发展浪潮，不断提高农民素质，提升农业现代化水平，促进生态环境特别是农村环境的美化。通过大力推进特色小镇建设，打造聚焦特色产业，融合文化、旅游、社区功能的创新创业发展平台，形成了城乡一体化的"浙江省"范本。

三 长三角省市域内一体化融合发展的瓶颈问题

长三角省市域内一体化融合发展的最大瓶颈问题是各省市在"长三角一体化"的认识与行动上各自设置底线,而且由于天然的行政分割与各自的利益优先考量,除非经由折中性讨价还价而形成合理的利益补偿机制,否则,一体化融合发展还是非常之艰难的。

(一)"一体化融合"愿景与行动诚意依然存在差异

既然一体化的背后是有其经济逻辑的,那么随着一体化的范围越来越广,一体化的收益就越来越薄,甚至会出现其收益最终小于成本的境况。就广义的"长三角一体化"而论,三省一市之间的产业结构趋同现象依然严重,多数地区并不愿意为一体化中的产业合理布局而放弃自身利益,不同地区、省、市、县都存在不同程度的地方保护主义,商品的自由销售存在问题。虽然广义概念下一体化成员的热情很高,但是依然有些地区因为狭义概念更加切合一体化的内在经济逻辑,至今上海市统计局的"今日长三角"仍然使用狭义的 16 城市概念,因为冲破省级层面行政束缚,更加需要勇气与成本。

(二) 一体化融合的行政力量与市场力量时有冲突

政府的行政性"一体化融合"与企业的市场性"一体化融合"在性质上并不完全一致。改革开放以来,长三角的强势政府替代了很多的市场功能,虽说这在短时间内能令宏观经济为之一振,但是长远看来微观企业发展方向受到政府配置资源的左右而不能有效创新。各省市对于长三角一体化融合的目的首先是形成统一的货物、服务与生产要素的大市场,这是企业愿景的一体化,但是政府的行政性"长三角一体化融合"却是更多地关注基础设施是否互联互通、公共服务是否均等化以及所选产业是否代表未来方向,这种意义上的一体化成了市场性一体化的前提条件,长三角各省市之间能否在其所愿景的一体化上形成妥协与利益补偿机制成为市场性一体化的硬性约束。换言之,长三角各省市如果不是将其一体化融合发展基于市场力量与作用之上,那么行政力量最终会成为一体化融合的障碍。

(三）一体化愿景很大程度上显现出区域化的趋势

以泛化的"长三角一体化融合"概念而论，三省一市都具有优先发展自身的强烈意图，例如上海市希望以上海市、南通、苏州、无锡、嘉兴与湖州形成一个"上海市都市圈"，而江苏省则希望以南京、扬州、镇江、滁州、马鞍山与宣城形成一个"南京都市圈"；这两个跨省市都市圈肯定会受到所跨省的抵制，因为安徽省希望打造包括合肥、淮南、六安、滁州与桐城的"合肥都市圈"，而浙江省的"杭州都市圈"则涵盖杭州、嘉兴、湖州与绍兴。江苏省与上海市内心里希望将安徽省与浙江省的部分地区作为自己的纵深腹地，这无疑不符合"一体化融合"的初衷，而浙江省与安徽省大力规划自己的都市圈，也明显与"长三角一体化融合"相背。在中国目前的行政体系下，三省一市不可能形成超越各省市之上的行政主体，因此，三省一市本着自身的利益作区域化的考虑也无可厚非，但是这种区域化的趋势与"一体化融合"无疑是抵触的。

（四）经济一体化受到社会一体化滞后的制约

经济一体化融合需要社会一体化融合的补充，如果两者之间不能形成合理的补充关系，那么前者会受到后者的强烈制约。例如各省市内的医疗、公交、旅游等不能够实现一体化；又如即使在浙江省实现了统一共享的创新补贴券，却无法在上海市使用。另外，各省市内的二级都市圈之间的经济与社会一体化程度也差强人意。即使长三角各省市域内与各自之间形成了合理的关系，各自域内与它们之间的"一体化融合"还会受到国家层面的影响，例如各省市的海洋开发受制于国家海洋局，而又如铁路建设则受到国家交通运输部的限制。因此，相较于"硬件"一体化融合，"软件"一体化融合会更加困难。

四 长三角省市域内一体化融合发展的推进策略

推进一体化融合发展，难点在欠发达地区，特别是欠发达的县域乡镇。长三角省市域内一体化融合发展的实践经验表明，要充分利用发达地区在产业、科技、人才、资金、制度等优势，积极拓展发达地区发展空间的同时，努力挖掘欠发达地区的特色资源、要素资源和生态环境等潜在优势，在经济发展进入新常态情势下，不断增强发达地区溢出效应和欠发达地区内生活力，深入推进区域联动、深度融合、虚实耦合等发展策略，加快实现更高层次上的区域协调发展。

（一）区域联动发展策略

区域联动策略以局部优先、整体跟进、区域互动为宗旨，提升发达地区的溢出效应，优化欠发达地区的投资环境，推进区域一体化进程。长三角三省一市在推进省市域一体化融合发展实践中，都注重抓"两头"，把发达地区率先发展、优化发展与欠发达地区加快发展、跨越发展有机协调起来，突出发达地区率先发展、优化发展的基础作用和溢出效应，强化与欠发达地区在基础设施、产业发展、科技创新、市场统一、制度安排等领域的联动合作，不断补齐欠发达地区的"短板"。例如，江苏省自1994年年底实施"区域共同发展战略"到"十二五"期间转而实施"区域协调发展"战略以来，不断深化推进以沿海、沿江开发为重点的"江海联动、南北共进、东西合作"的区域联动策略。一是突出三大板块联动，加强苏南、苏中和苏北三地的产业分工与区域合作，把扶持苏北发展作为战略重点，大力推进财政、产业、科技、人才"四项转移"；推动南北共建园区，建立了一套比较成熟的招商引资和利益分配机制，实施财税扶持政策，成为承接苏南与上海市产业转移的有效载体。实施"五方挂钩"、扶贫开发，加大省级机关、部省属企业、高校和科研院所、苏南县（市、区）与苏北经济相对薄弱县"五方挂钩"的帮扶力度。二是在南京都市圈、苏锡常都市圈的基础上，着力推进宁镇扬、锡常泰和苏通的一体化进程，推动长江沿岸城市的跨江联动，支持区域内各城市发挥比较优势、突出特色经济，加快基础设施、科技人才、产业、信息等互动互通，实现融合发展。浙江省在统筹区域协调发展实践中，为推进发达地区的产业向欠发达地区梯度转移，培育全省新的经济增长点，大力推动山海协作与陆海联动发展。在浙江省海洋经济发展上升为国家战略的大背景下，衢州、丽水等内陆山区市县主动"赶海弄潮"，以项目合作为中心，以产业梯度转移和要素合理配置为主线，推动向欠发达地区转移产业和向发达地区合理流动人力资源，动员发达地区支持欠发达地区新农村建设和社会事业发展。安徽省在推动区域发展的过程中，充分汲取江苏省、浙江省等省份推动区域一体化融合发展的经验，积极推动皖江与皖北以结对合作为重点的一体化发展。

（二）深度融合发展策略

深度融合策略以统筹城乡发展为目标，以城市群为主体，以技术扩散、产业分工、市场互补为动力，推动信息化、工业化、城市化和农业现代化的良性循环、共生演化，实现城乡发展共赢。无论发达地区和欠发达地区均存在城乡发展不协调的问题，长三角三省一市在推动省市域内一体化融合发展过程中，逐步形成了一条以新型工业化、信息化带动新型城镇化、推动农业现代化，以新型城镇化和农业现代化助推产业和人口集聚，实现区域融合、城乡融合的发展之路。江苏省在"十二五"时期将城市化战略拓展为城乡一体化战略，不断完善和创新城乡深度融合的体制机制。一是以城市群为主体形态推进新型城镇化进而助推城乡一体化，形成"三圈五轴"城镇空间格局，宁镇扬大都市区、苏锡常都市带、徐州都市圈着力推进交通等基础设施、产业、生态的一体化融合发展。二是以苏南地区特别是苏州为试点，率先从城乡规划、产业发展、基础设施、公共服务、就业保障和社会管理"六个一体化"方面进行一系列探索，工业企业向规划区集中、农业用地向规模经营集中、人口向社区集中，形成了城乡融合的产业布局。浙江省坚持从消除城乡二元结构出发，以市场为导向，不断深化一体化融合发展的领域，一是以城市群为主体形态，大力发展杭州、宁波、温州和金义都市区，杭州都市区在规划、交通、市场、产业、品牌、环境、社会、体制八个一体化建设成效显著；二是依托山海工程，不断拓展、深化一体化合作领域，欠发达地区围绕转型升级要求，加大对主导产业项目的引进力度，把承接产业转移与扶持山海协作企业创新发展有机统一起来，推进产业融合联动发展，将山海协作工程与美丽乡村建设、小城镇建设结合起来，将"山上浙江省"与"海上浙江省"通过陆海联动的基础设施建设连接起来。安徽省合肥都市圈以"大湖名城、创新高地"为定位，以交通一体化为先导，着力推进规划编制、基础设施、产业发展、生态环保、市场体系、体制机制六个一体化，芜马同城化在交通设施、产业协作、生态保护等领域协同发展。上海市在统筹城市中心区与城市郊区发展过程中，不断削弱中心城区工业发展职能，工业集中转移或布局在嘉定、奉贤、南汇等产业新城，丰富产业新城的城市服务功能，深化产城融合，不断提升产业新城的产业支撑能力和人口吸纳能力。

（三）虚实耦合发展策略

以虚拟空间对实体空间的协作效应、衍生效应、增强效应为支点，促进信息网络体系与区域空间结构的同步优化，通过技术流、资金流、信息流的交汇，改变地区经济割据、产业结构雷同、重复投资建设所导致的经济空间分割。高铁时代、互联网时代打破了时空对于产业分工的桎梏。不同于传统的产业垂直分工和水平分工，基于技术依赖和服务依赖的虚拟分工、跨界分工逐渐成为区域产业分工的重要形式，为区域分工与合作、区域一体化差异化发展开拓了新空间，推动区域向多中心趋势发展。从长三角三省一市的区域分工与合作实践看，基于高速铁路和互联网时代而起的，以总部经济、电子商务、公共服务平台、功能中心、专业市场等为代表的平台经济，正成为区域的新经济增长点和引导区域分工的新生力量。区域内的企业开始突破行政区界限，把产品链不同环节分别向不同层级的中心城市转移，形成"中心城市+专业化产业带"为特色的多中心格局，其中，杭绍甬以杭州为中心、苏锡常每个市都是中心、宁镇扬以南京为中心。举例而言，江苏省苏宁易购、浙江省阿里巴巴为代表的全国性电子商务产业发展的龙头平台企业，成为长三角各地县市利用互联网发展特色经济，特别是生态农业经济的重要依托平台，成就了江浙众多淘宝村、特色电商镇。江苏省泰州以国家级泰州医药高新区为载体，以国家药品进口口岸城市、国家健康服务业集聚区、新型疫苗及特异性诊断试剂产业集聚区、国家高端医疗器械聚集区、中国医药城临检中心、国家药品采购中心、国家级疫苗临床评价工程中心等平台为核心，成为辐射华东地区的大健康产业特别是生物医药产业的信息、技术、研发、人才、物流中心。浙江省义乌充分发挥小商品批发市场建设运营优势，成为全球小商品的流通、研发、展示中心和我国最大的小商品出口基地，不仅形成独特的竞争优势，而且也带动了周边众多小城镇的特色发展。上海市基于产业转型和城市升级需要，大力吸引跨国公司全球总部和地区总部、投资性公司、研发中心、营运中心、金融结算中心、仓储和分拨中心、跨国采购中心等

"总部经济"外资企业投资落户，成为长三角信息、技术、资金的主要来源地和对外交流的重要窗口。加之高铁对空间距离的缩短，推动了长三角房地产、旅游、商业、物流业、金融、娱乐等相关产业的发展，加速上海市发展高端服务业、苏浙皖腹地主要发展先进制造业的产业格局变革。

五　长三角省市域内一体化融合发展的典型模式

模式是解决一类问题的方法与途径，它具有抽象、概括的特征。近年来，在长三角省市域内一体化融合发展的过程中也出现许多行之有效的发展模式，值得总结与推广。

（一）都市圈发展模式

1. 都市圈模式的内涵

都市圈的产生，从历史上来看，是在工业化中后期产业集聚达到相当规模，城市化达到较高水平时，分工和协作在地域上进一步拓展，伴随着城市区域化、区域城市化的相互融合而产生的，它是在经济发展规律和市场机制作用下城镇化自然演进的结果。都市圈是城市发展到成熟阶段的一种空间组织形式，是以中心城市为核心、向周围辐射构成的城市集合，是一种以高密度的城市和一定规模的人口以及巨大的城市体系为特征形成的区域空间组织。都市圈一般包括一两个特大城市作为整个城市体系的中心城市，还包括数量不等的中小城市环绕形成圈层状结构。都市圈对外具有相对独立性，内部各城市间的分工合作却非常密切。

2. 长三角省市域内都市圈的典型实践

在长三角省市域内一体化进程中，南京都市圈和上海市都市圈是最为典型的案例。

南京都市圈。2000年，江苏省城市工作会议提出打造以省会南京为中心的经济联合体——"南京都市圈"，2003年出台了《南京都市圈规划（2002—2020）》，2015年下发《健全南京都市圈协同发展机制改革实施方案》。南京都市圈的主体是南京、镇江、扬州、淮安、芜湖、马鞍山、滁州、巢湖八市，总体定位是长江流域与东部沿海交汇地带的枢纽型都市圈，江苏省核心型都市圈，兼容并蓄、开放多元的文化型都市圈，以上海市为龙头的长三角的重要组成部分。南京都市圈以政府引导与市场相结合的方式，从区域角度强化城市间的经济联系，形成经济、市场高度一体化的发展态势，培育平等、互利的发展环境；协调城镇之间发展的关系，推进跨区域基础设施共建共享；保护并合理利用各类资源，改善人居环境和投资环境，促进区域经济、社会与环境的整体可持续发展，希望最终建成经济发达、社会文明、空间集约、生态优良，经济社会一体化的现代化都市圈。

上海市都市圈。作为中国重要的经济、交通、科技、工业、金融、会展和航运中心，开放型经济体制机制改革的先导试验区，更是作为长三角中"一核五圈四带"的核心，其早已与江苏省和浙江省两省内近沪地区空间形成连绵趋势。上海市大都市圈是指城际高铁通勤时间为半小时以内，包括上海市、苏州、无锡、南通、嘉兴、湖州"1+5"的区域，将建设成为由特大城市、大城市、中等城市和小城市所组成的四级城镇体系。上海市"十三五"规划中曾明确提出上海市与周边城市圈建设的目标和范围："需加强与周边城市协同发展"，着力提升上海市国际经济、金融、贸易、航运、科技创新和文化等城市功能，推动非核心功能疏解。促进与苏州、嘉兴、无锡、南通、宁波、舟山等周边城市同城化发展，打造大上海市都市经济圈。在上海市都市圈内，既要发挥核心区先进管理经验、技术、品牌、市场、资金等优势，也要利用腹地土地、成本等优势，构建比较合理的产业分工体系和竞合关系。

（二）点一轴一面开发模式

1. 点—轴—面开发模式的内涵

"点—轴—面"开发模式是以增长极理论和扩散理论为基础发展起来的区域发展和融合模式。从国内外区域发展的经验来看，区域经济的发展总是首先从一些条件较好的点开始，而当这些呈"斑点"状分布的较好的点发展到一定程度之后，相邻点之间的轴线地带便开始具备一定的发展优势，随着点和轴线的发展纵横交错并最终成为整个面上经济的高度发展。可以说，点—轴—面开发模式的发展思路是将区域内结节点与结节点、结节点与面之间彼此连接，并使其经纬交织，向四周扩散，产业带、交通线、信息网、城市群纵横交错，最终形成高密度的经济网络体系。

"点—轴—面"开发模式顺应生产力在空间集中与扩散的客观规律，通过生产要素极化和辐射双向作用来带动区域经济的增长，是一种高效的区域开发模式。

2. 长三角省市域内点—轴—面开发模式的典型实践

从长三角省市域一体化进程中看，"点—轴—面"开发模式融合发展的成型模式主要集中在四省市内部区域，且大多体现在"点—轴"融合发展的层次，而在省市之间通过"点—轴—面"开发模式实现融合发展的案例较少。

沪宁"点—轴—面"模式。虽然江苏省提出了多项"点—轴"发展模式，如东陇海开发轴、沿海开发轴等，但目前仅有沿沪宁线成为一条成熟的发展轴。沪宁发展轴包括南京、镇江、常州、无锡、苏州和上海市，多年的融合发展现已发展到交通发达、经济繁荣、大中小城镇星罗棋布、经济产业带纵横交错的网络发展阶段，已在向高级的"面"状发展阶段演进，而"苏南国家自主创新示范区"建设也将为网络化的"面"状发展添砖加瓦。此外，依据《长三角城市群发展规划》，未来沪宁发展轴将进一步拓展为沪宁合发展轴，并将成为长三角吸聚最高端要素、汇集最优秀人才、实现最高产业发展质量的中枢发展带，辐射带动长江经济带和中西部地区发展。

沪杭"点—轴"模式。沪—杭发展轴是长三角省市域内"点—轴"模式融合发展的另一典型案例，主要包括上海市、杭州和嘉兴三市。与沪宁发展轴比较而言，沪—杭发展轴目前主要处于"点—轴"的融合发展阶段，尚未呈现出向"面"这一层次演进的趋势。此外，根据《长三角城市群发展规划》中"一核五圈四带"网格化空间格局分布，沪杭发展轴将定位为沪杭金发展带。依托沪昆通道，连接上海市、嘉兴、杭州、金华等城市，发挥开放程度高和民营经济发达的优势，以中国（上海市）自由贸易试验区、义乌国际贸易综合改革试验区为重点，打造海陆双向开放高地，建设以高技术产业和商贸物流业为主的综合发展带，统筹环杭州湾地区产业布局，加强与衢州、丽水等地区生态环境联防联治，提升对江西等中部地区的辐射带动能力。

(三) 产业梯度转移模式

1. 产业梯度转移模式的内涵

产业梯度转移理论的产生源于美国经济学家弗农提出的产品生命周期理论，该理论认为各个工业部门、各种工业产品都处于不同的生命周期阶段，与生物一样必然经历创新、发展、成熟、衰老四个阶段。区域经济学者后将生命周期理论引入区域开发，创造了梯度转移模式。该理论认为：各国各地区之间往往存在着经济或技术的梯度差，产业中的新兴部门与新产品都发源于高梯度的发达地区，在产业部门从创新阶段走向发展、成熟的过程中，在高梯度地区该产业逐步失去发展优势，而处于较低梯度的地区往往具备地租低、工资低、原材料价格低、税轻等方面的优势，进而该产业势必会向处于低梯度的地域转移。梯度转移模式强调地区之间产业升级转换的承接关系，且随着经济的发展，由高至低梯度转移产业的速度会加快，这就使得地区间的经济与技术的差距逐步缩小，从而实现了经济分布的相对均衡。

2. 长三角省市域内产业梯度转移模式的典型实践

从长三角省市域内来看，产业梯度转移模式主要体现在产业由省内发达地区向相对落后地区的转移，和产业由经济发达的省份向经济相对落后的省份转移两种模式。具体来看：

苏南苏北共建模式。为了推动区域共同发展和协调发展，江苏省通过实施产业梯度转移模式，有效地缩小了区域差距。具体思路是发挥苏南经济实力强的优势，利用产业转型升级的契机，推动苏南占地多、消耗高的加工业和劳动密集型产业向苏北和苏中有序转移，在实现苏南"腾笼换鸟"的同时推动苏北经济发展。在推进模式上，主要实施了"四项转移"、南北共建开发区、"南北挂钩"等举措。其中，"四项转移"采取了产业、财政、科技、劳动力的转移，弥补了苏北地区在技术和资金等方面的缺口；南北共建园区则将苏南产业发展的成功模式直接复制到苏北地区，并通过与本地产业的融合不断带动本地产业体系的培育；"南北挂钩"则是通过干部的互派加强，将先进的管理理念带到了苏北，营造了良好的创业创新氛围。

"郎溪现象"。郎溪县属于安徽省东南部的宣城市，地处皖江城市带承接产业转移示范区的"一翼"。受制于土地短缺、环太湖治理和大规模城市建设，大量的无锡企业搬迁至面积为 23 平方公里的郎溪经济开发区，既包括大量的相对落后产业，同时也有不少是由于在无锡没有发展空间、迫于产能压力而选择外迁。当前，郎溪经济开发区集聚了无锡东日昌轴承、华丰机械等一批超亿元项目，甚至还有上市公司天奇股份的身影。开发区主打特种设备制造基地的品牌，另外有个"无锡工业园"的别名，被安徽省评为首批新型工业化产业示范基地。总结"郎溪现象"，既有郎溪敏锐捕捉到了产业梯度转移的契机，也在于其在长三角省市域内自身所具备的区位优势和土地资源优势，以招商引资为突破口，以经济开发区为载体，以龙头企业和产业集群为主攻对象，成功接纳了从经济发达的高梯度地区转移过来的产业，实现了经济的崛起和起飞。

六　长三角省市域内一体化融合发展的保障机制

目前，长三角正在探索构筑省市域一体化融合发展的保障机制，以推动市场体系统一开放、基础设施共建共享、公共服务统筹协调、生态环境联防共治。

（一）制定一体化融合发展规划

长三角省市域内一体化的进程一直坚持顶层设计与规划引领的原则，注重提高区域规划编制、执行、管理的水平。2008 年 9 月，国务院发布《关于进一步推进长三角地区改革开放和经济社会发展的指导意见》，正式将长三角一体化发展规划提升到国家战略高度。2010 年 5 月，国务院批准实施《长三角地区区域规划》，提出统筹区域发展空间布局，形成以上海市为核心，沿沪宁和沪杭甬线、沿江、沿湾、沿海、沿宁湖杭线、沿湖、沿东陇海线、沿运河、沿温丽金衢线为发展带的"一核九带"空间格局。2016 年 6 月，国务院常务会议通过《长三角城市群发展规划》，提出创新长三角省市域内一体化发展的体制机制，推动市场体系统一开放、基础设施共建共享、公共服务统筹协调、生态环境联防共治，创建城市群一体化发展的"长三角模式"。上海市则在"十二五"规划时提出坚持城乡一体、均衡发展，优化市域空间布局，率先形成城乡一体化发展的新格局。江苏省在"十二五"规划时，将区域共同发展战略深化为区域协调发展战略。浙江省曾经在全国第一个制定《统筹城乡发展推进城乡一体化纲要》，出台《全面实施山海协作工程的若干意见》《山海协作工程"十一五"规划》，推动区域的协调发展。长三角有关省市域一体化的规划，遵循立足需求，着眼服务；统筹全局，推进共享；突出重点，有序实施的原则，并且注重加强不同规划之间的联动效应，以放大政策效应，例如：提出将江苏省沿海开发、浙江省海洋经济、舟山群岛新区、安徽省皖江示范区、上海市"四个中心"建设等国家战略与21世纪海上丝绸之路建设结合起来，以增强整个长三角的竞争力。在涉及重大基础设施、产业布局、环境保护和重大平台建设时，长三角也注重各省市专项规划的衔接，完善区域政策，加大跨区域、次区域规划编制力度，为省市域融合发展提供了具有前瞻性、统一性、可操作性的发展路线与蓝图。

（二）制定一体化经济合作制度

冲破省市域融合发展的制度性障碍，必须构建以区域成员共同利益为目标，具有协调、约束、激励作用的省市域一体化合作组织与制度，为此，长三角构建了多层次、多元化的经济合作制度。合作制度包括：决策、协调、执行三个层面，确立了"领导座谈会明确任务方向、联席会议协调推进、联席会议办公室和重点专题组具体落实"的运行框架。决策层为：长三角主要领导座谈会，由沪苏浙皖省（市）委书记、省（市）长出席；协调层为：长三角合作与发展联席会议，由沪苏浙皖三省一市常务副省（市）长参加；执行层包括"联席会议办公室"和"重点合作专题组"。沪苏浙皖三省一市分别在发展改革委（或合作交流办）设立"联席会议办公室"，设立交通、能源、信息、科技、环保、信用、社保、金融、涉外服务、城市合作、产业、食品安全12个重点合作专题。目前，长三角的官方经济合作与协商制度正在不断完善，并且积极探索制定具备法律约束力的文件、反行政性垄断条例和与之相对应的责任追究制度，希望通过订立有约束力的统一公约和法规，来保证各地政府在追求地方利益的同时不会对长三角整体利益产生负面影响。一些民间组织则在官方组织"失灵"的微观领域发挥作用，例如，行业协会制定省市域内行业共同发展规划、行业市场规则，探索各类市场资源的整合。

(三) 探索跨区域资金供给机制

2012年，长三角设立了"长三角合作与发展共同促进基金"，基金由三省一市政府共同设立，为政策性公益基金，基金首期规模4000万元，由长三角合作与发展联席会议办公室负责管理，在上海市设立统一账户。该基金主要用于两省（市）以上合作共建项目，解决跨区域发展过程中任何一方难以单独解决的重大问题，从而促进省市域一体化进程。此外，长三角还设立一系列区域协调发展的专项基金，较好地发挥了政府种子基金的"资本杠杆"作用。目前，长三角正在研究设立长三角一体化发展投资基金，该基金将采用直接投资与参股设立子基金相结合的运作模式，鼓励社会资本参与基金设立和运营，重点投向跨区域重大基础设施互联互通、生态环境联防共治、创新体系共建、公共服务和信息系统共享、园区合作等领域。同时，长三角还在积极探索建立合理的税收利益共享和征管协调机制，按照统一税制、公平税负、促进公平竞争的原则，建立省际互认的征收管理制度，构建税收信息沟通与常态化交流机制。建立地区间横向生态保护补偿机制，推广新安江流域水环境补偿试点经验，界定流域生态保护区，合理确定转移支付标准，监督转移支付资金使用，促进生态补偿横向转移支付常态化、制度化。

(四) 健全一体化市场融合机制

长三角经济一体化必须基于市场机制，生产要素只有依靠市场价格信号进行流动与配置，省市域内的供求关系才能获得实质上的平衡，省市域间也才能形成基于比较优势的分工格局。然而，市场价格信号只有在统一市场环境下才能发挥作用，市场分割与地方保护都是妨碍市场一体化的桎梏，为此，长三角各级政府一直致力于打破地区封锁和行业垄断，防止人为分割市场导致价格信号扭曲的行为，例如，推进"信用长三角"建设、推进长三角"大通关"建设、推进"智慧城市"建设等。2014年12月，江苏省、浙江省、安徽省和上海市商务主管部门，在上海市签署合作协议，共建长三角一体化大市场，希望通过各地区的产品贸易、要素流动、技术扩散、制度移植、基础设施的空间溢出，激发长三角的市场活力和增长动力。按照协议，长三角将强化上海市自由贸易试验区的"溢出"效应，清理市场经济活动中含有地区封锁内容、妨碍公平竞争的规定及政策，促进规则透明、竞争有序、资源共享。在市场监管共治方面，推进监管互认、执法互助，形成权责一致、运转高效的省市域市场综合监管体系。在信用体系互认方面，推广"科技+制度+保护+诚信"治理模式，加快建立长三角质量检测、认证等互认信用体系，引导商圈或平台型企业，建立对入驻商户和上下游企业的信用评价机制，发布失信企业"黑名单"和诚信企业"红名单"。依托长三角的产权交易市场，逐步实现联网交易、统一信息发布和披露，探索将交易种类拓展至国有企业实物资产、知识产权、农村产权、环境产权等各类权属交易，实现交易凭证互认。

（五）推进一体化公共服务机制

以保障和改善民生、促进人力资源合理流动为重点，推进长三角基本公共服务均等化。运用信息化手段，便利异地居住人员享受养老保险待遇，加快推进长三角内养老保险关系转移接续。探索推进省际医疗保险合作，实现退休异地安置人员就医医疗费用联网实时结算。尝试在享受基本社会服务方面率先打破户籍限制，并建立相应的财政支出统筹分担机制。加快基本公共教育均衡发展，加强乡村教师队伍建设，推进城乡义务教育公办学校标准化建设。推进并完善重大疾病联防联控和应对突发公共卫生事件联动机制，构建共同应对突发公共卫生事件的机制，建立应急物资跨省调配机制和重大灾害事件紧急医疗救援联动机制。完善长三角人口服务和管理制度，加快实施户籍制度改革和居住证制度，统筹推进本地人口和外来人口市民化，加快消除城乡区域间户籍壁垒，促进人口有序流动、合理分布和社会融合。推进长三角数据信息交易，促进数据信息基础设施互联互通，建立安全可信、公正透明的隐私保护与定价交易规则，推动数据信息交易有序开展。按照统一规划、统一标准、统一监测、统一执法、统一评估的要求，统筹城市群生态环境质量管理。探索多个城市联合资助第三方开展跨区域环境治理的新模式。加强长三角铁路、水路、公路、航空等交通规划对接和项目建设，计划建成以上海市为中心，以南京、杭州、合肥为副中心，形成"多三角、放射状"大交通联动发展格局。

七 长三角省市域内一体化融合发展的政策供给

长三角省市域内一体化融合发展，具有市场自为与政府自觉两方面特征。政府的政策供给主要体现为：一是破除壁垒，确保平台畅通和政策公平、提升市场关联度，为跨省经济合作护航；二是进行一体化项目建设，包括交通、旅游、科技平台、社会保障等多方面内容；三是梳理一体化目标，明确经济发展、社会进步、生态保护、权力保障等多方面要求，整合地方性法规规章，进行长期性制度建设。

（一）上海市以经济区取代行政区概念，发挥龙头带动作用

上海市带动长三角一体化发展，主体是企业，政府的作用是搭建制度平台。从进程上看，大体分三个阶段：20世纪80年代规划协调阶段；20世纪90年代要素合作阶段，上海市的人才、技术、资金等要素不断外溢；21世纪进入制度合作阶段，以"经济区"概念代替"行政区"概念，进行政策、机制的整合，在制度安排时打破政策壁垒，建立公平竞争、共同发展的政策环境，立足区域整体组织产业。一方面，政府有序引导产业升级和产业转移，充分利用长三角广大腹地的市场、资源、劳动力和产业配套优势，通过专业化分工合作把各市优势组合起来，形成更为完整的产业链和价值链；另一方面，政府主动为长三角其他地区提供第三产业和创新服务，以及科技、人才、信息和金融支持，担负起对外联系的功能。整体上看，与上海市交通便利、时间距离短，产业政策公平透明、政府服务能力强的城市，更容易接受上海市辐射。

（二）江苏省强化区域协调政策的实施，注重经济发展轴建设

针对空间发展不平衡，江苏省提出了沿沪宁线、沿江、沿东陇海线、沿海发展的"四沿战略"，推动了苏南、苏中、苏北三大区域的协调发展，取得巨大成功。沿沪宁线高新技术产业带是江苏省新型工业化的先导区域，发展的重点在于质的飞跃和技术创新；沿江产业带是长三角的重要增长区域，鼓励跨江开发，推动苏中快速崛起，实现苏南、苏中联动发展；沿东陇海线使苏北振兴有了坚实依托，重点促进资源优势转化为产业

优势，培育新兴产业；沿海产业带已经实现了和上海市的交通互联，发展迅速，是江苏省发展的强劲引擎。立足区域发展战略，江苏省注重交通轴线建设，重点发展城际高速轨道交通，已经形成由高速公路、铁路、机场、港口和黄金水道共同构成的一体化交通格局，城市间的联系日益紧密，经济空间的组织效率提高。在更具体的城市层面，协调发展已成为城市制订发展战略的核心理念，城市规划纷纷跳出市区范围，以长三角一体化发展为背景，立足城市与周边城市、上下级城市的互动编制。如《苏州市城市总体规划》确定了"和合战略"，其中"东进沪西"战略强调苏州与昆山的东西合轴，打造联系上海市的长三角次级商务办公和总部中心。

（三）浙江省促进都市圈与城市群的融合，在生态补偿上成绩显著

合作的发生在较小区域内更为紧密，浙江省首先促进杭州都市圈、宁波都市圈、浙中城市群，金华—义乌城市群内部的合作，再以都市圈的整体优势融入长三角的发展。以杭州都市圈为例，德清专门成立了承担杭州主城区产业转移的平台，这是主动对接，杭州专门开通了杭州到德清的公交车，在基本公共服务均等化等方面（如医保卡通用）做了大量工作。在财政体制上实现突破，适应共享经济，2015年开始浙江省各地财政发的创新券，在省内可以通用。山区较多是浙江省的地理环境特征，立足这一特征浙江省在生态屏障区建设和生态补偿上进行了卓有成效的探索。生态补偿，一是政府的直接财政补偿，2015年起对生态保护市不再考核经济指标，只考核生态指标，只要达到基数就提供财政转移支付，超过基数进行额外奖励；二是在经济发达市给生态保护市招商，如杭州给淳安划定飞地，由淳安招商，税收归淳安所有；磐安县在金华设开发区，税收为磐安所有。浙江省与上海市的要素共享水平很高，上海市的大学在浙江省设立研究院，依托上海市专家的力量实现民营经济的较快发展，在社会保障方面，上海、杭州、宁波、嘉兴、湖州、安吉等城市已经实现医疗费用异地结算，可实现当地看病、当地进行医保费用结算报销。

（四）安徽省适应发展阶段需要，区域一体化中行政色彩较浓

安徽省推出了皖江支持皖北政策，主要通过开发区共建和干部挂职两种形式推动一体化。第一，省级政府直接给经济开发区补贴，树立样板；芜湖与皖北建设共建园，把一些销售市场在皖北的产业直接放到皖北发展，安徽省对共建园给予很多优惠政策支持。第二，通过干部对调，转变人的认识。但是单纯靠官方推动一体化的效果有限，未来还是要在产业合作中寻求突破。

（五）未来长三角省市域内一体化融合发展的政策建议

目前，在政策供给上，长三角已经取得显著的成果，表现为：一是达成了系统的合作框架协议；二是建成多层面区域共享平台；三是一体化的交通格局初步形成。在经济新常态的背景下，长三角应继续深化与探索以下方面的政策，以推进区域一体化深度融合发展。

1. 深化一体化区域治理的保障机制

长三角省市域内一体化必须从区域一体化所具有的集聚、距离和分割这三大地理特征入手，探寻推进一体化融合发展的路径。第一，必须促使都市圈充分发育、城市体系结构日益合理，以促进经济活动聚集和区域经济快速发展；第二，必须完善交通等基础设施网络，以有效缩减区内的经济距离；最后，必须打破行政壁垒和地方保护主义，切实消除"分割"；第四，必须建立协调和治理机制，协调区内各地方利益主体的关系，实现区内各方福利公平。因而，推进长三角省市域内一体化，需要对整个长三角进行整体性的治理，需要研究区域治理的理论依据、区域治理的借鉴与启示、区域治理的结构框架、区域治理的方式手段以及区域治理的机制保障，建立起一个可以有效地调节市场与政府之间的关系并且与社会力量协同创新的区域治理网络。

2. 构筑区域协调发展的法律法规体系

地方政府的竞争并不必然导致无序竞争，不规范行为的产生在于规制的缺失或执行不力。地方政府作为利益主体有其特有的盈利模式，单纯依靠改变其主观意图实现一体化是不现实、不稳定的，必须以法规约束政府行为、规避权力使用不当的风险，变人治合作为法治合作。首先，在土地批租、招商引资、人才流动等方面制定统一的规则并将其具体化，以此为依据对长三角的地方性法规进行清理，以谋求多元规制的协调，营造公平、透明的市场运行环境。其次，探索有利于区域协调发展的制度体系，并且通过设立地方性法规和规划立法等措施赋予其应有的法律约束力和权威性，设置常设机构对各项规则的执行进行实时监控，避免各项合作政策的"议而不决、决而不行"。最后，为了长三角统筹协调的全局性、战略性与前瞻性，可考虑在国家层面建立长三角一体化推进领导组织机构与相关制度，以健全国家与长三角之间的上下联动机制。

3. 以都市圈共同体形式参与区域合作

长三角各都市圈内部产业结构趋同的现象是比较突出的，如宁镇扬三市的支柱产业都包括石油化工、电子和机械制造业。要避免过度竞争，使产业同构转变为规模效益，首先要促进各都市圈内部的整合，以都市圈取代单个城市作为区域的基本组织单元和增长极，区域融合由融合城市走向融合都市圈。确立新型城市功能关系，形成都市圈城市共同体，可以利用各市辐射功能的重叠与冲撞形成发展的"动力因"，也可以加强长三角融合发展利益向中小城市的过度。都市圈共同体的形成可以采取三种模式：集群模式，采取平等对话的途径和产业水平分工的方式形成城市聚集区；核心模式，通过市场的集聚和产业链条的扩散效应，实现城市间的垂直分工和圈层式的组织结构；互补模式，利用毗邻的城市在功能上的互补性实现合理分工与协作。

4. 构建竞争合作共赢的城市关系

地位对等应建立在市场机制基础上，不同行政主体应借助于市场手段，通过发挥自身的资源、劳动力、资金或技术等比较优势获取相对利益，通过中心城市产业升级实现经济利益上的互补，通过协商对话实现横向上的合作，削弱城市等级差异在竞争中的影响。为此应完善长三角政府信用体系和政务公开体系，强化政府的信用管理，实现政府间的互信、互通。应明确城市政府在提供区域性公共产品中的责任，以实现基本公共服务均等化为目标转变政府职能、调整财政关系，建立科学的公共服务绩效评估体系。

5. 健全市场主体的诉求表达渠道

建立统一的要素流通环境，构建区域共同市场，以市场为基础统一配置资源，实现企业之间、城市之间的资产调整和重组。重点是建设要素流通和产权交易市场体系为跨地区的产权交易和资产重组提供有力保证，打破企业兼并、重组的障碍，建立无属地企业，鼓励企业跨地区、跨行业、跨所有制重组，发展大型企业集团。积极推进政府职能转变，实现地方政府职能由开发型政府向公共服务型政府的转型，依此淡化行政划的经济功能，回归政权建设、社会管理和公共服务功能。在市场机制建设中，政府的作用应是降低行政壁垒、减少市场阻力，主要体现在通过建立和实施市场运行规则，为市场主体营造公平竞争和共同发展的环境。为此应纠正把经济增长作为政绩考核单一指标的倾向，把考核重点放在区域合作、社会福利、创新能力、公共事业发展、生态环境保护等方面。

参考文献

［1］马国霞：《区域经济发展空间研究进展》，《地理科学进展》2005年第2期。

［2］张敦富、覃成林：《中国区域经济差异与协调发展》，中国轻工业出版社2001年版。

［3］荣跃明：《区域整合与经济增长》，上海人民出版社2005年版。

［4］陆大道：《区位论及区域研究方法》，科学出版社1988年版。

［5］刘再兴：《区域经济理论与方法》，中国物价出版社1996年版。

［6］郝寿义、安虎森：《区域经济学》，经济科学出版社1999年版。

［7］常玉苗：《沿海欠发达地区经济联动开发模式研究》，《技术经济与管理研究》2014年第4期。

［8］王扩建：《长三角区域合作中的利益协调机制研究》，《云南行政学院学报》2008年第2期。

［9］张国平、籍艳丽、马军伟：《城乡一体化水平测度与进程比较——京津冀与长三角城乡一体化评价》，《经济研究》2015年第8期。

［10］谈璐、李廉水、吕玉兰：《长三角发展的思考——泛珠三角模式所感》，《现代管理科学》2004年第11期。

［11］张京祥：《全球化背景中的区域发展与规划转变》，《国外城市规划》2004年第19期。

［12］Peter Robson, *The Economics of International Integration*, Routledge, 1998.

共享发展篇

长三角城市群资源共享新思路——以大型科学装置为例

郭 鹰 何世伟[①]

一 引言

长三角地区是我国改革开放的桥头堡和试验区、经济发展的增长极和发动机，在我国经济建设中处于举足轻重的地位。因此，促进长三角地区经济社会发展一体化，建设长三角区域大型科学装置融合发展对于建设创新型国家具有极其重要的意义。国家在促进长三角地区建立区域联盟、协同创新等方面已经进行了一些部署和工作，在科技部的协调支持下，上海、江苏、浙江两省一市早在2003年就签署了《关于沪苏浙共同推进长三角区域创新体系建设协议书》，并建立了联席会议制度。同时，在科技部的支持和各地的共同努力下，长三角区域创新体系建设也取得了初步成效。长三角充分利用已有的区域创新体系协调机制，搭建了"长三角地区大型科学仪器协作共用网""长三角地区科技文献资源共享服务平台"等共享的科技公共服务平台，以及信息数据、大型仪器、农业种质资源、新药创制、集成电路设计等创新服务平台。

国外对大型科学装置共享的研究主要集中在共享的作用上，认为协作共享通过降低成本进而增强其创新能力，共享主体间的相互作用能够使组

[①] 郭鹰，浙江省社会科学院区域经济研究所研究员；何世伟，浙江省科技信息研究院工程师。

织形成远高于个体单独作用的创新能力（张文瑾等，2016）。对提高组织绩效的作用方面，国外研究人员认为共享的内容能够促进工作绩效的提升，认为共享与团队绩效正相关（杨丽，2015）。国内学者在大型科学装置开放共享机制的研究也很多，从各个角度进行了有益的探讨，比如涉及共享的组织管理不够完善，责权利关系有待理顺，缺乏全国范围内持续有效的仪器设备整合机制，仪器设备共享保障条件不足，平台共享工作缺乏统一标准，缺乏系统有效的信息资源共享平台运行绩效考核机制（郑长江等，2009）。仪器设备信息共享平台缺乏自身造血机能，共享建设形式化，服务不到位，共享效益不高，等等（蔡瑞林等，2012）。国内学者依据行业及共享特性提出了多种共享模式，一方面强调了仪器拥有单位的资源开放；另一方面提出借助中介机构的力量。目前存在四种科学仪器共享模式：大学资源开放模式、行业资源集聚模式、孵化器模式、中介机构整合资源模式（王祎等，2012）。大型科学仪器共享存在可见、可及、可用三个层次，在三层次中存在不同的共享内容、共享策略、预约过程、实时监控和培训（董诚等，2012）。还有学者也研究了建立大型科学装置开放共享运行机制的可行性，并制定出机制研究的框架，认为机制具体包括投资机制、管理机制、决策机制和激励机制（宋立荣等，2014）。也有研究人员认为省级新购大型科学仪器联合评议机制、适合共享服务特点的科学评价机制及与共享业绩紧密挂钩的激励机制构成大型仪器协作共享的主要机制（夏婷等，2014）。

目前长三角经济格局发生了重大变化，对科技创新提出了新的挑战与问题，研究长三角一体化下的大型科学装置融合发展问题更具有现实意义。

二 现状与问题

（一）长三角大型科学装置分布特征

参照国家科技基础条件平台中心编制的《我国大型科学仪器设备利用与共享指数研究报告》，长三角三省一市（上海、浙江、江苏和安徽）的大型科学装置主要指标分布情况如图1所示。

1. 反映装备水平的指标

设备原值（万元）：指该地区所有大型科学仪器设备的原值总额，体现了该地区设备建设总体规模，反映了该地区大型科学装置融合发展的潜力。该项指标排序上海＞江苏＞浙江＞安徽。

新增设备原值（万元）：指近三年该地区新增大型科学仪器设备原值总额，体现了该地区近三年设备投入规模，反映了该地区大型科学装置建设投入能力。该项指标排序上海＞江苏＞浙江＞安徽。

科技活动人员人均设备原值（万元／人）：指该地区大型科学仪器设备原值与从事科技活动人员总数的比例，体现了该地区拥有大型科学装置机构中科技活动人员的设备占有情况，反映了该地区大型科学装置配置强度。该项指标排序上海＞浙江＞江苏＞安徽。

200万元以上设备比例（％）：指该地区200万元以上设备原值占该地区设备原值的比例，体现了该地区大型科学装置结构，反映了该地区高端大型科学装置配置情况。该项指标排序上海＞江苏＞安徽＞浙江。

研制设备比例（％）：指该地区研制设备（指拥有者无法从外部获得，从而自己研制或主要附件为二次开发的设备）原值占该地区设备原值的比例，反映了该地区的大型科学装置研发能力。该项指标排序上海＞浙江＞江苏＞安徽。

2. 反映利用水平的指标

设备利用率（％）：指该地区单台（套）设备利用率按原值占比加权的平均值，体现了该地区大型科学装置总体利用程度。其中，单台（套）设备利用率是指设备年有效工作机时与年额定工作机时（1600小时）的比例。该项指标排序安徽＞上海＞江苏＞浙江。

总有效工作当量机时（亿元小时）：指该地区设备年有效工作机时按原值加权的总和，体现了该地区大型科学装置的总体运行情况。该项指标排序上海＞江苏＞浙江＞安徽。

满负荷运行设备比例（％）：指该地区年有效工作机时达到或超过年额定工作机时的设备数量占该地区设备数量的比例，体现了该地区大型科学装置高水平运行的状况。该项指标排序安徽＞上海＞江苏＞浙江。

正常运行设备比例（％）：指该地区技术性能状态为正常运行的设备数量占该地区设备数量的比例，体现了该地区大型科学装置完好运行的情况。该项指标排序浙江＞江苏＞上海＞安徽。

3. 反映共享水平的指标

设备对外服务率（%）：指该地区单台（套）设备对外服务率（指设备年对外服务机时与额定工作机时的比例）按原值占比加权的平均值，体现了该地区大型科学装置总体对外服务水平。该项指标排序江苏＞上海＞浙江＞安徽。

信息公开设备比例（%）：指该地区在共享平台注册的设备原值占该地区设备原值的比例，体现了该地区大型科学装置信息公开的状况。该项指标排序安徽＞上海＞浙江＞江苏。

设备平均服务收入（万元/百万元）：指该地区设备对外服务收入总和与该地区设备原值的比例，体现了该地区大型科学装置对外服务产出水平。该项指标排序江苏＞上海＞安徽＞浙江。

区域共享设备比例（%）：指该地区对外提供跨区域共享服务的设备原值与该地区设备原值的比例，体现了该地区大型科学装置跨区域共享服务的情况。该项指标排序浙江＞上海＞安徽＞江苏。

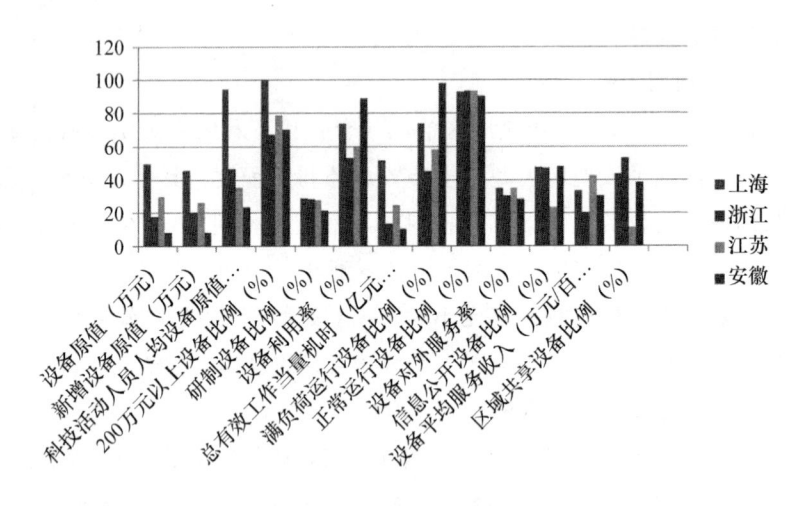

图1 长三角三省一市大型科学装置分布比较（2014）

（二）省（市）际共享中存在的主要问题

长三角大型科学装置的开放共享，通过近年的努力，在各省（市）内已取得了一定的成绩，但是在省（市）际的共享合作上，还存在以下问题：

缺乏长三角区域整体大型科学装置资源配置的顶层设计。一方面，重复购置现象普遍存在，长三角各省（市）都存在着大量同质的大型科学装置，致使资源利用效率不高；另一方面，对于需要大量资金的高端精密仪器，例如大型超级计算机，又明显存在供给不足现象。

省（市）际共享的理念尚未建立。目前大型科学装置共享的对象还主要局限在本地区，区域间共享理念尚未建立，省（市）际大型科学装置共享的深度与广度明显不足。同时，大型科学装置信息资源大多为各省（市）的部门所拥有，各部门之间缺乏相互交流与沟通，三省一市统一的技术规范尚未建立，数据标准化和规范化方面存在较多问题，也阻碍了省（市）际的有效共享。

共享机制存在瓶颈。目前的机制设计上普遍忽略了大型科学装置产权问题、使用绩效问题、利益相关者激励问题和单位间权力独立问题。另外，共享机构目前普遍缺乏专门针对从事共享装置操作和服务的专业技术人员和管理人员建立合适的人才评价机制、职称晋升等相应的管理制度，同时也缺乏开放共享收费管理与分配机制。

共享保障条件不足。缺乏常规运行费用和维护费用，对多余的或即将过时的装置不愿积极通过出售或交换手段实现设备更新或升级，致使利用率下降。共享效果除了设备本身因素外，还依赖于一些相关联的仪器和配件、相关人员的技能、先进的实验方法基础和周到的共享服务等配套资源，但由于资源分散，政府在资金支持上对这些方面无法做到长期稳定的投入。

自主开发能力不足。大型科学装置规模增长较快，但多数仍依赖进口，国产化研制基础薄弱。目前西方国家对重要的高端大型科学装置出口实行封锁，长三角区域一些重大科研项目所需的大型科研装置无法引进，科研工作难以取得突破性进展。长三角大多数科学装置共享机构仅仅是设备的使用者，没有能力进行开发具有创新性和自主知识产权的科学装置。

三　国际经验与启示

（一）发达国家科技基础资源共享合作政策比较

国外较早地将科研基础资源共享合作运用到科技政策中，20世纪70年代以来，主要发达国家就开始致力于科技创新政策的研究与实践，已经形成了系统化、制度化的科研基础资源共享合作政策（见表1）。发达国家所采取的政策主要着眼于建设有利于创新的宏观环境，即规范市场环境和引导企业自主创新或合作创新。在规范市场环境方面，政府采取市场硬件设施建设、保护知识产权、创立产学研一体化的创新平台等政策；在引导政策方面，政府通过财政税收补贴、资金支持，来主导企业之间的科研合作以促进科研基础资源共享合作。实践证明，这些政策有力地促进了当地经济增长。

表1　　　　　　　发达国家科研基础资源共享合作政策特点

国家	科研基础资源共享合作的政策特点
美国	保护知识产权，加大科技投入并促进创新成果产业化
日本	政府主导合作创新，预测行业发展方向，促进产学研一体化
英国	政府作为媒介，启动区域创新项目
芬兰	优化市场结构，对科技创新进行战略性研究
新加坡	重点保护知识产权
澳大利亚	规范市场环境，鼓励合作创新
比利时	资助创新项目，鼓励技术扩散，保护知识产权
西班牙	建立科研中心和工业园，促进企业合作创新
瑞典	扶持潜在创新，规范市场环境
奥地利	扩大政府购买需求，建立合作创新平台
韩国	政府主导引进创新或合作创新，带头承担科研任务
爱尔兰	确定优先发展产业方向，推动科技成果产业化
丹麦	进行人才培训，保护知识产权
荷兰	构建知识平台，提供战略信息

（二）发达国家科研基础资源共享合作过程中的政府定位与功能

在理论与实践中，政府在科研基础资源共享合作中发挥着组织者、投资人和中介营造创新环境的作用，这几种作用形式可以归纳为政府主导型、政府合作型和政府支持型三种模式。各种模式的优缺点体现在以下几方面（见表2）。

表2　　　　　　　政府在科研基础资源共享合作中发挥作用的模式

类型	主要优点	主要缺点
政府主导型	能确保科研基础资源共享合作建设和运行过程中资金和基础设施建设； 有效整合企业的创新资源，避免共性技术研发重复性浪费； 为研发独立承担共性技术研发能力的广大中小企业提供服务，减少企业承担共性技术研发风险； 有利于共性技术研发成果有效推广	研发成果不能完全符合企业需要，导致研发资源浪费； 政府作为平台建设和运行的"参赛者"，易产生官僚作风，导致平台运行效率低
政府合作型	能确保科研基础资源共享合作建设和运行过程中资金和基础设施建设； 降低企业研发风险； 整合研发资源减少资源浪费； 扩大先进研发技术的引进途径； 减少当地政府直接参与而导致运行机制不灵活	不能充分发挥企业作为创新主体的积极性； 不易寻找合作伙伴； 合作双方容易因理念不同、合同缺陷产生纠纷； 对企业共性技术需要把握不足，产生研发资源浪费
政府支持型	企业创新能力和积极性得到充分发挥； 政府的不干预确保了科研基础资源共享合作建设和管理，企业化运作，增加了灵活性，减少不符合企业需求的风险	资金和基础设施缺乏导致企业研发成功率低； 企业之间各自为政，导致研发重复和资源浪费； 企业掌握研发成果产权，形成技术垄断，共性技术成果效用发挥不足

（三）对长三角的主要启示

发达国家已有的实践经验表明：第一，从国家和地方政府的制度层面来看，采取自上而下的科研基础资源共享合作政策设计是克服技术创新市场失灵的可行之路；第二，从企业的发展规律来看，建设各种层次类别的科研基础资源共享合作平台是产业发展的必然需要，可以促进全社会创新资源的整合，推动企业之间的知识共享与合作创新。第三，从科研基础资源共享合作平台的运行来看，可持续的高效运行的技术创新平台必须解决动力机制、协同机制和风险机制三个问题。

四 影响机制与保障措施

(一) 促进长三角大型科学装置融合发展的主要机制

1. 购置准入机制

凡是财政资金新购大型科学仪器设备，应按照公开、公平、公正、规范的原则，从全局利益出发，对新购大型科学仪器设备的必要性、合理性等方面统一在长三角三省一市统一范围内进行综合评议。对使用财政资金购置的大型科研仪器，应组织长三角专家组成联合评议小组，结合仪器存量查重情况、分析意见和购置单位的特殊需求，对新购仪器的必要性、合理性及仪器种类、数量进行分析评议，对使用单位已有大型仪器的共享程度进行审核，综合考虑仪器设备的地域、领域分布及利用现状，做出"通过、调整和不予通过"的决定，最大限度减少重复购置和闲置浪费。按仪器类别和专业领域建立查重和联合评议专家组，开展大型科研仪器设备采购查重和联合评议工作，对大型科学仪器申购进行科学评估论证。统筹考虑和严格控制在新上科研项目中购置科学仪器设备，鼓励项目申请者与管理单位合作，把优先利用现有科研设施与仪器开展科研活动，作为申请者获得国家及省级科技计划（专项、基金等）支持的重要条件。对已有同类大型科研仪器设备，并能满足申请单位开展相关科学研究和技术开发活动需求，原则上不予批准购置。对拟新建设施和新购置仪器，应强化查重和联合评议工作，利用大型仪器设备共享管理平台信息系统查询可开放共享的仪器设备信息，优先使用已经开放共享的科研仪器与设备，科学评估购置的必要性，避免仪器设备重复购置和闲置浪费。

2. 绩效评价机制

建立健全大型科学装置使用效率、共享程度的评估体系，强化对提供开放共享的单位、部门或大型设备的评价机制。对开放共享和对外服务开展好、用户评价高的单位给予表彰，支持各管理单位对服务水平高、服务绩效好的机组或专业服务人员给予奖励。同时对共享服务质量好的单位，在新购大型科学仪器设备、分析测试技术项目申请、专业分析测试中心建设、申报科研项目等方面予以优先考虑。应对开放效果好、用户评价高的单位给予经费后补助或者奖励，补助经费用于科研设施条件建设、仪器设备更新、日常运行维护及人员培训、绩效等方面。对使用效率低、共享程度不高的设备，由管理单位建立租赁、调拨、转让和委托管理等流转制度。

3. 开放服务机制

目前大部分地区所建设的大型科学装置管理信息系统主要局限于大型科学装置的账务管理及仪器设备资源信息的网络共享，对于大型科学装置使用过程中的信息化管理尚缺乏成熟有效的技术手段。通过采用高效便捷的计算机网络通信技术实现大型科学装置使用全过程的自动化管理必然是大势所趋。为加强长三角信息平台的互联互通，为跨地域、跨部门、跨行业的协同研究与开发提供一个良好的网络资源共享环境，需发布大型科学装置的性能指标、应用领域、收费标准等相关信息，实现网络预约与信息化交流，实现信息发布、网上预约、实时监测、经费结算、成果统计、专家系统等功能。

4. 运行维护机制

大型科学装置价值高，易损坏，损坏后的维修费也相应较高，管理单位虽设有大型科学装置维修基金，但额度少，且来源不稳定，大修保障问题无法得到解决。"有钱买，没钱修"是运行维护存在的主要困难问题，相当程度上影响了装置运行的可持续发展。当前财务管理体制下缺少统一政策支持的问题，成了近年来大型科学装置开放共享管理过程中的难点。

5. 有偿使用机制

大型科学装置实行有偿使用制度是各单位的通行做法，一般是以"按需预约，有偿使用"的方式对单位内外开展共享服务。开展大型科学装置的有偿服务，对于调动大型科学装置机组的积极性起到了良好作用，但由于缺乏统一核定的收费标准，使得收费存在一定的不合理性。同时，测试方由于缺乏合理的渠道将预算的测试费用于科学研究之中，导致很大部分的大型科学装置被无偿使用，日常维护不能给予经济支持。机组方由于没有明确的收费制度而缺乏开放共享积极性，导致人员和仪器空闲，无法提高资源的利用率。目前大型科学装置的收费基本无章可循，收费情况透明程度偏低，缺乏统一规范的管理方法也导致收费服务难以全面开展。

6. 人员激励机制

为充分发挥大型科学装置的作用，实现资源有效共享，关键是要建立运行管理和共享效益的激励机制，助推入网仪器设备和入网单位开放共享，同时吸引未入网单位自愿加入开放共享行列。需要建立装置机组开放共享服务运行的奖励办法，对共享服务做得好的单位和机组进行奖励，以调动积极性。同时，通过建立技术改造专项基金，对大型科学装置的升级改造和新技术开发应用给予资金支持。允许管理单位对外提供开放共享服务的同时，按照成本补偿和非营利性原则，收取设备折旧、运行维护费用、材料消耗费用和水、电等运行费和根据人力成本收取服务费，并按一定的比例用于奖励机组团队，奖励部分不计入当年单位工资总额，不作为工资总额基数，不纳入绩效工资总额管理。树立"以人为本，重视实验技术队伍建设"的新思想，切实落实好实验技术人员进修培训、职称评定、岗位薪酬、各类津贴、绩效评比等政策，在实验室队伍建设与管理中实施鼓励和激励机制，为实验技术人员提供一个良好的发展空间。

（二）长三角大型科学装置融合发展的主要保障措施

1. 制度保障

建立、健全以共享为核心的管理制度，通过建章立制，使得有法可依，防止建设时行共享之名、运行时又各自为政，以致力量分散、项目交叉和低水平重复等问题的发生。在重视资金投入和硬件建设的同时，根据国家《大型科学仪器设备管理条例》，制定长三角统一的共享服务管理办法，使共享服务的发展与投入、机构与队伍的建设、科技人员地位与作用的发挥等得到有效的制度保障，营造公平竞争和有序发展的环境，推动共享服务规范化管理。

2. 组织保障

大型科学装置共享服务是一项系统工程，需要调动各方面力量共同参与，协调配合，共同推进。需要建立由三省一市的科技厅牵头，各省（市）财政厅、教委、发展改革委、国资委、质监局、卫生计生委、农业厅、经济信息化委、人力社保厅等部门共同参加的大型科学装置开放共享协调推进机制，积极推动向社会开放。各行政主管部门要切实履行对管理单位开放共享情况的管理和监督职责，落实鼓励政策，完善激励机制，督促整改落实。

3. 资金保障

大型科学装置区域融合发展，需要能够满足要求的运行费用来支撑，大型科学装置专项资金是搭建共享平台、推进开放共享工作的有机组成部分。因此，长三角应设立统一的大型科学装置开放共享基金，以促进开放共享。专项资金主要来源有：一是省（市）财政每年专项拨款；二是社会赞助；三是其他来源。专项资金的主要用途：一是协作共用仪器运行补贴费；二是社会单位和个人使用协作共用仪器开展科学研究和技术开发分析测试补助费；三是协作共用仪器升级改造补助费；四是对共享仪器设备更新、添置的补贴；五是开展学术交流和技术培训；六是工作及奖励经费等。

4. 宣传保障

大力宣传推动科研设施与仪器对社会开放的重要意义，加大对服务效果好、用户评价高的管理单位的表彰奖励力度，及时总结先进经验，提炼形成可复制的模式并逐步推广。同时，对开放效果不好或用户评价不高的管理单位，应在信息系统中予以记录并限期整改。

五 实施路径探索

（一）借助PPP模式，构建以"第三方"为主体的市场运作机制

PPP（Public Private Partnership，政府和社会资本合作）是指政府为增强公共产品和服务的供给能力、提高供给效率，通过购买服务、特许经营、股权合作等方式，与社会资本建立利益共享、风险分担和长期合作关系。开展政府和社会资本合作，将有利于创新投融资体制，拓宽社会资本的投资渠道，增强经济增长的内生动力；同时，有利于促进投资主体多元化，推动各种资本优势互补、相互融合，发展混合所有制经济；也有利于加快政府职能转变，理顺政府与市场关系，充分发挥市场配置资源的决定性作用。2015年年初，国务院颁布了《关于国家重大科研基础设施和大型科研仪器向社会开放的意见》，提出"鼓励企业和社会力量以多种方式参与共建国家重大科研基础设施，组建专业的科学仪器设备服务机构，促进科学仪器设备使用的社会化服务"，为社会资本进入这一领域打开了大门。借鉴当前国家正在基础设施领域大力倡导的PPP模式，大型科学装

置资源作为科研领域的社会公共设施,在自然属性和社会属性上具有基础设施的一般共性,值得探讨PPP模式在其开放共享中的应用,以有效提升资源开放共享的水平。

1. 引入PPP模式的必要性

将PPP模式引入大型科学装置共享服务建设中,其固有的优势和特征将有助于解决现存的很多问题。大型科学装置与一般的基础设施相比有显著不同:首先,软硬件设施的折旧速度较快,对升级的需求比较频繁。其次,共享服务拓展的边际成本很低,例如大型科学仪器设备购置后,可以在不显著增加成本的前提下,出租闲置时段。最后,运营维护的专业性要求很高,在建设和运营期,公共部门拥有大部分公共信息资源,具有法规、政策和公信力的优势,但是在运营、技术和人员编制上存在相对劣势。如果公共部门独立建设大型科学装置共享服务项目,势必面临技术门槛,难以成功;如果公共部门仅将研发建设任务外包给社会资本,但自己运营,也会面临增加人员编制和人员培训成本的两难抉择,而且项目的经常性维护升级会耗费更多费用。因此,如果在大型科学装置共享服务项目中应用PPP模式,具有以下几方面的优势:

一是减轻财政负担。PPP模式所包含的融资功能必然拓展投入大型科学装置共享服务的资金来源,实现财政资金与社会资本的结合,充分发挥财政资金的放大效应,弥补现有的资金缺口,从而减轻财政负担。

二是整合政府、市场和社会的优势,提高大型科学装置资源开放共享服务质量。私人资本的逐利性将调动更多的经营智慧来满足大型科学装置开放共享服务的市场需求。政府和非营利性的社会组织则发挥其在宏观设计、制定行业规则、加强行业监管、保证大型科学装置开放共享服务的社会公益性方面的职能优势。PPP模式正是搭建三者优势互补、良性互动的平台,通过更高层次的管理模式克服公共部门失灵和市场失灵,改善大型科学装置共享服务机构的服务质量和运营效率。

三是引入市场机制,降低共享成本。降低共享成本的措施主要是增进大型科学装置的保障资源共享公平竞争和社会化服务。共享平台建设只是降低大型科学装置共享的前提条件,而使之服务于社会科技创新活动并高效运行才是建设共享平台的根本目的。目前国家和地方各层面各类大型科学装置平台建设已经取得了很大的进展,但在服务水平和能力上还有很大的提升空间，迫切需要解决平台社会化服务的能力提高问题。

2. PPP 的具体运作方式

根据各地政府大型科学仪器设备等大型科学装置共享服务平台的建设现状，可以采用不同的 PPP 运作方式。

一是平台建设尚未起步。针对这一类情况的地区，建议采用 BOT（建设—运营—移交）方式，即政府向社会资本授予特许经营权，允许其在一定时间内进行大型科学装置共享服务平台的建设和运营，当特许经营期限结束后，社会资本向政府移交共享服务平台，具体业务模式如图 2 所示。具体步骤是：第一，政府通过物有所值评估和财政承受能力评估等程序，识别并确立此类项目适合采用 PPP 模式；第二，政府或其授权单位通过招标或竞争性谈判磋商程序，选择确定社会投资人；第三，社会资本为实施此项目注资设立项目公司；第四，政府授予项目公司在一定期限内投资、建设及运营大型科学仪器设备共享服务平台的特许经营权，项目公司为政府提供大型科学装置共享服务；第五，项目公司根据需要通过特许经营权抵押等途径向银行等金融机构进行一定的融资，并与自有资金一起投入到大型科学装置共享服务平台的建设与运营；第六，项目公司与外部大型科学装置拥有单位签订合作协议，大型科学装置拥有单位向共享平台提供资源共享，项目公司向其支付资源使用费；第七，项目公司通过共享平台为用户提供大型科学装置共享服务并收取服务费，如不足以覆盖社会资本的投入，政府需要给予一定的财政可行性缺口补助。

二是平台建设已起步，但基础差。针对这一类情况的地区，建议采用 ROT 方式（改建—运营—移交），即政府向社会资本授予特许经营权，允许其在一定时间内对现有大型科学装置共享服务平台进行改建提升和运营，当特许经营期限结束后，社会资本向政府移交共享服务平台，具体业务模式也类同于图 2，只是因为平台建设已起步，现有平台已存在，不需要另建新的平台，只需要在现有平台的基础上进行提升改造投入。

三是平台建设已相对完善。针对这一类情况的地区，建议采用委托运营或管理合同方式，即政府将现有大型科学装置共享服务平台向社会资本进行服务外包或管理外包，允许其在一定时间内对现有大型科学装置共享服务平台进行运营，具体业务模式如图 3 所示。具体步骤是：第一，政府通过物有所值评估和财政承受能力评估等程序，识别并确立此类项目适合

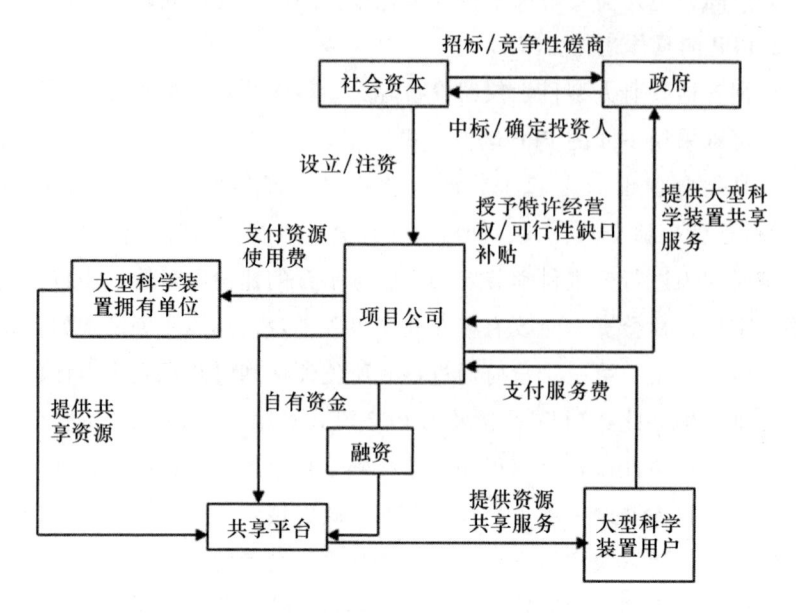

图 2　BOT/ROT 方式的具体业务模式

采用 PPP 模式；第二，政府或其授权单位通过招标或竞争性谈判磋商程序，选择确定社会资本运营维护或管理现有平台；第三，社会资本为实施此项目注资设立项目公司；第四，政府与项目公司签订委托运营或管理合同，委托其在一定期限内运营维护大型科学仪器设备共享服务平台，项目公司为政府提供大型科学装置共享服务；第五，项目公司根据需要通过委托合同或管理合同抵押等途径向银行等金融机构进行一定的融资，并与自有资金一起投入到大型科学装置共享服务平台的运营维护；第六，项目公司与外部大型科学装置拥有单位签订合作协议，大型科学装置拥有单位向共享平台提供资源共享，项目公司向其支付资源使用费；第七，项目公司通过共享平台为用户提供大型科学装置共享服务并收取服务费，如不足以覆盖社会资本的投入，政府需要给予一定的财政可行性缺口补助。

（二）设置"创新券"，营造激励约束机制

1. 主要做法

创新券最早于 2004 年起源于荷兰，之后迅速在意大利、比利时、爱

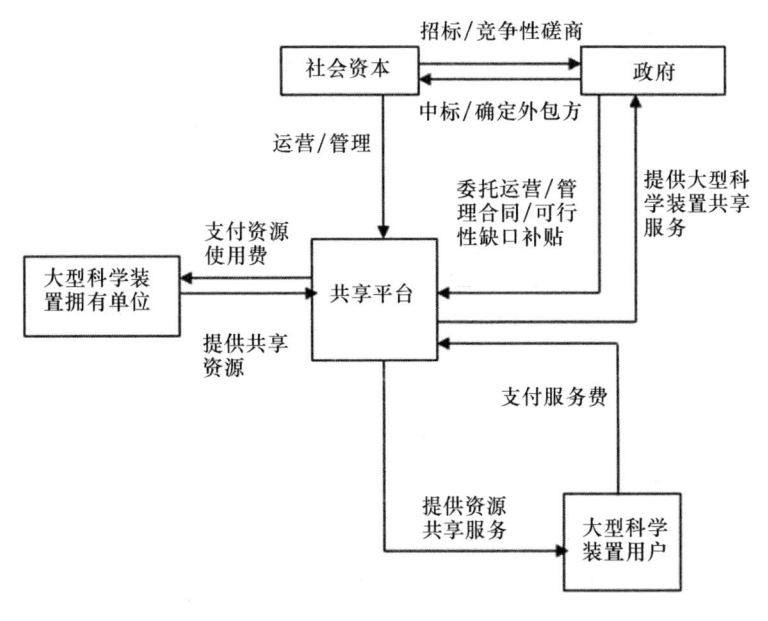

图 3　委托运营/管理合同方式的具体业务模式

尔兰、斯洛文尼亚、瑞典、瑞士和奥地利等国相继推行（郭丽峰、郭铁成，2012）。在我国，江苏宿迁最早于2012年9月率先试行科技创新券制度，2013年又有江苏淮安、浙江长兴和河南焦作开发区等地加入了科技创新券队伍（易守菊，2015）。浙江省于2015年在全省全面推广创新券政策，浙江省科技厅会同财政厅于2015年2月联合发布《推动"大众创业、万众创新"的若干意见（试行）》，提出当年在全省范围内发放1亿元科技创新券，支持中小微企业创业创新。随后《关于推广应用创新券促进公众创业创新的通知》《公众创业创新服务行动方案》等政策相继出台，着力构建科研设施与仪器开放共享制度，营造大众创业、万众创新的政策环境和制度环境。浙江省11个市和绝大多数县（市、区）因地制宜，结合自身特点，相继出台创新券管理办法，推广应用创新券，深入实施创新驱动发展战略，全力助推企业创新发展（费必胜，2015）。截至2015年年底，浙江省共向近4000家企业发放了10031.73万元创新券，确认使用了2352.61万元创新券，共有894家创新载体为企业提供科技创新服务10374次，受惠的企业达7512家次。政府财政奖补金转化为创新券这一"有价证券",有效地促使了政府财政资金向企业转型升级和科技创新集聚,不但提高了财政资金使用绩效,激活了中小微企业的创新创业活力(屈凌燕,2016),同时也将有效地促进大型科学装置的开放共享。浙江的这一经验值得在长三角大型科学装置融合发展中应用推广,主要做法包括以下几方面:

一是制订政策,明确创新券使用办法。省科技厅会同财政厅制订出台《关于推广应用创新券 推动"大众创业、万众创新"的若干意见(试行)》《关于推广应用创新券促进公众创业创新的通知》等政策,明确创新券发放对象与范围、使用与兑现、补助与激励等内容。意见和通知规定:省本级不直接向企业发放创新券,对地方科技部门和省级创新载体平台进行奖补,市县科技部门向企业和创业者在线发放创新券,企业和创业者根据创新载体提供的实际服务,凭持有的创新券抵扣相应的服务费用。创新载体凭收取的创新券,向发放创新券的市县财政、科技部门兑现。同时,积极推动各市、县(市、区)科技局制订出台符合本地实际的创新券管理办法和工作方案,落实专项经费,自主确定创新券的支持范围、支持对象、支持力度、保障条件、工作程序等。目前,全省11个市、94个县(市、区)先后出台了各自的创新券管理办法。如海宁市推行"科技创新券"制度,将原来传统的企业申报科技项目、政府安排财政资金的方式,向以企业开展技术创新活动绩效为导向的普惠制政策转变。湖州市的本级政策将科研项目的立项实施相结合。

二是建立组织机构,确保责任到人。省科技厅成立公众创业创新服务行动领导小组,厅主要领导任组长,分管厅长任副组长,厅有关处室负责人和各设区市科技局局长为成员,下设公众创业创新服务行动工作机构,负责制订落实创新券推广应用、科研仪器设备开放共享各项政策和制度,及时协调解决创新券发放使用兑现和仪器设备开放共享中碰到的各类问题。各市、县(市、区)和各类创新载体都成立相应的工作机构,明确分管领导、落实专人专职,抓好推广应用工作落实。

三是搭建互联网平台,提高创新券使用效率。依托浙江省科技创新云服务平台,构建全省科技资源的统一开放共享平台,搭建创新券服务系统,实现了创新券的申请、发放、使用、兑现的全流程管理,为广大用户打造集信息、资源、资金、服务于一体的"一站式"科技服务平台。通过建设"创新地图",充分利用互联网和大数据手段,结合地理信息系统,对全省的大型科学仪器设备、重点实验室、重大科技创新服务平台等服务资源进行了整合、定位,使用户足不出户即可了解全省的创新资源分布,随时进行服务的查询与预约,共享全省科研仪器设备和服务。

四是强化激励与监管,推动创新载体开放共享服务。采取激励措施与约束机制,促进各类创新载体开放科技资源。对省级创新载体,根据其开放共享实效,按照意见规定使用范围、服务市县企业的上年实际兑付总额不超过30%给予补助;把开放共享情况纳入省级创新载体评价考核内容,并作为科技条件建设的重要依据。对不按规定公开开放与利用信息、开放效果差、使用效率低的省级创新载体,予以通报,并采取停止新购仪器设备、在申报省级科技计划项目时不准购置仪器设备等方式予以约束。同时,加强监督管理,规范各类创新载体的服务标准。引入第三方服务机构,通过对服务数据的管理和分析,实时对创新载体的服务进行监督管理,提高创新券使用绩效,杜绝创新载体拒收创新券现象发生。

五是加强宣传推广,营造创业创新氛围。浙江省科技厅组织人员赴11市,督促各地开展创新券工作;会同各有关市科技部门联合开展科技服务创业创新巡回宣讲活动;深入70多个县(市、区)、60多家创新载体开展创新券政策和使用流程培训;组织召开了温岭、海宁、永康3场公众创业创新服务行动片区会以及市县、创新载体推广应用推进会等。同时,大力宣传浙江省推广应用创新券、促进科技资源开放共享政策,宣传各市县和省级创新载体的先进做法、经验,通过微信、微博、手机微报、网站、报纸、杂志等各种新闻媒体宣传科技型中小企业利用其他单位科研设备的典型案例,让这项科技惠民惠企政策家喻户晓,努力营造大众创业、万众创新的舆论氛围。

六是强化考核,加快推进创新券的推广应用。开展全省创新券推广应用情况通报。为进一步推动各地落实省委、省政府的工作部署,从2015年9月份开始,对各市、县(市、区)创新券推广应用情况予以通报,将市县推广应用创新券情况纳入全省科技系统先进集体和科技工作先进个人评选的重要内容。同时,加强对各市、县(市、区)创新券推广应用情况考核。制定了2015年度全省公众创业创新服务行动考评方案,以各市、县(市、区)创新券的发放额、使用额、使用绩效以及领导重视程度等作为主要考核内容,考核结果予以通报。

2. 主要成效

一是降低了企业、创业者创新创业成本。通过推广使用创新券,有效推进了科技经费使用方向的改革,实现了由支持单个项目向支持整个市场、由点上支持向面上支持的转变,让中小企业和创业者找到了创新要素,降低了创新创业成本。

二是发挥企业研发投入的助推效应。创新券支持企业购买包括检验检测、技术开发、创业孵化、知识产权、科技咨询、科技金融等各种科技服务,通过创新券这一有效载体,引导广大企业进一步加大研发投入。

三是加速产学研有效对接与合作。浙江省科技创新云服务平台,集聚了省级科技创新服务平台、省级(重点)企业研究院、省级科研院所、省级重点实验室、专利事务所等科技资源,为科技创新供需双方搭建了服务平台。依托科技创新云服务平台,推广应用创新券,有效发挥在科技创新活动中的桥梁纽带作用,加速了产学研的有效对接。

(三)构建长三角"一张网",加强信息传导

建立大型科学装置信息传导机制的目的是实现信息共享基础上的信息协同,保证大型科学装置融合发展,并协调内部运行。长三角需在三省一市区域范围内统一按照"一张网络覆盖、一个信息平台、一套反馈机制、一套评价办法"的思路进行建设,扩大大型科学装置信息辐射范围和共享范围,避免共享数据库的各自为政和信息孤岛的存在。"一张网"负责收集、分类、加工和整理共享信息,接受大型科学装置主体的共享反馈,发现并解决共享中存在的问题,对共享反馈信息进行深度挖掘,为政府部门宏观决策提供依据。以信息整合为中心构建区域"一张网",就是要通过增加信息的传递效率,消除资源共享中信息不对称和人为因素干扰等道德风险。

有效的大型科学装置共享信息传导机制,应包括共享信息监测、整合、扩散和反馈等功能。对数据库整合与信息传导机制建设同样重要,利用数据库技术对长三角三省一市目前已建成的大型科学装置共享数据库重新组织、存储、管理、提取和融合就能提高大型科学装置的数据综合性程度和信息共享程度,就能消除各地大型科学装置共享数据库重复并且不同

数据库之间不能兼容的现状。选择合适的大型科学装置信息扩散制度及信息扩散的行动规范，包括大型科学装置信息扩散的流程、原则和扩散过程中的责任、义务和权力的规定等，是大型科学装置共享信息传导机制建设的重要环节。对大型科学装置共享反馈信息的利用需要从信息挖掘技术、决策支持技术和人员素质培养等方面进行加强，通过对大型科学装置共享反馈信息的分析挖掘为政府组织协调工作提供决策依据。

六 相关政策建议

（一）继续深化长三角区域合作

积极鼓励长三角地区探索建设一体化、开放型的区域创新体系。继续深化对内开放，打破区域内部的行政性壁垒和体制型障碍，从区域层面优化科技资源配置，整合区域自主创新力量；充分发挥各自优势，实现区域内三省一市之间的合理分工，实现区域协同创新、错位发展。以提升长三角地区自主创新能力为目标，考虑围绕长三角地区经济社会发展的重大需求和国家战略，组织长三角联合承担国家重大科技项目，支持长三角自身开展重大科技项目；联合组织建设一批面向国家重点实验室、全国的国家实验室、国家工程中心的高起点科研服务平台，加快长三角地区大型科学装置等公共科技基础设施的整合和共建共享。

（二）明确指导思想和合作原则

按照创新型国家战略的要求和建设长三角科技发展规划部署，以增强长三角整体自主创新能力和加快长三角一体化发展步伐为目标，提高长三角区域带动、区域辐射、区域探索和区域示范作用，为长三角科学发展、率先发展、和谐发展提供强大的科技支撑。坚持以下合作原则：（1）优势互补，资源共享。突破行政区域界限，充分利用科技存量资源及各自优势，着力搭建科研基础资源合作共享服务平台，相互开放和共建科技创新的基础设施，加快科技创新要素无障碍流动，共享区域科技创新合作的成果，提升协同创新能力。（2）政府引导，市场运作。强化各地政府科技主管部门对区域科技合作方向的引导作用，坚持以市场为基础、企业为主导，建立健全区域科技合作制度，优化区域合作环境。（3）平等自愿，互利共赢。着眼共同需求，尊重各方意愿，加强公共性领域的共享与交流，深化互补性领域的分工与合作，发挥合作各方的积极性、主动性、创造性，促进区域和谐发展。(4) 突出重点，注重实效。聚焦国家战略目标，立足区域经济社会发展面临的重大科技问题，"有所为有所不为"。坚持点面结合，以重点项目带动面上工作。注重提高科技合作的综合效益，开展合作绩效考核，实现可持续发展。

(三) 强化目标导向

应辩证地看待长三角大型科学装置的个性特征，区域的发展优势不同、环境不同、发展目标不同，所以对大型科学装置配置能力的要求也必然不尽相同，应科学地评价科研资源配置结果，处理好发展的势能积累。首先要根据地区发展的战略，确立区域大型科学装置优化配置的目标。其次，不同的地区发展战略，需要有不同的大型科学装置资源配置方式，形成不同的理想的大型科学装置结构，以及结构调整所需要强化的科研基础条件资源的配置能力。

(四) 全方位共同推进

大型科学装置融合发展是资源配置的高级形态，是资源配置的一种方式。大型科学装置的优化配置是多维度的，不仅仅局限在一个或某几个维度的优化，需要有系统观和全局观。需要从购置年限、产地、价值区间、区域集中度、经费来源、仪器类型、运行情况和共享情况等多方面来共同推进大型科学装置配置的优化。各个维度的结构之间存在着复杂的作用机制和内在联系，需要厘清各项关系，做进一步的深入分析研究，从多角度、全方位调整各项结构，通过整合共同推进地区整体科研能力的提高。

(五) 依托优势带动

一个区域，要优化大型科学装置资源所有维度的结构几乎是不可能的，每个地区要依托自己的优势，创造自己的大型科学装置资源特色。"1+X"的模式带动大型科学装置资源配置能力的建设值得推荐，"1"是指各地以一个维度的结构优势为中心，"1+X"大型科学装置的配置模式以大型科学装置资源优化配置为手段，以科研创新为目的，促使科研创新成果的增值目的，依托"1+X"模式中的"1"来优化其他"X"项维度的大型科学装置结构，以达到长三角地区大型科学装置资源的相对优化配置。

（六）完善组织协调

继续完善区域科技信息服务平台建设，吸纳更多的科学仪器设施加盟长三角大型科学仪器协作共用网，制定长三角科技资源共享服务平台管理办法，完善服务机制，构建大型公共专业技术平台和专业化技术服务基地协同服务网络。在各省（市）级政府的领导下，形成区域合作决策沟通机制与对话交流，完善长三角创新体系建设联席会议办公室制度，商定跨省（市）的重大科技合作事宜和项目，协调长三角科技合作中的重大问题。建立长三角科技合作项目考核评估机制，充分发挥科技中介机构的第三方作用。

参考文献

［1］张文瑾、唐于渝、洪梅、勾鑫晔：《基于O2O模式的大型科学仪器资源共享平台运行机制创新》，《科技管理研究》2016年第11期。

［2］杨丽：《近10年来我国大型科学仪器设备共享研究进展与述评》，《中国管理信息化》2015年第8期。

［3］郑长江、谢富纪、姜晨：《科技资源共享的效益提升路径分析》，《科技管理研究》2009年第12期。

［4］蔡瑞林、郝福锦、吴敏：《基于社会资本的科技资源共享研究》，《企业经济》2012年第8期。

［5］宋立荣、刘春晓、张薇：《我国大型科学仪器资源开放共享建设中问题及对策思考》，《情报杂志》2014年第11期。

［6］夏婷、徐琴平、王霄：《江苏省大型科学仪器资源共享现状分析及机制建议》，《江苏科技》2014年第4期。

［7］王祎、华夏：《促进我国科学仪器管理与共享的政策建议》，《中国科技论坛》2012年第11期。

［8］董诚、张新民、侯敏：《大型科学仪器共享的三层次模型及实例分析》，《中国基础科学·资源共享》2012年第5期。

［9］王宏达、刘曼、陈士俊：《高等学校大型仪器共享效率评价研究》，《天津工

业大学学报》2007年第10期。

［10］董诚、赵伟、涂勇：《我国科学数据机构共享绩效评估研究》，《中国科技论坛》2007年第8期。

［11］屈宝强：《基于项目影响理论的科技文献机构资源共享绩效分析框架》，《图书情报工作》2009年第5期。

［12］吴敏、周德明：《论文献资源共享评估机制——以上海科技文献共享服务为例》，《图书馆》2007年第5期。

［13］张贵红、朱悦、朱金鑫：《发达国家或地区创新券制度分析》，《科技进步与对策》2014年第12期。

［14］肖久灵、陈媛媛、汪建康：《国外政府创新券的运作机制与模式研究》，"第十届（2015）中国管理学年会"论文集，中国管理现代化研究会2015年版。

［15］郭丽峰、郭铁成：《用户导向的政府创新投入政策——创新券》，《科技创新与生产力》2012年第8期。

［16］易守菊：《科技创新券与科技公共服务平台融合之可行性探析》，《图书情报工作》2015年第6期。

［17］费必胜：《亿元"创新券"引爆浙江创新创业激情》，《今日科技》2015年第9期。

［18］屈凌燕：《浙江："创新券"来了》，《金融世界》2016年3月。

长三角城市群城市治理能力现代化水平参差不齐：12市评估数据

计永超　李宪奇　焦德武　顾　辉[①]

十八届三中全会以来，中央多次提出要将国家治理体系和治理能力现代化作为全面深化改革的总目标。城市是政府推进国家治理现代化战略的重要主体，在城市化背景下推进城市治理的转型与发展已成为现代化建设最紧迫的时代课题之一。城市治理能力现代化指标体系将国家治理的理念通过操作化的测度方式标准化，为衡量和比较城市治理效果提供重要的参考。长江三角洲城市治理能力现代化水平对于我国城市治理具有标杆意义。本课题的目的旨在通过长三角部分城市治理能力现代化水平的评估指标体系与测评方法的实证研究为我国城市治理能力现代化测评提供一个方案。

一　城市治理理论文献综述

（一）城市治理理论概念

"治理"的概念在西方公共事务管理中使用较早，1992年"全球治理委员会"将治理定义为政府或公共行政管理的同义词，并强调：（1）法制精神；（2）公共机构公正地管理和使用开支；（3）政府领导向人民负责；（4）建立在信息技术基础上的政治与行政公开。有学者认为，治理

[①] 计永超，安徽省社会科学院研究员；李宪奇，中共安徽直工委党校教授；焦德武，安徽省社会科学院副研究员；顾辉，安徽省社会科学院副研究员。

是各种公共的或私人的个人和机构管理其共同事务的诸多方式的总和。

总的来看，治理有四个特征：治理不是一整套规则，也不是一种活动，而是一个过程；治理过程的基础不是控制，而是协调；治理既涉及公共部门，也包括私人部门；治理不是一种正式的制度，而是持续的互动。

治理理念进入到城市政府和社会的行政管理和社会运作过程中经历了一个长期的过程。从西方城市化过程来看，治理概念的明确提出也只是在20世纪七八十年代才出现，但是作为城市管理的制度尝试和创新，其理念的萌芽和实践突破却在城市发展过程中一直在进行。

（二）城市治理理论的发展

西方城市治理理论经历了不同阶段研究范式的转变。在治理理论兴起之前，城市治理则主要属于城市政治学和城市政治经济学的研究范畴，大体上经历了城市权力结构论（精英论和多元论）、增长机器论、城市联盟论、城市政体论等理论和学说。进入20世纪90年代以来，城市治理理论开始占据主流地位，学者们开始将制度主义的视角引入到城市研究中去，形成了城市治理的理论范式。城市治理理论探讨的是如何促进跨域治理或推动协商治理机制，主要集中于中央、地方政府与非政府组织等公私行动者的互动模式。瓦利斯·阿兰（Alan D. Wallis）则从城市区域空间结构的历史角度来把美国大都市治理划分为三个不同的阶段：第一阶段是单核心中心发展的工业城市区，即"传统区域主义"阶段；第二阶段是多核心中心（包括中心城市和郊区）的城市区域，即"公共选择理论学派"阶段；第三阶段是强调在同一区域内的地方政治实体的竞争，这一阶段以网络化（复杂的补充和相互依赖）为特征，即"新区域主义"阶段。具体来说，西方城市治理理论也经历了类似的三次范式转换，以及相应的三次实践的兴起和高潮等发展阶段。

第一阶段，传统区域主义阶段（19世纪末至20世纪60年代）。传统区域主义主要关注社会公共服务传递的"效率"和"公平"，秉承的理念是"一个区域，一个政府（one region, one government）"。因此，传统区域主义为"政治碎化"问题开出的药方是建立一个大都市政府，也就是巨人政府。20世纪60—80年代，在传统区域主义遭受严重挑战，社区权力或称邻里政府运动（Neighborhood Movement）和公共选择理论学派（School of Public Choice Theory）应声而起。前者提出用建立邻里政府的办法强化服务提供体系和政策决定程序的分散化；后者提倡建立一套完善的多中心特征的多元治理和民主行政的市场机制来管理城市。经过这场理论交锋，公共选择理论学派逐渐占了上风，并且主导了接下来美国大都市治理的变革潮流。

第二阶段，公共选择理论学派（20 世纪 50 年代至 90 年代）。公共选择理论学派认为，多元的政府结构比单一集权式的政府结构更能符合城市治理的需求，碎化的政府结构给人们提供了"用脚投票"的机会，反而刺激了地方政府之间的竞争，从而获得了更有效率的服务。到 20 世纪 90 年代前后，公共选择理论学派遭到了批评。首先，"经济人"假设过分强调参与主体的理性和自利性。其次，"碎化"的地方政府很难被认为是有效率的。再次，研究者发现参与主体之间的公平竞争只是理论条件，缺乏实质性的事实支持；面对着严厉的批评，公共选择理论学派逐渐融合到新一股城市治理的潮流中去，这股潮流就是城市治理的第三阶段——新区域主义阶段。

第三阶段，新区域主义的崛起（20 世纪 90 年代至今）。瓦利斯·阿兰做出了权威性的概括，他指出，第三波区域主义（即新区域主义）至少在 5 个方面与其他区域主义不同，即，治理、跨部门性、协作性（Collaboration）、过程和网络。随后，Daniela Windsheimer 补充了另外三个特征：开放（Open）、信任（Trust）和赋权（Empowerment）。一是强调治理（Governance）而非统治（Government）。二是强调跨部门（Cross-Sectoral）而非单一部门（Uni-Sectoral）。三是强调协作（Collaboration）而非协调（Coordination）。四是强调过程（Process）而非结构（Structure）。五是强调网络（Networks）而非制度（Structures）。六是强调开放（Open）而非封闭（Closed）。七是强调信任（Trust）而非问责（Accountability）。八是强调赋权（Empowerment）而非权力（Power）。

（三）我国城市治理的实践

同西方城市治理理论发展过程类似，中国城市社会治理现代化和治理创新也是在城市转型过程中不断地被提上历史舞台的。

从 20 世纪 90 年代末至今，我国学者开展城市治理（city governance）领域的研究，经历了从概念引入、理论探究到指导实践的发展历程。2013 年中国共产党十八届三中全会审议通过的《中共中央关于全面深化改革若干重大问题的决定》中明确提出把推进国家治理体系和治理能力现代化作为全面深化改革的总目标之一，这是在中央文件里首次正式强调治理的核心价值，推动了城市治理在我国的发展和完善。与此同时，城市治理研究也形成了一些比较稳定的研究主题，如城市治理模式研究、城市治理体系研究、城市治理权力结构研究、区域发展规划（都市圈规划）与多中心治理研究、公众参与困境和方法研究、社区自治研究等。城市治理研究不仅局限于理论性探讨，也深入到城市案例的实证研究，如杭州市、南京市的治理成果和经验较受学者关注。南京市的《城市治理条例》、城市治理委员会，杭州市的社会复合主体治理模式等，堪称我国城市治理中成功而又大胆的制度创新。

从当前国内学者研究的现状看，主要存在着两种主要的分析框架。一是把城市治理分为外部治理和内部治理两个方面。城市外部治理一般主要研究纵向和横向上的政府间关系、城市政府与国际社会或国际组织的关系。尤其是地方城市政府与中央政府之间的利益博弈、城市区域间的合作与冲突一直是研究的热门与重点。城市内部治理一般根据城市治理的客观内容而定，基本包括城市经济、环境、社会、应急治理等方面。随着城市化进程加快，可以预见，在相当长的一段时期内，各大城市的环境治理将会是城市政府的头等大事。这里的城市环境既包括城市气候、城市水源、城市交通等硬环境，也包括城市文化、市民素质等城市发展的软环境。二是根据城市治理中不同的参与主体来建立城市治理分析框架。学者王佃利认为从城市治理主体角度分析，治理要解决的问题包括治理的自主性空间、治理范围、治理能力、治理关系等问题，他根据参与城市治理的不同主体所表现出的行为模式差异，建立了城市治理的利益相关者分析框架，将城市治理主体的利益定位、利益关系和利益作用，作为分析城市治理的三个基本维度。

现实中城市治理的模式并不是单一的，这些模式的概括也只是从一个特定的角度对于不同区域的不同发展阶段的城市的抽象概括，现实的城市政府至少具有两种甚至更多种模式所具有的特征。有学者认为我国沿海地区城市治理的实践与西方城市治理研究学者皮埃尔的"支持增长模式"较接近。有学者认为城市经营模式是典型的中国城市治理模式。城市经营萌发于20世纪80年代的城市建设实践，表现为城市建设投资的多元化与市场化，这种模式显示出其过渡性与社会转型期的特征。中国城市治理的现状是处于"单中心"治理模式与"多中心"治理模式间。有学者认为我国传统的城市治理是一种"单中心"治理模式，其突出特征是公共权力资源配置的单极化和公共权力运用的单向性，多中心治理是我国城市治理的新模式。有学者认为城市区划不清是城市治理困境的重要原因。有学者认为各国城市治理模式的趋同性，我国也不例外。各种城市治理模式的发展呈现出一定程度的趋同性；在现代城市治理模式理论下，城市政府在城市治理中的地位从某种意义上来说逐渐减弱；无论是西方国家还是我国，非政府部门（包括企业与市民社会）对城市治理所发挥的作用越来越大，城市治理各主体的重新定位已是不可抗拒的潮流。此外，各种模式在城市治理结构方面也呈现出越来越多的相似性。有学者认为中国城市治理基本特征是"从管理到治理"。袁政对城市治理的实践特征作了全面而深刻地概括，第一，城市治理的实施在发展时序和空间上有别于农村。第二，不同于西方国家的城市是自治单位或具有较大自治权力的地方实体，中国的城市是纳入国家统一政治——行政体系之中的某一级政区。第三，城市治理中，不同城市之间在协调、对话方面存在着较大阻隔。第四，今后中国城市治理的发展路径，强化"公域"，还权"私域"，激励创新。

可见，我国城市治理模式与西方城市治理模式有着较为相似的理论总结，这为我们总结不同治理模式的特点，发挥不同治理模式的优势，制定契合当前时代特点和现实需要的城市治理指标体系提供了宝贵的理论资源。

随着近年来城市化进程的加快以及中央对城市治理的重视，国内掀起了城市治理的研究热潮，尽管这些研究的侧重点不同，研究的具体领域也各不相同，但学术界研究表现出的倾向性为我们把握城市治理现代化的重点提供了理论基础。围绕城市治理议题，国内研究在治理结构、治理能力、治理模式转型等方面集中了一批优秀的研究，这些研究对城市治理指标体系的构建起到了重要的借鉴和启发作用。

城市治理能力研究是随着"治理"这种新的管理公共事务的思想逐渐得到广泛认同的，城市管理也转向城市治理。十八届三中全会公报指出：全面深化改革的总目标是完善和发展中国特色社会主义制度，推进国家治理体系和治理能力现代化。创新社会治理，要改进社会治理方式，激发社会组织活力，增强社会发展活力。城市治理是社会治理的重要组成部分，全面创新社会治理的改革目标对城市治理提出了新的要求，因此，如何改变现有的城市管理体制成为我们城市治理的新命题。当前学术界对城市治理能力的研究不多。王珺、夏宏武认为，城市治理能力反映的是城市政府为了管理社会公共事务、提供公共服务、平衡化解社会矛盾、促进社会稳定发展而运用制度统筹各个领域的治理，使其相互协调、共同发展的能力，是对城市政府治理模式稳定性、有效性和合法性的直观度量。以城市政府当前履行的主要职能为标准，可以将城市治理能力划分为经济调节能力、市场监管能力、公共服务能力和政府财政能力等。城市治理能力评价可以归结为能够反映城市政府治理能力的一系列先进的、具有时代特征的指标体系或指标集合。国内外已开展了一系列围绕城市政府治理能力评价的研究，其中一些国家主要从政府与经济增长、国际竞争力以及政府绩效角度研究相关评价指标体系，我国则主要从政府公共产品供给职能角度设计评价指标体系，大多还停留在框架建立和指标选取阶段，尚未进行数据收集阶段的可行性验证。

从城市治理的力量梳理到治理指标体系的实践来看，尽管我国城市治理研究的时间不长，但是城市化发展的现实对城市治理理论和指标评估体系的需求迫切，这也是党中央提出"国家治理体系和治理能力现代化"的目的所在。从当前我国治理评价体系的研究开发来看，这些工作还处于起步阶段，相关研究既取得了不少成绩，也存在着不少问题，这为我们进一步提出科学的城市治理能力评估指标体系提供了可资借鉴的经验和教训。本研究在吸收借鉴国内外城市治理指标体系基础上，立足于长三角城市发展实践，以中国最有活力和治理水平最高的城市群为背景，总结城市发展经验，寻找城市治理不足，更好地推动长三角城市实现国家治理能力现代化目标。

二 城市治理能力现代化评估指标体系研究与评价

（一）国外有关治理体系评价指标研究的现状

1. 治理评估体系的主要类型

俞可平（2014）把国际上的治理评价体系划分为四大类。[1]

---

[1] 俞可平：《关于国家治理评估的若干思考》，《华中科技大学学报》（社会科学版）2014年3月。

第一类，联合国开发计划署治理评价指标体系。比如：（1）联合国以贫困和性别为维度的民主治理指标框架（Measuring democratic governance: a framework for selecting pro-poor and gender sensitive indicators）；（2）联合国人类发展报告（Human Development Report 2007/2008）；（3）联合国人类发展中心的"人文治理指标"（Humane Governance Indicators, HGI)[①]；（4）联合国奥斯陆治理研究中心的"民主治理测评体系"（Measuring Democratic Governance）。

第二类，多边机构治理评价指标体系。（1）世界银行：世界治理指标（Worldwide Governance Indicators, WGI）；（2）世界银行：国家政策与制度评估（Country Policy and Institutional Assessment）；（3）世界银行：治理与反腐败观察（Governance and Anti-corruption Country Survey）；（4）经济合作发展组织（OECD）："人权与民主治理测评"指标体系（Measuring Human Rights and Democratic Governance）。

第三类，双边机构的治理评估。（1）英国海外发展组织（ODI）：世界治理评估（World Governance Assessment）；（2）美国国际发展署（United States Agency for International Development）：民主与治理框架（Democracy and Governance Assessment Framework）；（3）荷兰国际关系研究所：治理与腐败战略评估（Strategic Governance and Corruption Assessment, SGACA）。

第四类，独立机构的治理评估。（1）自由之家（Freedom House）的"世界自由指数"（Freedom Index in the world）；（2）民主与选举援助组织（Institute for Democracy and Electoral Assistance）的"民主评估"（Democracy Assessment）；（3）透明国际组织（TI）的"腐败指数"（Corruption Perception Index, CPI）；（4）世界经济论坛（World Economic Forum）的"全球治理倡议"（Global Governance Initiative）；（5）哥德堡大学的"治理质量观察"（Quality of Governance Survey）。

2. 世界银行考夫曼的"世界治理指标"

1999年世界银行开发的世界治理指标（Worldwide Governance Indica-

---

① UNDP: Concepts of Governance and Sustainable Human Development, 1996.

tors，WGI)① 是治理定量评价研究中比较权威、严谨、影响大、应用广的综合指标体系之一。以色列中央统计局局长希伯来大学经济学教授什洛莫·伊兹哈奇（Shlomo Yitzhaki）曾说，在 20 世纪 90 年代中期以前，我不相信治理状况是可以量化测量的。《全球治理指标报告》改变了我的看法。② 这可以从一个侧面说明 WGI 在治理评估方面的地位和影响。世界银行学院的丹尼尔·考夫曼（Daniel Kaufmann）等人提出的世界治理指标提供了可比指数和多层治理测量相结合的研究路径。他利用大量公共部门、商业机构等第三方数据来源，③ 进而重新整合为六项指标。

话语权与问责（Voice and Accountability，VA）：测量一国公民选举政府领导的参与程度，以及言论、结社和新闻自由的水平；

政治稳定与无暴力程度（Political Stability and Absence of Violence，PV）：测量人们对政府稳定、政治暴力或恐怖主义等事务的感知；

政府效能（Government Effectiveness，GE）：测量政府公共服务，政策制定及执行水平，职业文官工作及独立于政治压力的能力，以及政府兑现政策的可信度等；

监管质量（Regulatory Quality，RQ）：测量政府为允许和提升私人部门发展而形成和执行良好政策监管的能力；

法治（Rule of Law，RL）：测量社会成员对社会规则的信心和遵守规则程度，特别是法律执行水平及发生犯罪和暴力的可能性；

腐败控制（Control of Corruption，CC）：测量把公共权力用于谋取私利的程度，包括各种形式的腐败，也包括国家被精英和私人利益"俘获"

---

① D. Kaufmann &A. Kraay. Governance Indicators: Where Are We, Where Should We Be Going? The World Bank Research Observer, Vol. 23, No. 1, 2008, pp. 1 – 30.

② 李玉华、杜晓燕：《全面剖析新加坡、中国公共治理现状：基于 1996—2007 年全球治理指数》，《华东经济管理》2009 年第 12 期。

③ WGI 所使用的数据来源 1999 年为 25 个全球调查机构，2009 年开始增加为 32 个机构的 35 个国际数据库。其中包括：经济合作发展组织发展中心、非洲经济展望、非洲晴雨表、亚洲发展银行国家政策与制度评估、贝塔斯曼转变指数、经济学人联合会、自由之家、全球清廉指数、盖洛普民意测验、美国宾汉姆顿大学辛格纳利—理查德（Cingranelli-Richards）人权数据库、国际农业发展基金会农业部门绩效、制度评估、国际商人组织灰色地带调查、国际交流委员会媒体可持续发展指数、全球国家风险指南指数、无国界记者组织自由指数、洛桑国际管理学竞争力年报、商业风险和环境全球展望、范德堡（Vanderbit）大学美洲晴雨表、国际预算项目开放预算指数等。

的程度。

其中，政权的产生和交替包括话语权与问责（VA）和政治稳定与治安（PV），国家实施合理政策的能力包括政府效能（GE）和监管质量（RQ），公民和国家对经济社会制度的尊重包括法治（RL）和腐败控制（CC）。

世界银行治理指标（WGI）基于一个系统的理论框架，并综合了目前治理评估的大多数指标，因而在世界各国的政府、风险评估机构和非政府组织的决策中发挥重要的参照作用。比如，美国"千年挑战对外援助项目"[1]声明，要重点援助那些治理良好的国家，并使用WGI的5个指标以及其他11个指标来决定一国是否有接受援助的资格。国际开发协会也根据WGI形成一个国家政策与制度的研判结论。世界银行更是根据WGI指标水平确定借贷国贷款资格及额度。在国际援助中，援助方根据治理水平设定援助条件已经成为惯例。

过勇、文浩（2010）[2]认为，世界治理指标也存在一些局限性，这主要表现在：第一，治理概念不一致，不同数据来源对于同一指标的界定可能不同。第二，衡量方法不一致，客观数据、专家评价和问卷调查评分方式的差异可能造成综合结果失真。第三，数据来源不一致，各个数据来源覆盖范围的差异可能带来可比性问题。第四，主观感觉与实际情况存在差别，数据来源过多地依赖专家评价和问卷调查。

3. 世界银行高伟彦的中国城市治理指标

世界银行高伟彦（William Mako，2006）等发表过一份中国120座城市治理水平的研究报告。[3] 报告包括四章内容：第一章介绍了研究的概况；第二章从城市特征、政府效率、建设和谐社会三个方面讨论六个地区

---

[1] 美国千年挑战公司（MILLENNIUM CHANLLENGE CORPORATION，MCC）成立于2004年1月，是美国政府独立的对外援助机构，由9名成员组成的董事会负责管理，即国务卿、财长、商务谈判代表、国际开发署长、执行总裁和4名总统直接任命的公众代表。其中，国务卿任董事长，财长任副董事长。MCC援助计划为5年，受援国需成立千年账户管理机构（MILLENNIUM ACCOUNT ADIMINISTRATION，MCA），负责监管。

[2] 过勇、文浩：《城市治理水平评价：基于五个城市的实证研究》，《城市发展研究》2010年第2期。

[3] 世界银行高伟彦（William Mako）等：《中国政府治理、投资环境与和谐社会：中国120个城市竞争力的提高——2006年世界银行报告（No. 37759 - CN）》，2006年10月8日。

投资环境的比较；第三章从投资环境、政府效率、建设和谐社会，以及"金牌城市"（总分）等方面讨论城市排名；第四章给出了包括政府效率的短期改善、建设和谐社会、改进城市特征、跟踪城市变化等四个方面给出了建议。另外，报告还有两个附录。附录一按地区分类展示城市在政府效率与和谐社会建设上的成绩。附录二则是从绩效衡量方法、投资环境因素、投资环境对公司业绩的影响和改善投资环境的预期收益等几个方面介绍了方法和数据。

这份研究报告主要是从投资环境的视角审视政府效率和政府治理。这次调查涉及城市特征、生活质量、地方经济、卫生、教育和环境等方面国家统计局公布的数据，以及问卷调查数据。

——"城市特征"。"城市特征"的不同（人均GDP、经济增长、交通运输费用）可以解释企业生产率数据三分之一左右的差异。全要素生产率、外商直接投资。

——政府绩效。政府治理的调查主要是衡量了下列指标：（1）总税费负担占企业销售额的比例（2%—4%）[①]，（2）企业在娱乐和旅游上的支出（非正规支出）占销售额的比例（0.5%—1.0%）[②]，（3）企业一年与税务、公安、环保、劳动与社会保障等政府四部门打交道（行政干预）的天数（<60天），（4）中小型内资私有企业获得银行贷款的比例（>50%），（5）通过非正式付费获得贷款的预期（获得贷款而必须支付非正规付款的企业数）（<5%），（6）企业进出口平均通关天数（<3天）等方面的指标，（7）电力和交通基础设施问题给企业带来的成本支出占企业产值比例（<1%），（8）企业认为公司冗员占劳动人数的比例（<1%），（9）对法院的信心或企业认为法院能保护合法的财产和合约权利的比例（>75%），（10）劳动力中接受过大专以上教育的比例（15%—20%），（11）国有企业占据工业企业销售收入的比例（<50%）。

——和谐社会。这部分的指标包括：（1）全年空气质量为优或良的

[①] 按照指标后面的数值是研究者提供的参照值。
[②] Cai, Fang, and Xu（2005）的研究显示，如果当地政府提供的服务质量很差或者税负较高，则企业的娱乐和旅行花费就会增高。同时，较高的娱乐和旅行支出与较差的企业业绩相关联，而且娱乐和旅行花费的"质量"与企业治理有关。

天数（>300天）；（2）工业废弃物无害化（达到环境标准）处理率（>95%）；（3）人均绿地面积（>10平方米）；（4）婴儿死亡率（<6‰）；（5）入学学生中女生比例（>47%）；（6）政府人均教育经费支出（>1100元人民币）；（7）失业率（<3%）；（8）年平均工资（>20000元人民币）；（9）固定职工医疗健康保险覆盖率（>85%）。

调查对象是中国大陆120个城市，共12400家公司，调查城市分布大陆除西藏以外的所有省份，每个省份的省会城市都包括在内。被调查城市的经济总量占大陆GDP的70%—80%。报告认为，中国城市与商业有关的法律法规基本相同，但是，投资环境差异显著，差异主要反映了地方政府是否提高了绩效。比如：（1）排名前10%的城市税费平均占销售收入的3.1%，排名最后的10%的城市相应为6.9%。（2）在排名前10%的城市，企业与主要政府机构打交道的时间平均为36天/年，排名最后的10%的城市相应为87天/年。（3）企业在娱乐和旅行上的支出有可能成为腐败的工具，在排名前10%的城市，企业在这方面的支出仅占收入的0.7%，而排名最后的10%的城市相应为1.9%。（4）排名前10%的城市进出口通关时间合计平均为5.4天，排名最后的10%的城市相应为20.4天。（5）在排名前10%的城市，接受过大专以上教育的劳动者占全部劳动力的比重超过28.5%，而在排名最后的10%的城市则不到10.8%。（6）在"政府效率"中排名最后20%的城市通过学习山东省、广东省、浙江省和江苏省的领先城市，提高地方政府效率、增加劳动力灵活性和改进金融，预计在短期内企业生产率可提高25%—35%，外资企业数量增长15%—25%。

研究者以五个方面的衡量指标为基础选出排名最高的"金牌城市"，即：对内资企业的总体投资环境、对外资企业的总体投资环境、对内资企业的政府效率、对外资企业的政府效率、构建和谐社会的进展。有6座城市表现突出，这些"金牌城市"包括杭州市、青岛市、绍兴市、苏州市、厦门市和烟台市。安徽省三城市的排名情况是：投资环境：合肥市（21）、芜湖（73）、安庆（107）；政府效率：合肥市（38）、芜湖（53）、安庆（58）；和谐社会：芜湖（52）、合肥市（58）、安庆（95）。

4. 联合国大学考特的世界治理评价指标

考特的世界治理指标研究工作包含三次集中调查。根据马得勇、文浩

(2008) 的研究，联合国大学的尤利乌斯·考特（Julius Court，1999）等人发起并承担了世界治理调查（World Governance Survey，WGS）项目[①]和第一轮调查。考特认为："治理是指一套价值、政策和制度的系统，在这套系统中，一个社会通过国家、市民社会和私人部门之间，或者各个主体内部的互动来管理其经济、政治和社会事务。它是一个社会通过其自身组织来制定和实施决策，以达成相互理解、取得共识和采取行动。……治理有社会、政治和经济三个维度，可以在家庭、村庄、城市、国家、地区和全球各个人类活动领域运行"。考特将治理调查指标区分为"治理绩效指标"和"治理过程指标"。前者指按照规范性结果来评价的治理质量，如腐败水平；后者指产出如何达成这一角度来评价治理的质量。调查内容包括6个部分30个问题：（1）政治过程中公民的参与程度；（2）政治过程中社会上的各利益方意见整合的方式；（3）作为一个整体的政府保护系统；（4）政策执行特别是政府的政策执行；（5）国家和市场的关系；（6）争议的处理，特别是司法系统争议处理。

表1　　　　　　　　　联合国 GWS 治理指标

领域	考察指标
政治过程中的公民参与	公民的议论自由程度
	种族、性别、语言、宗教、政治立场、财产、出身等方面的歧视程度
	政府在重大政策上征询公众意见的程度
	公众对制定的社会规则（交税、投票、善于犯罪等）的尊重程度
政治过程中的利益表达	议员（人大代表）的能够代表社会的程度（妇女或少数群体）
	政治权利的真实竞争程度
	政策制定过程公平的反映公众偏好的程度
	（议会或人大）立法职能影响政策内容的程度
	议员对公众要求的反应程度

[①] 马得勇、张蕾：《测量治理：国外的研究及其对中国的启示》，《公共管理学报》2008年第4期。

续表

领域	考察指标
作为整体的政府保护系统	政府保障公民个人安全的程度
	政府对提高公民生活水平的贡献
	政府领导人在决策中对国家长远利益的考虑
	军队接受文人政府领导的程度
	政府在处理国内冲突和矛盾时的贡献程度
政策执行	高级公务员、资深事务官员与政务官相对而言参与政策制定过程中的程度
	公务员系统录用中以能力为标准的录取的程度
	公务员对其行为的负责任程度
	公共服务决策中的清晰程度（制定规章不清而招致权力滥用的可能性）
	公众或任一群体享受公共服务的程度
国家和市场	政府官员对财产权的尊重
	政府有关经济方面的规定平等适用于所有企业的程度
	商业执照取得过程中卷入腐败交易的程度
	经济政策变化中公共机构和私人部门之间咨询沟通的程度
	政府在出台政策时对全球贸易、金融、技术新的考虑程度
争议的处理	公民平等享受法律援助诉讼等司法服务的程度，不用考虑个人安全、财务状况等
	司法系统在判决过程中的清晰程度，法规明确、收集途径合法
	司法官员对其行为的负责程度
	人权领域的国际法规范在国家权利体制中得到反映和合作的程度，签署和批准国际人权公约
	非司法程度在公平解决冲突中的位置，NGO社区团体在冲突解决中发挥的作用

联合国开发计划署（UNDP）组织的这次调查时间从2000年年底到2001年初结束，调查范围选定在各大洲具有代表性的22个国家1996—2000年五年间的治理水平。各国调查数据的测量主要通过面访、传真或email的方式获得被调查者的主观评价。但是，与世界银行的治理指标数据收集方法略有不同，联合国的这次调查将调查对象局限在特殊的消息灵

通人士，具体包括高级公务员、长期任职的国会议员、商业人士、资深法官和律师、德高望重的学者、咨询者和政策顾问、地方 NGO 的领导或资深人士、媒体的编辑或资深记者、其他相关人士。因为这些人对该国的了解程度比普通人要全面和深入，而且，来自不同领域也有效降低了来自政界人士对其自身过高评价的倾向（实际调查中政府官员和议员的评价明显高于其他群体）。这样就避免了世界银行所使用的一些数据库存在的偏见问题，因为世界银行治理调查数据库中的各国指标有很多只是发达国家的学者、商业人士和活动家等对其他国家的评价，这其中难免受偏见和意识形态因素的影响，特别是一些政治性的指标。这些受访者总共为 824 人（回收的有效问卷份数），平均每个国家 37 人。

2004 年，考特去英国的海外发展研究所任职，项目随其转到英国，名称改为"世界治理指标评估（the World Governance Assessment, WGA）"。据周云飞等人（2009）的研究，[①] 2004—2005 年考特在压缩调查对象国数量、修订评估指标和扩大评估内容范围的基础上组织了第二轮调查。这轮调查的对象国缩减到 10 个，受访者人数为 733 个，调查方法基本不变。在学者、关注治理的国际组织官员，以及发展中国家政府和市民社会代表协商的基础上，世界治理指标（WGA）确定了测定各国治理水平的评估框架。指标体系包括公民社会、政治社会、政府、官僚机构、经济社会、司法部 6 个领域，以及参与、公平、体统、责任、透明和有效等 6 个维度（原则），横向的领域和纵向的原则交叉构成一个 36 个指标的矩阵。

表 2　　　　　　　　世界治理评价指标

原则＼领域	参与	公平	体统	责任	透明	有效
公民社会	结社自由	社会非歧视性	言论自由	遵守管制规则	媒介自由	政策制定的投入
政治社会	社会的立法代表	政策反映公众偏好	政治力量和平竞争	立法者对公民负责	政党的透明度	法律影响政治

[①] 周云飞、周云章、潘鑫：《公共治理评价指标：国际组织的实践及对我国的启示》，《理论导刊》2009 年第 1 期。

续表

领域＼原则	参与	公平	体统	责任	透明	有效
政府	政府内部的磋商	公民生活标准充足	公民的人身安全	附属于文官政府的安全力量	政府提供足够的信息	充分利用可获得的资源
官僚机构	政策制定中高级公务员比重	平等的进入公共服务领域	公务员尊重公民	公务员对他们的行为负责	明确的决策制定程序	以道德系统为基础的人员录用
经济社会	与私营部门的磋商	所有公司平等的适用规则	政府对知识产权的尊重	在公共利益中规制私人部门	制定经济政策中的透明度	免于贿赂即能获得执照
司法部	冲突解决的非正式程序	全民进入司法的平等性	国内国际人权的立法实践	司法官有责任	清晰的行政司法	司法系统的有效性

资料来源：Goran Hyden, Julius Coutr and Kenneth Mease, Making Sense of Governance: The Need for Involving Local Stakeholders.

目前，该轮调查的结果已经公布，并计划实施以南撒哈拉非洲为主要调查对象的第3轮调查。

周云飞等人（2009）认为，WGA指标是联合国开发计划署为了寻找不同国家发展路径差异的原因和帮助发展中国家提高治理能力而设计的最新治理评价指标。WGA在全球视角下认识治理绩效，并不局限于所谓的国家"民主赤字"。评价指标来自地方的利益相关者而不是国际专家，能实现其他评价不能达成的目标。① 这个指标体系突破了发达国家的治理绩效一概比发展中国家高的神话，使治理绩效在发展中国家很高而在发达国家很低成为可能。综合来看，世界治理评价提供了一种评价治理水平的连贯、动态、全面的方法。

过勇、文浩（2010）指出，除世界银行等少数治理指标之外，国际上大

---

① 戈兰·海登（Goran Hyden）、尤利乌斯·考特（Julius Court）、肯尼思·密斯（Kenneth Mease）：《理解治理：需要考虑当地利益相关者（MAKING SENSE OF GOVERNANCE: The Need for Involving Local Stakeholders）》。

多数旨在衡量治理水平的努力都使用了单个或少数几个指标。按照数据来源，可以将这些指标分为三类：第一种是客观指标，例如保护记者委员会（Committee to Protect Journalists）用一些国家在过去十年中被杀害的记者人数来衡量这些国家对言论自由的保护程度；第二种是专家评价，例如贝塔斯曼转型指数（Bertelsmann Transformation Index）就是贝塔斯曼基金会的专家对各国在民主和市场经济等方面的现状和进展进行评价的结果；第三类是问卷调查结果，就是通过问卷调查的方式了解商业精英或普通公民对一些国家某些治理方面的评价。目前，大多数治理指标都属于第三种类型。①

5. 联合国人居规划署的城市治理指标

根据南开大学周恩来政府管理学院马得勇、张蕾（2008）的研究，联合国人类住区规划署（United Nations Human Settlements Programme，UN–HABITAT）②从 1999 年开始着手开发用于测量各国城市治理水平的指标体系。在随后的几年里他们不断完善指标，并在全球范围内选取了若干城市进行了实地调查。研究小组确定了（1）有效（effectiveness）；（2）平等（equity）；（3）参与（participation）；（4）责任（accountability）；（5）安全（security）等 5 个城市治理的核心原则，进而从 66 个初选指标中选定了 26 个指标，并作了实地调查试验。各原则代表的含义和具体的测量指标如表所示。

表3　　　　　　　　　联合国人居规划署城市治理指标

原则	含义	指标
有效	用于测定现存的机制和社会政治环境下在财经管理和计划、提供服务和对公民社会关注事项的反应等方面的制度效率	1. 地方政府收入的主要来源（四个方面）； 2. 地方政府预算的转移支付的可预见性； 3. 制定出版了达成绩效的标准的出版物； 4. 顾客（居民）对政府提供服务的满意度； 5. 城市发展前景目标（是否存在、如何制定、是否为参与式的）；

---

① 过勇、文浩：《城市治理水平评价：基于五个城市的实证研究》，《城市发展研究》2010 年第 2 期。

② 联合国人居署：http://cn.unhabitat.org/categories.asp?catid=9。

续表

原则	含义	指标
平等	用于衡量在城市生活的基本需要方面（营养、教育就业、健康饮水安全卫生等）对弱势群体的（贫困、妇女、老弱病残、少数群体）所具有的包容性和无歧视	6. 居民在享受基本服务方面的权利（是否出版类似《公民宪章》之类的正式文件）； 7. 地方政府中女性官员的比例； 8. 基础性服务上存在有利于穷人的价格政策（住房等方面）； 9. 非正式商业的刺激（在主要零售区允许摆摊）；
参与	通过包容、自由和公平的选举促进地方代议民主机制。同时包括参与式决策过程，以便识别在何处存在公民性资本（civic capital）、和议（consensus）和公民权（citizenship）	10. 是否以民主的程序选举产生市议会； 11. 选举产生市长； 12. 参与投票的性别状况（2个小指标）； 13. 公共论坛（应包括人民议会、城市咨询会、邻里顾问委员会、市镇会议等形式）； 14. 每万人市民组织数；
责任	以透明和可预见的方式，有效及时运转地方政府职能、向上级地方政府负责、对当地民怨做出反应、制定公务人员的专业性和个人诚实的评价标准，衡量法治水平及制定公共政策	15. 存在有关合同、编制、预算、会计的正式公开出版物； 16. 来自上级政府的控制； 17. 有无官员、公务员行为准则的出版物； 18. 民怨处理机制（有无、是否便利）； 19. 反贪委员会（监督、报告腐败事件）； 20. 官员及家属收入、财产的公开情况； 21. 审计的独立性（是否制度化、审计结果广泛公开）；
安全	为了确保公民的人身安全和健康、环境安全，存在充分的机制、过程、系统。同时强调通过制定实施适宜的环境、健康、安全方面的地方政策来确保冲突化解机制的存在	22. 预防犯罪情况（预防犯罪的政策）； 23. 每万人的警力； 24. 冲突解决（有无调解机构）； 25. 反对妇女的暴力行为； 26. 艾滋病政策

注：实际调查中的问题要比上述指标更为详细。

试验性调查经历了两个阶段，第一阶段选取了12个城市进行了调查，第二阶段选取了20个城市进行了调查。经过第一阶段试验性调查，他们又对指标进行了修正，开始利用这些指标来收集数据。为了保证指标设计的科学性和调查的可靠性，研究组特地邀请了一些城市的主要行为主体参加这次研究活动，这些主要成员来自：所有主要城市的部、局的代表；挑选了部分市议员和关键的城市委员会的负责人；半官方的组织（如自来水等服务的提供者）；进行中的本项目发起人；学术和研究机构；市民社会组织（NGO，CBO，居民联合会）；私人部门代表（如商业协会）；非正式部门代表（如非正式的商人联合会）；地方或国家的行政、治理教育培训机构代表（类似我国的行政学院）；其他的城市的行为主体或与城市治理指标相关人士。邀请这些人士参与城市治理指标的设计制定可以说很好地体现了治理所强调的互动、合作、参与的价值观。同时，研究组在设计指标时，还考虑了如下四个因素：（1）容易收集：通过合理的努力和时间可以获得；（2）指标的普遍性：由于是全球性的调查，因此必须注意南北间差异、政府类型差异（联邦制还是单一制）；（3）妥当：指标要集中反映城市治理的关键性制度、关系、过程或政策；（4）可信：指标以一种能够让人信服的方式来测定制度、关系、过程或政策。

经过严格的调查和收集数据过程，该研究项目终于公布了从世界各地选取的24个城市的治理水平报告。可以说，联合国的这一研究项目是目前为止涵盖范围最广、指标设计最具普遍性的一次地方治理调查。该项目对如何进行地方层次的治理测量和研究具有重要的借鉴意义。当然，部分原则和指标是否适合中国的地方治理测定还有很大的商榷余地。

6. 国际标准组织城市可持续发展指标体系

总部设在多伦多大学的全球城市指标机构（GCIF）通过与联合国人居署、地方环境行动国际委员会、世界银行、世界发展研究中心、经合组织及联合国环境规划署历时三年的合作，推出多个阶段成果。

全球城市指标机构（2012）围绕城市居民生活质量建立了20个方面的指标和城市状况指标。[①]其中，生活质量指标包括：教育、火灾和应急

[①] 杨锋、刘俊华、刘春青：《城市指标体系（GCI）国际标准进展及应用》，《标准生活》2013年第3期。

响应、卫生、娱乐、安全、固体废物、交通、废水、水、电力、治理、城市规划、公民参与、文化、经济、环境、庇护所、社会公平、技术与创新；城市状况指标包括：人口、住房、经济、市政管理、地理与气候。治理指标仅有"在市政府工作的妇女比例（政府工作人员是女性的人数除以市政府工作人数）"一项辅助指标，用以直接反映市政府招聘系统的公平性。

在2014年5月15日全球城市峰会（Global Cities Summit）会议期间，ISO37120:2014城市可持续发展指标体系——关于城市服务和生活品质的指标国际标准（第一稿）正式发布。ISO 37120:2014从城市服务和生活品质两个方面出发，从经济、教育、能源、环境、财政、火灾与应急响应、治理、健康、休闲、安全、庇护所、固体垃圾、通信与创新、交通、城市规划、废水、水与卫生等17个方面，提出了100项指标（其中包括46项核心指标和54项辅助指标）衡量城市可持续发展状态。[①]

其中，城市治理主题内包括6项指标，其中2项核心指标：上届市政选举选民参与率（占合法选民的百分比），妇女占市级官员的百分比；4项辅助指标：妇女占市政府雇员的百分比，每十万人市政官员腐败或贿赂人数，市民代表性（每十万人本地官员人数），登记选民占投票年龄人口百分比。

（二）国内有关治理体系评估指标研究的回顾

1. 中央编译局俞可平的中国治理评估框架

中共中央编译局俞可平（2000）总结了良治的六个基本特征：合法性（legitimacy）、透明性（transparency）、责任性（responsibility）、法治（rule of law）、回应（responsiveness）和有效性（effectiveness）。[②] 俞可平强调指出，建构中国治理评估框架必须注意以下主要原则：第一，既立足中国改革开放的实践，同时充分借鉴国际上的治理评估经验。中国的

[①] 杨锋、邢立强、刘春青、李忠强：《ISO37120城市可持续发展指标体系国际标准解读》，《中国经贸导刊》2014年第29期，第24—27页。

[②] 俞可平：《治理与善治》，社会科学文献出版社2000年版。

治理评估框架，应当最大限度地反映中国的治理特色。同时也应当反映人类共同的规律和价值如民主、自由、稳定、公正、高效等。第二，应当紧紧围绕党和政府的大政方针，既突出政府治理的重点，又兼及治理的基本内容。第三，必须具有简便性、实用性和操作性，数据材料容易获得，评估活动也切实可行。第四，必须实现主观与客观、现状与前景的有机结合。中国治理评估框架的重点领域，必须体现中国社会政治经济发展的重要战略部署，这些应该着重关注的领域包括：科学发展、政治文明、和谐社会、小康社会、新农村建设、服务型政府、创新型国家和生态文明，等等。

2003年，俞可平根据民主和善治原则，结合中国的实际，发展了一套评价标准。其中包括法治、公民的政治参与、政治透明性、人权或公民权状况、对党和政府的监督、党内民主和多党合作、基层民主等15个方面，每一个方面又设计了至少5个指标。[1]

2008年，在联合国开发计划署（United Nations Development Programme，UNDP）的资助下，俞可平提出了一套"中国治理评估框架"。这个框架包括公民参与、人权与公民权、党内民主、法治、合法性、社会公正、社会稳定、政务公开、行政效益、政府责任、公共服务和廉政等12个方面。[2] 在12个领域中，公民参与、人权与公民权、法治、政务公开等方面，与国际通行的治理评估指标相同。党内民主、社会稳定[3]、廉政[4]等属于"中国特有"的评估内容。中央编译局比较政治与经济研究中心执行主任何增科认为，"在中国，党内民主是社会民主等民主治理的枢纽"。鉴于中国国情，包括廉政、生态文明等在内的这类评估重点成为中国治理评估框架的重要组成部分。党内民主进入国家治理评价体系应当是中国的特有内容。

---

[1] 俞可平：《增量民主与善治》，社会科学文献出版社2003年版，第161—165页。
[2] 俞可平：《中国治理评估框架》，《经济社会体制比较》（双月刊）2008年第6期。
[3] 社会稳定内容不是中国特有，联合国的WGI指标体系中有政治稳定与无暴力程度（Political Stability and Absence of Violence，PV）与社会稳定相似。
[4] 廉政内容并非中国特有，联合国的WGI指标体系中也有腐败控制（Control of Corruption，CC）与廉政内容相似。

表 4　　俞可平中国治理评价框架的构成

治理目标（评估维度）	重点领域或主要关注点
公民参与	选举法规；直接选举的范围；竞争性选举的程度；村民自治；居民自治；职工代表大会的作用；重大决策的公众听证和协商；社会组织或民间组织的状况；社会组织的制度环境；社会组织对国家政治生活的影响；公民利用网络和手机参与公共生活的情况
人权与公民权	法律对公民权利的保护；公民法定权利的实现程度；妇女、儿童、贫困居民等弱势群体的权利保护；对少数派和不同意见者的保护和宽容；公民和官员的人权意识；公民合法的游行示威；公民的自我保护能力；公民的维权；对公民的法律救助
党内民主	党内选举、决策和监督法规；各级党委领导人的产生方式；党委推荐和任用干部的民主程度；党代会的作用；党委的决策和议事程序；党内的权力监督；党务公开的程度；党代表的直接选举；执政党与其他民主党派的协商
法治	国家的立法状况；宪法和法律的权威；党和政府的依法执政、依法行政程度；公民和官员对法律的了解和尊重；法律在实际政治生活中的作用；立法活动和司法活动的自主性和权威性；律师的作用；官员和公民的法律意识；政府政策的法律审查；司法审判的执行情况
合法性	公民对宪法的认同；公民对党和政府的认同；法律的权威和适用性；党和政府的权威；公民对基层政府的信任；公民对周围官员的信任程度；公民对政治现状的满意程度；公民对主流意识形态的认可；公民对国家发展前景的态度
社会公正	基尼系数；恩格尔系数；城乡差别；地区发展差别；教育公平程度；医疗保健公平程度；就业公平程度；党政干部中的女性比例；党政官员的代表性；人大代表和政协委员的代表性；基本公共服务均等化程度
社会稳定	政府对突发事件的处置能力；公民的社会安全感；政策的延续性；社会治安状况；通货膨胀率；民族区域的冲突事件；群体性事件的数量；上访数量及比例；家庭暴力；公共暴力
政务公开	政务公开的法规及效果；政治传播渠道的数量和质量；决策过程的公开化程度；行政机关、法院、检察院等活动的公开化制度；公民对政治事务的了解程度；新闻媒体的自主性；公民获取政治信息的权利及渠道；党政干部的收入及财产申报及其真实和透明情况

续表

治理目标（评估维度）	重点领域或主要关注点
行政效益	政府的行政成本；党政干部的行政能力；政府的行政效能；党政机关的协调程度；决策失误的概率；公共项目的投入产出率；电子政务；政府的快速反应和处事能力；公民对政府决策和处事效率的满意程度
政府责任	政府预算公共服务支出的比例；基本社会保障的状况；9年制义务教育普及率；基本医疗保险覆盖率；政府对穷人和困难者的帮助；政府一站式服务的普及率；国家提供公共基础设施的力度；公民对政府服务的满意程度；政府的生态治理及其效果
公共服务	廉政法规及其效果；腐败官员的数量及惩处；对政府及党政干部的经济审计；公共预算监督；权力的相互约束；公民对政府权力的制约；新闻舆论监督；公众举报等社会监督；党和政府的自律
廉政	官员对其行为的负责程度；对渎职官员的惩罚；官员与公民的沟通渠道；官员对公民意见的尊重；党和政府接收和处理公民诉求的机制；党和政府的决策咨询机制；政策反馈及决策部门对政策的修订情况；政策反映或代表公民要求的程度；公民意见对政府决策的影响；行政诉讼的数量及后果

2. 中央编译局俞可平的社会治理评估指标体系

中央编译局俞可平等关于社会治理评估方法最初发表于2012年《中国治理评论》杂志上，[①] 2014年重新刊发在《论国家治理现代化》一书中。[②] 这个体系包括三个层面：1个一级指标即"中国社会治理指数"。6个二级指标即人类发展、社会公平、公共服务、社会保障、公共安全和社会参与，其中综合地反映民主、法治、公平、正义、稳定、参与、透明、自治等社会治理的重要价值和理念。35个三级指标（其中，客观指标有29个，主观指标有6个）。

---

① 俞可平、何增科等：《中国社会治理评价指标体系》，《中国治理评论》2012年第2期。
② 俞可平：《论国家治理现代化》，社会科学文献出版社2014年版。

表 5　　　　　　　　　　中国社会治理评价指标体系

一级指标	二级指标（权重）	三级指标（权重）	数据来源
中国社会治理指数	A1 人类发展（16.00）	B1 人均可支配收入（4.00）	统计部门
		B2 平均受教育年限（4.00）	教育部门
		B3 平均预期寿命（4.00）	统计部门
		B4 居民幸福感（4.00）	问卷调查
	A2 社会公平（16.00）	B5 城乡居民收入比（4.00）	统计部门
		B6 基尼系数（3.50）	统计部门
		B7 高中阶段毕业生性别比系数（2.50）	统计部门
		B8 县处以上正职领导干部中女性比例（2.50）	组织部门
		B9 居民公平感（4.00）	问卷调查
	A3 社会公平（16.00）	B10 人均基本公共服务支出（2.50）	财政部门
		B11 基本公共服务支出占财政总支出比重（2.50）	财政部门
		B12 人均公共服务设施指数（2.00）	财政部门
		B13 一站式服务普及率（2.50）	行政服务中心
		B14 失业率（3.00）	人力与社保部门
		B15 居民对服务公共服务的满意度（4.00）	问卷调查
	A4 社会保障（16.00）	B16 基本社会保险覆盖率（4.00）	社保部门
		B17 住房支出占人均可支配收入比例（2.50）	统计部门
		B18 社会救助比率（3.00）	民政部门
		B19 低保标准与人均消费支出比（2.50）	统计部门
		B20 居民对社会保障水平的满意度（4.00）	问卷调查
	A5 公共安全（16.00）	B21 万人刑事案件发案率（2.50）	公安部门
		B22 万人治安案件发案率（2.50）	公安部门
		B23 非正常死亡率（2.50）	统计部门
		B24 群体性事件数量（2.50）	信访维稳部门
		B25 万人恐怖袭击伤亡人数（2.00）	公安部门
		B26 居民安全感（4.00）	问卷调查

续表

一级指标	二级指标（权重）	三级指标（权重）	数据来源
中国社会治理指数	A6 社会参与（20.00）	B27 万人 NGO 数量（2.00）	民政部门
		B28 万人志愿者数量（2.00）	文明委
		B29 政府购买 NGO 公共服务占公共服务支出比重（2.00）	财政部门
		B30 居民委员会直选率（2.00）	民政部门
		B31 居民参选率（2.00）	问卷调查
		B32 重大决策听证率（2.00）	问卷调查
		B33 预算制定过程中的公众参与率（2.00）	问卷调查
		B34 媒体监督的有效性（2.00）	问卷调查
		B35 居民对参与社会管理的满意度（4.00）	问卷调查

注：权重计算方法（1）A1 + A2 + A3 + A4 + A5 + A6 = 100；（2）A1 = B1 + B2 + B3 + B4；（3）A2 = B5 + B6 + B7 + B8 + B9，其余类推。

附：中国社会治理指数主观指标调查问卷问题要点[1]

受访者的基本信息，包括年龄段、性别、职业、居住地、年收入区间等。问卷调查采取分层随机抽样办法进行电话调查。每个城市的最低样本量为1200份。

问卷调查对象应包括户籍人口、非户籍常住人口，职业分布、地域分布、性别分布、城乡分布，应具有一定的代表性。

（1）人们的幸福感通常来自拥有一份好工作、好收入、好环境、好心情、好身体。您觉得自己幸福吗？

①非常幸福；②比较幸福；③一般；④不幸福；⑤非常不幸福；⑥说不清楚/不了解/不愿意评价。

（2）人们的公平感通常来自收入分配较为公平、能够通过自己的努力改善自己的地位待遇、不受他人歧视和排斥、享有同等的权利并受到政府和司法机关的公平对待。您觉得您生活的社会公平吗？

①非常公平；②比较公平；③一般；④不公平；⑤非常不公平；⑥说不清楚/不了解/不愿意评价。

---

[1] 俞可平、何增科等：《中国社会治理评价指标体系》，《中国治理评论》2012 年第 2 期。

（3）人们对公共服务的满意度通常来自政府所提供的公共服务如义务教育、公共卫生、市政服务和行政服务等符合公众的要求和期待。您对当地政府提供的公共服务的上述方面感到满意吗？

①非常满意；②比较满意；③一般；④不满意；⑤非常不满意；⑥说不清楚/不了解/不愿意评价。

（4）人们对社会保障水平的满意度通常来自对基本医疗保障水平、养老保险水平、失业保险水平、最低生活保障水平和社会救济救助水平的满意度评价。就此来说，您觉得您对当地社会保障水平感到满意吗？

①非常满意；②比较满意；③一般；④不满意；⑤非常不满意；⑥说不清楚/不了解/不愿意评价。

（5）人们的安全感通常来自对社会治安状况、食品药品安全状况、职业安全或生产场所安全状况、遇到紧急情况求救时对有关部门响应情况感到满意。您觉得自己日常生活安全吗？

①非常安全；②比较安全；③一般；④不安全；⑤非常不安全；⑥说不清楚/不了解/不愿意评价。

（6）首先，您在上次村民委员会或者居民委员会选举中是否参与了投票选举？

①是；②否；（如果回答为是的话继续询问）您是否了解候选人并在多个候选人之间自由选择？（如果没有的话，则跳过下面的问题）

①是；②否；③不清楚/不知道

（7）首先，您或您周围的人有没有参加过政府部门举办的听证会？

①有；②没有；（如果回答为有的话继续询问）您是否了解候选人并在多个候选人之间自由选择？（如果没有的话，则跳过下面的问题）您或您周围的人发表的意见是否受到了重视？（如果没有的话，则跳过下面的问题）

①是；②否；③不清楚/不知道

（8）首先，您或您周围的人有没有参加过政府民生预算制定过程中的讨论？

①有；②没有。（如果有的话则继续询问）您感觉您或您周围的人发表的意见是否受到了重视？（如果没有的话，则跳过下面的问题）

①是；②否；③不清楚/不知道

（9）媒体监督的有效性主要表现为人们通过新闻媒体包括互联网等

新媒体反映的问题、提出的意见和建议得到政府的重视和响应,反映的问题得到解决,提出的意见和建议得到政府的答复和采纳。您觉得在您所生活的城市,媒体的监督有效吗?

①非常有效;②比较有效;③一般;④不太有效;⑤无效;⑥说不清楚/不了解/不愿意评价。

(10) 人们对参与社会管理的满意度主要来自大家有渠道、有机会向党和政府反映自己的利益诉求、有途径维护自己的合法权益不受侵害,同时反映的诉求、维权的合理要求得到了很好的满足。您对本次社会参与的现状感到满意吗?

①非常满意;②比较满意;③一般;④不满意;⑤非常不满意;⑥没有感觉。

3. 兰州大学包国宪等的中国公共治理绩效评价指标体系

兰州大学包国宪、周云飞(2009)提出了"中国公共治理绩效评价指标体系"。这个指标体系以善治为治理评价的核心目标,着重我国转型期生存和发展两个主题,设计了公平、法治、可持续性、参与、透明度、责任、效能等7个方面的评价指标体系,各个指标相互依存、相互支持,共同构成一个完整的体系。①

4. 天则研究所茅于轼的"中国省市公共治理指数"

天则研究所茅于轼(2011)以政治交易成本理论②为基础设计了公共治理指数评估方法。茅于轼公共治理指数的特点包括:

(1) 把公共治理理解为包括政府在内的多元主体针对公共领域中公共事务的治理。它和单纯部门的私人治理不同,在私人领域中只需要考虑资源最优配置。在公共领域,资源最优配置是表象,权利配置才是本质。有关权利的配置就不仅要求效率标准必须得以满足,更重要的是,公正标准更应得到满足。公共治理要实现社会福利最大化,同时必须符合公平、效率、透明等程序原则。公共治理评价就需要贯彻这一目标,通过设定最

---

① 包国宪、周云飞:《中国公共治理评价的几个问题》,《中国行政管理》2009年第2期。本研究成果也曾以中国公共治理绩效评价的几个问题研究为题,刊载于2008年4月26日《治理评估的理论与实践学术研讨会文集》中。

② 黄新华:《当代西方交易成本政治学述评》,《厦门大学学报》(哲学社会科学版)2009年第5期。

基本的善治标准,以此来评判实际运行的公共治理绩效。

表 6　　我国公共治理评价的指标及指标要素

目标	指标	指标要素
善治	公平	公共政策的公正程度 价值分配的公平程度 社会保障的覆盖率 公民迁徙的自由程度
	法治	国家的法律体系的完备状况 公民和官员对法律的了解和尊重 法律在全国范围内和各个部门中的执行情况 法律对公民权利的保护情况
	可持续性	公共部门政策的连续程度 公共部门的学习创新能力 社会秩序的稳定程度 公共部门对环境变化的感知与发展政策制定、执行
	参与	公民参与国家立法、公共政策制定渠道的数量与质量 地方自治的范围和层次 民间组织对公共事务的参与程度和影响程度 公民和民间组织对公共部门政策的自觉执行程度
	透明度	公共信息传播渠道的数量和质量 公民对公共事务的认知程度 公民知情权的尊重情况 公共部门活动的公开化程度
	责任	公共部门对公民需求的回应情况 公共部门对突发事件的应急处理能力 官员的廉洁程度 公共物品的供给质量
	效能	行政成本高低的情况 公务员工作的绩效水平 公民对公共部门工作的满意度 公共部门服务承诺的兑现程度

公共治理过程就是权利配置过程。公共治理中的权利配置分为三个层次。第一层次是作为基本权利的消极权利的配置。这些权利就是公民权利和政治权利。第二层次就是作为积极权利的经济社会文化权利的保障。第三层次是和公共资源有关的权利的配置。

采用了主客观指标相结合的方法，设计了公民权利维度（反映人身安全等权利的保障与改善程度，含财产安全、意见表达、媒体监督、人身权利，权利救济5个指标），公共服务维度（地方政府基本公共服务的提供情况，含教育、环境、公共卫生、社会保障、公共交通、公共安全6个指标），治理方式（公共治理机制，含民主、透明及信息公开、多元、参与、廉洁、信任6个指标）三个维度的17个指标。[①]

表6　　　　　　　　　　公共治理总指数构成

一级指标	二级指标	三级指标
公共治理总指数	A. 公民权利，即人身安全、财产等权利的保障与改进程度	A1 财产安全
		A2 意见表达
		A3 媒体监督
		A4 人身权利
		A5 权利/救济
	B. 公共服务，即地方政府基本公共服务的提供情况，保障居民经济社会文化权利，包括教育、公共卫生、社会保障、环境、公共设施、公共安全等服务	B1 教育
		B2 环境
		B3 公共卫生
		B4 社会保障
		B5 公共交通
		B6 公共安全
	C. 治理方式，即公共治理的执行机制，包括民主、透明、多元、公众参与等	C1 民主
		C2 透明及信息公开
		C3 多元
		C4 参与
		C5 廉洁
		C6 信任

---

① 茅于轼：《2010年中国省会城市公共治理指数报告》，http://www.unirule.org.cn/index.php?c=article&id=3305，2015年6月10日。

5. 清华大学过勇、文浩的治理评估体系

鉴于目前广泛采用的丹尼尔·考夫曼等人（1999）提出的治理衡量方法过度依赖主观数据，存在许多致命的缺点，过勇、文浩（2010）提出了一个基于内涵分析的治理评估框架。① 作者认为治理的核心内涵是"多主体（公共部门、私人部门、公民社会组织）对公共事务的共同参与"，即（1）良治 = 良好的政府 + 私营部门和公民社会的参与；（2）良好的政府 = 公正的 + 有效的 + 管制的 + 法治的 + 透明的 + 廉洁的政府。相应地，一个应用型的治理评价框架应该包括七个维度：参与（participation）、公正（equity）、有效（efficiency）、管制（regulation）、法治（rule of law）、透明（transparency）和廉洁（Integrity）。每一个维度又分为投入、途径、结果和效果四个层面。投入衡量的是国家在每个纬度中的人员、财政或法律法规的投入状况。

评价地方政府治理水平的指标分为统计类的客观指标和问卷调查类的主观指标两类。其中，客观指标数据主要通过《中国统计年鉴》、地方统计年鉴、专业统计年鉴和学术论文获得；主观指标来自委托专业调查公司所进行的专项问卷调查。过勇、文浩（2010）将上面的治理评估指标体系用于北京市、上海市、长沙市、深圳市、成都市五个城市的数据采集，取得了实证研究成果。但是，作者没有进一步说明评估指标体系中所用统计指标和问卷调查指标内容的具体构成。

表7　　　　　　　　　　五个城市治理指数得分情况

	北京	上海	长沙	深圳	成都
参与（0.172）	2.79	3.61	3.54	3.21	4.08
公正（0.130）	2.89	2.50	2.73	2.17	2.70
有效（0.153）	3.35	3.49	2.88	2.64	2.94
管制（0.115）	2.42	2.42	2.35	2.22	2.06
法治（0.155）	4.80	3.71	2.02	2.82	2.19

---

① 过勇、文浩：《城市治理水平评价：基于五个城市的实证研究》，《城市发展研究》2010年第12期。

续表

	北京	上海	长沙	深圳	成都
透明（0.153）	3.38	3.05	2.17	3.39	3.31
廉洁（0.122）	2.33	2.17	2.86	2.20	2.59
治理指数	21.96	20.96	18.56	18.64	19.88

注：括号中的数字为权重。

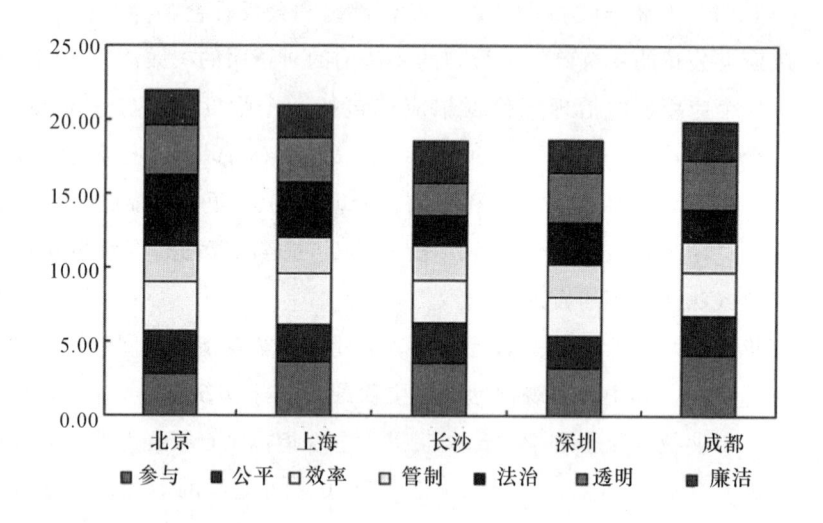

（三）国内外治理评估研究的评价和启示

第一，国内外治理评估的指标体系很多，但进入实际应用和测评的指标体系却很有限。自20世纪90年代出现较有影响的治理评估体系开始算起，治理评估的历史并不是很长，但是，内容却非常丰富。有研究表明（2006），不包括单项治理评估体系，仅是"可供用户使用的综合治理指标体系大约有140种及数千个单项指标"[①]。但是，国内外进入实际数据采集的测评指标体系十分少见，其中，规模较大并有一定影响的指标体系实证研究更是非常有限。我国较早从事治理评估工作的俞可平1999年介入治理问题的研究，2008年着手治理评价研究，许多年过去以后，俞氏认为（2014），为探索一套适合中国特色的治理评估框架做出了相当大的

---

① World Bank, World Bank Releases Largest Available Governance Data Source, *world*, 2006.

努力，也征求过不少同行专家的意见，但现在提出的这个框架仍然是一个原则性的纲要，离具体的测评指标还有较大的距离。① 治理评估指标体系较少进入应用的事实从一个侧面印证了治理评估研究任务的艰巨和繁杂。

第二，治理评估体系的内容丰富，有明确的治理评估目标，但是应用领域依然有限。从治理评估对象的层级看，它包括全球治理、国家治理、区域或城市治理、社区治理。城市治理评估是具有可观尺度的治理评估，处于国家、社会和社区治理评估的中间环节。四者之间在评估对象、内容、方法等方面都存在明显的区别，但是也存在内在的联系。从治理评估对象的性质看，它包括国家治理能力、政府治理绩效、社会治理体系、城市治理水平，等等。从治理评估的目的看，它包括服务于政府、风险评估机构和非政府组织的决策，比如，判断一个国家或地区是否具备接受援助的资格，确定借贷国贷款资格及额度，服务于政府和社会组织的治理实践改善等。如果从中国城市治理体系和治理能力评估的视角审视现有的评估指标体系，仍觉不足。

第三，城市治理现代化评估尚未进入我国现代化评估学者的视野。在何传启的城市现代化的评估指标体系中，城市治理（包括城市治理体系和城市治理能力）现代化尚未作为独立的评价单元和指标出现。何传启（2014）分析了世界城市现代化的历史和未来，阐述了城市现代化的基本原理，提出了城市现代化的基本特点和主要标准。② 何传启认为今天城市现代化已经成为中国现代化的主体工程。他列举现代化城市特点包括城市建筑优质美观，城市街道整洁通畅，城市服务公平高效，城市生活舒适便利；城市设施世界一流，城市环境世界一流，城市收入世界一流，城市福利世界一流等主要特点，其中，公共治理与民主政治、政务透明、司法公正、政治稳定并列作为城市政治现代化的五个构成内容。③ 但是，随后在此基础上提炼的城市现代化八个标准（城市建筑、城市街道、城市服务、城市生活、城市设施、城市环境、城市收入、城市福利）和四个定量水

---

① 俞可平：论国家治理现代化，社会科学文献出版社 2014 年版，第 217—283 页。
② 何传启：《中国城市现代化报告 2013——城市现代化研究》，北京大学出版社 2013 年版。
③ 何传启：《现代化的八个标准》，《城市和郊区的现代化——第十二期中国现代化研究论坛论文集》，2014 年 9 月。

平(欠发达、初等发达、中等发达、发达)的评价体系中,没有提到城市治理现代化的内容。

第四,治理评估存在通用指标,也需要结合本国实际设计个性指标。在各个层级的治理评估指标体系中,治理评估体系的内容都结合治理评估目的和评估对象的情况做出选择。世界银行的考夫曼、世界银行的高伟彦、联合国大学的考特,以及国际标准组织的全球(或世界)治理评估指标都非常强调通用指标。但是,国家治理评估却非常强调本国实际的特色指标。俞可平承担联合国开发计划署(UNDP)委托的中国国家治理评估研究项目时,作为UNDP驻华代表处国别主任的南书毕(Subinay Nandy,2008)明确指出,用中国自己研发的治理框架才能够真正起到治理评估的作用,这样的框架不仅能够体现中国特色,还能够形成中国自己的问责机制,而不是由外方对其治理进行评估。俞可平在2003和2008两个评估指标体系中都特别设计了党内民主的指标或维度。

第五,城市治理评估焦点可以定位在城市治理体系和治理能力现代化这个基础之上。城市治理的评估处于国家和社区治理评估的中间位置,是国家治理体系现代化的重要基础,也是社区治理体系现代化的框架,城市治理体系和治理能力现代化评估需要体现国家治理评估的导向,也要兼顾社区治理评估的实际。

三 长三角城市治理能力现代化评估的路径与概念界定

(一)研究路径

构建评估指标体系是人们对评估事物的认识从具体到抽象再到具体的逻辑思维过程,它要求人们对评估对象本质特征的认识逐步深化、逐步精细、逐步完善、逐步系统化,综合评价法的逻辑过程正是在这一思维过程基础上形成、发展和完善的,它的一般思路主要包括以下步骤:

(1)评估的理论准备阶段。这一阶段主要确立指标体系的评估对象和评估目的,并对评估目的的导向性有清楚的判断和认识,对评估取向的理论基础和现实要求有深刻理解和把握。

(2)指标体系初建和筛选。指标体系由目标层、准则层和指标层组成，在理论指导下，目标层和准则层较容易制定，指标层是在准则层基础上进一步细化。指标细化过程中容易出现指标重复测量的问题，因此需要对指标进行筛选。指标筛选有定性和定量两种方法。定量方法主要通过降维等处理方法获得具有代表性的指标；定性方法选取指标主要指是由主观确定有哪些指标。筛选过程往往是两种方法配合，以达到模型最优化。

（3）评估指标的采集和无量纲化。具体指标确立后，涉及这些指标的测量，就需要数据采集。数据来源所使用的具体调查方法一般有二次资料，如统计资料和部门汇总资料等，此外问卷调查也是常用的数据采集方法。采集后的数据由于采用计量标准不一致，无法进行直接加总等计算，因此对测量值进行无量纲化处理显得尤为重要。

（4）确定单项指标和复合指标的权重。将无量纲化后的指标值根据指标的重要性赋予不同的权重，往往使用专家评价的方法，来完成指标权重的赋值，以便指标值的合成，建立单指标项或符合指标项的评价函数。

（5）将评估对象的实际测量指标值代入评价函数，计算出综合评价值，据此对评估对象进行分类或排序。

综合评估指标体系的完善需要不断地反馈与修正，依据评估过程和结果的监测，对以上有关步骤中出现的不适应或者错误进行相应的调整、修正，以使指标系统能够尽量反应评估对象的实际状况。

（二）概念界定

1. 治理

治理一词为英语中的"governance"翻译而来，源于拉丁文，原意是控制、引导和操纵。1995年全球治理委员会（Commission on Global Governance）将"治理"定义为"各种公共的或私人的个人和机构管理其共同事务的诸多方式的总和，它是使相互冲突或不同的利益得以调和并且采取联合行动的持续过程"。目前学术界对"治理（governance）"一词有多种定义，本研究报告中将治理定义为，所有公共或私人的个人和机构运用各种管理方法和技术对公共事务的管理，通过对公共事务的约束、协调和控制来保证社会秩序和集体行动。

2. 城市治理

城市治理是治理理论在城市公共事务管理方面的应用，是指以城市为对象，城市基本信息流为基础，各级政府、机构、社会组织和个人运用决策、计划、组织、协调、控制等一系列机制，采用法律、经济、行政、技术等手段，通过政府、市场与社会的互动，围绕城市运行和发展进行的决策引导、规范协调、服务和经营行为。

3. 城市治理能力

城市治理能力是指各级政府、机构、社会组织和个人在城市治理过程中运用决策、计划、组织、协调、控制等一系列机制，采用法律、经济、行政、技术等手段管理城市各方面事务行为的水平和质量。

4. 城市治理能力现代化

城市治理能力现代化是政府引导下，公共机构、组织和个人等多个主体共同协商、合作，参与到城市治理过程中，通过法律、经济、行政、技术等手段，为了增加人民的福祉，全面建设城市政治、经济、文化、社会、生态的现代化。

四 长三角城市治理能力现代化评估的假设与模型

（一）理论假设

以城市治理结构和治理能力现代化为核心的城市治理评估有一个城市善治的基本假设，即：$G = f(g \cdot s \cdot m)$。其中，G 代表城市善治（Good governance），g 代表政府治理（government），s 代表市场自治（self-governance），m 代表公益互治（mutual governance）。上述城市善治表达式的意义在于，将城市善治视为政府治理（g）、市场自治（s）和社会互治（m）的乘积。首先，城市治理存在多元共治的密切联系，任何一个因素（治理主体）本身的变化都会造成整个城市治理水平的变化，强调了城市治理的整体性的特点；其次，城市治理存在多元互动的复杂关系，任何两个因素（治理主体）之间关联的变化都会影响整体城市治理水平的变化，强调了城市治理的综合性特点。换句话说，城市治理水平既取决于参与城市治理的有关主体各归其位，履行主体责任的程度，也取决于有关参与主体各司其职，密切配合与合作的程度。

城市治理能力现代化评估涉及范围十分宽泛，需要考虑的问题包括城市治理的不同主体、不同对象、不同过程和不同侧面。从城市治理主体的视角看，它需要考量体制内的政府部门、基层社区，也要考量体制外的社会组织、私人部门和普通市民；从城市治理内容的视角看，它需要兼顾城市经济、政治、文化、社会、生态治理体系结构是否健全，也需要兼顾城市治理能力；从城市治理过程的视角看，它应当包括城市治理能力现代化的宏观过程，也应当包括城市治理规划—运作—检查—完善的微观过程；从城市治理系统的视角看，对于某些具有重要意义、交互影响，并且超越了上述框架范围的重要因素应当作为城市治理能力现代化评估的重要内容予以考虑。

问题的另外一个方面是，城市治理体系和治理能力现代化的评估范围与内容可以很多，但是，实际能够进入评估的内容和具体指标总是有限的。这需要我们按照一定的标准从城市治理的核心内容中提炼出关键概念作为界定评估内容的范围的依据，遴选出与评估目标相匹配的评估维度和指标。

（二）概念模型

为了保证评估体系建构的系统性和避免重要评估内容的缺失，评估模型的顶层设计工作十分重要。从评估体系建构的角度看，城市治理体系与治理能力现代化的评估至少需要考虑三个基本问题。

第一，评估性质问题。城市治理体系与治理能力评估是一种现代化水平综合评估，城市治理能力现代化评估体系需要通过收集比较评估对象城市治理改革与现代化的相对进程数据做比较。评估结果要综合考虑合法、公平、效率、满意、可行等几个方面的平衡。

第二，评估主题问题。现代城市治理发展的核心主题是公共部门与私人部门、营利部门和非营利部门的多元共治，评估体系的主题也要反映不同城市治理主体了解、参与、监督城市重大决策的责任、机会和效果。评估结果要在城市治理体系和治理能力建设的目标、任务和路径上具有导向性。

第三，评估内容问题。现代城市治理体系建设的基本内容是治理体系和治理能力，其中，城市治理能力现代化评估要体现过程导向的原则，评估体系的内容要通过治理结构、功能的比较反映城市治理体系的现代化的相对水平。治理能力现代化评估要体现结果导向原则。通过经济、政治、社会、文化、生态建设的业绩，以及市民满意度、市民治理参与程度、政府回应时效等效果的比较反映城市治理能力现代化的水平。城市治理能力现代化评估结果对于城市治理体系和治理能力现代化建设具有示范性。

据此，我们可以将城市治理主体性质（政府组织与非政府组织）和城市治理建设内容（治理结构与治理能力）做交叉，形成一个 2×2 的城市治理体系和治理能力现代化评估体系的概念模型。其中，城市治理主体的划分旨在保证城市治理评估过程中治理主体的多元性质：政府组织是一个传统意义上的城市管理主体概念，它包括城市体制内的党委、政府、人大、政协和基层自治组织；非政府组织是一个现代意义的城市治理主体概念，它包括体制外的企业和社会组织等。城市治理内容的划分则是旨在保证城市治理结构和治理能力现代化评估的基本两大内容的平衡：城市治理过程和城市治理绩效两个具象概念分别作为治理结构和治理能力的操作变量，可以从城市治理规制、行为和统计资料中观察、测量和检验，进而研判城市治理能力现代化的相对进程。

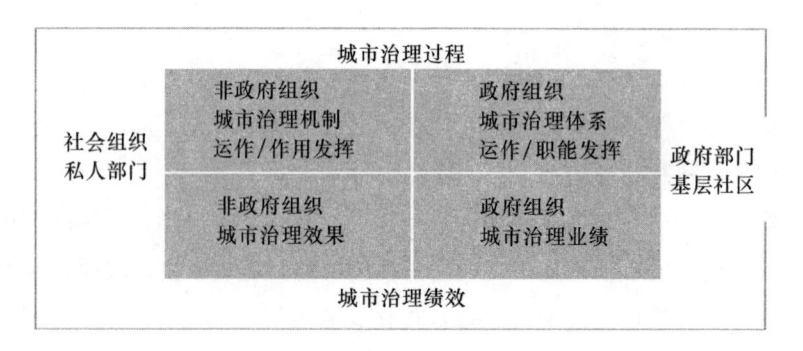

图 1　城市治理体系和治理能力现代化评估模型

五　长三角城市治理能力现代化评估指标体系与工具

（一）长三角城市治理能力现代化评估指标构成

本次长三角城市治理能力现代化评估指标体系主要由参与、公平、机制、责任、透明、绩效六个一级指标以及 44 个二级指标构成（见表 8）。在具体操作过程中，指标体系被分为主观指标部分和客观指标部分，其中有 24 个客观指标，20 个主观指标，主观指标主要通过调查问卷搜集数据，客观指标则通过权威的公开资料予以整理。

表8　　长三角城市治理能力现代化评估指标

一级指标	指标权重	二级指标	指标权重
参与A1	0.141	1. 万人人大代表政协委员提案数	0.0175
		2. 万人NGO数量	0.0213
		3. 政府门户网站日均点击量	0.0187
		4. 市民参与城市治理机会	0.0162
		5. NGO在社区冲突化解中的作用	0.0196
		6. 政府在调动社会力量实现城市发展中的作用	0.0272
		7. 被调查者对城市发展前景的认可程度	0.0205
公平A2	0.182	1. 人均文化、体育与传媒支出	0.0347
		2. 市场分配资源的比重（1-财政支出额/GDP）	0.0269
		3. 财政公共教育人均（或生均）支出金额	0.0306
		4. 城镇职工购买职工医保的比例	0.0299
		5. 低保标准与人均消费支出比	0.0291
		6. 被调查者对市民公平感的判断	0.0307
公信A3	0.159	1. 被调查者对政府官员依法行政的满意度	0.0384
		2. 被调查者对政府执政能力的评价	0.0363
		3. 被调查者对官员勤政的信任程度（勤政印象指数）	0.0263
		4. 被调查者对官员廉政的信任程度（清廉印象指数）	0.0311
		5. 被调查者向政府官员行贿（市民行贿指数，反向指标）	0.0269

续表

一级指标	指标权重	二级指标	指标权重
责任 A4	0.151	1. 被调查者对责任政府建设的评价	0.0161
		2. 被调查者对政府部门违法责任追究的判断	0.0153
		3. 被调查者对城市社会安全及防控水平的满意度	0.0172
		4. 被调查者对企业履行社会责任的评价	0.0156
		5. 被调查者对公众履行城市文明建设义务的评价	0.0131
		6. 废水达标排放率	0.0151
		7. 登记失业率（反向指标）	0.0163
		8. 十万人火灾死亡人数（反向指标）	0.0137
		9. 十万人交通事故死亡人数（反向指标）	0.0155
		10. 十万人刑事案件发案率（反向指标）	0.0131
透明 A5	0.148	1. 被调查者对政府政务公开满意度	0.0442
		2. 被调查者对媒体监督有效性的判断	0.0344
		3. 十万人主要政务微信平台粉丝数	0.0348
		4. 被调查者对政府政策的知晓率	0.0345
绩效 A6	0.219	1. 居民幸福感	0.0196
		2. 被访者生活质量感受	0.0186
		3. GDP 增长率	0.0174
		4. 总税费负担占企业销售额比例（反向指标）	0.0158
		5. 恩格尔系数（反向指标）	0.0172
		6. 高峰期拥堵延时指数（反向指标）	0.0164
		7. 全年空气质量达标率	0.0228
		8. 城镇常住人口保障性住房覆盖率	0.0200
		9. 基本公共服务支出占财政总支出的比重	0.0193
		10. R&D 支出占 GDP 比重	0.0170
		11. 每十万人年三种专利申请受理数	0.0150
		12. 人均绿地面积	0.0200

注1：分类是指指标意义，其中1体制内过程，2体制外过程，3体制内绩效，4体制外绩效。来源是指1官方统计数据，2媒体统计数据，3问卷调查数据。

注2：6项一级指标分数之和为100分（A1 + A2 + A3 + A4 + A5 + A6 = 100），每一个一级指标下的 N 项二级指标之和为100分。

（二）长三角城市治理能力现代化问卷调查

长三角城市治理能力现代化问卷调查主要收集不同城市居民关于该城市治理效果的主观感知方面的数据。调查活动主要在长三角范围内的大中城市进行，调查对象总体界定为家庭户内 18 岁至 69 岁的常住人口。长江三角洲大中城市包括南京、杭州、合肥、无锡、徐州、宁波、温州、金华、蚌埠、安庆 11 个地级城市和直辖市上海市。

调查的设计遵循科学、效率、便利的原则。首先采用科学的概率抽样原则，以便于控制抽样误差和置信概率；其次，注意到抽样效率，即在既定的样本量下，使目标估计量的抽样误差尽可能小；第三，在满足科学、效率的要求下，考虑到长三角城市的实际情况和抽样方案的可操作性，确保问卷的有效发放和回收；最后，调查方案的设计要满足调查后分析的需要和动态的可比性。

本次问卷调查采用分层抽样与 PPS 概率抽样相结合的抽样方法。抽样采用分层四级抽样，将上述 12 个城市的城区（不包括该城市行政区域所辖农村社区）下辖的区级行政单位作为一级抽样单位，区级行政单位下辖街道、乡镇作为二级抽样单位，各街道管辖的居民小区作为三级抽样单位，各居民小区作为四级抽样单位。长三角 12 个城市下辖区级行政单位 73 个，根据 PPS 抽样的程序，依据每个城市的常住人口数量，我们抽取了 32 个区。根据各市区人口规模，我们确定了每个市区的样本量，样本向区下辖街道、乡镇的分配，并进行逐层抽样，最终发放问卷 5090 份。

六 长三角 12 市治理能力测评结果

（一）长三角城市治理能力现代化评估综合结果

表 9　长三角城市治理能力现代化指标体系综合指标结果及排名

排名	综合指标		客观指标		主观指标	
	城市	得分	城市	得分	城市	得分
1	杭州市	66.311	南京市	31.095	杭州市	40.074

续表

排名	综合指标 城市	综合指标 得分	客观指标 城市	客观指标 得分	主观指标 城市	主观指标 得分
2	上海市	61.269	上海市	27.968	扬州市	39.703
3	扬州市	60.334	杭州市	26.236	金华市	36.365
4	南京市	57.538	无锡市	25.422	上海市	33.301
5	合肥市	57.171	合肥市	24.579	徐州市	32.705
6	徐州市	56.082	宁波市	23.494	合肥市	32.592
7	金华市	55.617	徐州市	23.376	无锡市	28.539
8	无锡市	53.961	温州市	21.392	宁波市	27.212
9	宁波市	50.705	扬州市	20.631	南京市	26.443
10	温州市	30.753	金华市	19.251	安庆市	11.057
11	安庆市	27.357	安庆市	16.300	温州市	9.361
12	蚌埠市	24.197	蚌埠市	16.199	蚌埠市	7.998

表9附图 长三角城市治理能力现代化分项指标

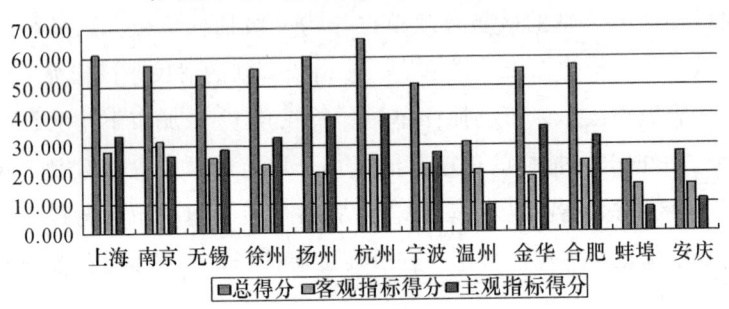

从长三角城市治理能力现代化指标体系综合指标结果来看，杭州市、上海市、扬州市三城市的得分最高，城市治理水平处于第一方阵，城市治理现代化综合得分均超过60分。南京市、合肥市、徐州市、金华市、无锡市、宁波市六城市处于第二方阵，得分在50—60分之间，相互之间差距不大。温州市、安庆市和蚌埠市处于第三方阵，分数与第二方阵存在较大差距。

从客观指标来看，城市治理现代化得分及排名与该城市的经济发展水平有较强的关联。排在前三名的分别为南京市、上海市、杭州市,均为省会城市/直辖市,合肥市排在第五名,仅比无锡市略低。此外宁波市、徐州市、温州市和扬州市得分均在20分以上。金华市、安庆市和蚌埠市出在后三位。总体而言,客观指标之间差距不及主观指标差距大,排在第一名的南京市得分约为最后一名蚌埠市的2倍。

但是,从当地市民对城市治理现代化水平的主观感受来看,不同城市之间差距较大,而且与经济发展水平的关联程度并不紧密。市民感受较好的前三位城市分别是杭州市、扬州和金华,得分为40.1、39.7和36.4分。其次是上海市、徐州市、合肥市、无锡市、宁波市、南京市,得分均在25分以上。处在后三名的是安庆市、温州市和蚌埠市,分别为11.1、9.4和8.0分。

(二)长三角城市治理能力现代化评估分项结果

表10　长三角城市治理能力现代化指标体系分项指标结果及排名1

排名	参与 城市	参与 得分	公平 城市	公平 得分	公信 城市	公信 得分
1	杭州市	10.120	南京市	13.701	扬州市	14.492
2	扬州市	9.866	上海市	12.354	杭州市	13.828
3	无锡市	8.946	杭州市	11.707	上海市	11.315
4	南京市	8.618	宁波市	10.234	合肥市	11.069
5	上海市	8.328	合肥市	9.656	金华市	10.969
6	合肥市	8.197	徐州市	9.444	徐州市	10.906
7	金华市	8.143	温州市	8.274	宁波市	9.550
8	徐州市	7.365	金华市	8.226	无锡市	8.344
9	宁波市	7.072	扬州市	7.876	南京市	8.245
10	温州市	3.333	无锡市	7.524	安庆市	3.525
11	蚌埠市	2.751	安庆市	3.382	蚌埠市	2.820
12	安庆市	2.026	蚌埠市	2.897	温州市	1.994

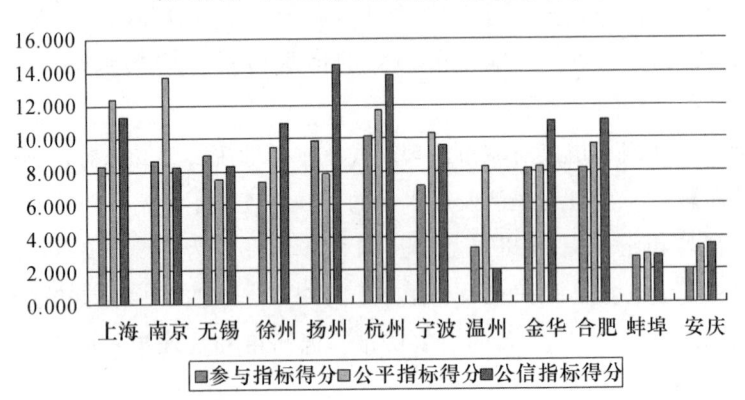

表10附图　长三角城市治理能力现代化分项指标1

从长三角城市治理能力现代化指标体系的各个分项指标来看，参与指标得分较高的前三个城市为杭州市、扬州市和无锡市，得分分别为10.1、9.9和8.9分（参与项总分为14.1分），说明三城市民参与城市治理程度较高；南京市、上海市、合肥市、金华市、徐州市和宁波市六城市参与项得分也较好；但是温州市、蚌埠市和安庆市得分相对较低，说明这三个城市民参与城市治理的水平并不高。

从公平指标来看，公平指标得分较高的前三个城市是南京市、上海市和杭州市，分别为13.7、12.4和11.7分（公平项总分为18.2分），说明这三个城市的社会公平程度较高；宁波市、合肥市、徐州市、温州市、金华市、扬州市和无锡市的公平程度紧随其后，得分均在7分以上；安庆市和蚌埠市得分最低，分别为3.4和2.9分，说明这两个城市的社会公平建设水平较低。

从公信指标来看，城市政府公信力较高的三个城市分别为扬州市、杭州市、上海市，得分分别为14.5、13.8和11.3分（公信项总分为15.9分）；其次是合肥市、金华市、徐州市、宁波市、无锡市和南京市；公信度最低的三个城市是安庆市、蚌埠市和温州市，得分分别为3.5、2.8和2.0分，说明这三个城市的公信力不高，公众对政府缺乏信任。

表 11　长三角城市治理能力现代化指标体系分项指标结果及排名 2

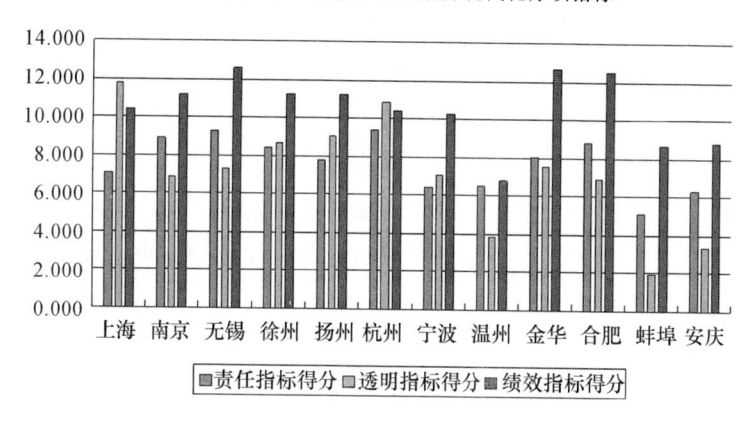

排名	责任 城市	得分	透明 城市	得分	绩效 城市	得分
1	杭州市	9.383	上海市	11.760	金华市	12.680
2	无锡市	9.318	杭州市	10.842	无锡市	12.575
3	南京市	8.905	扬州市	9.045	合肥市	12.499
4	合肥市	8.806	徐州市	8.655	扬州市	11.302
5	徐州市	8.432	金华市	7.526	徐州市	11.281
6	金华市	8.073	无锡市	7.254	南京市	11.207
7	扬州市	7.753	宁波市	7.102	上海市	10.435
8	上海市	7.077	合肥市	6.943	杭州市	10.430
9	温州市	6.518	南京市	6.863	宁波市	10.287
10	宁波市	6.461	温州市	3.840	安庆市	8.786
11	安庆市	6.292	安庆市	3.346	蚌埠市	8.689
12	蚌埠市	5.110	蚌埠市	1.931	温州市	6.794

表11附图　长三角城市治理能力现代化分项指标2

从责任指标来看，责任政府建设较好的城市依次是杭州市、无锡市、南京市和合肥市，得分均在8.5分以上（责任项总分为15.1分）；徐州市、金华市、南京市、上海市紧随其后，得分在7—8.5分；后四位城市是温州市、宁波市、安庆市和蚌埠市，这四个城市责任政府建设情况相对较差。

从透明指标来看，政府透明度较高的前三个城市依次是上海市、杭州市和扬州市，得分均在9分以上（透明项总分为14.8分）；徐州市、金华市、无锡市、宁波市、合肥市和南京市得分在6.5—9分；得分在4分以下的城市有温州市、安庆市和蚌埠市，得分分别为3.8、3.3和1.9分。

从绩效指标来看，城市政府绩效较高的前四个城市是金华市、无锡市、合肥市和扬州市，得分分别为12.7、12.6、12.5和11.3分（绩效项总分为21.9分）；徐州市、南京市、上海市、杭州市和宁波市得分均在10分以上；安庆市、蚌埠市和温州市得分较低，分别为8.8、8.7和6.8分。

（三）长三角12市城市治理能力现代化测评结果分析

1. 杭州市城市治理能力现代化测评结果分析

杭州市城市治理现代化指标综合得分为66.31分，综合评分在全部十二个城市里排名第一，主客观指标得分都排在前三名，其中主观指标得分明显高于客观指标得分，说明杭州市民对城市治理水平的满意程度较高，城市治理的软硬件条件相对较为完善但仍显不足，在今后工作中需要继续改进城市治理制度建设，提升城市治理软硬件设施水平。从分项来看，杭州市城市治理的参与指标、公平指标、公信指标、责任指标、透明指标得分较高，在单项排名中都位列前三名，说明杭州市城市治理现代化的整体制度建设比较完善，城市公信力、政府透明度都相对较高，城市治理职责完成得较好，居民有着多样化的渠道参与城市治理实践；而绩效指标得分相对较低，在很大程度上是因为绩效指标以客观数据为主要依据，数据统计以全市常住人口为基数，难以全面反映流动人口众多的大城市的城市治理真实水平，因此对于流动人口众多的大城市，要加快城市治理创新的步伐，推动户籍人口和流动人口共享城市发展成果，提升城市治理整体绩效水平。

表12　　　　　　　　杭州市城市治理能力现代化指标

项目	得分	百分制得分	单项总分（参考分）
综合得分	66.31	66.31	100

续表

项目	得分	百分制得分	单项总分（参考分）
客观得分	26.24	52.68	49.8
主观得分	40.07	79.83	50.2
参与得分	10.12	71.77	14.1
公平得分	11.71	64.32	18.2
公信得分	13.83	86.97	15.9
责任得分	9.38	62.14	15.1
透明得分	10.84	73.26	14.8
绩效得分	10.43	47.63	21.9

2. 上海市城市治理能力现代化测评结果分析

上海市城市治理现代化指标综合得分为61.27分，其中主观指标得分略高于客观指标得分，说明上海市民对城市治理水平的满意度较高，而城市治理的软硬件条件仍需加强。从分项来看，上海市城市治理的参与指标、公平指标、公信指标、透明指标得分较高，其中透明指标得分排在全部十二个城市的第一位，说明上海市在提供市民参与城市治理机会、推进社会公平、增强政府公信力、增加政府运作与城市治理透明度方面做得较好；而责任指标和绩效指标得分较低，一方面表明上海市党政机关在承担城市治理职责与提升政府治理绩效上稍显不足，另一方面也是由于责任政府建设和政府治理绩效涉及的指标客观统计数据较多，由于统计数据多以全市常住人口为基数，对于流动人口众多的特大城市来说，数据难以全面反映城市治理现代化的真实水平。因此，推进户籍人口和流动人口共享城市发展成果理应成为特大城市治理创新的重要方向，是加强责任政府建设和提升城市治理绩效的重要内容。

表13　　　　　　　上海市城市治理能力现代化指标

项目	得分	百分制得分	单项总分（参考分）
综合得分	61.27	61.27	100
客观得分	27.97	56.16	49.8
主观得分	33.30	66.34	50.2

续表

项目	得分	百分制得分	单项总分（参考分）
参与得分	8.33	59.06	14.1
公平得分	12.35	67.88	18.2
公信得分	11.32	71.17	15.9
责任得分	7.08	46.87	15.1
透明得分	11.76	79.46	14.8
绩效得分	10.43	47.65	21.9

3. 扬州市城市治理能力现代化测评结果分析

扬州市治理现代化指标综合得分为60.33分，在综合得分评价中仅次于杭州市排名第二，其中主观指标得分大幅高于客观指标得分，说明虽然扬州市城市治理的外在软硬件条件不够完善，但是扬州市民对城市治理的满意度很高，扬州市各级党政机关运用有限的城市治理资源实现了市民对城市治理效果的最大化认可。从分项来看，扬州市城市治理的公信指标、参与指标、透明指标得分较高，其中公信指标在全部十二个城市中排名第一，说明扬州市在塑造政府公信力，为市民提供多元化参与城市治理的机会，提高政府运作与城市治理流程透明度方面做得较好；而公平指标、责任指标、绩效指标得分较低，说明扬州市在推进社会公平建设方面还需要加强，而责任政府建设和政府治理绩效涉及的指标客观统计数据较多，受城市经济发展水平影响较大，扬州市受限于自身经济发展水平，在履行政府责任、治理绩效方面评分较低，今后也应当需要增加在城市治理方面的投入，提升本地责任政府的建设水平和城市治理的绩效水平。

表14　　　　　　　　扬州市城市治理能力现代化指标

项目	得分	百分制得分	单项总分（参考分）
综合得分	60.33	60.33	100
客观得分	20.63	41.43	49.8
主观得分	39.70	79.09	50.2
参与得分	9.87	69.97	14.1
公平得分	7.88	43.27	18.2

续表

项目	得分	百分制得分	单项总分（参考分）
公信得分	14.49	91.15	15.9
责任得分	7.75	51.35	15.1
透明得分	9.05	61.12	14.8
绩效得分	11.30	51.61	21.9

4. 南京市城市治理能力现代化测评结果分析

南京市城市治理现代化指标综合得分为57.54分，其中客观指标得分为31.10分，在全部十二个城市中排名第一，明显高于主观指标得分，说明南京市城市治理的外在软硬件条件较为完善，但南京市民对城市治理水平的满意度相对较低，南京市开展城市治理应当更加注重民生需求，贴近群众、服务群众，提高群众满意度。从分项来看，南京市城市治理的参与指标、公平指标、责任指标得分相对较高，其中公平指标在全部十二个城市中排名第一，说明南京市在推动和便利社会治理多元主体参与城市治理、推进社会公平建设、承担社会建设与城市治理职责方面做得较好；而公信指标、透明指标、绩效指标的得分相对较低，表明南京市党政各级机关在增强政府公信力、提高政府运作与社会治理流程的透明度上还有很多工作要做，同时，政府开展社会建设与城市治理应当更加以人为本，贴近群众需求，提高城市治理绩效，注重群众的切身感受，提升人民群众的对政府社会治理的满意度与生活的幸福感。

表15　　　　　南京市城市治理能力现代化指标

项目	得分	百分制得分	单项总分（参考分）
综合得分	57.54	57.54	100
客观得分	31.10	62.44	49.8
主观得分	26.44	52.68	50.2
参与得分	8.62	61.12	14.1
公平得分	13.70	75.28	18.2
公信得分	8.25	51.86	15.9
责任得分	8.91	58.98	15.1

续表

项目	得分	百分制得分	单项总分（参考分）
透明得分	6.86	46.37	14.8
绩效得分	11.21	51.17	21.9

5. 合肥市城市治理能力现代化测评结果分析

合肥市城市治理现代化指标综合得分为57.17分，在综合评分中处于第二方阵，其中主观指标得分相对高于客观指标得分，说明合肥市民对城市治理的满意度较高，合肥市各级党政机关开展的城市治理实践得到了城市居民的认可，而合肥市城市治理的软硬件条件建设稍显不足，仍然需要在城市治理软硬件条件建设与城市治理制度创新上多下功夫。从分项来看，合肥市城市治理的公信指标、绩效指标得分较高说明合肥市在提高政府公信力、改进政府治理绩效方面做得相对较好；参与指标、公平指标、责任指标得分基本与总得分水平相当，说明合肥市在推动市民参与城市治理、推进社会公平建设、承担社会建设与城市治理职责方面基本满足了市民的需求；而透明指标得分相对较低，说明合肥市在提高政府运作与社会治理流程的透明度方面还存在一定不足，应当继续完善政务公开制度，推动城市治理流程的透明化建设。

表16　　　　　　　　合肥市城市治理能力现代化指标

项目	得分	百分制得分	单项总分（参考分）
综合得分	57.17	57.17	100
客观得分	24.58	49.35	49.8
主观得分	32.59	64.92	50.2
参与得分	8.20	58.13	14.1
公平得分	9.66	53.06	18.2
公信得分	11.07	69.62	15.9
责任得分	8.81	58.32	15.1
透明得分	6.94	46.91	14.8
绩效得分	12.50	57.07	21.9

6. 徐州市城市治理能力现代化测评结果分析

徐州市治理现代化指标综合得分为56.08分,在综合得分评价中处于第二方阵,其中主观指标得分明显高于客观指标得分,说明徐州市民对城市治理现状的满意度较高,而城市治理的外在软硬件仍需要加强。从分项来看,徐州市城市治理的公信指标得分较高,说明徐州市在提高政府的公信力方面做得较好;透明指标、责任指标得分基本与总得分水平相当,说明徐州市在增加政府透明度、履行政府城市建设与城市治理职责方面基本满足了城市居民的需求;而参与指标、公平指标与绩效指标得分较低,说明徐州市各级党政机关在提供市民参与城市治理机会、培育多元化的城市治理主体、推进社会公平建设方面仍需要努力,同时,城市治理现代化水平直接关系城市发展与民生建设质量,徐州市在今后应当更加注重社会治理软硬件条件建设,推动城市社会治理创新,提高治理绩效水平。

表17　　　　　　　徐州市城市治理能力现代化指标

项目	得分	百分制得分	单项总分（参考分）
综合得分	56.08	56.08	100
客观得分	23.38	46.94	49.8
主观得分	32.71	65.15	50.2
参与得分	7.36	52.23	14.1
公平得分	9.44	51.89	18.2
公信得分	10.91	68.59	15.9
责任得分	8.43	55.84	15.1
透明得分	8.65	58.48	14.8
绩效得分	11.28	51.51	21.9

7. 金华市城市治理能力现代化测评结果分析

金华城市治理现代化指标综合得分为55.62分,在综合评分中处于第二方阵,其中主观指标得分大幅高于客观指标得分,说明虽然金华市城市治理的外在软硬件条件不够完善,但是金华市民对城市治理现状的满意度较高,金华市在现有的经济发展水平下开展的城市治理实践较好地满足了市民的需求,得到了市民的认可。从分项来看,金华市参与指标、公信指标、绩效指标得分较高，其中绩效指标在全部十二个城市中排名第一，说明金华市在培育社会组织、推动居民参与城市治理、提高政府公信力，改进政府治理绩效方面做得较好，群众满意度较高；而公平指标、责任指标、透明指标得分较低，说明金华市在推进社会公平建设、履行政府社会建设与城市治理职责、提高政府运作与城市治理流程透明度这些方面还存在不足，需要在推进社会建设过程中更加注重社会公平，加强责任政府与信息公开平台建设，提高市民对政府政策与城市治理动态的知晓率。

表18　　　　　　　　金华市城市治理能力现代化指标

项目	得分	百分制得分	单项总分（参考分）
综合得分	55.62	55.62	100
客观得分	19.25	38.66	49.8
主观得分	36.37	72.44	50.2
参与得分	8.14	57.75	14.1
公平得分	8.23	45.20	18.2
公信得分	10.97	68.99	15.9
责任得分	8.07	53.46	15.1
透明得分	7.53	50.85	14.8
绩效得分	12.68	57.90	21.9

8. 无锡市城市治理能力现代化测评结果分析

无锡城市治理现代化指标综合得分为53.96分，在综合得分评价中处于第二方阵，其中主观指标得分略高于客观指标得分，说明无锡市城市居民对城市治理现状的满意度较高，无锡市各级党政机关开展的城市治理实践得到了市民的认可，但是由于无锡市的城市发展水平与上海市、杭州市、南京市等省会城市相比有不小的差距，社会治理的软硬件条件存在一定不足，仍需要在城市治理的制度建设与创新上多下功夫。从分项来看，无锡市城市治理的参与指标、责任指标、绩效指标得分相对较高，说明无锡市在培育城市治理多元主体、履行政府城市建设与社会治理职责、提高政府治理绩效方面做得较好，获得群众评价较高；而公平指标、公信指标、透明指标得分相对较低，表明无锡市党政各级机关在推进社会公平建设、提高政府公信力、提升城市治理流程透明度等方面相对不足，需要不断改进城市治理模式，在这些方面继续努力。

表 19　　　　　　　　无锡市城市治理能力现代化指标

项目	得分	百分制得分	单项总分（参考分）
综合得分	53.96	53.96	100
客观得分	25.42	51.05	49.8
主观得分	28.54	56.85	50.2
参与得分	8.95	63.44	14.1
公平得分	7.52	41.34	18.2
公信得分	8.34	52.48	15.9
责任得分	9.32	61.71	15.1
透明得分	7.25	49.01	14.8
绩效得分	12.58	57.42	21.9

9. 宁波市城市治理能力现代化测评结果分析

宁波市城市治理现代化指标综合得分为50.71分，在综合得分评价中处于第二方阵末端，其中主观指标得分略高于客观指标，说明宁波市市民对城市治理的满意度较高，但是城市治理的软硬件条件仍存在不足，与处于第一方阵的杭州市、扬州市、上海市城市治理水平差距较大，仍然需要在城市治理软硬件条件与制度创新上多下功夫。从分项来看，宁波市城市治理的公平指标、公信指标得分相对较高，说明宁波市在推进社会公平建设、提高政府公信力方面工作成效较好；参与指标、透明指标、绩效指标得分基本与总得分水平相当，说明宁波市在推动市民参与城市治理、提升社会治理流程透明度、改进社会治理绩效等方面基本满足了市民的需求；责任指标得分相对较低，说明宁波市各级党政机关在履行政府城市建设与社会治理职责方面仍有欠缺，在推进城市治理现代化的过程中需要着重加快责任政府建设，增强政府机关责任意识。

表20　　　　　　　　　宁波市城市治理能力现代化指标

项目	得分	百分制得分	单项总分（参考分）
综合得分	50.71	50.71	100
客观得分	23.49	47.18	49.8
主观得分	27.21	54.21	50.2
参与得分	7.07	50.15	14.1
公平得分	10.23	56.23	18.2
公信得分	9.55	60.06	15.9
责任得分	6.46	42.79	15.1
透明得分	7.10	47.99	14.8
绩效得分	10.29	46.97	21.9

10. 温州市城市治理能力现代化测评结果分析

温州市城市治理现代化指标综合得分为30.75分，在综合得分评价中处于第三方阵，分数与第二方阵存在较大差距，其中客观指标得分大幅高于主观指标得分，说明温州市在城市治理的软硬件条件建设上取得了一定的成果，但是温州市市民对城市治理水平的满意度相对较低，对政府开展的城市治理活动认可性较差，温州市在开展城市治理的过程中不仅要加强制度建设与创新，更要注重贴近民生，服务与群众需求，提升群众满意度。从分项来看，温州市城市治理的公平指标、责任指标得分相对较高，说明温州市在推进社会公平建设、承担社会建设与社会治理职责方面做得相对较好；而参与指标、公信指标、透明指标、绩效指标得分相对较低，说明温州市推动和便利社会治理多元主体参与城市治理、增强政府公信力、提高政府运作与社会治理流程的透明度、提升城市治理绩效上还有很多工作要做，尤其是温州市公信指标与绩效指标排在全部十二个城市的末位，急需改进城市治理模式，面向群众需求开展城市治理实践，提升政府公信力，改进城市治理的绩效水平。

表21　　　　　　　　　温州市城市治理能力现代化指标

项目	得分	百分制得分	单项总分（参考分）
综合得分	30.75	30.75	100

续表

项目	得分	百分制得分	单项总分（参考分）
客观得分	21.39	42.96	49.8
主观得分	9.36	18.65	50.2
参与得分	3.33	23.64	14.1
公平得分	8.27	45.46	18.2
公信得分	1.99	12.54	15.9
责任得分	6.52	43.16	15.1
透明得分	3.84	25.95	14.8
绩效得分	6.79	31.02	21.9

11. 蚌埠市城市治理能力现代化测评结果分析

蚌埠市城市治理现代化综合得分为24.20分，客观指标与主观指标得分均在全部十二个城市中排名末位，其中客观指标得分明显高于主观指标得分，说明蚌埠市城市治理总体水平较低，城市治理的软硬件条件不够完善，市民对城市治理实践的满意度低，这一方面由于蚌埠市经济发展水平与一、二线城市相比有着较大的差距，城市治理现代化建设的投入相对有限，另一方面也反映出蚌埠市开展城市治理活动未能很好地反映市民对城市治理的实际需求，市民对城市治理的认可程度较低。从分项来看，责任指标、绩效指标得分相对较高一些，说明蚌埠市在履行政府城市建设与社会治理职责和提升政府治理绩效方面取得了一定的成就；公平指标、公信指标、参与指标、透明指标得分相对较低，说明蚌埠市在推进社会公平建设、提高政府公信力、推进市民参与城市治理实践和提升城市治理流程透明度这些方面相对不足，需要加大对城市治理的重视和投入程度，努力贴近群众需求，不断改进城市治理模式，提高城市治理现代化水平。

表22　　　　　　　　蚌埠市城市治理能力现代化指标

项目	得分	百分制得分	单项总分（参考分）
综合得分	24.20	24.20	100
客观得分	16.20	32.53	49.8
主观得分	8.00	15.93	50.2

续表

项目	得分	百分制得分	单项总分（参考分）
参与得分	2.75	19.51	14.1
公平得分	2.90	15.92	18.2
公信得分	2.82	17.73	15.9
责任得分	5.11	33.84	15.1
透明得分	1.93	13.05	14.8
绩效得分	8.69	39.68	21.9

12. 安庆市城市治理能力现代化测评结果分析

安庆市城市治理现代化综合得分为27.36分，在综合评分中处于第三方阵，其中客观指标得分略高于主观指标得分，说明安庆市城市治理现代化总体水平较低，城市治理的软硬件条件建设取得了一定成就，但不够完善，市民对城市治理的满意度较低。从分项来看，安庆市城市治理责任指标、绩效指标得分相对较高，说明安庆市在履行政府城市建设与社会治理职责、提高政府治理绩效方面做得相对较好，取得了一定的成绩；而参与指标、公平指标、公信指标、透明指标得分较低，说明安庆市在推进市民参与城市治理实践、提升社会公平建设水平、增强政府公信力、提高政府治理绩效方面还存在一定的缺陷和不足，尤其是参与指标得分在全部十二个城市中排名末位，急需加强对社会组织等多元城市治理主体的培育，为市民提供多样化参与城市治理实践的机会，提高市民的城市治理的参与热情和参与能力。

表23　　　　　　　　安庆市城市治理能力现代化指标

项目	得分	百分制得分	单项总分（参考分）
综合得分	27.36	27.36	100
客观得分	16.30	32.73	49.8
主观得分	11.06	22.03	50.2
参与得分	2.03	14.37	14.1
公平得分	3.38	18.58	18.2
公信得分	3.52	22.17	15.9

续表

项目	得分	百分制得分	单项总分（参考分）
责任得分	6.29	41.67	15.1
透明得分	3.35	22.61	14.8
绩效得分	8.79	40.12	21.9

七 城市治理能力评估的政策建议

（一）按照"1+1"的模式开展长三角城市治理能力系列评价工作

从持续推进城市治理能力现代化的目的出发，长期开展长三角城市治理能力的系列评估工作，每年推出一个总报告加一个分报告两个成果。总报告依据目前长三角城市治理能力现代化评估体系采集动态数据，形成纵向与横向均可比较的数据研究成果。分报告依据长三角发展战略需要，选择年度主题，分别制定相应的评估指标体系，采集新的发展数据，形成每年不同的专项研究报告。比如，根据城市的环境生态治理、创新生态治理，社区发展治理，道路与交通治理，生活与工业垃圾治理，网络与信息安全治理，文化生态治理等的评估需求，制定相应的城市治理现代化评估指标体系和评估方法，通过公众调查和数据统计形成专题研究报告。

（二）围绕发展规划充实完善长三角城市治理能力现代化评估指标体系

根据国家长三角发展战略的新要求，按照打造具有全球影响力的世界级城市群的目标，充实完善城市治理能力现代化评估指标体系，以期更好地评估有关政策实施的效果，为政府有关部门提供决策支持信息。同时，要通过发布基于修订完善后的城市治理能力现代化评估指标体系的调查统计评估结果，促进区域内各城市围绕贯彻落实国家发改委《长江三角洲城市群发展规划》中设定的目标任务，从治理体系与治理能力现代化的视角推进城市治理模式探索，加速城市治理的科学发展。

（三）扩大长三角城市治理能力现代化评估对象范围

根据《长江三角洲城市群发展规划》的覆盖范围，调整长三角城市治理能力现代化评估的对象，形成城市治理能力现代化水平的整体参照系。评估对象应当包含长三角的所有 26 个城市，其中：江苏省 9 市（南京市、镇江市、扬州市、常州市、苏州市、无锡市、南通市、泰州市、盐城市），浙江省 8 市（杭州市、嘉兴市、湖州市、绍兴市、宁波市、舟山市、金华市、台州市），安徽省 8 市（合肥市、芜湖市、滁州市、马鞍山市、铜陵市、池州市、安庆市、宣城市）和上海市 1 市。

（四）推进长三角城市治理能力现代化评估结果的应用

长三角城市治理能力现代化评估工作要在客观公正的基础上建立品牌形象、用户价值、社会公信力和国际影响力。评估工作要面向政府、企业、社会组织和公众个人等不同群体开发满足个性化需求的评估服务产品，面向各类用户拓宽评估研究成果的应用范围。比如，为政府有关部门评估政策实施效果、确定各个城市圈发展定位、形成新的发展战略策略、完善城市治理结构和提高治理能力现代化水平，以及制定差异化的政策措施等设计评估产品，提供决策支持服务；为企业了解投资环境、选择投资方向、明确产业布局和制定企业发展战略设计评估产品，提供评估信息服务；为社会组织、社会公众和研究者个人设计专项评估服务产品，提供城市治理能力现代化的动态资讯、参照信息和科研数据，帮助社会各界了解、研究和参与城市治理，以及选择就业地、居住地和旅行目的地等。

（五）加强城市治理能力现代化评估工作的对外交流

在长三角城市治理能力现代化评估的理论探索和实证研究基础上，密切关注世界各国城市治理评估工作的新动态和新成果，不断加强与各国同行的学术和工作交流，开拓学术视野，建立我国在本领域的话语体系和学术权。

长三角城市群一体化程度不断加深：
基于指标体系的构建和追踪

上海社会科学院课题组[①]

一 背景与意义

在经济全球化的浪潮中，区域一体化日渐成为研究者们关注的焦点。国内外区域性经济区虽然在实现方式和参与主体方面具有差异性，但是目标都是为了通过合作的形式降低交易成本，提高经济区的整体竞争力，促进地区经济发展。一国内部的地区是否能够通过市场分割的消除、交通设施一体化的便利、产业协同分工等方式来提升区域整体竞争力并助力经济增长，这是亟待深入解答的问题。

经济"一体化"大多是从取消国家间的经济歧视和壁垒，通过减少贸易费用和新企业进入市场的门槛等角度进行定义的。荷兰经济学家 Tinbergen（1954）提出，经济一体化就是将有关阻碍经济最有效运行的人为因素加以消除，通过相互协调与统一，创造最适宜的国际或区域经济结构；美国经济学家 Balassa（1962）则提出，经济一体化既是一个过程，又是一种状态，就过程而言，旨在消除一体化中各成员之间差别待遇的种种举措，就状态而言，则表现为各成员之间差别待遇的消失；Fritz（1977）指出，经济一体化不仅指不同国家加入一个经济集团，还包括一

[①] 课题组成员：朱平芳、姜国麟、邸俊鹏、王永水、纪园园、李世奇、伏开宝。

国之内各个地区或者各国之间的一体化。后者又分为区域性的和次区域性的，即经济一体化的概念不应只局限于各国之间的研究，还应扩展到一国内部各地区之间一体化的研究。

通过研究我国区域经济现状，长三角、珠三角及环渤海是三个最具活力的地区。其中，长三角在经济总量和产业结构方面都处于领先地位，是我国区域一体化进程态势最好的地区。现有的多个大数据平台以及全球卫星夜间灯光数据统计均显示，长三角的融合趋势越来越显著。自从改革开放30年发展之后，长三角在原有基础上逐渐发展成为一个范围更大的世界超级经济体，具有带动中国区域经济整体格局变动的功能。长三角的发展在区域广度方面：时间维度上，从20世纪90年代至今，"两小时经济圈"在长三角的范围越来越大；空间维度，长三角城市开发与建设密度日益增加，区域经济空间趋于一体化，已形成以上海市为中心的超级经济区。长三角人口逐渐向核心城市集中，且集聚态势趋于明显，人口地理集中度逐年上升。区域深度方面：长三角在朝着市场体系、综合经济、交通体系等全面一体化的方向发展，逐渐形成世界超级经济体（姚丽，2015）。

在前述背景下，对长三角一体化进行系统研究不仅关乎长三角自身发展，还是国家战略所在。推进长三角一体化进程，不仅是经济全球化浪潮下的外在驱动，也是我国经济新常态背景下区域经济发展的重要战略部署。对长三角一体化程度进行评价与研究对于提升区域整体竞争力，促进新型工业化与城镇化建设，实现可持续发展具有深远的意义。本文力图结合长三角城市群落自身的经济社会文化特征，构建动态的、具有中国特色和地方特色的区域一体化指标评价体系，对长三角一体化的现状和发展趋势进行分析，以期助力长三角一体化的进程，并引导区域一体化走向更高级的合作共赢道路。

二 主要文献综述

（一）对长三角一体化的研究综述

对长三角一体化方面的研究主要集中在一体化的进程、一体化的基础、一体化的动力和一体化的影响方面。长三角一体化大致经历了四个阶段：(1) 启动阶段（1982—1986），此阶段主要以民间自发推动发展为主。随着各地方经过改革开放之后的"分权革命"，苏南地区和浙北地区乡镇企业迅速发展，瓦解了之前计划经济安排下的垂直分工体制，加快了江浙地区的工业化进程。上海市经济区的存在也为乡镇企业利用上海市的资源提供了制度条件；(2) 暂缓阶段（1987—1989），这一时期虽然上海市经济区先后进行了基础设施、产业发展、生态环境等方面的规划和协调，但是由于当时各地都期望运用计划经济安排的制度进行本地区发展，竞相利用计划手段争取项目投资，导致规划区和城市间恶性竞争，严重影响了地区间的和谐发展；(3) 重启阶段（1990—1999），吸取了上一阶段的经验教训之后，上海市提出了以浦东开发开放为突破口的发展思路，正式迈入长三角一体化新的发展阶段。金融体制的改革带来了制度的溢出效应，也在国际上掀起了长三角投资的"FDI热"，再加之上海市拥有新的资源优势，以及中央给予的优惠政策，长三角一体化开始进入了新阶段；(4) 加快推进阶段（2000至今），进入21世纪以来，长三角各领域合作活动愈发频繁和深入。这一阶段的标志是国际化和市场化进程的加速，随着中国加入WTO，国内外企业主导要素跨区域流动不断广化和深化，使得制造业从国际市场转向中国沿海地区，并且长三角在这一浪潮中逐渐超过了珠三角。这一阶段，长三角经济市场化趋势也明显加速，企业跨区域发展和产业转移，从初期的民营企业转入上海市到后来的制造业从上海市等中心地区转向周边地区。

国内关于长三角一体化的研究时间并不长，初期研究大多是从一体化的某一个方面进行分析。刘志彪（2002、2004）是较早对长三角一体化进行研究的学者，他认为协调竞争规则是长三角经济一体化的基石，长三角经济一体化应以市场化和国际化的方法来推进。近来，学者们从各个角度对长三角的一体化进行了研究：陆玉麒（2003）提出长三角的空间一体化；陈铭（2003）提出长三角的信息一体化；顾孟迪等（2003）指出长三角的一体化应以农业为突破口；马斌（2004）探讨了长三角一体化中的区域政府合作机制的构建；丛湖平等（2004）从体育产业一体化的视角研究长三角经济一体化；王偕勇（2004）为构筑长三角交通网络的一体化提出了政策建议；韩可胜（2004）提出了长三角房地产发展应一体化；李森（2004）对长三角人才开发问题的一体化进行了初步的研究；

在2004年首届长三角一体化论坛上,专家们提出了泛长三角的概念;宋言奇(2005)指出长三角生态安全治理也应走一体化的路子;钱芝网(2006)分析了长三角物流的一体化;丁宏(2007)研究了长三角一体化中的文化协调;张荣昌(2008)提出推进长三角的信用一体化;袁瑞娟(2009)对长三角都市群服务业一体化进行了分析。

在对长三角一体化进一步深入和综合的研究中,吴柏均(2008)以长三角经济一体化状况的实证分析为基础,研究了长三角一体化的基础和动力,认为区域一体化是经济演化和市场发展后的一种状态,决定区域一体化的关键因素和基础条件是社会分工和专业化。而在空间上,产业集聚、城市化等为区域一体化创造了条件。研究还认为政府应当采取建立自由竞争的市场制度以及促进区域内生产专业化和社会分工等的政策。陈建军(2008)对长三角一体化的历史进程与动力结构进行了研究,他认为长三角一体化从历史上来看可分为上海市经济区时期、浦东开发时期和经济全球化时期三个阶段,一体化的动力一开始就是来自于中国改革开放中地方分权的经济管理模式所带来的市场化的力量和政府主导的区域协调机制,而产品和要素的跨区域流动则是主要动力。汪后继、汪伟全和胡伟(2011)对长三角一体化的演进规律进行了研究,认为长三角经济一体化的快速发展,是在具备天然区位优势和特定制度环境下的时代产物,市场与政府推动了长三角一体化的进程,各具特色的发展模式则为这一进程提供了活力,而区域整体联动与利益分配、政策一体化等制度创新应当是未来长三角一体化的路径选择。

(二)对长三角一体化指标体系的研究综述

区域一体化在过程上表现为各地区间物质、能量、资本、技术以及人员的流动,最终的结果则表现为各地区生产率趋同、要素收益趋同、产品价格趋同、居民生活水平趋同,这是区域一体化指标体系的评价依据。

对长三角一体化进行测度与评价的有:千慧雄(2010)测度了自1978年改革开放以来长三角的一体化水平及变化趋势。由于时间跨度比较长,又要使用各个地市的区域数据,因而价格数据(尤其是用于比较各区域之间的价格是否收敛的绝对价格数据)有许多是不可得的。因此他用产量类指标来测度长三角的一体化水平,基本上使用 Bowen 等

(2009) 的测度方法,具体的测度指标也由此而来。最后得出长三角的一体化是一个以上海市为中心的一体化进程;便利的交通条件是一体化发展的重要因素。李涛、周锐、苏海龙、张伊娜 (2015) 以关系型大数据为基础,选取企业分支数据、信息流数据和交通流数据,运用关联网络和多变量分析方法,测度长三角 30 个城市的区域经济一体化指数。研究发现,区域内各城市的经济一体化水平指数呈现明显的梯度格局。区域企业网络和信息网络表现为单中心特征,而交通网络则表现为上海市与南京市的双中心特征。朱平芳、李世奇 (2015) 构建了中国创新型城市评价指标体系,对长三角创新型城市建设中的核心优势与突出问题进行比较研究。研究发现,长三角城市创新协同发展与集聚效应显著,企业成为创新型城市建设的主力军,雄厚的人力资本与丰富的技能型人才资源有力地支撑起高技术产业的发展。

在前述文献中我们发现,尚未有研究形成纵向可比的、切实可行的长三角一体化指标体系,而且受制于数据来源和研究方法的局限,以对长三角一体化进行全方位评价的研究目前还鲜有见到,对于政府在一体化建设中的作用更是缺乏实际的论证与说明。

三 长三角一体化指标体系构建

(一) 指标体系的理论基础

区域一体化的内涵主要是指区域内各个经济主体为了共同的经济利益,在地域分工与利益分配的基础上,消除相互之间的各种贸易、非贸易壁垒及经济歧视,进而协调各经济主体的经济政策及调控措施,推动商品和服务自由流动,实现资源合理分配、地域合理分工和经济协同发展。

区域一体化的理论基础主要包括:第一,大市场理论,该理论认为一体化能够强化竞争机制,从而促进区域内各个经济主体能够获得规模经济,实现经济增长。第二,协议分工理论,该理论认为,一体化一方面通过区域之间的分工从而发挥各区域自身的比较优势,提升专业化水平,另一方面有助于各区域之间的协作,降低交易不确定性和信息不对称性。第三,交易成本理论,一体化的进程就是交易成本不断降低的过程,特别是区域之间的制度性壁垒的降低,有助于区域经济的增长。第四,"中心—

边缘"理论，20世纪80年代以克鲁格曼为代表的经济学家创造性地将空间因素纳入到主流经济学中，将运输成本、贸易壁垒等地理因素纳入经济模型分析，认为区域的中心与边缘地区应聚集着不同的产业。

通过对区域一体化的理论基础进行梳理，我们发现分工、竞争与协作是区域一体化的核心要素。分工是区域一体化的基础，区域内部的各经济主体应该根据自身的绝对优势、比较优势、区位优势与要素禀赋来进行功能分工，从而实现在产业分工、产品分工、价值链分工以及空间分工上的专业化生产与规模经济。竞争是区域一体化的前提，在区域一体化的进程中要确保竞争的核心地位，发挥市场机制在支配商品、服务与人才流动中的决定性作用。协作是区域一体化的手段，协作实现了区域内部各经济主体之间的密切联系与协同发展，通过产学研合作、政策协同以及创新活动的空间溢出，实现产品一体化、要素一体化以及贸易与投资一体化等。

（二）指标体系的构建思路

在对现有文献进行了仔细梳理的基础上，以及对区域一体化理论基础与核心要素进行了充分研究的前提下，课题组对长三角一体化指标体系的构建有了完整的思路。

长三角作为我国区域一体化发展最具代表性的地区，衡量长三角一体化的指标体系也必须具有相应的代表性，设计的指标体系既要能全面反应长三角一体化的进展，又要能深度挖掘长三角一体化的潜能，同时必须具有国际权威性，这就需要借鉴世界上主要衡量区域经济一体化的指标体系。反观国内现有的长三角一体化指标体系，往往仅涉及一体化中的一个方面，比如市场一体化、要素一体化、信息一体化、交通一体化等，对于一体化的理论基础与核心内涵把握的不够深入，或者大而泛之，没有仔细深入的对分项指标进行设计，更没有对标国际上通行的指标体系，缺乏可比性与延展性。

欧盟是目前全世界一体化发展最快、程度最深的区域，在欧盟一体化过程中主要涉及了贸易、金融、政府治理以及人员流动的一系列制度安排，这也成了衡量欧盟一体化的重要参考指标。哥廷根大学在2013年编制了EU INDEX，即欧盟一体化指数，是首个全面综合的衡量欧盟一体化进程的指标体系。他们计算了从 1999 年欧盟成立到 2012 年欧盟各个国家的一体化指数，既包括最早进入欧盟的 15 个国家指标（EU15），也包括扩容后的 24 个国家指标（EU24）。而在此之前的研究大都只是单一的研究贸易一体化、货币一体化、金融市场一体化以及劳动力市场一体化。

通过对区域一体化发展沿革、理论基础与具体实践进行分析，我们看到降低交易成本，促进经济增长，提高福利水平是区域一体化的三大关键。其中降低区域内各种经济活动的交易成本是区域一体化的基本出发点，促进区域内经济协同增长和发展是区域一体化的主要方向，提高区域内人民大众的总体福利水平是区域一体化的根本落脚点。欧盟一体化指数反映了区域一体化的主要理论，包括大市场理论、产业分工理论、交易成本理论以及"中心—边缘"理论。据此，我们借鉴欧盟一体化指数（EU INDEX）的研究框架，但同时又赋予其长三角一体化自身的内涵及特色。比如涉及区域内省市之间的贸易往来，在现有的统计资料中尚无法提供准确数据，尽管区域内部的货物与服务贸易往来应该作为区域一体化的重要指标，但数据可得性问题也制约了最终指标体系的设计。

（三）长三角一体化的指标选择

根据区域一体化的理论基础与核心要素，参考欧盟一体化指数，我们构建的长三角一体化评价指标体系包括市场统一性、要素同质性、发展协同性和制度一致性四个二级指标，集中体现了区域一体化"分工、竞争、协作"这三大核心要素。

表 1 第三列是本文所具体选取的长三角一体化三级指标，对应各个三级指标的设计和测算方法我们在表格中均已列出。指标设计中存在的难点是如何设计替代指标以充分反映出长三角的内部要素流动便利程度的，尽管课题组已经提出部分替代指标，但仍有待在未来结合数据可得性做进一步的优化和完善。此外，制度一致性中涉及的制度保障方面的指标，仍然需要对现有制度和政策瓶颈做进一步探索，并尽可能地利用现有统计数据构建可操作、可持续跟踪的指标。

表1　　　　　　　　　　长三角一体化指标体系

一级指标	二级指标	三级指标	三级指标测度说明	指标指向
长三角一体化总指数	市场统一性	劳动力市场开放度	各地区最低工资相对于中位数的差异值代替	正向指标
		金融市场一体化	F-H方法测度	反向指标
		技术市场	科研人员人均技术市场成交额/长三角均值	正向指标
		外商直接投资	各地区FDI/长三角FDI均值	正向指标
		行业同构	行业相似系数	反向指标
		交通一体化	单位面积路网密度	正向指标
	要素同质性	工资成本	各地区人均工资/长三角人均工资	反向指标
		长期资金成本	中小企业产值占比	反向指标
		技术效率	各地区全要素生产率与技术前沿差距	正向指标
		财政能力	政府财政收入/GDP	正向指标
		可支配收入	各地人均可支配收入/长三角均值	正向指标
	发展协同性	行业分工	行业分工系数	正向指标
		经济增长	各地区GDP增长率/区域均值	正向指标
		通货膨胀	各地区CPI/区域均值	正向指标
		地方债务率	城投债余额/财政收入	反向指标
	制度一致性	议事协调与争端解决	已实现争端解决机制	正向指标
		知识产权保护	各地区知识产权保护程度差异	正向指标
		最低工资标准	各地区最低工资标准的差异	正向指标
		"营改增"效果	服务外包离岸执行额	正向指标
		公共服务共享程度	已实现公共服务合作领域数	正向指标
		信息共享	已实现内部信息开放合作	正向指标

（四）长三角一体化的指标内涵

我们以欧盟一体化指标体系的构建思想为基础，结合中国和长三角一体化的实际情况，对各个指标的内涵做基本的介绍。

市场统一性指标：以大市场理论为基础，衡量区域内市场统一性，相当于市场分割的反向测度。该指标包括劳动力市场、技术市场、金融市场以及市场对外开放度指标；行业同构程度作为长三角内各地区行业发展壁垒度量指标，该指标在很大程度上能够测度长三角整体市场融合难易程度。此外，区域内部的货物与部分服务贸易便利化程度与交通一体化程度呈正相关，因此我们在统一性指标下加入了交通一体化。

要素同质性指标：以交易成本理论为基础，着重从工资成本、长期资金成本、技术效率、财政能力以及居民可支配收入等方面考察区域内部的要素成本以及最终消费能力。人均工资水平是劳动力成本的度量，长期资金成本采用替代指标进行测算，反映了资本要素的使用成本，技术效率主要是考察各地区全要素生产率的趋同性，财政能力和人均可支配收入水平分别测度了政府消费与私人消费的潜在能力。

发展协同性指标：以产业分工理论以及"中心—边缘"理论为基础，对行业分工、经济周期趋同性以及地方政府债务率等方面进行测度，以衡量各地区经济发展的协同度。其中，经济增长与通货膨胀是经济周期的重要指标，而出于数据质量可靠性的考量我们删除了失业率指标，同时由于公开统计资料并未公布政府债务数据，本文以"各地区城投债余额"数据来进行替代。

制度一致性指标：以交易成本理论为基础，体现政府对于区域一体化的影响，主要反映各地区制度和政策保障方面的一致性。一致性指标包括各地议事协调与争端解决机制、知识产权保护程度的差异程度、最低工资标准差异化等，当然还包括"营改增"效果测度、公共服务共享程度以及信息共享等方面的合作。

需要说明的是，本文的基础目标是构建一个数据可获得、度量可持续、评价可操作，兼具包容性和自身特色的长三角一体化指标体系。最终目标是在该指标体系获得认同后，利用客观为主、主观为辅的赋权方法计算各年的长三角一体化指数，有效地跟踪与观察长三角一体化的进程，及时发现一体化过程中存在的问题。

四 长三角一体化指标评价方法

(一) 指标评价的基本方法

多指标综合评价的关键是确定各级指标的权重。通过对国内以往研究分析发现,许多学者根据自己的理论研究和实践提出了指标权数的确定方法,主要有两大类:第一类是主观赋权法,如专家调查法、二元对比排序法、环比评分法、层次分析法等;第二类是客观赋权法,如主成分分析法、聚类分析法、熵值等。

主观赋权法,就是根据一批对研究对象有相当认识的专家,对各评价指标分别给出权值,随后综合全部专家的权值,最后确定各指标的权数。客观赋权法,就是根据事先确定的一种客观加权准则,再由研究对象的样本提供信息,用数学或统计的方法计算出权数。这两种赋权法各有利弊:主观赋权法的基础是专家们对研究对象必须非常熟悉,倘若因某种原因这一条件不能满足,则给的评价结果会出现偏差;客观赋权法排除了大部分的主观成分,所以一般来说,其得出的结果是"中性"的。可是,客观赋权法总是某种准则下的最优解,若仅在数学上考虑其"最优",也会出现不尽合理的结果。

本文研究使用的专家咨询约束下的主成分分析能够将专家知识和样本信息相结合,经常得到较好的分析结果。

(二) 指标评价的权重计算

我们对指标权重的计算方法进行简要介绍。设有 k 个指标,记为 I_1, I_2, $\cdots$, I_k, 其对应的样本记为 (由调查表获得数据, 按各指标定义算出):

$$I_{1n} \triangleq \begin{bmatrix} X_{11} \\ X_{12} \\ \cdots \\ X_{1n} \end{bmatrix} I_{2n} \triangleq \begin{bmatrix} X_{21} \\ X_{22} \\ \cdots \\ X_{2n} \end{bmatrix} I_{kn} \triangleq \begin{bmatrix} X_{k1} \\ X_{k2} \\ \cdots \\ X_{kn} \end{bmatrix}$$

我们知道,若 I_1, I_2, $\cdots$, I_k 之间相关性相当大,则各种加权实际上没有大的区别，权数可取算术平均值。但实际获得的样本数据并没有这么理想，上述情况不成立。那么就需要寻找新的加权方法，下面为专家咨询约束赋权法的具体计算步骤：

1. 首先，对指标 I_1，I_2，…，I_k，通过用专家咨询表的形式，由专家给出各个指标权数的上、下限 α_i，β_i（$i=1$，2，…，k），显然，当 $\alpha_i = \beta_i$ 时，就是专家加权法。这里，我们要求 $0 < \alpha_i < \beta_i < 1$。

2. 对数据 I_1，I_2，…，I_k 进行整理，并使其样本均值为零。

3. 由整理好的数据算出 I_1，I_2，…，I_k 的方差，协方差矩阵的估计值 $\hat{\Sigma}$。

4. 根据

$$\begin{cases} \underset{a}{Max} \ \{a'\hat{\Sigma}a\} \\ ||a||=1, \alpha_i < a_1 < \beta_1, i=1, 2, \cdots, k \end{cases}$$

计算出 a_i 的值，其中 $a = (a_1, a_2, \cdots, a_k)$。

这里，$a_i = $（$i = 1$，$2$，…$k$）即为所需的各指标的权数。

五 长三角一体化发展趋势及原因分析

（一）发展趋势

近年来，长三角一体化上升趋势显著。我们按照表1的指标体系，利用第四节介绍的专家咨询约束下的主成分分析法对各级指标进行赋权后计算得到长三角一体化总指数，结果见图1。

从图1可以看到，从纵向来看，上海市、江苏省和浙江省的一体化指数都表现出比较明显的上升趋势，长三角一体化提升明显，但安徽省的一体化指数却有下降的态势。横向比较可以发现，总体来说上海市在长三角一体化表现方面处于"领头羊"的角色，江苏省的一体化指数值也领先于区域均值，但明显可以看出安徽省是长三角一体化中存在的短板。

一级指标下设的四个二级指标——市场统一性、要素同质性、发展协同性以及制度一致性，在2011年至2014年考察区间内，市场统一性指标稳中有升，要素同质性指标有所提高，制度一致性上升态势明显，但发展协同性指标在2012开始出现比较明显的下降。因此，我们初步判断发展

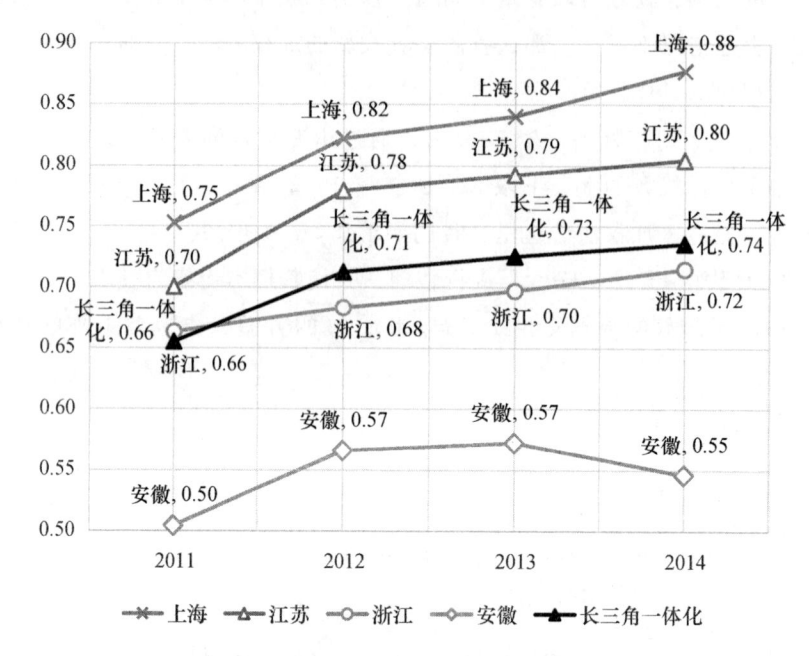

图 1　长三角一体化指数

协同性指标是长三角一体化进程中尤其值得关注的一个指标。

下面我们根据长三角一体化各个二级指标的表现进行原因分析，通过下设的三级指标透视二级指标表现的内在动因，详细说明长三角一体化近年来快速发展的原因，以及发展过程中遇到的挑战。

（二）市场统一性：地区市场有序开放，内部结构差异显著

市场统一性是对单一市场的度量，主要是与分割市场相对的概念。理想的劳动力市场开放度指标应该直接采用劳动力市场进出统计数据来度量，但由于江苏省、安徽省对劳动力净迁入指标并不统计，因此只能利用各地区的最低工资相对于中位数的差异值来代替，这是因为各地区最低工资标准制定本身能够作为劳动力流向的一种较好的近似。金融市场一体化则利用国际上较为流行的 F－H 方法来测算，本文选用有条件的 F－H 方法进行修正。技术市场采用的是各地区科研人员人均技术交易市场成交额相对长三角均值来度量的。外商直接投资则反映了该地区吸引外来资金能力，直接采用各地区 FDI 相对于区域均值的比例来度量。行业同构程度度量各地区在产业链中的相似程度，可以作为市场准入的一个良好替代。交通一体化成为长三角一体化过程中极为重要的一环，随着交通一体化的推进，长三角一体化中的通勤便利程度极大提高，区域内要素流通也能够顺利实现，因此交通一体化可以很好地反映市场整体开放程度，该指标以单位行政面积内的铁路、公路和内河航道加总的里程来度量。

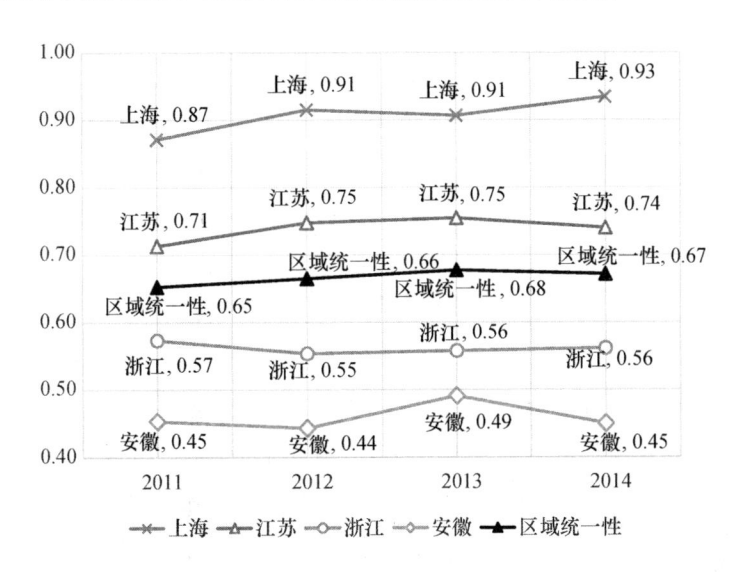

图 2　市场统一性指数

图 2 绘制了 2011 年至 2014 年各地区市场统一性指数。从图中不难发现，市场统一性方面稳中有升，但内部结构差异化发展显著，上海市逐渐提升，江苏省和浙江省在统一性方面表现稳定，而安徽省在 2014 年相比 2013 年出现回落；横向来看，统一性方面上海市仍然领跑长三角，江苏省后劲稍显不足，安徽省则仍然有待提升。

从调整后的三级指标表现来看，上海市的劳动力市场开放度逐步提升，江苏省和浙江省的劳动力市场平稳发展，但安徽省劳动力市场开放程度下降较为明显，劳动力市场开放度地区间并未表现出收敛特征。同时，金融市场一体化程度也没有得到显著提升，甚至有所下降，但是我们从当前宏观经济形式来看，金融市场的分割可能更能防止金融风险的地区传染，从而更有利于防患区域系统性金融风险。

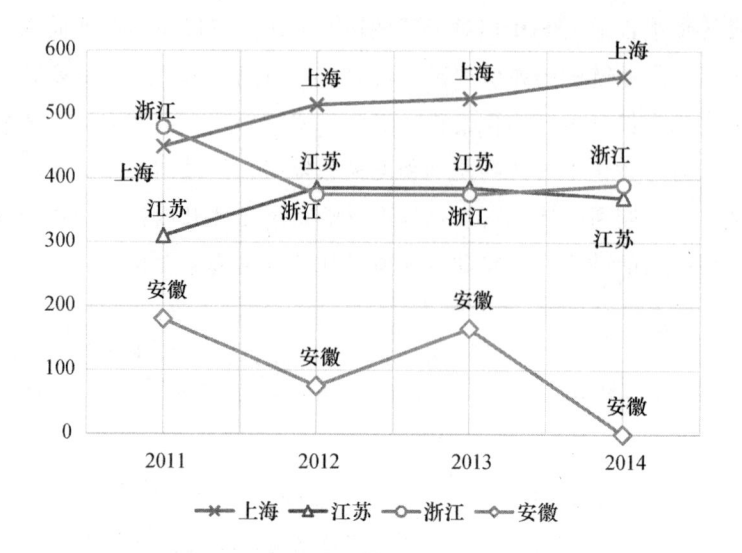

图 3　长三角各地区劳动力市场开放度

技术市场表现方面，我们发现上海市的科研人员人均技术市场成交额在长三角中一直处于遥遥领先的位置，但浙江省则长期垫底，并且江苏省、浙江省和安徽省与上海市还存在非常大的差距，上海市的技术市场几乎处于"一家独大"的位置，如何更好地有效发挥上海市对长三角的技术外溢作用是未来政策研究重点所在。

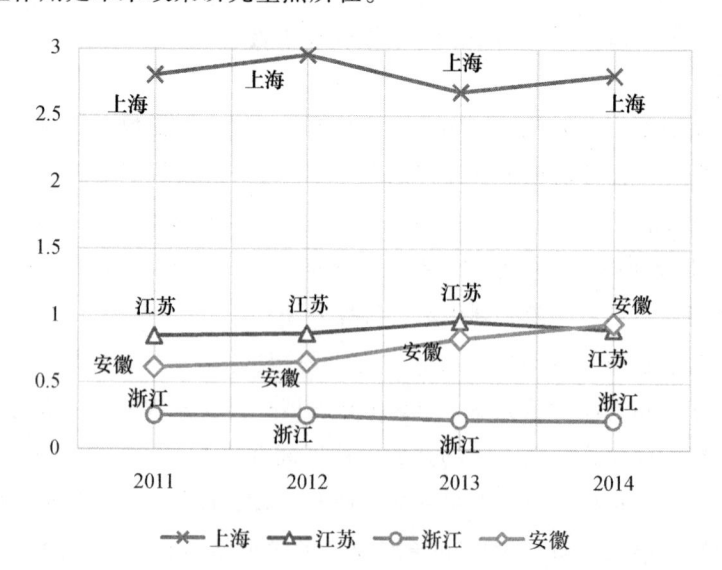

图 4　长三角各地区技术市场

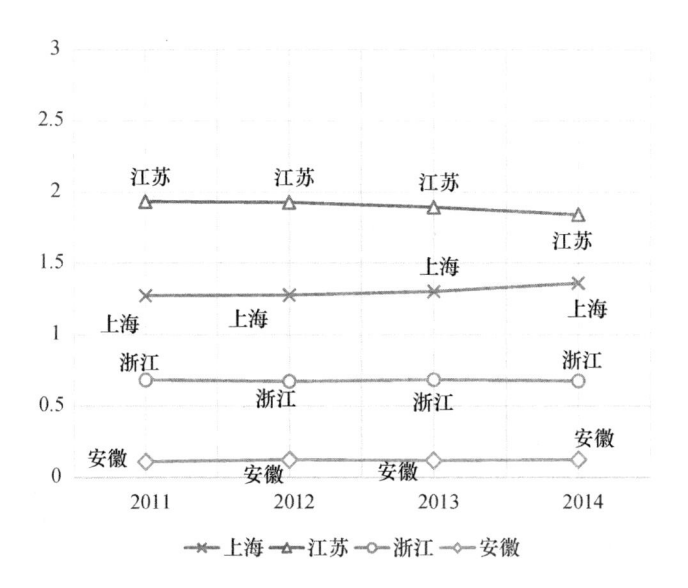

图 5　长三角各地区吸引外资能力

此外，在吸引外商直接投资方面，江苏省处于领先位置，但区域整体似乎正在呈现收敛的趋势，当然这可能还需要相当一段时间来完成。

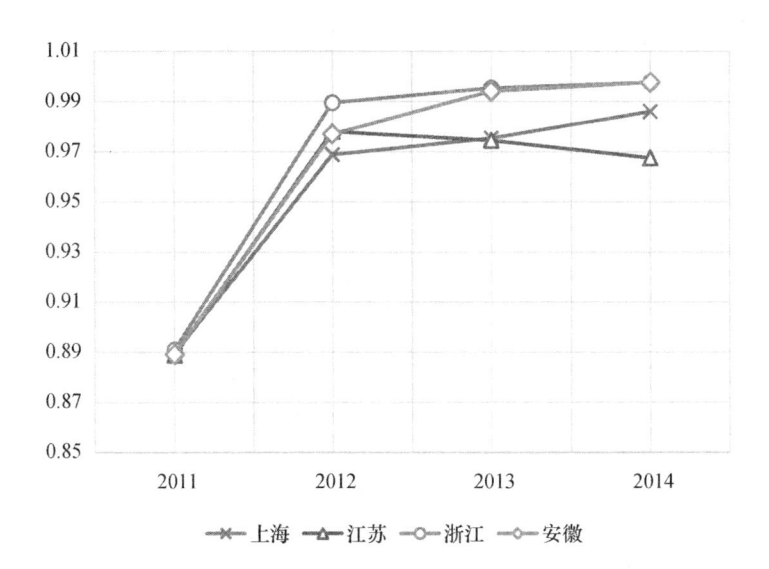

图 6　长三角各地区行业同构

值得一提的是，调整后的数据显示，长三角行业同构特征正在逐步缓解，图6为各地区调整后的行业同构系数，我们对反向指标进行调整后得到正向指标，即系数值越大该地区的市场开放度越高、进入壁垒越小。这对优化长三角产业结构、增强长三角整体竞争能力和抵御风险能力具有相当重要的可持续发展意义，当然图中也显示安徽省在这一方面似乎有下滑趋势，这在未来区域协调发展方面需要加强引导。

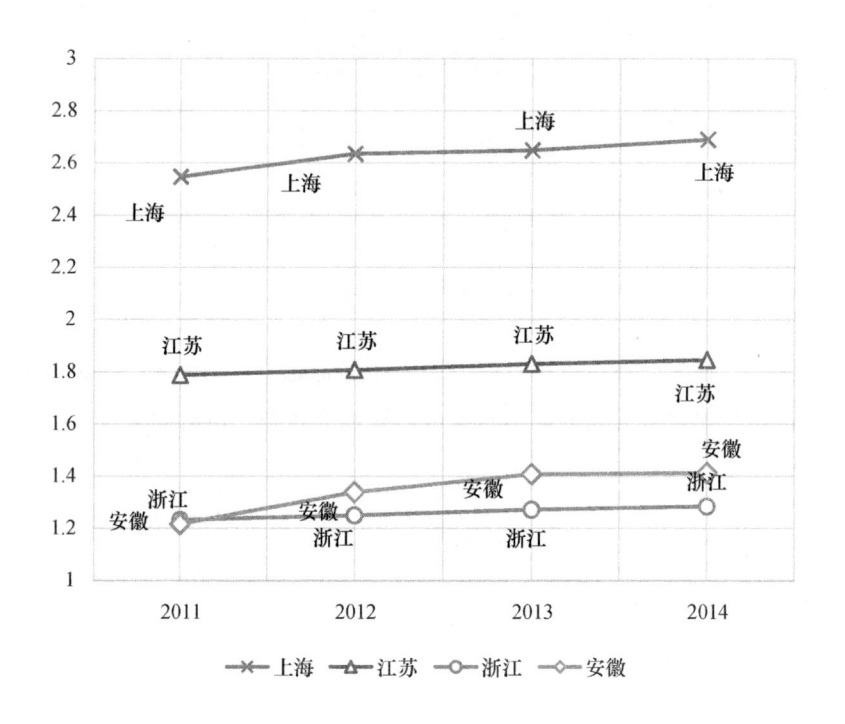

图7　长三角各地区交通一体化

最后，图7显示长三角的交通一体化显著增强，江浙沪稳步推进，而安徽省也正在迅速发展，伴随长三角未来交通网络密度的进一步提升，区域融合也可望出现从量变到质变的飞跃。

（三）要素同质性：成本收入逐步提升，技术效率收敛缓慢

要素同质性指标主要涉及要素成本、技术效率以及最终消费能力三个方面，包括工资成本、长期资金成本、技术效率、财政能力以及居民可支

配收入。人均工资水平是劳动力成本的度量；长期资金成本采用替代指标进行测算，由于类似于银行利率水平等指标在各个地区是一致的，因此不能直接用来度量长期资金成本，一个被学界和业界形成的共识是——中国的中小企业普遍存在融资困难的现象，一个地区中小企业体量越大则该地区融资成本越高，因此采用中小企业产值占比可以作为长期资金成本的有效替代指标。技术效率主要是考察各地区全要素生产率的趋同性，根据课题组对各地区TFP的测算发现上海市的TFP水平为各地区全要素生产率中最高者，可以作为地区的技术前沿，因此各地区全要素生产率水平与上海市的全要素生产率的比值趋势代表了地区的技术效率收敛情况。此外，财政能力和人均可支配收入水平则分别测度了政府与私人消费的潜在能力。

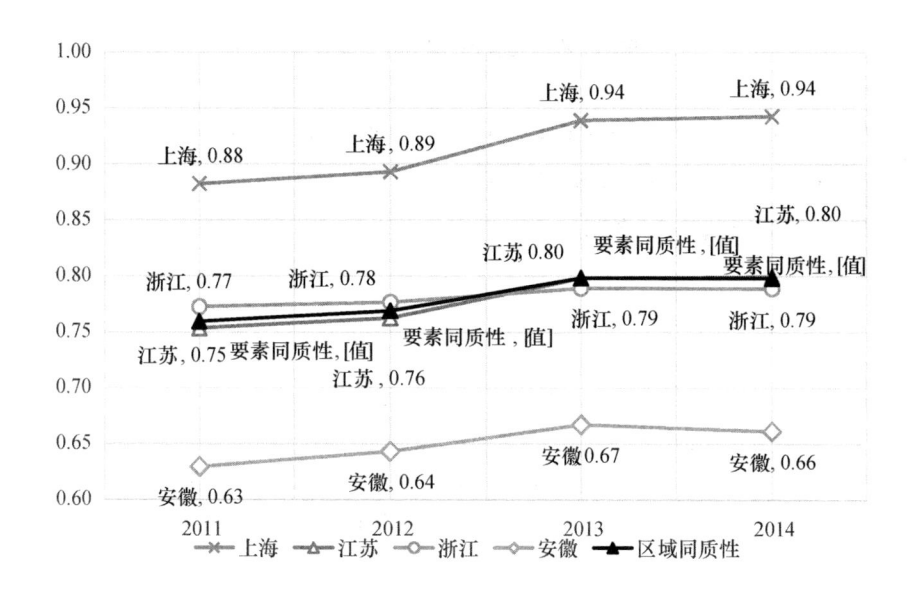

图 8　长三角要素同质性指数

从图8可以看到，长三角的要素同质性指数逐渐上升，并且各个地区的同质性指数也有上升趋势，而上海市和安徽省位于区域内发展的两极，整体上看同质性地区差异缺口仍然没有收敛趋势出现。

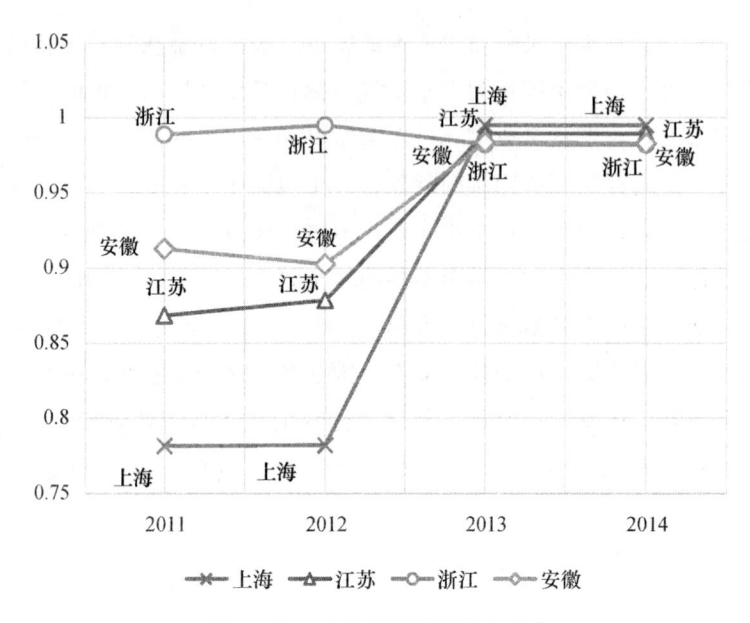

图 9　长三角各地区长期资金成本

长期资金成本在长三角逐渐趋同，浙江省一直保持在相对高位，上海市在 2013 年快速升高，安徽省和江苏省也有一定幅度的上升，长三角整体的长期资金成本不断攀升。

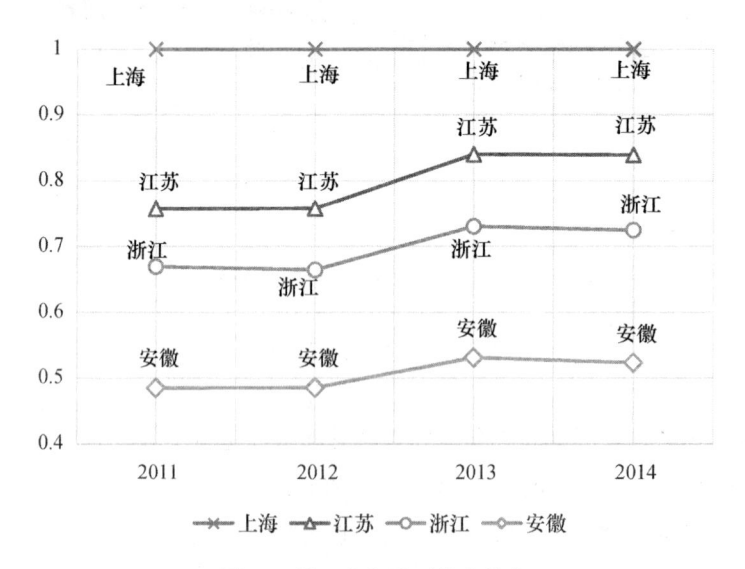

图 10　长三角各地区技术效率

长三角各个省市之间的技术效率差异较为明显，上海市的技术效率最高，安徽省仅为上海市的一半左右，但在 2013 年以后，江苏省、浙江省和安徽省的技术效率与上海市的差距有一定的缩小。

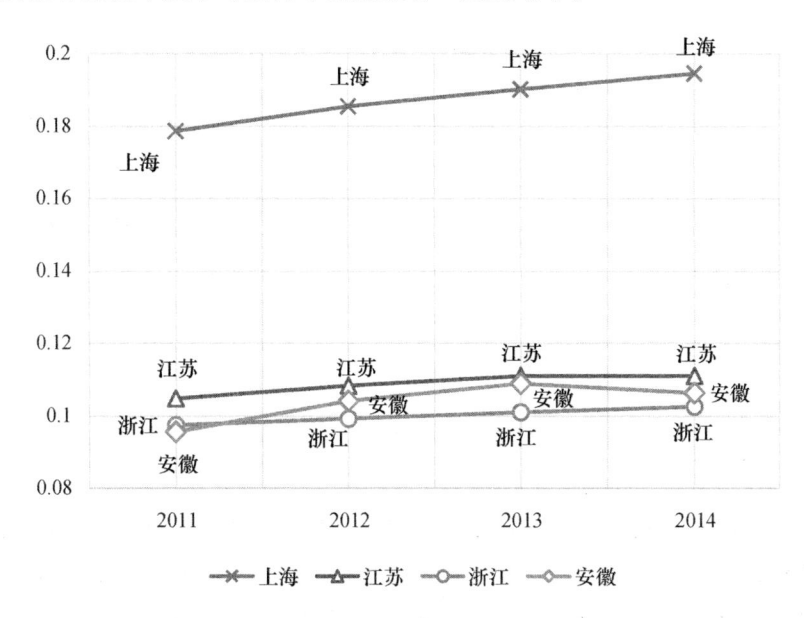

图 11 长三角各地区财政能力

长三角上海市的财政能力一枝独秀，其他三个省市差距不大，并且上海市、江苏省和浙江省的财政能力在不断增强，而安徽省则有一定的波动。

可支配收入的分布类似于技术效率的分布，各省市之间的差异较大，上海市和浙江省高于区域均值，江苏省基本上与区域均值保持一致，安徽省则远低于区域均值。

透过三级指标我们不难发现，长三角的工资成本和长期资金成本的逐渐提升正在成为一体化发展进程中的障碍所在，而技术效率方面则呈现出缓慢收敛的特征，财政能力稳步上升，可支配收入整体稳健。

（四）发展协同性：经济增速逐渐趋同，协同发展仍有隐忧

发展协同性指标主要表现的是长三角经济动态协同发展的趋势，通过

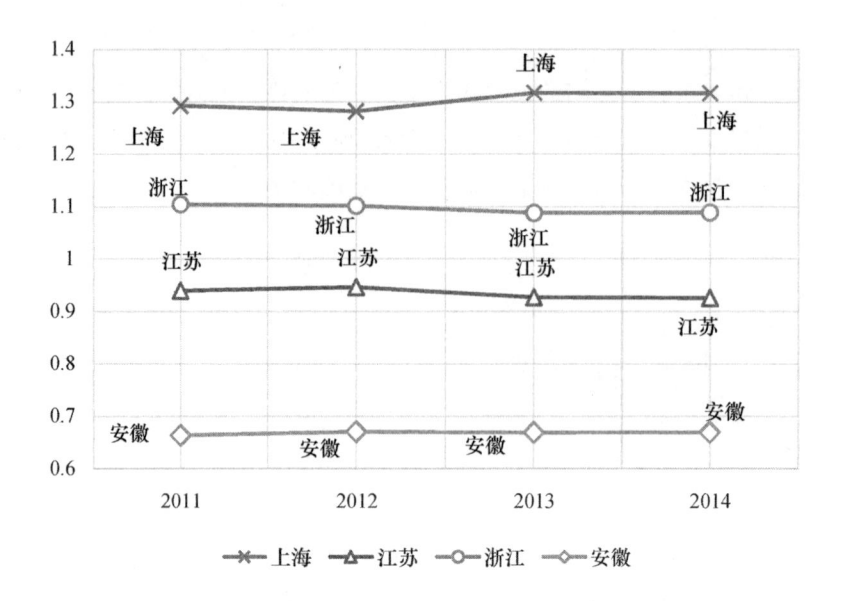

图 12　长三角各地区可支配收入

考察这一趋势，我们可以准确把握区域发展的协同度。保持经济增长，维持物价稳定是宏观经济发展的最重要的两大目标，所以考察区域经济增长与通货膨胀的差异变化，是度量区域经济周期协同性必不可少的一部分。同时，政府和市场作为经济发展中的两只手，在区域一体化进程中同样发挥着至关重要的作用。通过考察地方债务率的差异变化，我们可以从一定程度上看出政府在当地经济发展中所施加的影响。区域间的行业分工则更多地从市场的角度体现了不同行业在不同省市之间的选择。

长三角发展协同性指标总体来看近年来有小幅的下降。上海市近三年来震荡上升，安徽省、江苏省和浙江省不断走低，尤其是安徽省在 2011 年仍处在三省一市协同性发展的领先位置，并且在 2012 年扩大了领先优势，但是从 2012 年开始，指标值从 0.93 下降到 2014 年的 0.81，可以说是长三角协同发展下降的主要原因。当然，关于长三角发展协同性下降的具体原因我们仍需要对四个二级指标展开分析。

经济增长指标是区域协同指标里表现较好的指标。由于中国经济的整体增速处于从高速向中高速的换挡期，长三角的平均增速也从 2011 年的 10.4% 下降到 2014 年的 8.1%。在经济转型期内，长三角四个省市的经

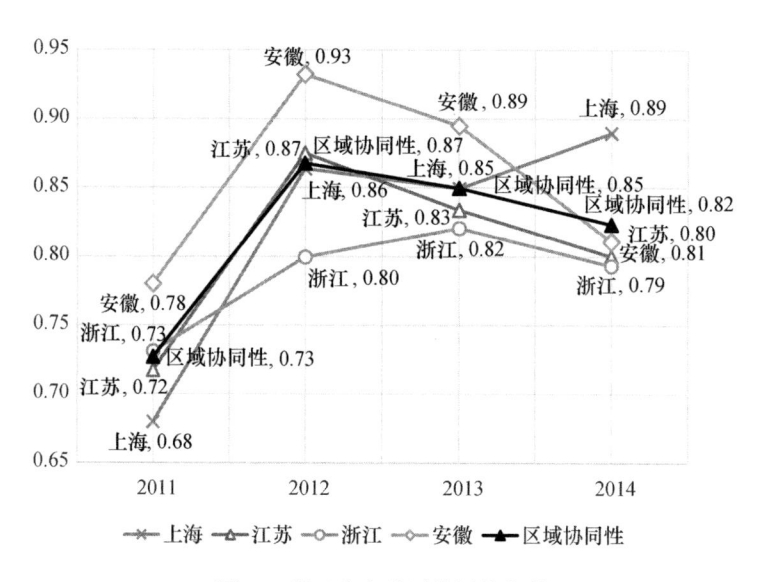

图 13　长三角各地区协同性指数

济增速逐渐趋同,尤其是安徽省和上海市在逐渐缩小增速的差异,说明整个长三角所牺牲掉的一部分经济增速,换来的是整个区域经济增长的协同性加强。

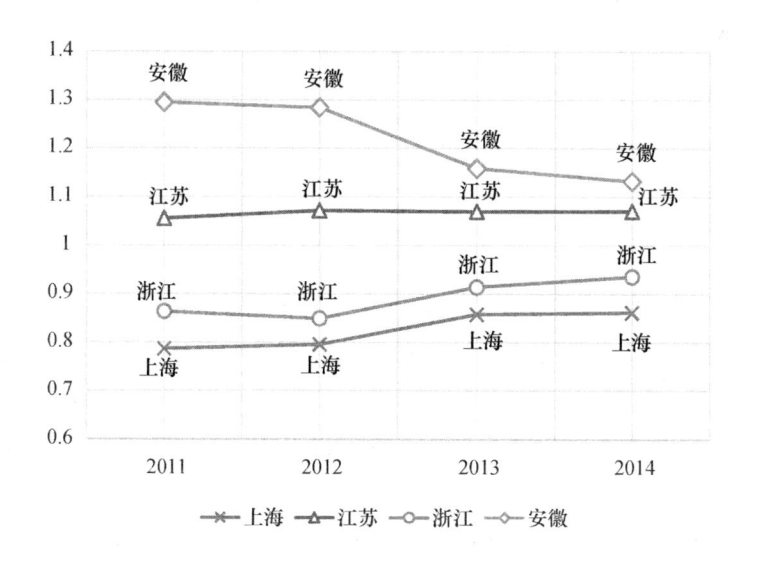

图 14　长三角各地区经济增长

通货膨胀指标在2014年有一定的发散趋势，尤其和2011年相比，表面上处于较为不利的境地。但是如果我们进一步剖析各省市物价水平的变化，我们发现这种发散趋势是由于各省市通货膨胀的绝对值下降所导致的，长三角平均的通货膨胀率从2011年的5.38%下降到2.15%，基数降低导致四个省市的通货膨胀率的差异加大。当然通货膨胀率从5%下降到2%以后，需要更为细致的宏观政策调控，从这个角度来考虑，这种由基数降低导致的物价水平差异化的加大，也对长三角宏观政策的联调联控的精准度有了更高的要求。

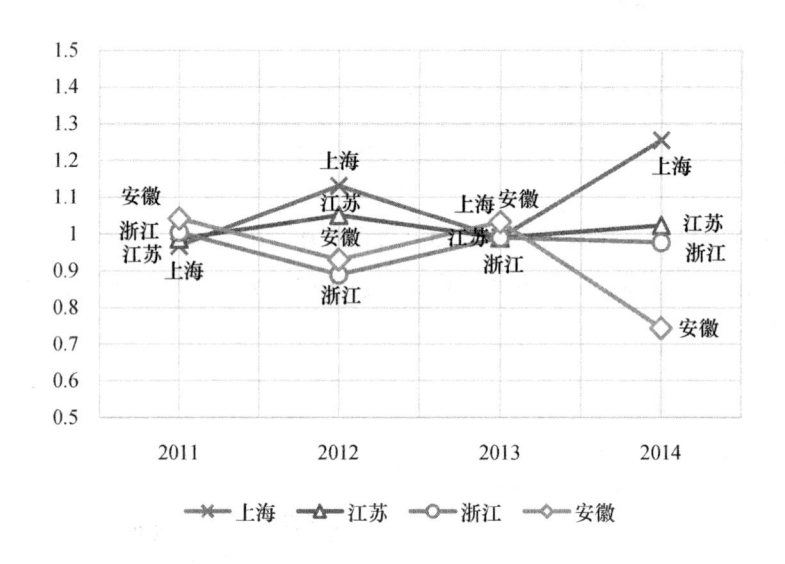

图15　长三角各地区通货膨胀

正如指标内涵中所述，由于没有公开的地方政府债务率数据，我们以"各地区城投债余额比上该地区财政收入"来衡量地方债务率。根据我们的计算口径，个别省市地方债务率的显著上升是导致发展协同性降低的最主要原因。2011年，长三角三省一市的地方债务率水平基本上保持在20%到30%的范围内，但从2012年开始，江苏省和安徽省的债务率猛增，到2014年已经分别达到了84%和72%，浙江省的债务率水平也有所提升，只有上海市的债务率水平一直维持在30%左右。尽管江苏省和安徽省的债务率水平仍未超过警戒线，但是如果按照这种趋势继续发展下去，那么长三角就会重复欧盟一体化中所犯下的严重错误，欧盟内部各个国家债务水平的严重差异导致了欧盟一体化进程严重受挫，这种债务水平的差异化也必定阻碍长三角的协同发展。

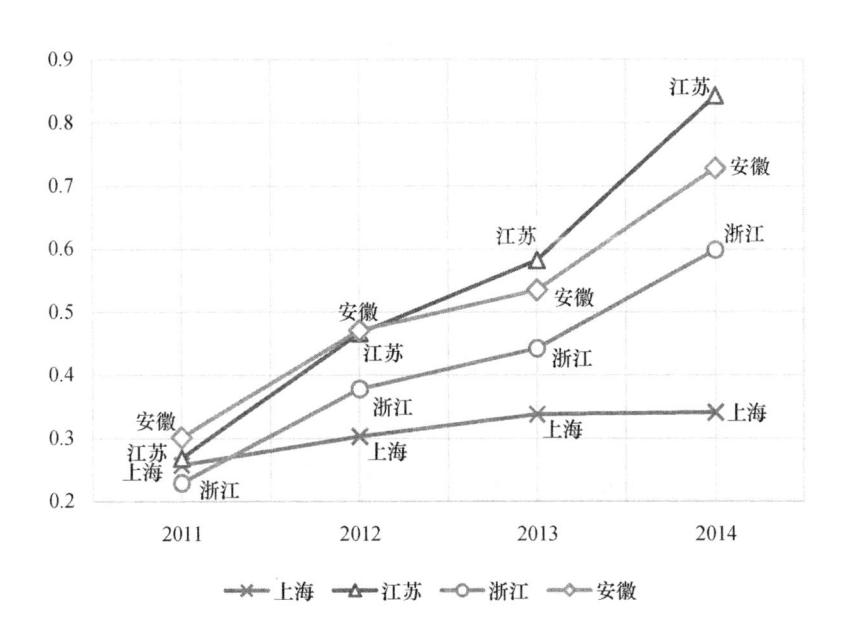

图16 长三角各地区地方债务率

长三角行业分工的差异化发展近年来陷入停滞。长三角的行业分工系数从2011年不到1的水平增加到2012年的1.5左右，但是2013年和2014年的增长陷入停滞，甚至略有滑坡，这说明近年来三省一市行业间的互补性有所降低，突出反映了重复建设以及产能过剩的现象。未来，我们会进一步关注2015年和2016年该项指标的发展，从行业分工的方面检验长三角供给侧改革的成效。

总而言之，尽管长三角经济增速逐渐趋同，但是地方债务率差异的显著提升成为制约区域协同发展的最大因素。通货膨胀的发散趋势以及行业分工趋于停滞是长三角协同发展的隐忧。

（五）制度一致性：政策协调稳中有进，制度安排有待加强

制度一致性是从制度和政策层面来考察长三角一体化程度。在供给侧

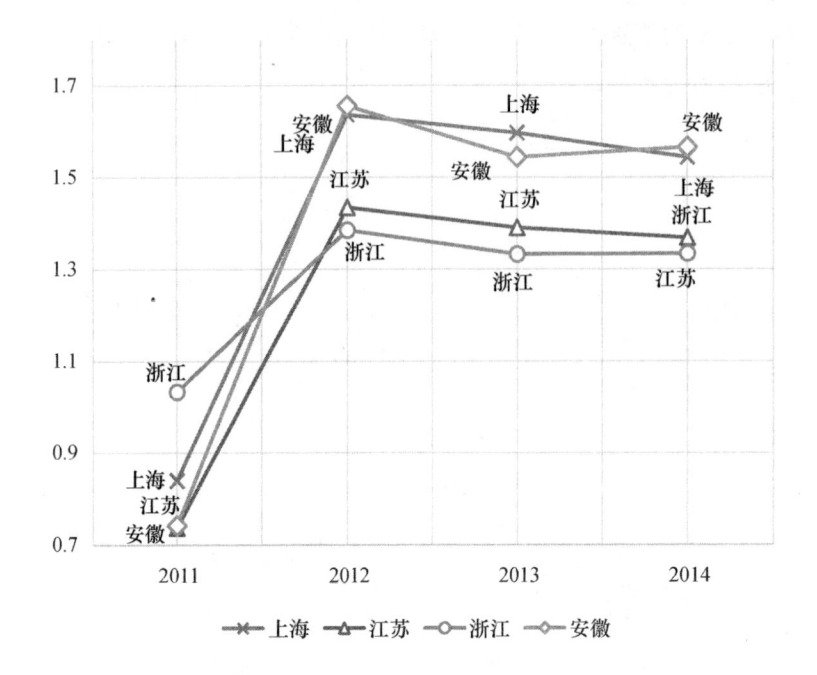

图 17　长三角各地区行业分工系数

改革逐渐替代需求刺激政策的今天，研究区域一体化中的制度性因素就成为必不可少的内容。当然，正如同供给侧改革仍处于摸着石头过河的阶段一样，制度一致性的度量也尚未形成一套成熟的评价标准，另外由于制度因素难以准确量化，所以我们在选择制度一致性的二级指标时，更多的遵循了数据可得性高、可量化性强的原则。对于那些可以充分反映制度一致性的因素，由于数据难以获得或者数据的质量很低，我们也进行了部分的取舍。例如现阶段能够反映"营改增"效果的指标，都尚未有明确的数据统计和测算。经过咨询相关领域的专家，我们决定使用"服务外包离岸执行额"来衡量"营改增"效果，主要是因为"服务外包离岸执行额"能够反映"营改增"对经济增长的促进程度。知识产权保护、最低工资标准、"营改增"效果是纯粹的定量分析，议事协调与争端解决、公共服务共享以及信息共享则使用了0—1变量的方法将定性分析转为定量分析。由于制度变迁所发挥的作用需要一个较长的经济周期，所以我们在数据可得性的基础上,一些二级指标会考察更长时期内的变化。

长三角制度一致性近年来不断提升,从 2011 年的 0.53 增加到 2014 年的 0.69,说明从制度安排层面,区域三省一市之间的政策协调性有了显著的增强。但是各省市的制度一致性有较大的差别。江苏省是一致性表现最好的省市,在 2014 年达到了 0.87,上海市和浙江省也在 2014 年突破了 0.7 的水平,但是安徽省的一致性水平一直低于 0.4,说明与其他三省市在制度安排与政策协调上仍有一定的差距。具体的,我们对六个二级指标展开分析。

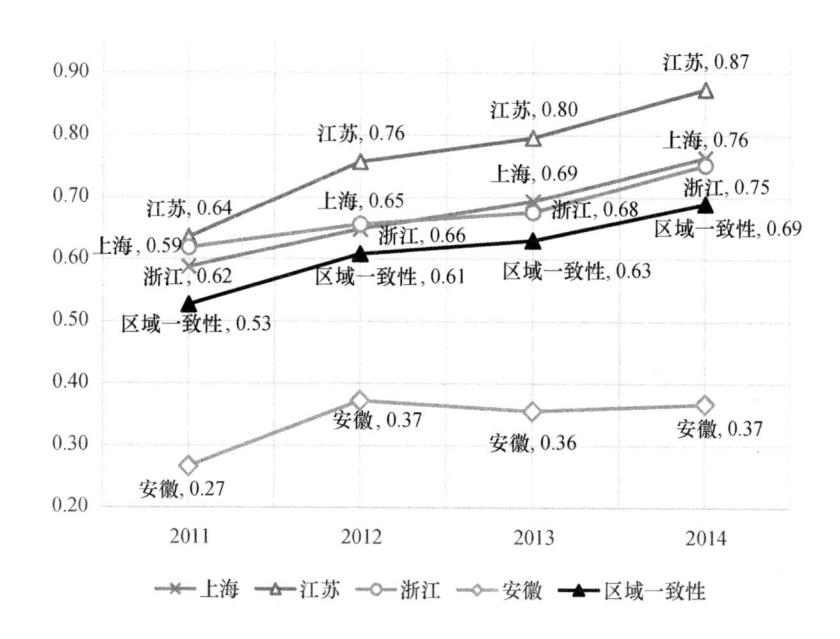

图 18　长三角各地区一致性指数

长三角的知识产权保护自 2000 年以来有了明显的提升,但近年来的情况不容乐观,三省一市表现各异。江苏省和浙江省均在 2012 年以后有较大的滑坡,上海市的知识产权保护程度一直处于较为平稳的态势,安徽省在 2009 年以后有了明显的改善。可以说在知识产权保护这一领域,长三角的制度一致性还急需提高。

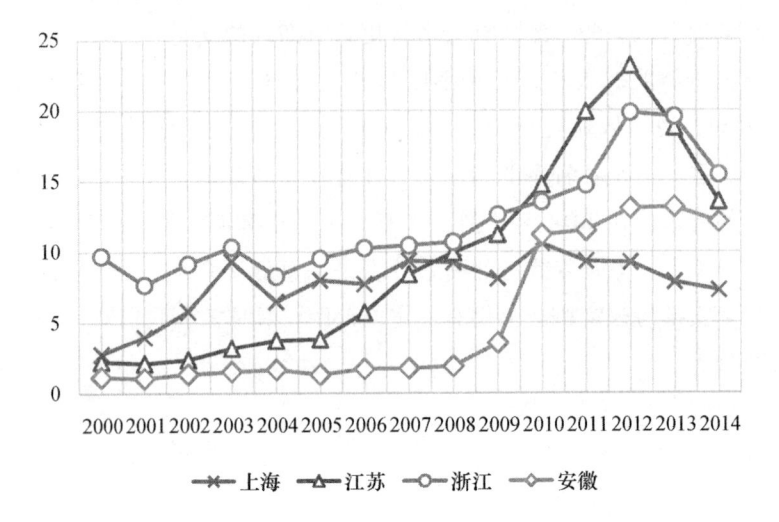

图 19　长三角各地区知识产权保护

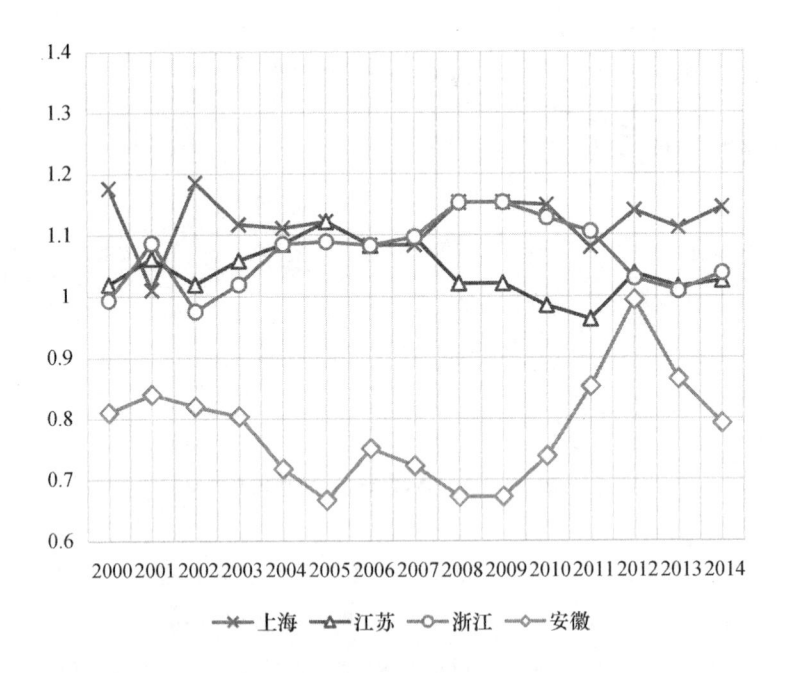

图 20　长三角各地区最低工资标准

长三角最低工资标准从长期来看是收敛的，中间略有起伏波动是正常的。江浙沪三省市在最低工资标准上基本保持了一致性，安徽省在2009

年以后迅速向区域均值收敛,但在 2013 年以后又呈发散的态势,这也是安徽省总体的制度一致性不高的原因。

正如前文介绍,我们使用"服务外包离岸执行额"来衡量"营改增"对经济增长的促进效果,如图 21 所示,江苏省的"服务外包离岸执行额"远高于其他三个省市,说明"营改增"对江苏省经济增长的促进作用更为明显,对浙江省和上海市的促进作用稍次,对安徽省的作用最小。这种巨大的差异部分原因是由省市本身的经济发展状况、对外开放程度以及所处的区位决定的,另一方面,也体现出"营改增"这一制度变革本身对长三角各省市经济发展不同的影响程度。从这个角度来看,长三角"营改增"效果的一致性仍需持续长期的考察。

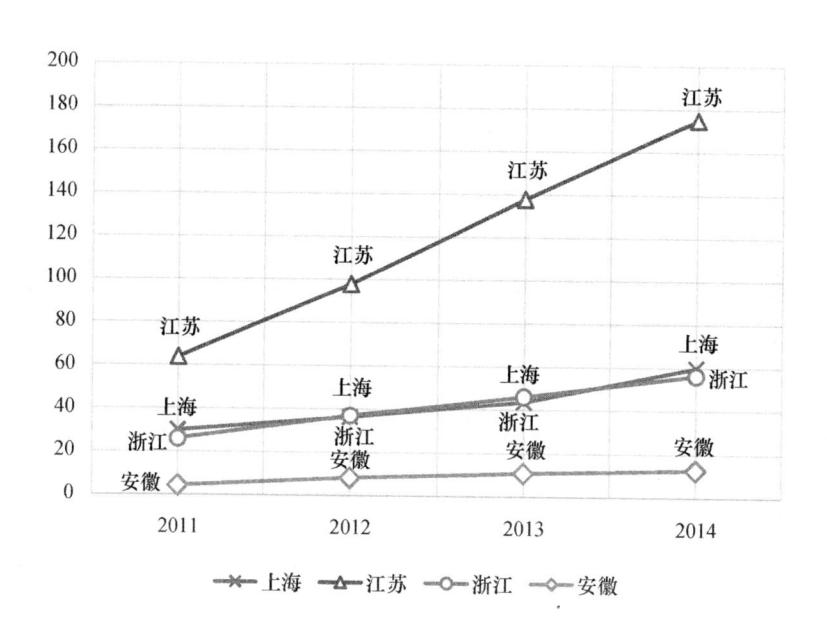

图 21　长三角各地区"营改增"效果

表 2　　　　　长三角议事协调、公共服务贡献及信息共享

	议事协调与争端解决				公共服务共享程度				信息共享			
	2011	2012	2013	2014	2011	2012	2013	2014	2011	2012	2013	2014
上海	5	5	6	6	22	24	24	26	20	23	30	36
江苏	5	5	6	6	21	23	23	25	20	23	30	36

续表

	议事协调与争端解决				公共服务共享程度				信息共享			
	2011	2012	2013	2014	2011	2012	2013	2014	2011	2012	2013	2014
浙江	5	5	6	6	20	22	20	24	20	23	30	36
安徽	3	3	4	4	10	11	11	13	4	8	11	19

在"议事协调与争端解决""公共服务共享"和"信息共享"三项指标中,我们发现长三角无论是争端解决能力还是公共服务以及信息共享程度都逐年提高,在政策协调上江浙沪齐头并进,而安徽省正迎头赶上。在"议事协调与争端解决"中,2011年,江浙沪已签订5项框架协议,包括《关于开展人事争议仲裁业务协助和工作交流协议》《长三角跨界环境污染纠纷处置的应急联动工作方案》《长三角跨界水体生态补偿机制总体框架》《长三角司法协作框架》以及《长三角政法综治协作交流框架协议》,其中安徽省参与了前三项框架协议,在2013年长三角三省一市又共同签署了《泛长三角劳动保障监察工作合作协议》,争端解决能力进一步提高。

长三角"公共服务共享"中主要涵盖有医保互通,即异地就医联网结算,建立了长三角教育协作发展会商机制,签订了失业保险关系转移及待遇享受的合作协议以及共同推进长三角创新体系建设协议,举办长三角通信一体化发展高峰论坛,个别城市之间试点"社会保障卡"互通互用、城市交通一卡通互刷等。可以说长三角公共服务共享程度正在稳步提高。

与"公共服务共享"发展状况相同,长三角的"信息共享"程度也逐年提升。这其中主要包括共享公共交通运输的全方位信息,共享税收信息,共享房地产信息,共享个人和企业的金融信用信息,搭建长三角就业信息平台和大型招聘联合搜索平台,共享法院执行联动信息,共享企业环境行为信息,共享公安网上信息以及警务信息,共享消费者维权信息,共享质量技术监督信息等。可以看出信息共享涉及民生的方方面面,切实提高了人民生活的幸福感和获得感,长三角"信息共享"程度正逐年提高。

总之,长三角的制度一致性正逐年提升,但是在一些制度安排上,比如知识产权保护以及最低工资标准上,仍有提升的空间。在表现较好的政策协调方面,也有继续细化的要求,尤其是安徽省与其他三省市的政策协调，有待更进一步的提高。

（六）原因分析总结

根据市场统一性、要素同质性、发展协同性以及制度一致性这四个二级指标以及它们下设的三级指标对长三角一体化发展趋势进行的原因分析，课题组对此进行一定的总结。

第一，长三角一体化程度逐年提升，关键的原因是上海市作为长三角的核心，发挥了极为显著的带头作用。在我们所考察的四个二级指标中，上海市排名第一的有3个，分别是市场统一性、要素同质特性以及发展协同性，在21个三级指标中，上海市排名第一的有10个，可以说上海市以一己之力带动了长三角一体化向前发展。需要特别指出的是，上海市在技术市场与技术效率两个指标上遥遥领先，说明上海市是整个长三角最具创新活力的地区，但如何将上海市的创新能力外溢至整个长三角，是今后持续推动长三角一体化发展的关键所在。

第二，长三角一体化近两年来上升势头有所减慢，根本的原因在于安徽省与上海市、江苏省、浙江省的差距有所拉大。当然，无论是从空间距离上，还是经济距离上，安徽省与其他三省市之间的距离都是最大的，但这并不能成为安徽省一体化程度走低的理由。"议事协调与争端解决""公共服务共享"和"信息共享"等政策制度类指标作为安徽省比较明显的短板，都是可以通过省际间的政策协调与制度安排得到迅速提升的，而诸如"外商直接投资""技术效率""可支配收入"这些短板，则可以利用长三角一体化的过程，得到不断的进步。

第三，地方债务率水平高低不一，知识产权保护情况不容乐观，是阻碍长三角一体化继续向前发展的主要原因。由于长三角各省市之间越来越紧密的经济与社会联系，一旦一个省爆发较为严重的债务违约事件，会对整个长三角的金融信用体系造成损害。个别省份过高的债务率同时会导致整个地区的资源配置效率降低。知识产权保护作为一项对创新而言极为重要的制度安排，近年来在长三角却出现了整体的下滑，在供给侧改革以及创新驱动的大背景下，这一问题就显得更加突出。

六 对策建议

针对长三角一体化的发展趋势以及原因分析,课题组提出五点对策建议:

(一)进一步细化行业分工

长三角各地区之间的发展存在差异,需要在行业分工,尤其是地区之间的产业互补上进一步细化。长三角作为一个成熟的一体化发展区域,以"中心—边缘"理论为基础,提高区域内的产业多样化能够促进区域一体化的发展。上海市作为长三角的核心,劳动力成本提高、环境污染以及规模不经济等问题使得部分技术含量较低、劳动密集型的产业向周边地区转移,在产业转移的过程中,需要避免落后产能与过剩产能的重复建设,因势利导,结合长三角产销两便的优势,提升行业分工的广度与深度。

(二)进一步促进要素流动

要素流动既是长三角一体化发展的原因,也是长三角一体化发展的结果。在行业分工与合作的基础上,促进要素在区域内的自由流动,需要让市场的力量决定要素的价格与走向,弱化行政手段对要素市场的干预,尊重市场规律,打破地域分割的藩篱。既要促进域内要素的自由流动,也要吸引域外的生产要素向域内流动,改革人才管理方式,降低资本进入壁垒,避免人为的分割要素市场。

(三)进一步落实创新驱动

深化长三角一体化发展,需要依靠创新驱动。加强长三角创新要素的协同发展与集聚效应,缩小地区之间的创新能力分化极为重要。省市之间创新要素的协同效应是竞争与发展的相互推动过程,区位优势与距离优势使得资本、人才与技术能够在长三角之间迅速找到创新"洼地",寻求最大的边际收益与规模报酬。省市之间创新能力的巨大分化既是挑战也是机遇,在长三角一体化不断向前推进的过程中,将不同省市之间的创新要素进行优势互补,发挥上海市的核心带头作用,为创新提供适宜的整体环境，对长三角一体化发展至关重要。

（四）进一步推动政策协调

推进长三角一体化需要发挥政府的作用。地方政府的干预与保护主义对一体化的影响是最为巨大的，消除政府的负面作用，发挥积极的正面作用对长三角一体化发展意义重大。要继续完善长三角一体化中地方政府合作与政策协调机制，因为市场机制对于外部性、公共品、收入分配不平等问题无法解决，所以需要建立健全地方政府的合作机制。在政策协调方面，地方政府需要在基础设施建设、促进要素流动、推进产业布局、保护生态环境、统一制度安排等方面继续努力。

（五）进一步完善制度建设

长三角各省市近年来签订了一系列的协议，建立了不同的联席会议、公共服务与信息共享机制，比如关于人事争议仲裁协议、跨界环境污染纠纷处置方案、跨界水体生态补偿机制、司法协作框架、政法综治协作交流框架、人才开发一体化联席会议、区域创新体系建设协议、异地医保结算体系、教育协作发展协议等，这些涉及方方面面的制度安排较为零散，持续的时间也缺乏保证，参与的省市更是不尽相同，在进一步深化长三角一体化的过程中，需要在制度安排上统筹兼顾，建立一套综合完善、与时俱进的制度安排体系，并能够得到各省市的有效贯彻实施。

七　结语

本文在仔细梳理长三角一体化发展与指标体系文献的基础上，对一体化发展的理论背景与核心要素进行了深入分析，在欧盟一体化指标体系的框架下，赋予其新的内涵后构建了长三角一体化指标体系，长三角一体化指标体系共包含了四个二级指标，下设21个三级指标。指标构建以数据可得、直接度量为第一原则，理想的情况下仍然有不少指标应该纳入到一体化指标体系中，但由于统计数据的可得性，我们只能采取替代指标的形式进行度量，当然还有部分重要指标依然无法得到有效测度，同时也为了避免指标过多带来的多方面问题，我们在本次探索性研究中放弃了这些指标，未来随着统计数据的完善，结合长三角一体化推进中的新问题的产生，我们将对指标体系实行动态调整和跟踪分析。

多指标合成指数方法方面，课题组采用主客观相结合的"专家咨询约束下的主成分分析"，通过研究指标体系中各指标的界定含义及对样本数值结构的分析，我们认为，仅采用专家主观打分的方法进行加权是不可取的。因为指标体系中指标数量多、类型复杂，要找到一批对情况非常熟悉的专家很难。因此，在比较了各种客观加权方法后，我们选定用"专家咨询约束下的主成分分析评价法"的权重确定方法。由于这是一种后加权的方法，即在数据采集之前，权数尚未确定，因此，不会由于各个企业与机构分别提供数据而产生人为偏向。

三大城市群串联长江经济带：
长三角城市群应做好领航者

李 娜[①]

长江经济带和长三角同属于国家战略，在空间分布上部分重叠。长江经济带是我国经济发展的重要战略支撑带，在区域发展总体格局中具有重要战略地位。2014年国务院批准《国务院关于依托黄金水道推动长江经济带发展的指导意见》（以下简称《指导意见》），标志着长江经济带正式上升为国家战略，迎来了重要战略机遇期。长三角作为长江经济带五大城市群之一，被誉为世界第六大城市群，也是我国最早获得国家批复的城市群。长三角经济基础雄厚，科技发达，并在区域协同发展方面进行了诸多实践。本报告紧紧围绕长江经济带和长三角两大国家级战略，从区域联动和一体化发展角度，剖析两大战略关系。在课题研究过程中，课题组对长江经济带重点城市上海市、合肥市、武汉市、成都市、贵阳市等进行了调研，在厘清长三角优势基础上，重点围绕城市群、创新转型、综合交通、双向开放、生态环境以及合作体制机制等内容，分析长三角与长江经济带联动发展的现状与问题，并提出长三角在长江经济带发展战略中的地位作用和一体化发展的对策建议，为进一步促进长三角带动长江经济带发展提供决策参考。

[①] 上海社会科学院城市与人口发展研究所副研究员。

一 国内外相关研究综述

（一）研究背景

"长江经济带"一词于20世纪80年代提出。后由于国家率先启动了沿海开放战略，形成了经济实力雄厚的沿海经济带，长江流域的整体开发并没有得到很好的启动。因此长江流域经济基本上淡出了人们的视野。2013年9月李克强总理在国家发改委呈报件上批示："依托长江这条横贯东西的黄金水道，带动中上游腹地发展，促进中西部地区有序承接沿海产业转移，打造中国经济新的支撑带。"至此，我国重启长江经济带规划，2014年9月国务院发布《关于依托黄金水道推动长江经济带发展的指导意见》，"长江经济带"正式成为我国继沿海开放、西部大开发、东北振兴、京津冀一体化、"一带一路"之后又一个重大的国家战略，引起了国内外学者的高度关注和研究。2016年1月，习近平总书记在重庆召开的推动长江经济带发展座谈会上指出：共抓大保护，不搞大开发。为长江经济带进一步发展指明了方向，在当前和今后相当一个时期，要把修复长江生态环境摆在首要位置。2016年3月国家正式发布《长江经济带发展规划纲要》，围绕"生态优先、绿色发展"的基本思路，提出了长江经济带"一轴、两翼、三极、多点"的发展新格局。

长三角是长江经济带五大城市群之一。在国务院《关于依托黄金水道推动长江经济带发展的指导意见》中，明确指出长江经济带主要包括长三角、长江中游城市群、成渝城市群、黔中城市群和滇中城市群，其中前三者为国家级城市群，后两者为区域性城市群。在近日发布的《长江经济带发展规划纲要》提出的"三极"，即长江三角洲、长江中游和成渝三个城市群，充分发挥中心城市的辐射作用，打造长江经济带的三大增长极，进一步明确了长江三角洲城市群在长江经济带中的地位作用。长三角也是我国最早获得国家批复的城市群，国务院于2008年发布《关于进一步推进长江三角洲地区改革开放和经济社会发展的指导意见》，2010年国务院颁布《长江三角洲地区区域规划》。2015年和2016年国务院分别批复《长江中游城市群发展规划》和《成渝城市群发展规划》。2016年6月国家发改委发布《长江三角洲城市群发展规划》，提出建设具有全球影响力的世界级城市群,为长三角发展进一步指明了方向。长江三角洲城市群是我国经济最发达、城镇集聚程度最高的城市化地区,被誉为世界第六大城市群。长三角是我国经济发展最活跃的地区之一,以仅占全国2.1%的国土面积,集中了全国1/4的经济总量和1/4以上的工业增加值,被视为我国经济发展的重要引擎。

(二) 国外相关研究

从国外来看,没有长江经济带的专项研究,但区域经济理论和流域经济一体化理论对长江经济带的发展有重要的指导作用。区域经济增长理论主要分为区域均衡增长理论和区域非均衡发展理论。在经济发展的初级阶段,非均衡发展理论对我国区域发展更有合理性和现实指导意义。流域经济一体化理论,Martin Volk 等学者对德国西部河流流域进行生态经济研究,建立地理信息系统的计量模型以及流域空间决策系统,通过分析认为该流域内应当减少耕地,增加草地。国外许多学者针对国际河流流经多国的问题,展开跨区域合作研究。Claudia W. Sadoff 和 David Grey 认为河流流经的各个国家都会从自身利益出发,且采取合作的方式将对各个国家都有利,合作主要体现在三个方面,即保证生态安全、提升流域管理效率和降低交易成本等。

国外对城市群的研究颇多。国际比较公认的关于城市群的理论是由法国地理学家戈特曼1957年提出的。戈特曼把美国东北沿海地区的城市密集区域以原意为巨大城邦的希腊语 Megalopolis 来命名,来说明位于美国东海岸由纽约、华盛顿等一系列大城市组成的长600英里、人口3000多万的城市带。并提出这些大城市群往往具有以下特征:区域内城市高度密集,人口规模巨大,城市间具有建立在分工明确、各具特色、优势互补基础上的密切的经济联系,是一个国家和地区经济最活跃、最重要的区域。城市群为区域一体化发展的重要典范,为区域合作提供了众多理论和实践支撑。

(三) 国内相关研究

从国内来看,许多学者对长江经济带和长三角一体化进行了颇多研究,与本研究相关的主要集中在以下几方面。

长江经济带联动发展战略。段进军（2005）从横向和纵向两个方面分析长江经济带的联动发展。他认为，从横向来看，重点要突出以上海市、武汉市和重庆市为中心的三大区域的特色，并要进一步推动这三大区域一体化进程，为实现长江经济带整体联动发展提供动力；从纵向来看，就是为长江经济带的联动发展提供制度、市场、交通等条件，并且还要充分重视企业和企业集团在长江经济带联动发展中的重要作用。陈友国（2001）认为应该放弃建立中心城市的做法，而要努力实现跨江的多层次的经济发展区，即是指把距长江两岸各 200 公里的地区连成一个统一的经济实体，在以主要城市为基础的前提下发展沿岸广大地区经济，从而出现多层次的经济发展区，它要求接近和超过 100 万人口的城市建成若干卫星城市，并促进小城镇的经济发展。唐辉和杨新梅（1999）提出以沿江中心城市为重点，以水资源联合开发利用为突破口，构筑结构合理、优势互补的综合运输网络带和长江商贸走廊，建设旅游文化组合纽带和沿江科技开发协作纽带的长江流域经济带共同发展的基本思路。对于发展战略而言，多数学者倾向于要突出上海市、武汉市和重庆市作为中心城市的作用，进一步推动以这三大中心城市为核心的这三大区域的一体化进程；2016 年 9 月国家正式发布《长江经济带发展规划纲要》，提出"一轴两翼三极多点"新格局，其中"多点"是指发挥三大城市群以外地级城市的支撑作用，加强与中心城市的经济联系与互动，带动地区经济发展。而少数学者则倾向于要放弃建立中心城市的做法，要努力实现跨江的多层次的经济发展区。这两者本质上是不矛盾的，不应当将建立中心城市和发展经济区割裂开来，而应当将两者有机结合起来。

长江经济带与长三角一体化关系研究。大部分学者认为，长江经济带上升为国家战略为长三角一体化发展带来了新机遇。长三角"八巨头"会议将长三角协同发展积极参与长江经济带国家战略纳入到主题，提出联动实施江苏省沿海开发、浙江省海洋经济和舟山群岛新区、安徽省皖江示范区、上海市"四个中心"建设等国家战略与 21 世纪海上丝绸之路建设结合起来，加强区域间经贸合作机制和平台建设，鼓励各类企业积极参与，进一步开拓与相关国家或地区的经贸和投资合作。要积极推动长江经济带建设，增强长三角辐射带动长江中上游和广大中西部地区发展的能力，联手打造长江经济带绿色生态走廊。部分学者聚焦上海市与长江经济带发展战略关系研究。郁鸿胜（2015）、权衡（2014）等学者提出发挥上海市"四个中心"和自贸区等优势，在长江经济带建设中起到龙头作用。薛艳杰、王振（2015）提出上海市如何当好长江经济带"龙头"，认为要发挥好"四个引领"功能，即经济发展和转型的引领、世界级城市群建设的引领、深化对外开放的引领、生态协同共建的引领。

长江经济带重点领域合作研究。从产业合作角度，彭劲松（2005）对长江上游经济带产业发展的现状进行分析，并通过区位商和产业贡献率的计算结果来确定产业结构调整的重点以及优先发展的产业。陈雯、周诚军（2003）等学者对长江流域经济一体化下的中游地区产业发展问题进行研究后认为，我国地区产业同构现象较为严重，地区之间缺乏有效的产业关联与协作，区域整体效益差。从金融合作角度，盛松成（1997）等学者对长江沿岸地区经济金融发展的梯度差异问题进行实证研究。郭镰（2015）提出推动长江经济带支持措施，重点在创新投融资模式，发挥开发性金融"规划先行"优势，实现融资支持与融智服务相结合，促进区域内部统筹协调。从交通合作角度，张国华（2014）提出长江经济带要构建多层次一体化综合交通网络，以黄金水道为主轴，以综合交通运输大通道为支撑，进一步完善沿江高速铁路和国家高速公路，加强与京广、京九等纵向通道的衔接，促进区域经济一体化。从科技合作角度，部分学者对上海市全球科技创新建设与长江经济带创新协同发展进行了研究，认为长江经济带协同创新应以上海市为龙头，积极发挥上海市在区域合作机制中的组织、协调作用，以打破区域、产业及行业间的限制和束缚，围绕政策先行先试，体制机制改革、技术创新服务等发展重点，构筑一体化、开放型、现代化、灵活性的长江经济带创新体系（张仁开，2015；曹方、何颖，2015）。从生态环境合作角度，部分学者认为，长江流域经济开发必须走可持续发展之路，必须改变流域经济开发中重开发轻治理、开发目标单一等急功近利的做法，而实行统筹兼顾，分工协作；治理开发，综合利用；优势互补，利益均沾；细水长流，协调发展的方针（海川，2013；林昌富、黄平县，2014）。

长江经济带区域合作机制。沈玉芳、陈江岚（2000）等学者研究了上海市和长江中上游地区在各方面都存在明显差距的区域间的经济协作及其协调机制的问题。他们认为，首先要从市场准入、建立合理的要素流动机制、建立跨地区融资机制、建立恰当的中央政府行政调控机制、建立跨地区的协调机制等方面入手来营造区域合作的良好环境；另外，要以市场手段和中央政府调控相结合的方法来协调区域之间的利益关系。李靖（2003）等探讨了长江经济带合作发展的意义及其可行性。认为，应当加强中央与地方共同组成的协调机构的协调力度，发挥企业的主体作用，减少政府没有必要的干预，促进区域市场的优化。

基于以上国内外区域经济理论与长江经济带相关实证研究，为本文研究奠定了扎实基础。但对长江经济带与长三角一体化关系研究还尚少，更多研究或是集中于长江经济带联动研究或是长三角一体化研究，而对两者关系研究还比较少。目前对两大战略关系研究，更多是在相互促进的战略意义层面，而对两者联动状况、问题以及未来长三角带动长江经济带的路径和对策建议等还有待进一步研究。

二 长江经济带与长三角一体化基本态势

（一）长三角实施长江经济带国家战略基础优势

长江三角洲城市群是我国经济最发达、城镇集聚程度最高的城市化地区，主要包括三省一市，即上海市、江苏省、浙江省和安徽省，区域面积达到35.53万平方公里，分别占长江经济带总面积的14.75%和全国总面积的3.7%。2014年，长三角常住人口达到21977万人，地区生产总值为14.97万亿元，分别占长江经济带的37.61%和52.58%，是长江经济带乃至我国经济发展的重要引擎。长三角在实施长江经济带国际战略中有着区位、交通、经济、文化、政策等多种叠加优势。主要体现在以下几方面。

区位优势独特：一方面，长三角具有通江达海优势，是"黄金海岸"和"黄金水道"的交汇点。长三角位于长江下游地区，沟通沿海与内陆地区的联系，濒临黄海和东海，地处江海交汇之地，是我国南北海上航运的中枢，通过远洋航线通往世界各地。另一方面，长三角是我国两大区域战略的交汇点，即"一带一路"战略和长江经济带发展战略。《中共中央关于制定国民经济和社会发展第十三个五年规划的建议》明确指出，以区域发展总体战略为基础，以"一带一路"建设、京津冀协同发展、长江经济带建设为引领，形成沿海沿江沿线经济带为主的纵向横向经济轴带。长三角是"一带一路"战略和长江经济带两大战略的交汇点，也是我国横向和纵向轴带的交汇点，战略地位极其重要。

交通路网发达：长三角内已经形成铁路、公路、海港、空港、地铁构成的综合交通网络。已建成通车的有沪宁、沪杭、宁杭、苏嘉杭等几十条高速公路，东海大桥、杭州市湾跨海大桥、南京市长江大桥等以及几十条铁路和城市内部交通地铁，组成了一个十分便捷发达的城市综合交通网络。目前，长三角拥有27个港口，航运基础设施不断完善，同时还拥有29个机场，是我国港口和机场最为密集的区域。其中，浦东机场、虹桥机场是联结中国与世界的国际枢纽机场，洋山深水港、宁波—舟山港是国际集装箱运输运力最大的港口。便利的城市综合交通体系和优良的航运基础设施，为长三角带动长江经济带发展提供了高效的基础载体和通道。

经济基础雄厚：一是长三角经济发达，产业优势明显。长三角在通信、能源、新能源、高科技等领域处于国内最高水平，位居世界前列。长三角拥有国际化水准的现代服务体系，是国际资本投资青睐的"天堂"。尤其是在发达经济体纷纷确立"转身亚太"战略的背景下，长三角成为跨国公司、国际财团和研发中心聚集的所在地。这些机构已从"服务中国"发展到"服务亚太"或"服务全球"。2014年，长三角生产总值为14.97万亿元，分别占长江经济带和全国经济总量的52.58%和23.61%。二是长三角科技创新活跃。长三角科教与创新资源丰富，拥有普通高等院校300多所，国家工程研究中心和工程实验室等创新平台近300家，人力人才资源丰富，年研发经费支出和有效发明专利数均约占全国30%以上。长三角拥有数量庞大、富有创新意识、创新活力和创新能力的人才群体，留学归国人员和两院院士、中央"千人计划"专家集聚在长三角。在多个重点领域拥有一批国际知名的领军人物和重点行业的知名企业家，为实施长江经济带战略提供了优秀的人才储备。

对外开放程度高：一是长三角是我国对外开放的桥头堡，也是我国最大的外贸出口基地。中国（上海市）自由贸易试验区等对外开放平台建设不断取得突破，国际贸易、航运、金融等功能日臻完善，长三角货物进出口总额和实际利用外资总额分别占全国的32%和55%。长三角正在增加其在全球生产网络和全球价值链中的比重。江苏、浙江两省的企业已实践了业务外包和全球兼并和收购（如吉利、奇瑞汽车）。阿里巴巴集团作为中国最大的电子商务公司，正在进入世界市场，并引领目前最热门的互联网金融服务。无锡市、苏州市在物联网、微电子、纳米技术、人工智能等方面均位于国家领先水平。二是长三角企业还是国家"走出去"战略的参与者和实践者，可以充分分享其在基础设施建设（如高铁、高速公路）、能源供应（如炼油、矿业开采）、化学工业、制造业上的丰富经验。

区域协同领先：长三角协调发展起步较早，推进稳步有序，经历了规划协调、要素合作和制度合作三个阶段。形成了以完善市场为主导的资源要素配置机制，构建区域统一市场、降低要素和产品空间移动的运输成本，稳步推进区域和城市间互联互通、共治共享。目前，长三角已经形成了比较成熟的区域合作体制机制，即包括决策层、协调层和执行层在内的三级运作协调机制，运行机理相对完整。决策层是沪苏浙皖三省一市主要领导座谈会（"八巨头"会议），由此构建长三角"协商和决策"的高层制度构架。长三角在区域一体化发展方面进行了有益探索，为长江流域区域协同发展可提供有益的经验借鉴。

（二）长江经济带与长三角一体化发展现状与问题

自2014年长江经济带上升为国家战略以来，得到了国家和沿江各省市的高度重视，加强区域联动发展。长三角作为长江经济带的重要增长极，也积极落实参与长江经济带作用。长江经济带与长三角在城市群联动、创新转型升级、黄金水道立体交通、双向开放、生态共建和区域合作体制机制等方面一体化发展取得了初步进展，但同时也存在诸多问题。

1. 城市群联动现状与问题

《长江经济带发展规划纲要》明确指出长江经济带重点打造"三极"，即长江三角洲城市群、长江中游城市群和成渝城市群。长江经济带建设以城市群为载体，形成以三大城市群为主的圈层合作，而三大城市群之间联系互动还比较少，更多是在城市群的中心城市之间，初步形成了以上海市、武汉市、重庆市、成都市等为节点的城市间合作。同时，长江流域三大城市群合作方式和合作阶段存在着明显的差异。

长三角合作经历规划协调、要素合作和制度合作等阶段，已进入了制度合作的深度合作阶段。长三角被誉为世界第六大城市群，区域一体化程度较高。在区域合作方面积累较多经验，可供成渝城市群、长江中游城市群借鉴。主要体现在以下几方面：第一，充分发挥轨道交通作用，引领城市群同城化发展。长三角作为我国发育最为完善的城市群，主要得益于基础设施一体化发展，以轨道交通、城际铁路、城际高速公路等快速通道建设，建立了以上海市为中心的1小时经济圈、2小时经济圈和3小时经济圈。成渝城市群和长江中游城市群要加强城市群内城市之间的高速公路、城际铁路和轨道交通建设，以交通设施一体化带动城市群一体化发展。第二，打破行政区划界限，充分发挥市场在区域资源配置中起的决定作用。长三角以建立统一开放的市场经济体系为目标，对接企业和商品市场准入标准、管理政策标准等，打破阻碍生产要素自由流动的行政障碍，以市场为导向有效整合和配置区域要素资源。第三，区域合作内容由易到难，实现区域利益共赢，提升城市群整体竞争力。长三角合作最早推行旅游合作，逐步推进交通一卡通、能源合作、社会保障以及生态环境合作等。由最初的共赢逐步扩展到共同治理和管制，推进区域一体化进程。成渝城市群和长江中游城市群区域合作不能一蹴而就，由容易达成各地方共赢的开始合作，逐步拓展合作领域和内容。第四，长三角建立由决策层、协调层和操作层形成的四个座谈会的合作体制机制。成渝城市群和长江中游城市群要逐步探讨适合本城市群发展的区域合作体制机制，为城市群一体化发展提供体制机制保障。

成渝城市群合作起步晚于长三角，早期成都和重庆通过建设西部综合改革试验区，推进两地户籍制度、土地制度、社会保障制度等方面改革，为更高层面的改革试点奠定了良好基础。2011年《成渝经济区规划》的出台进一步促进了区域合作加速发展。目前，成渝城市群主要处于要素合作阶段，在基础设施建设方面，实现了快速客运专线铁路，以及公路、铁路、内河航运、民航、管道综合交通运输网络的联通；产业方面，共同培育建设了国家重大装备制造业基地、高技术产业基地、清洁能源基地、国防科研产业基地，优势农产品生产加工基地。

相较而言，中游城市群区域合作尚处于起步阶段，但发展速度较快。2012年湘赣鄂三省首次会商共谋"中三角"；2013年长江中游城市群四省会城市召开首届会商会并达成《武汉共识》，在9个层面、11个部门间开展协作；2014年长江中游城市群省会城市第二届会商会召开，签署发布了《长沙宣言》，共同推进区域融合，鄂湘赣三省已在旅游、交通方面不断推进合作。当前，该区域正组织编写《长江中游城市群一体化发展规划》。

2. 创新与产业转型升级联动发展现状与问题

在产业调整转型过程中，产业转移成为重要推动力，近年来长三角通过省市间的跨区域产业合作、对口支援的产业扶持以及企业对外投资等形式，引导产业与长江经济带产业联动发展。主要呈现以下特征：一是长江经济带的中西部地区承接长三角产业转移的能力日趋增强。传统上，长三角内一体化程度较高，上海市周边的苏州市、无锡、南通、湖州、嘉兴等地是承接上海市产业转移的主要区域。由于长三角生产成本不断提高，长三角部分产业已向长江经济带中西部地区转移。2010年，国务院正式批复《皖江城市带承接产业转移示范区规划》，成为首个获批复的国家级承接产业转移示范区。运行几年来，承接多个上海市和长三角产业转移项目，与上海市形成"块状转移"的对接合作的模式。目前，上海市部分产业不断向长江流域中上游地区纵深方向转移，电子信息等产业已形成向成都、重庆、贵阳等地转移态势。二是通过产业跨区域投资，初步形成"两头在沪"，生产在长江经济带的产业链发展。据估计，上海市每年涉及产业转移投资1000亿元，其中宝钢集团、华谊集团、上汽集团"十二五"期间市外投资占全部投资比重分别提高到75%、70%和40%。目前，上海市产业投资由向长三角逐渐向长江经济带中上游地区扩展。例如，上汽集团为拓展市场和克服成本上升需要，分别在江苏省、湖南、湖北等长江沿线建设生产基地，将成熟车型的生产环节逐步转移到上述地区。上海市纺控集团在江苏省、重庆建设生产基地，形成了纺织、印染、服装垂直整合的市外产业链集聚发展，本地转向时尚创意。化工行业，上海市利用异地资源优势，在安徽省、重庆分别建设煤化工、轮胎产业基地，本地集中发展大型炼化一体化、精细化工和化工新材料。三是以产业园区为代表的科技创新合作平台不断推进，促进产业转型升级。2015年，上海市举行的汇聚全国48个城市、59个开发园区的长江流域园区与产业合作对接会上，长江流域园区合作联盟正式成立。长江流域园区合作联盟由上海市张江高新区、武汉东湖新区、重庆两江新区、南京市高新区和合肥市高新区共同牵头成立，同时，长江经济带大数据发展研究中心正式建立，国内首个长江经济带一体化指数和园区投资指数也将发布。在长江流域九省二市中共有 61 家高新区，占全国的 40% 以上，加入长江流域园区合作联盟的园区有 47 家。

同时，长三角与长江经济带产业一体化发展还面临诸多问题。一是长三角与长江经济带产业协同发展仍以点状合作为主，尚未形成网络化。长三角与长江经济带中西部地区合作主要是以城市之间的合作、部分产业领域之间的合作为主，以及国家级科研机构、国家级实验室、高等院校等双向合作为主，尚未形成如长三角之间的立体化、网络化的全面合作态势。如前所述，长江流域园区合作联盟的成立，从产业合作的角度看，就是上海市张江高新区与武汉东湖新区、重庆两江新区、南京市高新区和合肥市高新区等通过园区合作，为产业和企业之间搭建了合作发展的平台和桥梁。二是长三角与长江经济带产业链、创新链联动程度还较低。长三角产业特别是高科技产业以及为高科技产业提供金融、咨询、信息、会展等专业服务的现代服务业的服务范围和辐射范围仍然主要集中在长三角。上海市在金融、贸易、航运、科技创新等领域的龙头作用没有充分发挥，进而长三角的核心带动作用也未能充分体现，上海市、长三角与武汉、长株潭、成渝城市群等长江经济带中的二三级城市群之间的资源和产业合作无法真正"破冰"。产业联动程度低导致长江经济带的区域创新链无法在区域整体范围内充分延伸。

3. 综合交通运输联动发展现状与问题

依托长江黄金水道，长三角加强与长江经济带综合交通联动发展，主要体现在以下几方面：一是推进长江港口战略合作。上海市港口企业与沿江多个港口建立战略合作关系，形成港口、航运、物流三大合作体系，并通过长江港口物流公司实现了一体化运作。例如 2014 年上海市港与太仓港签署战略合作框架协议，双方在码头操作平台、物流运输体系、通关一体化、信息共享、相关政策等方面开展对接。二是推进内河航道网建设。上海市、江苏省推进长江口深水航道三期工程，不断向长江上游延伸，适应船舶大型化和货物量快速增长的需求，提升对长江流域的服务辐射能力。2012 年，上海市内河航道实现货物运输量 1.3 亿吨，完成货物吞吐量 0.98 亿吨；全市内河航道里程 2162.55 公里，等级航道合计 767.44 公里，内河三级及以上高等级航道里程 152.0 公里，占全市内河航道里程的 7.1%。三是开展"五定班轮"业务。通过定卸港口、定运输线路、定班轮船期、定运输时间、定全程运价,优化组织方式,提高港口、航道资源利用率,降低外贸企业物流成本,提升上海市港对长江流域的服务能力。2013年1—7月,上海市洋山港"五定班轮"运输量超过30万TEU,占洋山直达比例的33.2%。

同时,长三角综合交通运输与长江经济带联动发展还存在诸多问题。一是黄金水道的"四个标准化"建设推进缓慢,制约长三角与长江经济带航运联动发展。早在2004年前,长江黄金水道建设提出"四个标准化",即船舶标准化、航道标准化、港口泊位标准化、航运管理与服务标准化。历经十多年,长江黄金水道建设后序跟进不多,使"四个标准化"成为一个口号。长江黄金水道航道漫长,各河段通航能力不同。其中水富至宜昌河段可通航500—3000吨级内河船舶,宜昌至武汉河段可通航1000—5000吨级船舶,武汉至湖口河段可通航5000吨级海船,湖口至南京市河段可通航5000—1万吨级海船,南京市至长江口河段可通航3万—5万吨级海船。制约长江航运的另一瓶颈为船舶标准的不统一,导致了整个航道很难采取一元化的管理模式。除此之外,长江黄金水道还受三峡水利工程、南水北调工程等影响,致使长江中上游的船闸、大坝较多,增加了翻坝成本,使长江黄金水道的经济性削弱。二是长江经济带铁水、水水联运较低,江海直达运输能力有限。长江黄金水道的建设不仅仅是水运的建设,还要注重公水、铁水联运,打造立体综合交通运输体系,构建长江流域航运港口集疏运体系。增加铁水和水水联运比重,提高公水联运效率,建立沿江大通关制度,解决江海航道链接、船型对接等问题。聚焦航运服务功能,吸引国际航运要素集聚,优化长江流域航运服务政策环境,深化国际航运服务功能,开拓国际航运市场和专业领域。三是长三角现代航运服务业优势尚未发挥。上海市以及长三角在现代航运服务业相对发达,各地还存在行政壁垒,航运金融、航运仲裁、保险、咨询等对长江中上游辐射服务尚不明显。

4. 双向开放合作发展现状与问题

根据国务院将颁布的《关于依托长江建设中国新支撑带指导意见》,指出全面推进沿海沿江沿边对外开放,扩大上海市自贸区示范效应,形成长江流域双向开放。长江经济带开放可以体现在三个层面,即沿长江流域由东向西开放、沿长江流域由西向东开放以及统筹沿海、沿边和沿江开放。其中，长三角作为向东开放的桥头堡，带动长江经济带双向开放已经进行了初步实践探索：一是探索建立长江经济带大通关制度。目前已经建立长三角、上海市与中部六省、川渝沪等区域通关合作机制。自2014年9月启动的长江流域大通关体制改革，已经逐步形成了长江经济带12城市海关如一关的格局。但贯通长江流域的大通关制度有待进一步确立。二是充分发挥上海市自贸试验区的示范带动作用，进行制度创新。上海市自贸区制度创新主要在"四大制度"，即投资管理制度创新、贸易监管制度创新、金融制度创新、综合监管制度创新。目前上海市自由贸易试验区处于不断探索创新阶段，还未将大部分创新制度在长江经济带推广、复制。

但长三角与长江经济双向开发联动发展还存在诸多问题：一是对内开放的市场体系不完善。目前长江经济带各省市之间仍存在行政分割导致的诸侯经济现象。相关省市间产业和公共基础设施建设的合作意愿不强，甚至将经济带内兄弟省市看作竞争对手，对跨界经济合作的重要性认识水平尚待提高。总体来看，长江经济带在光伏、新能源、集成电路、生物医药等产业的生产能力过剩，生产要素远未充分的市场流通。二是长三角对外开放能级有待进一步提高。长三角在吸引外资特别是吸引跨国公司地区总部等功能性机构方面，在税收环境、法律和监管制度、商业环境、政策透明度、市场准入等关键指标方面还需要进一步改革创新。还需进一步拓宽对外资开放领域，特别是在服务业领域，不少领域还存在股比要求、投资工作有待进一步加强。

5. 生态环境保护联动现状与问题

生态环境保护是长江经济带发展的基础支撑与保障，长江具有流动性，要加强全流域联动与保护。长三角在合作推进长江生态文明建设中做出了有益的尝试。长三角的环境治理合作工作一向走在全国的前列，在长三角环境合作平台建立以后，通过共同实施和完善环境政策提高政策的执行效率，也为其他城市的环保合作提供示范。2008年12月15日苏浙沪两省一市签订了《长江三角洲地区环境保护合作协议（2009—2010年）》提出重点推进太湖流域水环境综合治理。共同实施一批工业污染源治理、城镇生活污水处理设施建设等重点治污工程。进一步完善跨界水污染防治中的联合办公、监测预警和信息共享等制度，强化联合执法检查，共同打击环境违法行为，减少污染纠纷。实施《长江口及毗邻海域碧海行动计划》，开展长江沿岸及杭州市湾地区的污染综合治理，切实加强崇明岛生态建设和近岸海域环境保护。

但是，长三角与长江经济带生态环境保护与合作还存在诸多不足，具体表现为：一是缺少水生态补偿机制，水作为一种公共资源，具有生态系统的完整性，水资源中任何一个部分受到污染，都可能破坏整个循环系统，污染方必须对整个循环系统做出补偿。然而在现行制度设计中却少了规范的水生态补偿机制。二是地方博弈中存在不合作现象，地方保护主义引发跨界污染。现行的垂直型行政管理体制导致环境资源管理失灵，产权界定不清造成不同地区对环境资源的过度使用并出现"公共用地的悲剧"，在治理污染时的"搭便车"心理，又使政府间在相互合作解决环境问题的博弈中选择不合作。三是在长江流域部分区域内虽然初步形成了区域环境合作框架，但这种松散型的行政磋商，缺乏强有力的组织保证和财政保障，跨界生态环境保护的总体规划、任务分解和重大政策难以落实。当各行政区的经济社会发展与跨界的环境保护、生态建设产生矛盾时，牺牲的往往是区域生态环境整体利益。

6. 区域合作体制机制现状与问题

目前，长江经济带已形成了以城市群或者中心城市为主体的部分区域合作体制机制，例如长三角合作体制机制、长江沿岸中心城市经济协调会、长江中游城市群省会城市商会等。其中长三角合作体制相对比较完善和成熟，并在长江经济带联动发展中发挥积极作用。一是不断完善长三角合作体制机制。2009年长三角启动了"三个层级，四个座谈会"的区域协调体制机制，三层是指决策层、协调层和执行层，四级会议制度主要指沪苏浙三地党政一把手的定期会晤制度、副省（市）长级别的"沪苏浙经济合作与发展座谈会"、城市长级别的"长江三角洲城市经济协调会"、长三角各城市政府职能部门之间的不定期协调会。二是推进四大平台多项专题领域合作。长三角积极推进交通平台、科技创新平台、环保平台和能源平台建设。并深化交通、能源、科技、环保、金融、信息和信用、人力资源社会保障、涉外服务、城市和产业等重点专题领域合作，深化合作内容，拓展合作范围，推动重点领域和关键环节实现突破。三是积极参与长江流域合作发展。参与长江黄金水道建设，共同实施《"十一五"时期长江黄金水道建设总体推进方案》，联合推进航道治理、船型标准化等六项工程。与沿江省市重点加强港口、大通关、物流、商业、信息、产权交易、人才、金融、旅游、文化等方面的合作，取得阶段性成果。深化与中部地区的战略合作，在粮食、能源、汽车、化工、机械、基础设施等方面实施一批重大项目。

但长三角参与长江经济带建设工作多是在务虚层面，缺乏良好的协作机制与平台，难以实现有效对接与合作仍是长江经济带区域合作存在的现实问题。

三 长三角在长江经济带国家战略中的地位作用

基于以上分析，长三角要充分发挥经济、科技以及区域一体化优势，破除行政壁垒，引领带动长江经济带发展。在未来发展中，长三角要立足国家战略，全面落实创新、协调、绿色、开放、共享的"五大发展理念"，以改革和创新为动力，释放对内对外开放活力，促进区域协调和共享发展，坚守生态安全底线，构建网络化、开放型、一体化发展格局，打造具有全球影响力的世界级城市群，在长江经济带建设中起到龙头带动作用。具体可体现在六方面引领，即世界城市群建设的引领、创新和经济转型的引领、国际航运中心的引领、深化双向开放的引领、生态协同共建的引领、深化改革制度创新的引领。

（一）世界城市群建设的引领

世界级城市群是参与国际分工，提升国际竞争力的重要功能区。在长江经济带建设中，城市群被确定为优化发展格局、提升国际竞争力的重要功能区。长三角在长江经济带的引领作用主要体现在两方面：一是长三角最有条件率先建成世界级城市群。长三角是我国发展水平最高的城市群，是国内唯一被列为世界六大城市群中的。2016年国务院颁布了《长江三角洲城市群发展规划》，进一步明确了长三角要打造具有全球影响力的世界级城市群的发展目标。二是长江流域三大城市群处于不同发展阶段，长三角相对成熟，可引领带动其他城市群发展。国务院关于长江经济带建设的《指导意见》中，提出以长江三角洲、长江中游和成渝三大跨区域城市群为主体，优化沿江城镇化格局。长江经济带三大城市群区域一体化处于不同发展阶段,长三角经历了规划协调、要素合作,已经进入了制度合作阶段。而成渝城市群尚处在要素合作阶段,长江中游城市群处于规划协调阶段,为此,长三角从区域合作方式和机制等方面引领长江经济带其他城市群发展,对提升长江经济带城市群国际竞争力,将起到重要的引领促进作用。

(二) 创新和经济转型的引领

2015年,国务院通过《关于在部分区域系统推进全面创新改革试验的总体方案》,明确提出加快长三角核心区域率先创新转型,并引领带动长江经济带整体创新转型升级。具体:一是抓住上海市建设全球科技创新中心和长三角核心区率先创新转型的新机遇,在长江经济带进行创新要素布点,引领长江经济带创新链和产业链发展布局。发挥长三角科教资源丰富优势,整合科研院所和企业研发中心等资源,加大新兴产业和前沿科技创新,使上海市成为知识产品的世界级枢纽,长三角拥有关键核心技术。以市场为导向促进长三角创新要素和创新产品首先在长江流域无障碍流通,重点聚焦科技成果转化、知识产品集散和科技金融创新等三个方面。二是发挥长江经济带区域经济发展梯度差异,促进长三角产业向长江中上游地区转移。长江经济带横跨东、中、西三大经济区,区域经济发展阶段存在明显的梯度差异。长三角已经进入工业化后期向后工业化时期转变阶段,产业结构开始去重工业化,向知识技术密集的高技术产业、现代服务业调整转变。而中西部地区尚处于工业化起步阶段或中期阶段。产业梯度差异的客观存在,更利于区域之间产业转移及有序分工。

(三) 国际航运中心的引领

发挥长三角通江达海的区位优势,依托长江黄金水道,促进江海联运和多式联运发展,带动长江航运发展。一是发挥上海市国际航运中心优势,促进长江港口群联动发展。深化落实上海市国际航运中心"一体两翼"的发展战略,鼓励上海市港口物流企业以市场化方式参与沿江港口的建设和运营,建立以港口码头(点)为基础,以内支线运输(线)为纽带的港口格局。促进上海市国际航运中心与武汉长江中游、重庆长江上游的航运物流中心的联动发展。发挥"五定班轮"航线的示范效应,形成以上海市港为终端,辐射长江流域的物流网络(面)。通过"点、线、面"的配合,提升上海市港口服务能级,发挥上海市国际航运中心的辐射功能。二是加快推进舟山"江海联运服务中心建设",实现江海联运发展。根据国务院颁布的《指导意见》,提高长江黄金水道功能的关键是,完善港口集疏运通道,实施长江黄金水道和江海联运发展。2014年11月李克强总理来浙江省考察指出,舟山和大小洋山港是长江经济带的这条龙的"两只龙眼",并设立了舟山江海联运服务中心,成为长江经济带和长三角发展的又一个战略支点。

(四) 深化双向开放的引领

长三角通江达海,是连接国际和国内两种市场,沟通国际和国内两种资金、资源等要素的重要枢纽,具有对内对外双向开放的优势。一方面,长三角辐射带动长江流域以及我国中西部地区对内开放。长三角地处我国东部沿海地区与长江流域的结合部,拥有面向国际、连接南北、辐射中西部的密集立体交通网络和现代化港口群,对长江流域乃至全国发展具有重要的带动作用。长三角作为长江经济带五大城市群之一,经济最为发达,可依托长江黄金水道,加快落实推进长江经济带发展战略,引领长江经济带中上游地区发展,辐射带动我国中西部地区发展。另一方面长三角成为长江经济带东向开放的桥头堡,对接国家"一带一路"发展战略。长三角作为长江经济带和"一带一路"两大战略的交汇点,国际化程度高,发挥上海市国际航运中心、上海市(中国)自由贸易试验区等优势,成为连接长江流域腹地和国际市场的枢纽。

(五) 生态协同共建的引领

2016年习近平总书记在重庆调研推动长江经济带发展座谈会上指出"当前和今后相当长一个时期,要把修复长江生态环境摆在压倒性位置,共抓大保护,不搞大开发"。2016年3月审议通过的《长江经济带发展规划纲要》,进一步强调生态优先、绿色发展,共抓大保护,不搞大开发。共保长江生态环境成为长江经济带建设的底线,要牢牢坚守。长三角作为长江经济带下游地区,生态环境问题十分突出。近年来,长三角跨界环境治理成为区域协同发展重要任务之一。2014年1月沪苏浙皖三省一市在上海市召开了高规格的长三角大气污染防治协作会议,专题研究讨论《长三角落实大气污染防治行动计划实施细则》,长三角生态共建探索取得积极进展。要充分发挥长三角在区域环境共同治理方面的经验,引领长江经济带生态协同共建和环境共同管治与保护。

(六) 改革制度创新的引领

长三角也是国家政策高地,拥有浦东新区、舟山群岛新区、南京市江北新区等国家级新区,以及中国(上海市)自贸区等。长三角要进一步深化改革和制度创新,可率先在长江经济带进行推广和复制。主要体现在三方面的制度创新引领:一是加快推进上海市自由贸易试验区建设,发挥示范带动作用。中国(上海市)自由贸易试验区建设的核心是制度创新。根据先行先试、风险可控、分步推进、逐步完善的要求,重点聚焦制度创新。并将中国(上海市)自由贸易试验区的可复制可推广制度率先向长江流域转移和推广,打破地方保护主义,使东中西市场流通起来,形成大市场,充分发挥市场在资源配置起的决定性作用。二是发挥浦东新区以及综合配套改革试点的先行先试作用,探索在体制机制方面的率先突破和创新,引领长江经济带制度改革创新。长江经济带囊括了国家1/3的国家新区,有浦东新区、重庆两江新区、舟山群岛新区、贵州贵安新区、湖南湘江新区、南京市江北新区6个。放大浦东新区建设和浦东综合配套改革的建设经验,把浦东综合配套改革试点作为服务全国的重要载体,将成熟的经验做法向长江流域首先推广。三是区域合作体制机制创新,为长江经济带中其他城市群以及长江经济带区域合作体制提供有益经验借鉴。目前,长三角已形成了"三个层次,四个座谈"相对比较成熟的区域合作体制机制。参照长江三角洲区域合作协调体制与机制实行的会议制度经验,建立轮值制为长江流域各城市群合作协调体制与机制的正常运行提供制度保障,并探索长江流域合作联动体制机制。

四 促进长三角参与长江经济带建设对策建议

发挥长三角在长江经济支撑带建设中的龙头作用,聚焦做强长三角,打破长江流域各城市之间的行政壁垒,使长三角在科技创新、双向开放、港航联动、要素流通、制度协同、生态共治等方面发挥引领作用，从国家、长三角以及沿江各省市不同层面提出对策建议，加快形成长江经济带科技创新一体化、贸易一体化、航运一体化、市场一体化、制度一体化和生态保护一体化等。

（一）促进科技创新一体化建议

深化创新体制改革，促进长三角率先实现创新转型升级。一是打破条块分割，深化政府职能改革。打破条条分割，借鉴浦东经验，将原科学技术委员会与经济和信息化委员会合并，组建全新的科技与经济委员会，促进上海市科技创新中心建设。目前长三角以及长江经济带绝大多数城市还是科委与经济和信息委分开，可进一步整合各委办的科技创新管理职能与科技投入渠道。打破块块分割，以长三角城市经济协调会为载体，与长江经济带主要城市建立以科技合作为专题的长江经济带科技合作联盟，对长江经济带发展关注的重大产业技术进行联合公关。二是激发企业成为创新主体，弥补技术创新短板。针对国企、外企、民企等不同性质，采取多种形式鼓励企业增加研发投入，在重大关键产业技术领域实现突破。以国家、区域、省市重大工程与项目为抓手，使国企在国家重大关键技术领域实现突破。抓住"反向创新""离岸创新""开放创新""技术共享"等全球创新趋势，适当放开政策限制，鼓励跨国公司研发总部落地上海市以及长三角，加速成为第三代跨国公司研发中心。通过完善知识产权保护体系扩大外企本地化研发与应用规模，与本土企业形成互动，扩大溢出效应。通过创新减免税收等方式鼓励民营企业技术创新，成为长三角"草根创新"的主力军。

建议长三角主动在长江经济带区域布局科技创新资源。长三角要进一步开放科技创新资源，重点在长江经济带节点城市进行布局，为长江经济带创新转型提供人才支撑和技术支撑。鼓励长三角高等院校、科研机构、高职院校等在长江经济带城市成立分校，为长江经济带产业转型升级提供人才支撑。并以长江经济带各地的需求为主导，根据当地产业特点设置相关专业和研发项目，推进长期合作。通过五年左右的布局与协同发展，形成当地的产学研科技创新体系。

完善协同创新政策，形成连接创新网络。一是建立利益共享机制和风险共担机制，促进产学研协调发展，形成创新链和产业链有效连接。鼓励大学科研人员和企业研发人员技术入股、科研人员持股、知识产权归属等，建立利益共享机制；建立弹性股权结构，推进风险共担机制。二是促进长江流域内各城市协同创新，由上海市科委和长三角合作交流办牵头，组织长江经济带主要节点城市，建立综合性的科技创新公共服务平台，就科技创新项目、共性技术开发项目、科技基金扶持项目等定期公开公示科技创新相关信息，形成信息共享、合作交流、互动发展的格局。三是共同建设长三角技术产权交易大市场。积极发展知识产权与技术产权的中介机构和业务，促进知识产权和技术产权的交易，乃至建设全国性的技术产权交易中心，增强长三角作为技术中心的影响力，形成巨大的聚集和辐射效应。

（二）促进贸易一体化建议

率先将自由贸易试验区探索形成的经验成果向长江流域转移和推广。一方面，要从国家战略的高度，推进中国（上海市）自由贸易试验区建设，优先将国家层面的重大改革事项放在上海市改革试点，先行先试。深化金融制度创新，进一步拓展自由贸易账户功能，鼓励和支持更多市场主体通过自由贸易账户开展金融创新业务，推动跨境投融资发展。支持自由贸易试验区创新贸易监管制度，促进区内货物、服务等各类要素自由流动。另一方面，推动自由贸易试验区探索形成可复制、可推广的试点经验，率先向长江流域推广实施。加强上海市海关与武汉市海关、重庆市海关等长江沿线海关联动发展，进一步完善长江流域大通关体制。将上海市海关的监管服务制度创新率先在长江经济带推广复制，推进实施"一线放开"，坚决实施"二线安全高效管住"，建立货物状态分类监管模式。在长江经济带重要节点城市布局进口商品直销中心，以贸易便利化释放消费市场活力。

推动长江流域对外开放口岸建设和联动发展。一是增强沿江沿边开放口岸建设与联动。充分发挥长江黄金水道优势，在中上游地区适当增加开放口岸，增设铁路、内河港口一类开放口岸，推动口岸信息互联。加强内陆海关与口岸海关的协作配合，实现"属地申报、口岸验收"模式沿江全覆盖。二是整合沿边海关特殊监管区域。在符合条件的边境地区设立综合保税区、跨境经济合作区和跨境旅游合作区，完善人员免签、旅游签证等支持政策。推动境外经济贸易合作区和农业合作区发展，鼓励金融机构在境外开设分支机构并提供融资支持。三是构建长江大通关体制。整合口岸查验资源，减少执法职能重叠，在长江沿线地区全面推广实施"一次申报、一次查验、一次放行"。在有效防控风险的前提下，扩大启运港退税的试点企业、口岸、运输工具等范围。

（三）促进航运一体化建议

统筹区域内港口布局，促进沿江港航联动发展。建议上海市加快洋山深水港四期工程建设，巩固洋山深水港在国际竞争中的地位。建议从国家层面支持大、小洋山统筹开发，打破行政区划界限，探索大洋山港开发的体制机制，适应长江经济带开发带动集装箱和货源不断增长的需求。鼓励上海市港口物流企业以市场化方式参与沿江港口建设和运营，出台针对内河支线船公司的相关扶持政策，推动长江沿线港口至洋山的江海直达运输，促进水水中转业务发展。

扩大启运港退税政策试点范围。在现有试点港口和运输企业基础上，进一步增加积极性高、信誉好的沿江港口和运输企业加入试点，扩大政策效应。将启运地从武汉、青岛扩展到沿江各港口，如重庆港、南京市港、芜湖港等，承运企业扩展到经营沿江支线的企业，承运船舶扩展到长江沿线直达上海市港的运输工具。

推进长江航运标准化建设。一是长三角加快推进长江黄金水道"四个标准化"建设，提出并践行标准化。要充分考虑长江上、中、下游航道特征，其标准化方向：满足江海直达适航性、符合葛洲坝、三峡船闸的通航能力，适应长江干线桥梁的净空高度和通航净宽，适应疏浚加深后的长江航道的水深，同时还要考虑先进性和经济性并重。二是近期重点推广标准化船型的应用，提高船舶适航范围。建议推进长江内河船舶大型化，把集装箱船舶标准化作为船型标准化建设的重点。在集装箱船舶通行权、收费、适箱货"散改集"等方面给予政策扶持，推动内河船舶至外高桥港区的直达运输。推动长江水运由矿产驳运拓展到集装箱驳运，使上海市港成为沿江港口向国际航线的重要中转港。

加快沿江沿海铁路通道建设，促进海铁联运取得突破。在传统沪宁、沪杭铁路骨干通道基础上，加快推进沿江、沿海铁路通道建设，推动沪通铁路进入外高桥港区。加快推进沿长江铁路建设，整合上海市铁路货场布局，充分发挥芦潮港铁路中心站的作用，促进港口企业与铁路部门合作，大力推进海铁联运发展，充分发挥铁路运输大运量、长运距、节能环保的优势。适时建设东海公铁二桥建设，连接舟山—宁波港，形成沿海大通道。

（四）促进市场一体化建议

提升长三角在全球资源和长江流域的资源配置能力，支持资金、信息、技术等要素在跨区域流动，打造长江流域无形经济带。

推动上海市资源配置能力，服务带动长江经济带发展。一方面，支持上海市总部经济发展，提升资源配置能力。深化外汇、税收、人才等政策，进一步吸引跨国公司在沪设立地区总部、投资性公司、研发中心、营运中心、结算中心、共享服务中心等各类区域总部及功能性机构。建立和完善面向跨国公司地区总部的高效协同的工作机制，鼓励跨国公司整合区域内投资、销售、研发、结算、资金管理、共享服务、物流分拨等业务，开展区域总部业务一体化运作，重点强化在全球范围内进行资金调拨、贸易结算、人力配置、研发共享等方面功能，促进上海市从跨国公司全球布局中的生产、销售基地向对各类资源进行协调、控制的区域性乃至全球性枢纽转变。另一方面，支持上海市成为国内企业"走出去"的平台。发挥上海市与国际高度接轨的经营制度优势，搭建长江经济带跨境资本流动的平台，逐步取消跨境资金的额度与用途审批等管制措施，为企业提供资金跨境兑换与转移便利化等服务。使上海市成为长江经济带企业"走出去"的桥头堡。

深化投融资体制改革，促进长江流域投融资一体化。增强境内人民币外汇对境外的引导作用，在人民币对美元、日元、澳大利亚元直接交易的基础上，建立人民币对更多货币的双边汇率形成机制。推动人民币对新兴市场经济体和周边国家货币汇率在银行间外汇市场的挂牌。加强国际金融交流与合作，深化沪港、沪台合作，加强国际和区域金融合作，参与全球经济金融之力，扩大上海市在国际金融领域中的知名度和影响力，引领长江流域金融业一体化发展。

加快长江流域信息网络化建设，构建虚拟长江流域经济带。运用互联网信息技术建立城市群网络系统和网站，形成城市信息化网络，实现信息资源交流和共享、资金项目统一招投标、人才技术流通等。开展电子政务，健全完善区域政府专网，整合政务信息资源，推动政府信息资源对社会的开放，带动发挥社会经济效益。健全信息化法规，统一技术规范。完善长江流域各城市群的《政府资源共享法》和《社会信息公开法》等，打造建设标准统一、功能完善、安全可靠的信息网络，构建信息交换共享的运行平台。

（五）完善区域合作体制机制建议

建议建立国家层面的长江流域协调机制，在规划编制、项目建设、政策制定、统一市场平台等方面加大推进力度，营造公平公正统一的市场环境。

建立长江经济带区域协调推进机制。长江经济带发展，不仅需要相关省市的密切配合，通力合作，更离不开国家和中央有关部门的统筹协调、大力支持。一是建议尽快建立国家层面的协调推进机制，组织召开联席会议，统筹协调长江经济带的规划、政策和发展中的一些重大问题。特别是针对长江经济带生态保护等问题，加强在国家层面进行统一协调，不断完善生态环境补偿机制等。二是在现有长三角联席会议机制基础上，加强长三角与长江中游城市群、成渝城市群等三大城市群联动机制，可借鉴长三角已形成的"三层、四级会议制度"，三层是指决策层、协调层和执行层，四级会议制度主要指沪苏浙三地党政一把手的定期会晤制度、副省（市）长级别的"沪苏浙经济合作与发展座谈会"、城市长级别的"长江三角洲城市经济协调会"、长三角各城市政府职能部门之间的"不定期协调会"。形成跨省市的区域合作常态化机制。三是鼓励长三角研究机构、高等院校、社会组织等以多种形式与长江经济带城市开展学术研讨、走访调查等合作交流，逐步形成常态化合作机制。

建立推进长江经济带区域合作配套机制。一是将区域合作纳入到政府的绩效考核机制中。目前，我国政府绩效考核机制是以行政区划考核，地方财政激励。干部晋升是以地方政府的行为业绩为主，这就助长了地方保护主义。推进长江经济带区域合作，落实长江经济带区域协调体制机制，必须要推进政府绩效考核等相关体制机制改革。将跨区域合作工作纳入到政府绩效考核中，可率先在长三角、长江中游城市群和成渝城市群等三大城市群内部实行，推进区域合作。二是设立长江经济带合作协调与发展基金。由国家引导、沿江11省市为主设立长江经济带区域合作协调与发展基金，围绕长江流域重大基础设施项目、生态保护等确立长江经济带跨区域合作专项基金，用于长江经济带跨区域合作重大攻关和引导资金。并在区域合作中，以基金为抓手进行区域利益平衡和补偿，以建立在区域合作中产生的区域利益分享和补偿机制，实现区域深层次合作。

积极构建跨区域专业合作平台。可通过扶持创立区域行业协会、建立区域利益分享和补偿机制、实施跨区域发展促进基金等手段，推动企业、中介组织、非政府性区域合作组织以及承担社会服务的相关机构参与到长三角服务长江流域的工程中，促进不同区域间人员、商品、资本、生产要素的自由流动和融合，优势互补、互利双赢，推动长江经济带共同发展和繁荣。

（六）促进生态环境保护一体化建议

优化利于区域生态环境治理的产业结构。从区域层面制定并实施长江流域区域内重点行业的水、大气污染物等排放限值。建立产业转移环境监管机制，加强产业转入地在承接产业转移过程中的环保监管，防止污染转移。加快高能耗、重污染行业的落后产能淘汰工作，严格淘汰存量产业中严重浪费资源、严重污染环境、安全隐患突出、布局不合理的落后产能和企业。积极引导和鼓励有条件的制造企业向"微笑曲线"两端延伸，由加工制造型企业向研发设计、品牌营销及电子商务等生产性服务转型发展。完善重点行业清洁生产标准和评价指标，加强对重点企业的清洁生产审核和评估验收。共同推进能源资源节约和循环利用，重点抓好工业、农业、交通、建筑、公共机构等领域合作，控制能源消费总量，降低能耗、物耗和二氧化碳排放强度。在此基础上，通过强化区域联动，构造合理的产业结构，通过产业政策对产业进行引导，优化生产结构、流通结构和投资结构等，完成区域间上下游产业的耦合，形成区域内协调有序的产业链。通过加强环境与资源监测的科学化、信息化和网络化建设，按照循环经济模式进一步提升资源型产业，实现生态产业的集聚效应和递延效应。

创新长江生态保护的管理协调机制。在区域合作层面，虽然长江流域部分地区已经建立了区域的沟通磋商机制，但总的来说这些磋商机制并不完善，既没有具体落实的机构，也没有相应法律效力的强制保障，没有具体的操作导向和责任规制。建议设立专门负责长江流域环境保护合作的委员会，统筹规划区域生态环境建设的合理布局，制定关于环境合作的长期规划与发展战略，加强区域环境立法的合作与协调。建立长江流域信息通报机制，共享环境监测信息，积极推行环评会商交流，建立区域内的重大环境事件的通报机制，污染整治工作的协作机制，区域联合执法机制，进一步建立健全环境保护协调机制。在部门合作层面，按照逐步实现长江流域生态文明建设的目标，分阶段循序渐进、逐步到位的深化长江生态建设管理体制改革。建议建立由发改委、环保、住建、水利、能源、交通、国土、农业、林业等主要涉水部门和各省级行政区人民政府共同参与的联席会议制度，共同研究和确定长江流域重大生态问题的应对计划，并按各自职责分工落实；远期应建立由涉水管理综合部门牵头，其他部门、地区、企业、社会团体共同参与的流域管理委员会，负责流域环境保护和生态治理的议事、协调、决策和监督。

探索区域生态共建、共担、共享的新机制。一是推进全方位协同。长江经济带沿江11省市都应进入协同治理体系，严守生态底线，坚决执行《指导意见》生态环境保护规划。在生态环境治理的各个环节推进协同、共防共治，包括共同规划、共同监测、共同处罚、共同建设、共同出资、共同补偿等。二是推进一体化防控。在生态环境治理的关键环节建立健全一体化的机构和防控机制。长三角可率先探索设立生态环境治理委员会，负责长三角的环境规划、环境立法、环境标准、政策体系，建立长三角环境监测平台。三是构建差异化的责任机制。新增重大项目，尤其是处于长江和太湖等共有水域上游、区域上风向、滨湖或水源保护区等生态敏感区，引入化工、冶金、电力等高污染项目，以及其他会导致跨区域环境影响的项目，必须经过地区环评机构评审通过后才可立项。建立长江流域生态基金，在环境污染源头治理、流域性生态环境修复工程上推进一体化建设，对区域性生态保护区进行经济补偿等。